民商事立法研究
——共识、问题与对策

郑泰安 / 主编

LEGISLATIVE STUDIES
OF CIVIL
AND COMMERCIAL LAW

Consensuses,
Problems and Countermeasures

社会科学文献出版社
SOCIAL SCIENCES ACADEMIC PRESS (CHINA)

主要编撰者简介

郑泰安　1965 年生，四川双流人。现任四川省社会科学院副院长，研究员，博士后合作导师。兼任中国法学会立法学研究会常务理事、中国法学会商法学研究会常务理事、四川省法学会副会长、四川省法学会学术委员会委员、四川省法学会立法学研究会会长等。主要科研成果：主持各类课题共计 60 余项，其中国家社科基金项目 3 项（作为国家社科基金特别委托项目暨中宣部马工程重大项目的首席专家 1 项）；四川省规划课题 4 项（重点课题 2 项）、国家发展和改革委员会重大课题 2 项、四川省人民政府政务调研课题 2 项；已出版专著 14 部；在 CSSCI 来源期刊、权威报刊等发表学术论文和理论文章 50 余篇，具有代表性的有《军民融合发展立法基本原则的逻辑展开》《民法总则与商事立法：共识、问题及选项——以商事代理为例》《地方立法需求与社会经济变迁——兼论设区的市立法权限范围》；20 余项立法建议、决策咨询意见获省部级以上领导肯定性批示或被有关部门采纳；荣获四川省人民政府社会科学优秀成果一等奖 1 项，二等奖 3 项，三等奖 1 项，成都市人民政府社会科学优秀成果一等奖 1 项。

方芸　1981 年生，重庆忠县人，民商法学博士，美国德州大学法学院访问学者。现任四川省社会科学院助理研究员，兼任四川省法学会商法学研究会副秘书长。主要科研成果：主持四川省规划课题 2 项，出版专著 2 部，代表作有《立法模式构建视阈下银行重整法律制度研究》《拟制信托研究——一种完善我国民事救济制度的思路》等。

前　言

　　民法与商法，虽然习惯上统称为民商法，但二者之间的关系历来存在民商合一与民商分立的重大争议，各个国家和地区在立法安排上也有是否分别制定法典的不同做法。相应的，中国民商法学界亦有所谓私法一元化与二元化的模式之争：民法学界多认为民法是私法体系的一般法，商法是民法体系整体不可分割的组成部分；商法学界多认为商法与民法既有联系，也有实质性区别。毋庸讳言，民法与商法联系紧密，但不论是在学科研究还是在立法研究上，学者均存在明显的学术分歧。客观上，这些分歧容易加深立法者和法律工作者对民商关系理解的困惑，不利于民商事立法的科学合理布局。如何在民法典编纂颁行的时代背景下，深入理解和探讨民法与商法的互动关系，是本书希望深入研究的第一个核心问题。

　　我国经济发展进入新常态后，供给侧能力过剩，结构性供求失衡的矛盾日益突出。习近平总书记在党的十九大报告中强调，建设现代化经济体系，"必须坚持质量第一、效益优先，以供给侧结构性改革为主线"。这是针对我国经济在供给侧存在的结构性问题提出的根本解决之道，而法治则是供给侧结构性改革最为可靠的保障。以法律思维和法治方式推进供给侧结构性改革，需要用法律关系打造新的政府市场关系和新的政商关系，用法治的稳定性实现改革的可预测性并预防和降低风险，用法治保障来完成供给侧改革"去产能、去库存、去杠杆、降成本、补短板"的五项任务，用法治的确定性来固化改革成果。如何做到在尊重经济规律、立足中国国情的前提下，有效应对改革过程中民商事立法面临的各项挑战，完成为供给侧结构性改革保驾护航的任务，是本书希望深入研究的第二个核心问题。

　　从客观上看，法律的本土化与国际化之间确实存在一定程度的矛盾和冲突，因为法律的本土化要求法律规则必须与本国社会经济发展密切结合，但过度的本土化可能导致制度和规则的设计与国际通行趋势相背离，甚至直接成为相关领域融入国际秩序的绊脚石；法律的国际化则要求法律规则必须与国际通行趋势接轨，但由此可能导致相关的制度设计脱离本国的社会经济基础和法律传统，甚至使一些具有本土特色的制度遭到废弃，从而引发大量争议。在经济全球化的背景下，民商事立法在世界范围内呈现愈加明显的趋同化发展趋势。开放不仅是国家繁荣发展的必由之路，也是我国的一项基本国策。如何顺应我国经济深度融入世界经济的趋势，在维护国家主权和国家利益的前提下，实现国内民商事法律制度与国际接轨，是本书希望深入研究的第三个核心问题。

本书由郑泰安主编，方芸任副主编，全书经主编与副主编讨论后，由郑泰安统一修改定稿。各章撰写人员分工如下：第一章由郑泰安、钟凯撰写，第二章由庄斌撰写，第三章、第四章由李红军撰写，第五章由钟洪明撰写，第六章由黄泽勇、尹鑫鹏、曲文英撰写，第七章、第九章由方芸撰写，第八章由姜芳撰写，第十章由郑铉撰写，第十一章由徐秉晖撰写。

社会科学文献出版社的领导和编辑同志对本书的设计和写作提出了很好的意见和建议，在此向他们致以深深的谢意。受认知和能力所限，书中不足之处在所难免，敬请读者不吝指正。

谨以此书献给所有从事和关心民商法学研究的同人和朋友。

郑泰安

2020 年 11 月

目　录

第一章　民商立法模式研究

民法与商法的关系历来存在民商合一与民商分立的重大争议，各国在立法安排上也有是否分别制定法典的不同做法。① 在没有分别制定法典的国家和地区，对民法和商法的关系也并非没有争论。一些原先单独制定了商法典的国家，随后又将商法典融入民法典。② 中国民商法学界也有所谓私法一元化与二元化模式之争。③ 伴随着对《商法通则》制定的热议，商法学界对商事立法研究投入了大量的精力，不少学者起草了相关专家建议稿。④ 当民法典编纂（而非商法典）成为国家立法决策时，有关争议似乎应尘埃落定。然而，"编纂民法典"的官方决定非但没有结束这场争论，反而再度"撩动着商事立法的神经，掀起了学界商事立法研究的热潮"。⑤

在民法典编纂的新时代背景下，如何理解民法与商法的关系，特别是如何评估商法的地位并选择恰当的立法安排，民法学界与商法学界仍在孜孜以求。毋庸讳言，民法和商法联系紧密，虽然在习惯上统称为民商法，但不论在学科研究还是在立法研究上，学者们都存在明显的学术分歧。客观上，这些分歧容易加深立法者和法律工作者对民商关系理解的困惑，不利于民商事立法的科学合理布局。如何从二者的互动关系、理念与模式选

---

① 在民法典之外还单独制定商法典的国家和地区有德国、法国、日本和中国澳门等。仅有民法典而无商法典的国家和地区有意大利、瑞士、中国台湾等。

② 典型做法有意大利民法典和瑞士债务法。

③ 参见董彪、李建华《民法典中商事法律规范体系化的立法设计》，《广东社会科学》2017年第2期，第220~221页。

④ 参见樊涛《商法通则：中国商事立法的应然选择》（附：《中华人民共和国商法通则》建议稿），《河南大学学报》（社会科学版）2008年第3期。

⑤ 赵旭东：《民法典的编纂与商事立法》，《中国法学》2016年第4期，第40页。

择方面破局，这正是本书希望探讨的问题。

第一节　民商关系及其立法争议与共识

民商立法的争议源于对民与商关系的不同认知。研究民商立法布局及其具体路径，首先要弄清楚学者所争论为何物。

关于民商关系及其立法问题，我国学界曾存在民商合一与民商分立两种主张。民商合一论者多为民法学者，主张商法的基本规则应并入民法典之中，商事单行法规则可以独立存在。究其依据，多引用我国民国时期立法院提交的关于民商合一报告书中所列之八大理由：①民法与商法并列是历史原因造成的，中国并无类似特殊历史历程，无须给予商人阶级优待；②法典修改应采进步主义，无关立法体例，故不当以法典之进步与否，而断定民商合一与否也；③国际化趋势要求民商法皆具国际性，且民商划分之国，其法典亦多有关于本国之特别规定，因而国际性并非民商分立的理由；④民商合一是世界立法趋势，意大利为商业发达最早之国，其国学者主张民商合一最力，英美商业称雄于世界，而两国均无特别商事法典；⑤人民平等，不应因人的职业或行为而有不同，于普通法典之外特订法典，不特职业之种类繁多，不能普及，且与平等原则不合；⑥以人或行为均难作为区分商或非商的标准，故以编订标准而言，应订民商统一之法典；⑦各国商法内容很不一致，可知商法本无一定范围，难以订立总则取其纲举目张，贯穿全体，人为划定商法内容自取烦扰；⑧民商法牵合之处甚多，亦何取乎两者并立耶，且民商划分，如一方为商人，一方非商人，适用上亦感困难。①

事实上，不同学者出于自己对民、商关系的理解，提出了林林总总的观点。这些争议很难简单用所谓民商合一或民商分立来概括。简要梳理，总体上有以下学说。

（1）一般法与特别法说。此说承认商法规范区别于民法规范的特殊性，但不否认民法在私法体系中的基础性作用②，主张民法是私法之一般

---

① 参见郑玉波《民法总则》，三民书局，1979，第34~36页。
② 参见董彪、李建华《民法典中商事法律规范体系化的立法设计》，《广东社会科学》2017年第2期，第224页。

法，商法是私法之特别法①。

（2）相互融合说。此说主张民法和商法并非截然不同的法律部门，在当代存在相互融合的趋势。甚至有人提出，"现在的问题不是商法的独立问题，而是私法的统一问题，即民法与商法的混合或民法被商法吸收导致私法的统一问题"。②

（3）形式与实质双重独立说。这种观点认为，民法和商法在现代内容和形式（法律渊源）上都截然分开，前者调整家庭关系，后者调整市场交易关系。③

（4）实质独立说。该说不追求商法形式上的独立性（如商法典），但认为商法在实质内容上与民法不同，故与其说商法是民法的特别法，不如说商法是私法的特别法。④

（5）商法独特而非独立说。这种学说不否定商事规范具有自身的独特性，但否认商法独立于民法，因商法在主体制度、行为主体、权利制度和法律保护制度等方面均难以脱离民事规范而独立存在。⑤

除了民商法学者外，一些参与争论的经济法学者也基本赞同民法学者引用的前述理由，认为当代中国的"商法"完全建立在一种虚幻的基础上，因此建议废掉商法的概念，使"商"回归于"民"，而其由于公法化而溢出于民法的部分应归入经济法。⑥

从以上讨论可见，民和商的"分"与"合"，既有学科层面的思考，也有具体立法上的考量。就立法而言，不同的立法例其实各有千秋，利弊互见，优劣并存。⑦在此层面上，哪怕是持民商合一论立场最为极致的学者，也主张尽可能地将商事特别法的共性规则纳入民法典总则，在此之外

---

① 参见王利明《民商合一体例下中国民法典总则的制定》，《法商研究》2015年第4期；王轶、关淑芳《民法商法关系论——以民法典编纂为背景》，《社会科学战线》2016年第4期；王保树《商法通则：超越民商合一与民商分立》，《法学研究》2005年第1期。

② 沈达明：《法国商法引论》，对外经济贸易大学出版社，2001，第9页。

③ 参见徐学鹿《什么是现代商法》，中国法制出版社，2003，第213页。

④ 参见李建伟《民法总则设置商法规范的限度及其理论解释》，《中国法学》2016年第4期。

⑤ 参见许中缘、颜克云《论商事规范的独特性而非独立性》，《法学》2016年第12期。

⑥ 史际春、陈岳琴：《论商法》，《中国法学》2001年第4期。

⑦ 刘凯湘：《剪不断，理还乱：民法典制定中民法与商法关系的再思考》，《环球法律评论》2016年第6期，第111页。

的共性规则能否单独制定商法通则，则留有讨论余地。① 而更倾向于商法独立性的商法学者，同样提出要认真研究总纲性商法规范纳入民法的可能性。② 而且，即便承认商事规范实质独立性，"民法典的基本精神在于务实、精简，不可过多置入庞杂的商事规范"③，故"民法典编纂背景下商事规范自身依然需要适当的'法典化'表达形式"④。

一言以蔽之，学界不否认民法和商法各自规范体系化的必要性，他们考虑的主要问题是民商事立法的具体表达。对这一问题，有关探讨已达成部分共识：一方面，另立"商法通则"用以涵盖民法典难以涵盖的内容，现已成为处理民法和商法关系在立法形式选择上的通说⑤，只不过对"商法通则"的规范功能、立法对象和具体规范内容等方面，则未有定论；另一方面，民法和商法学者为顺应民商融合的趋势，共同提出了"民法的商法化与商法的民法化"⑥"编纂一部商事品格的民法典"⑦ 等类似口号。按照这一立法目标，民法典编纂要尽量满足商法特性的立法要求，以使相关规范体现某种程度的商法化。

如何通过民法典编纂实现民法规范商法化？根据民法学者的设想，立法上的主要着力点，一是于价值层面，"引进商法的基本理念和原则，为商事发展预留充足的空间"⑧。二是在立法技术层面，"从商法规则中抽象出共通性公因式融入民法典总则和分则"⑨。三是在具体内容上，主要对法人制度、法律行为与合同以及代理等制度进行一定的调整，以满足商人、

---

① 参见王利明《民商合一体例下中国民法典总则的制定》，《法商研究》2015 年第 4 期，第 7 页。

② 参见范健《我国〈商法通则〉立法中的几个问题》，《南京大学学报》（哲学·人文科学·社会科学）2009 年第 1 期，第 49 页。

③ 参见王文宇《从商法特色论民法典编纂——兼论台湾地区民商合一法制》，《清华法学》2015 年第 6 期，第 76 页。

④ 夏小雄：《民法典编纂背景下商事规范的"法典化"表达》，《法学》2016 年第 12 期，第 42 页。

⑤ 严城、董惠江：《中国私法法典形式的历史与现实》，《求是学刊》2013 年第 4 期，第 96 页。

⑥ 参见赵万一《论民法的商法化与商法的民法化——兼谈我国民法典编纂的基本理念和思路》，《法学论坛》2005 年第 4 期。

⑦ 参见柳经纬《编纂一部商事品格的民法典》，《比较法研究》2016 年第 1 期。

⑧ 孟强：《经由编纂民法典实现民商合一——兼评〈民法总则专家建议稿〉与〈商法通则立法建议稿〉》，《社会科学战线》2015 年第 12 期，第 221 页。

⑨ 参见彭真明《论现代民商合一体制下民法典对商事规范的统摄》，《社会科学》2017 年第 3 期，第 97 页。

商行为制度发展和多元化商事代理的需要。[①]

　　而主张单独制定"商事通则"的商法学者则主要从主体、行为和责任不同维度构建"商事通则"体系。有以商行为为中心，主张通过对企业的特殊规制，使其行为原则上可纳入商行为。[②] 有学者认为，制定"商法通则"的一个前提性条件是"商人"的概念如何进入立法的问题。[③] 除了商人和商行为等制度，有学者认为商事责任也应当是构成"商事通则"的支柱之一。[④]

　　总结而论，民法学界与商法学界对于民商法的学科定位和立法表达既存共识也有分歧。学者间的分歧远远大于共识，而各方对于民商事立法表达路径的共识略大于关于民商法学科定位的共识。关于民法和商法的关系定位，学界几乎形成了泾渭分明的两派：民法学界普遍认为民法是私法体系的一般法，商法学科是民法学科体系整体不可分割的组成部分；商法学界多认为商法学科上纵然与民法有所联系，但具有实质性差异，商法为区别于民法的独立学科。在立法层面，民商合一已然占据了主导地位，而民法典乃私法一般法及商法作为特别法有规范体系化之需求，也成为基本共识。共识的存在无法掩盖立法表达路径的学术分歧。民法学者倾向于通过民法典编纂（包括总则和分则）以"民法商化"的路径吸收商法特殊规范，难以吸收部分则通过单行法实现商法规则体系化；大多数商法学者虽放弃了关于商法典鸿篇巨制的立法诉求，但仍主张通过制定"商事通则"或"商法总则"提供商法的总纲性一般规则。

第二节　从私法史再看民商互动关系

　　民法和商法一般被并称为私法。但何者构成私法中的一般法，或者说谁更能代表私法发展的主流方向，则是与前述争议密切相关的基本命题。解读民法、商法与私法的关系，需放在一定的历史时期观察。有的时候，民法就是私法，或者说所有与私法有关的内容都可以看作民法的一部分。

---

①　参见柳经纬《编纂一部商事品格的民法典》，《比较法研究》2016 年第 1 期。

②　参见范健《我国〈商法通则〉立法中的几个问题》，《南京大学学报》（哲学·人文科学·社会科学）2009 年第 1 期。

③　参见蒋大兴《商人，抑或企业？——制定〈商法通则〉的前提性疑问》，《清华法学》2008 年第 4 期。

④　参见苗延波《"商法通则"三大基本制度研究》，《河北法学》2009 年第 5 期。

但在另外一些时期，民法可能只是私法的组成部分，民法自身的内容不等于作为整体的私法。在私法史中，商法的崛起是私法演进的重要推动力。

一般认为，公、私法的划分肇端于古罗马。查士丁尼在《法学总论》中指出："法律学习分为两部分，即公法和私法。公法涉及罗马帝国的政体，私法则涉及个人利益。"[①] 19 世纪，在以法国、德国为代表的法典编纂和法制改革过程中，公、私法的划分得到了广泛运用[②]，逐渐形成了大陆法系公、私法划分的深厚传统。这种传统也对普通法国家产生了重要的影响，普通法系国家把公、私法的内容都融入了普通法和衡平法之中，但不管其形式渊源表现得如何零乱与无序，法律的内部结构还是可以依其内在联系划分为公法与私法两大部分。例如，培根、丹宁勋爵等英国学者均承认公、私法的划分。在美国，当代著名法学家伯纳德·施瓦茨（Bernard Schwartz）1947 年出版的《美国法律史》中也对美国不同时期的公法、私法的发展分别进行论述。[③]

法律的公私之别虽早就在普通罗马人的心目中根深蒂固，但罗马法学家关注更多的却是私法，以至有人认为，"罗马法学实质上就是私法学"。[④] 由于迎合了商品经济发展的个人主义思潮，并凭借意大利注释法学派的推波助澜，从 12、13 世纪开始，罗马法的复兴运动在欧陆各国展开。据学者考证，中世纪商人突破城邦法和封建法秩序对其利益的束缚，成为欧陆国家选择继受罗马法的主要动力和客观历史条件。正是由于封建法无论从实体或程序上都排斥"商"，不能胜任对体现市场法精神的商事关系的调整，商人们才需要从故（羊皮）纸堆里找出罗马法，以自治方式处理商事纠纷。[⑤] 商人们往往在行宫或主教驻锡处之旁发展出市场，他们通过创制和宣示，自己创立了城市之法，并创设了城市法院。法秩序的分化淡化了传统秩序的等级性，随之产生的城市交易经济、大规模商业行为带来较大的类型化需要，增进了精确归纳法律事实和法律适用的合理化。[⑥]

---

① 〔古罗马〕查士丁尼：《法学总论》（中译本），商务印书馆，1987，第 10 页。
② 肖金泉：《西方法律思想宝库》，中国政法大学出版社，1992，第 528 页。
③ 参见赵明、谢维雁《公、私法的划分与宪政》，《天府新论》2003 年第 1 期。
④ 何勤华：《西方法学史》，中国政法大学出版社，1996，第 53 页。
⑤ 史际春、陈岳琴：《论商法》，《中国法学》2001 年第 4 期。
⑥ 〔德〕弗朗茨·维亚克尔：《近代私法史——以德意志的发展为考察重点》（上册），陈爱娥、黄建辉译，上海三联书店，2006，第 84～85 页。

罗马法的传统规则在新的社会经济条件下获得了继受与改造，然而，作为大陆法系民法的主要渊源，罗马法里找不到任何商人法的影子。商人法的出现和罗马法的复兴在时空上的契合，使私法并未因罗马法的发展而一同向前，相反在"商人法"的冲击下呈现二元分化的独特历史轨迹。正是在那时，近代商法的基本概念和制度才得以形成，并在西方第一次逐渐被人们看作一种完成的、不断发展的法律体系。① "商人法"最初并不是严格意义上的法律，它经历了一个由习惯、惯例向习惯法发展的轨迹。② 1563 年法皇查理九世颁令创设商事法庭，商人法第一次上升为"国家法"。法皇路易十四在位时先后颁布了 1673 年《陆上商事条例》和 1681 年《海事条例》。1807 年拿破仑颁布的《法国商法典》，沿袭《陆上商事条例》的架构，纳入两个条例不少条文，标志着商法和民法分立模式的确立。③ 不过，早期的商人法仍然带有中世纪身份等级的残留，一方面是商人团体内部实行严格的等级制度；另一方面，当时的皇权政府也视商人为异类，甚至利用商法典人为地把商事活动圈定在一个"法律隔离区"内。④

随着工商业的蓬勃发展，商人逐渐摆脱了身份等级的限制，商人行会制度在法国大革命时期即宣告废除，但商人作为以营利为唯一目的的职业性群体并没有被消除，他们仍然受到近现代商法的高度重视。⑤ 1900 年 1 月 1 日生效的《德国商法典》延续了普鲁士普通法关于"商法是商人的特别法"的传统，使商人的身份和利益得到进一步强化。此外，日本、西班牙、葡萄牙、荷兰、比利时等国也制定了自己的商法典。

商法进入现代社会以后却出现了令人值得关注的变化。民法典与商法典诞生于同一时代，民法典的编纂往往是法学理论传统的产物，它直接从《民法大全》中汲取营养，并凝结了几代法学家的智慧。从商法产生的历史因素看，商事规则本来就是商人经验和务实的产物，而且在特定历史条件下的法典化过程处处体现仓促和应景的痕迹，因此，其形式理性和体系化远远不及民法典。历史的拖累使商法典在社会变迁中不可避免地产生了

---

① 〔美〕伯尔曼：《法律与革命》，贺卫方等译，中国大百科全书出版社，1993，第 406 页。
② 朱慈蕴、毛建铭：《商法探源——论中世纪的商人法》，《法制与社会发展》2003 年第 4 期。
③ 《中国大百科全书》（法学卷），中国大百科全书出版社，1984，第 505 页。
④ 参见史际春、陈岳琴《论商法》，《中国法学》2001 年第 4 期。
⑤ 张民安：《商法总则》，中山大学出版社，2004，第 11 页。

时代的裂缝。例如，法国商法典迄今仍然有效的原始条文仅剩 30 余条，几乎已被适应新时代的要求不断出现的新法架空了；[1] 在德国，一些学者对自己国家的商法典的法律基础进行比较后也认为，当今德国商法的实质性内容正在萎缩。[2] 以上原因导致出现了人们对是否有足够的基础继续支撑一部独立的商法典持有疑问。一直以来，不少研究私法的学者也认为，商法与民法共同扎根于私法精神，其基本原理、基本制度有共通性，商法亦主要涉及私人利益，要在民法与商法之间划分出一条明确的界线是十分困难的。

最早提出"民商二法统一说"的是意大利学者摩坦尼利，他主张商法应归入民法典，实现统一。这一学说一度风靡世界。[3] 1937 年，瑞士将原本属于商事规范的债务法归入 1912 年民法典，成为首个采用民商合一立法体例的现代国家。更值得注意的是，罗马法的发源地、原先也采用民商分立体例的意大利，在 1942 年制定了一部包括民商内容的综合性新民法典。该法典的主要指导思想是"以私主体（而非商人）为利益中心"、"所有私生活反映在一部法典中"以及"私法的统一是经济发展和历史的统一"。[4] 此外，荷兰、土耳其、泰国、匈牙利、俄罗斯等国也相继采取民商合一体例。在民商统一的观念影响下，上述国家开始逐渐稀释私法二元体制的历史积淀，引领了私法一元化的最新潮流。美国学者艾伦·沃森在观察到这种现象后甚至断言："民法法系的现代趋势是朝着法典统一，包括商法典和民法典统一方向发展。"[5]

从以上私法演化史可知，商法的出现与罗马法复兴绝不仅仅是历史的巧合，其共同体现了市民社会的一般规律和根本要求。商人法的出现无疑与商品经济的发展和商人追求自身利益密切相关，而罗马法无论从法律内容的发达状况，还是从法律技术的精细程度考虑，与以往的法律相比，其中关于商品交换的法律规定已达到了一个崭新的、较高的水平。这些法律被后人所推崇和接受，从而对近现代欧洲商法以至整个世界的贸易法都产

① 史际春、陈岳琴：《论商法》，《中国法学》2001 年第 4 期。
② 参见〔德〕卡纳里斯《德国商法》，杨继译，法律出版社，2006，第 15 页以下。
③ 龙卫球：《民法总论》，中国政法大学出版社，2002，第 23 页。
④ 费安玲：《1942 年意大利民法典的产生及特点》，《比较法研究》1998 年第 1 期。
⑤ 〔美〕艾伦·沃森：《民法法系的演变及形成》，李静冰等译，中国政法大学出版社，1992，第 206 页。

生了较大的影响。① 可见，罗马法虽无专门的商人法，但中世纪商人的自治精神实与罗马法私法观念一脉相承，二者均为市民社会的一般法，反映着市民社会排斥公权随意介入的私法文化与价值追求。

从历史上观察，商法常常成为私法现代化的引路者。由于民法被视为一般私法，所谓私法现代化实际上就是民法商化的过程。早在 19 世纪，德国学者哥德施密特就注意到"私法的商化"现象，他认为商法是民法的前驱，民法与商法的分界线是不断变化的，商法推陈出新的实体内容逐渐为民法所吸收。1894 年德国学者里查在其所著的《德国民法草案关于商法的理论及其影响》一书中，正式提出了"民法的商化"这一观点。② 民法商化的例子在私法史上数不胜数，信手拈来便是数例。比如代理制度，在"债只能自为"的观念支配下，罗马法早期对此是严格否认的。③ 及至后来的有限承认而终为近代法典所采纳，再到部分国家和地区（日本、我国台湾）民法典承认表见代理，其变迁实为商品交易与商事实践中的需求所推动。善意取得、法律行为无因性、事实缔约等理论的提出与制度的建立，也应当到商事规则中寻找它们的起源。

当然，在不同的历史时期，私法的表现形式、内容范围与侧重点会有所不同，如古罗马的平等与现代民法的平等、小商品经济下的意思自治与近现代市场经济下的意思自治，显然不可相提并论。然而，无论冠以民法还是商法的名义，其内在精神深刻统一于历史的脉动之中。如果人们曾将等级、身份、小商品生产等概念标签贴在"民法"身上，那么在等级法消亡以后，就要考虑民法将以何种面貌出现的问题；类似的情况是，当商法从中世纪带有职业准入性质的身份法演变至近现代普遍商化的一般职业法，商法与民法的樊篱也正在打破。当前，随着信息技术和大数据分析为依托的"互联网＋"和共享经济的兴起，各种新型商业模式所带来的交易个人化、兼职化以及营利行为和非营利行为共存的交易结构，进一步模糊了传统民法和商法之间的界限。

在此互动下，即便不承认民与商彻底融合的可能性，也绝不应该将"昨天的民法"与"今天的商法"之间的差异移花接木于"民"与"商"

---

① 〔德〕海曼：《商法典评纂》，转引自范健《我国〈商法通则〉立法中的几个问题》，《南京大学学报》（哲学·人文科学·社会科学）2009 年第 1 期，第 53 页。
② 赵中孚主编《商法总论》，中国人民大学出版社，1999，第 32 页。
③ 参见龙卫球《民法总论》，中国政法大学出版社，2002，第 563～564 页。

的一般概念中。因此，在理解"民"与"商"的关系时，切忌割裂私法发展的历史延续性与动态过程，人为地将民法或商法的范畴局限于特定历史发展阶段。总而言之，从私法发展史来看，民法与商法存在不同发展脉络，但无法截然分离，二者在当代也具有密切的关联。在某种意义上，民法与商法互动之力度，远大于二者之离心力。

第三节 《民法典》：民商互动的最新立法范例

如前文所指出，民法规范在多大程度上体现了商法化的要求，在某种意义上可作为评判民法典编纂成功与否的重要标准。在党中央做出编纂民法典的政治决断后，立法机关针对民法典编纂工作采取了"两步走"思路，即先编纂总则，后编纂分则。2017 年 3 月 15 日，《中华人民共和国民法总则》（以下简称《民法总则》）颁布并于当年 10 月 1 日正式实施。2020 年 5 月全国人民代表大会正式通过《中华人民共和国民法典》（以下简称《民法典》）。① 《民法典》的颁布不仅是民法典编纂工作的重要进展，同时它还作为未来民商事立法的基本法渊源。那么，对于长期关注民商事立法的学者而言，他们的期许究竟实现几何，首先需要探明。

《民法典》对民法商法化的立法诉求做出了不少回应。笔者尝试对《民法典》成功与商法规范加以融合的条款做一番立法技术的类型总结。需要说明的是，这里区分了法规范和法条的概念。因为，从规范的技术视角，法规范不等于法条，前者须借由后者（通常是不完全法条）的相互结合才能构成完整的规范。②

一 通用型条款

所谓通用型法条，是指民法典中能够反映民事规范与商事规范共通特性的，可以统一适用于所有民商事法律关系的民事条款。通用型条款实质反映

---

① 至《民法典》颁布之日，《民法总则》作为《民法典》的总则编已实施两年有余。在此期间，学界以《民法总则》作为研究对象，实与《民法典》类似研究并无二致。如无特别说明，下文涉及的《民法总则》研究文献，均视为对《民法典》总则编的观点引用。

② 参见〔德〕卡尔·拉伦茨《法学方法论》，陈爱娥译，商务印书馆，2005，第 140 页。

了民商合一立法体例的基本立场。当然，通用型条款之一般性，只体现了民法和商法的最大公因式，不能因此否定或取代商法规范的特殊性。在具体的法律适用中，商法规范更多是对一般性规定的变更、补充或排除。① 《民法典》中存在大量民法和商法的通用型条款，仅择数例阐述。

（1）习惯的法源地位。《民法典》第 10 条规定："处理民事纠纷，应当依照法律；法律没有规定的，可以适用习惯，但是不得违背公序良俗。"从性质上看，本条规定为裁判规范，其规范对象系裁判之人或机关。② 这意味着，法官在裁判民事案件时只能依据法律和习惯，形成"法律—习惯"二位阶法源体系。③ 从内容来看，本条所指习惯，需在法律没有规定的情况下才能补充适用，而并非指习惯法，盖因习惯法应包含在"法律"之中。④ 从适用范围来看，不论持民商合一还是民商分立之立场，学者皆主张商事习惯应当被规定为法律渊源。⑤ 既然本条规定未明确区分民事习惯和商事习惯，那么按民商合一之基本要义，商事习惯亦得适用于本条规定，故可视为通用型条款。

（2）决议的成立。在民法学通说中，决议是一种调整社团组织内部关系的特殊法律行为。⑥ 除社团决议、业主管理规约和村民集体决议，商事法上的股东会与董事会决议亦属民法上的决议范畴。《民法通则》对决议的法律地位和效力规则未做规范，而公司决议的效力瑕疵则明确适用《公司法》第 22 条之规定，但该法未对决议的成立规则做出规定。《民法典》第 134 条将法律行为分为单方的、双方的和多方的行为。该条第 2 款规定："法人、非法人组织依照法律或者章程规定的议事方式和表决程序作出决议的，该决议行为成立。"据此，决议被单列为独立的法律行为，包括股东表决等商事组织行为与业主委员会、村民委员会决议等民事组织行为，

① 参见〔德〕卡尔·拉伦茨《德国民法通论》（上册），王晓晔等译，法律出版社，2013，第 10 页。
② 参见黄茂荣《法学方法与现代民法》，中国政法大学出版社，2001，第 111 页。
③ 参见陈甦主编《民法总则评注》（上册），法律出版社，2017，第 76 页。
④ 参见梅仲协《民法要义》，中国政法大学出版社，1998，第 49 页。
⑤ 参见王利明《民商合一体例下中国民法典总则的制定》，《法商研究》2015 年第 4 期，第 8 页；范健《我国〈商法通则〉立法中的几个问题》，《南京大学学报》（哲学·人文科学·社会科学）2009 年第 1 期，第 53 页。
⑥ 参见〔德〕卡尔·拉伦茨《德国民法通论》（下册），王晓晔等译，法律出版社，2003，第 433 页。

均可适用《民法典》该条规定。

（3）职务代理。《民法典》第170条新增了职务代理的一般规则："执行法人或者非法人组织工作任务的人员，就其职权范围内的事项，以法人或者非法人组织的名义实施民事法律行为，对法人或者非法人组织发生效力。法人或者非法人组织对执行其工作任务的人员职权范围的限制，不得对抗善意相对人。"职务代理属于传统民法的既有内容，《民法通则》第43条规定即为其历史渊源。[①] 职务代理同时也是传统商法中的重要内容。按照大陆法系民商分立的立法体例，商事代理权与商业辅助人这一概念紧密相关，狭义上，商业辅助人主要指受雇于商人以辅助其营业的经理、店员及学徒。[②] 经理等商事代理权实质是民法一般代理权的特殊形式，其目的在于对商事交易的特殊保护。[③]《民法典》所规定的"执行组织工作任务的人员"，解释上可涵盖传统商法中的狭义商业辅助人。因此，在没有特别规定的情况下，有关商事代理可适用《民法典》职务代理规则。

（4）股权和其他投资性权利。《民法典》第125条规定了股权和其他投资项目权利作为民事权利客体。民商分立的民法典通常不调整股权，而《民法典》的立法思路是民商合一，因此将股权纳入民事权利。[④] "投资性权利"这一概念为《民法典》所创设，其涵盖范围既包括传统民法基于个人合伙产生的份额权益，也包括传统商法的非公司类企业的投资性权利，如合伙企业、个人独资企业，还包括了无法被股权、物权、债权等概念涵盖的理财产品、信托产品和基金份额等新型投资。"投资性权利"之概念，可谓《民法典》基于对民法和商事单行法财产制度的统摄，在财产权领域所贡献的最新抽象化立法成果。

二　融合型条款

通用型条款的核心特征在于对不同规范的统摄。在立法技术上，着力

---

① 有民法学者认为，《民法通则》第43条规定即属于职务代理。参见佟柔《民法通则疑难问题解答》，载《佟柔文集》，中国政法大学出版社，1996，第337页。
② 参见钟凯《经理制度比较综议——以大陆法系为主要考察视角》，《北方法学》2010年第3期，第71页。
③ 卡纳里斯认为，德国商法典上的经理权即属于《德国民法典》第167条规定的一般代理权的特殊形式。参见〔德〕卡纳里斯《德国商法》，杨继译，法律出版社，2006，第368页。
④ 参见陈甦主编《民法总则评注》（下册），法律出版社，2017，第870页。

于提取民法和商法公因式的通用模式，并非民法商法化的唯一路径。民事立法还可以径直将商法规范的基本内容吸收所用，并对原有内容按规范目的和体系安排加以整合、嫁接、优化，从而使民事规范集民事和商事特性于一体，实现"民"与"商"的有机融合。如果说通用型条款是"无中生有"，融合型条款就是"拿来主义"，体现了民法与商法规范上的合作，或者一方对另一方的改造。商法学者曾以"积雪与冰川"比喻二者的合作关系："商法为冰川上的雪，虽不断有新雪落下，但降落后便逐渐与作为冰川的民法相融合，为民法所吸收。"① 考察最新实定法，《民法典》的部分条款没有对各类规范作统摄处理，而是把商事单行法中的某些规范进行了吸收或改造。融合型条款主要集中于"法人"一章，特别是"营利法人"一节。试举例如下。

（1）法人登记的公信力。按照商法学通说，商事登记的主要效力有二：一是通过登记和公示创设权利，二是通过登记赋予登记事实正确性的推定效力。② 第三人根据该推定而与法人建立的法律关系，具有相应确定的法律效力。对于法人登记的效力，《民法通则》未做规定，《公司法》也仅对公司登记的个别事项加以规定。例如《公司法》第 32 条第 3 款规定，股东姓名或名称未经登记或者变更登记的，不得对抗第三人。《民法典》依据商法原理制定了第 65 条规定："法人的实际情况与登记的事项不一致的，不得对抗善意相对人。"本规定不仅统一确认法人登记事项的真实性推定，并且部分改变了以往司法实践不承认住所登记具有事实推定效力的做法。按照《最高人民法院关于适用〈中华人民共和国民事诉讼法〉的解释》第 3 条的规定，判断法人的住所以主要办事机构所在地之客观事实为标准，只有在客观事实无法确定时，才按照法人登记的住所地认定。③

（2）法人人格否认与关联交易损害赔偿。《民法典》分别以第 83 条规定了营利法人出资人禁止滥用出资人权利及其法人人格否认责任，第 84 条规定了控股出资人和"董监高"滥用关联关系损害营利法人的赔偿责任。

---

① 参见张谷《商法，这只寄居蟹》，《东方法学》2006 年第 1 期。
② 参见〔德〕卡纳里斯《德国商法》，杨继译，法律出版社，2006，第 74～75 页。
③ 《民法典》第 63 条虽然延续了法人的主要办事机构所在地为住所地的规定，但后半句同时规定，需要登记的法人，住所办事机构所在地与登记的住所地应当统一。

其理论渊源，系基于股东相互之间以及控制股东对公司所负担的诚信义务。① 这两项规范原本属于商事特别法中的内容，适用范围限于公司这类商事主体。② 为了减少和遏制公司股东以外出资人及控制权人的权利滥用，《民法典》几乎原封不动地把有关内容直接吸收为民事主体制度的一般性规则，创设出具有商法特性的民事规范，同时扩大了商事特别法的适用范围，使之适用于所有营利法人主体。

（3）营利法人内部决议与外部法律关系。依民法学说，决议的调整范围限于参与人的共同权利领域或他们所代表的法人权利领域，不调整团体或法人与第三人之间的关系，也不调整参与者的个人关系。③ 民法学者在研究《公司法》第16条决议规则的规范后果时，运用前述原理主张切断公司内部决议与外部行为的效力牵连。④ 商法学者虽也认同内部行为与外部行为的区分，但主张以商事特别法作为基本依据建立某种审查规则，苟以第三人对内部行为瑕疵一定程度的注意义务。⑤ 按照《民法典》第85条规定的设计，营利法人的决议被确认无效或被撤销时，法人依据该决议与善意相对人形成的民事法律关系不受影响。由此，这一规定既遵循了学界关于决议行为不影响外部关系的共识，同时也借鉴了商法学研究的成果。营利法人依据瑕疵决议对外形成的法律关系"是否归属于营利法人，该第三人是否善意是决定性的因素"⑥。

此外，《民法典》第69条规定的法人解散和第70条规定的清算义务人等规定，均是在《民法通则》没有直接规定或者规定极为简陋的前提下，借

① 参见钟凯《公司法实施中的关联交易法律问题研究》，中国政法大学出版社，2015，第265页。
② 这两项内容分别源自《公司法》第20条和第21条的规定。
③ 参见〔德〕卡尔·拉伦茨《德国民法通论》（下册），王晓晔等译，法律出版社，2003，第433页。
④ 参见崔建远、刘玲玲《论公司对外担保的法律效力》，《西南政法大学学报》2008年第4期，第32页。
⑤ 有关观点可参见赵旭东主编《公司法学》（第二版），高等教育出版社，2006，第200~201页；罗培新《公司担保法律规则的价值冲突与司法考量》，《中外法学》2012年第6期，第1243页；梁上上《公司担保合同的相对人审查义务》，《法学》2013年第3期；钱玉林《公司法第16条的规范意义》，《法学研究》2011年第6期，第133页。
⑥ 参见沈德咏主编《〈中华人民共和国民法总则〉条文理解与适用（上）》，人民法院出版社，2017，第661页。

鉴《公司法》第 180 条和第 183 条的规定提炼、吸收和改造的产物。[①]

三　转引条款

在立法技术上，为了实现法典简化、务实的编纂目的，以避免烦琐重复的表述，立法者经常会大量运用限制性、指示参照或转介条款，将可适用的事项援引至其他法律条款的构成要件上。这类条款的主要功能是为不同的法秩序预留接口，以共同构建新的法秩序，由此可形象地称为转引条款。转引条款在规范性质上属不完全法条，其仅为构成要件或法律效果之部分，只有与其他法条相结合，才能开展共创设法效果的力量。[②] 在《民法典》中，为数不少的商法规范可借由转引条款进入民法秩序，得以限制或改造民事条款的规范功能，从而更新形成具有商法特性的商事秩序。具体列举如下。

（1）限制性法条。《民法典》设置的民事规范作为一般性规定，适用范围可涵盖民事和商事领域。但在某些特殊的商事领域，因商法规范之特有逻辑，若完全适用民事条款规范，则不能发挥预期规范功能。其典型例子是《民法典》第 11 条规定："其他法律对民事关系有特别规定的，依照其规定。"从立法目的看，私法领域涉及的某些特殊商事规则，很难也不宜纳入民法典，故这条规则明确了民法总则与民商事特别法的关系。[③] 本条规定把民法的一般性条款排除在商事特别法之外，为限制性法条。此外，该规定还体现了法条完全性的相对性。[④]《民法典》的部分条款相对于民事生活事实而言，未必不属于完全法条，但相对于所规范的商事生活事实而言，则具有不完全性，须具体援用转引的法条才能充实其规范效果。

（2）参照性法条。参照性法条的构成要件同样具有不完全性，缺失部

---

① 《民法通则》没有对法人解散及其事由加以规定。该法第 47 条仅规定企业法人的清算事由，但未规定清算义务人及其违反清算义务的法律后果。
② 参见〔德〕卡尔·拉伦茨《法学方法论》，陈爱娥译，商务印书馆，2005，第 138 页。
③ 参见全国人民代表大会常务委员会《关于〈中华人民共和国民法总则〉（草案）的说明》，全国人大常委会副委员长李建国 2017 年 3 月 8 日在十二届全国人民代表大会第五次会议上。
④ 参见黄茂荣《法学方法与现代民法》，中国政法大学出版社，2001，第 130 页。

分须参照另一法条补充，其主要功能在于避免立法上的重复规定。①《民法典》第 62 条第 2 款规定，法人承担民事责任后，依照法律或者法人章程的规定，可以向有过错的法定代表人追偿。这里所谓的"依照法律"，意为参照适用所有在构成要件上可向法定代表人追偿的法条。目前有关向法定代表追偿的法律主要是商事特别法。例如《公司法》第 147 条规定，"董监高"对公司负有忠实和勤勉义务，违反此法定义务应按照该法第 149 条的规定向公司承担赔偿责任。

（3）转介条款。所谓转介条款，又称引致条款或引致规范，是指本身没有独立的规范内涵，甚至不具有解释规则的意义，单纯引致到某一具体规范，法官需要从所引致的具体规范的目的去确定其效果的法律条款。②它是民法学者在研究不同法域（如公法与私法）互动关系时提出的解释性概念。例如，《民法典》第 71 条和第 127 条，皆为典型的转介条款。有人认为，这样的规定不应出现在《民法典》总则，因为它们没有提供任何规范，只是写上其他法律有规定的，依照其他法律的规定，这无异于同语反复。③ 我们承认转介条款过多可能存在一些消极作用，例如减损了民法总则的法典化功能，但其独特价值仍然不应被忽视，即至少提供了构成要件的规范前提。根据《民法典》第 71 条的规定，法人的清算程序和清算组职权，依照有关法律的规定，没有规定的，参照适用公司法的有关规定。不难看出，这里引致《公司法》第 183 条至 189 条等规定，不是可有可无的重复性说明，它同时限定了非公司法人清算所援引的法律依据。例如，现行《民办非企业单位登记管理暂行条例》中也有一些关于民办非企业单位的清算规定，而《民法典》第 71 条的存在，令民办非企业单位的前述清算规定不能再适用，其清算程序应当直接参照《公司法》的规定。可见，这类条款的引致功能有助于民法规范向商法规范转化。

第四节　民商事立法共同理念的提炼

由于民法学界与商法学界对商法地位的认识存在差异，他们各自对民

---

① 参见〔德〕卡尔·拉伦茨《法学方法论》，陈爱娥译，商务印书馆，2005，第 141～142 页。

② 参见苏永钦《私法自治中的经济理性》，中国人民大学出版社，2004，第 35 页。

③ 参见薛军《民法总则：背景、问题与展望》，《华东政法大学学报》2017 年第 3 期，第 13 页。

法和商法是否存在共同理念自然也有理论分野。商法学者多试图总结商法自身的核心价值理念，如强化私法自治、经营自由、保护营利、加重责任等。[①] 从内容上看，如果抛开民法和商法地位之争，商法中的大部分价值理念与民法是兼容的，尽管在个案适用中，某些理念的应用及其权利义务配置存在较大差异。例如，关于保护营利这一理念，个案公平及其权利义务分配须考虑主体是否具有商事性质。[②] 鉴于民法与商法在私法史上的关联性与延续性，以及当代民商事立法的互动性，在学界关于民商关系的讨论、各自所形成共识的基础上，结合我国相关立法实践，笔者主张大民商法的概念，既强调商法区别于民法的实质特殊性，同时又指出民商立法在理念上有其显著的公约数。在私法统一与民商互动视角下，本书试图从宏观上总结民商事立法的四大理念。

一 私法自治理念

一如前述，不论民法与商法，其发展脉络均在私法统一的框架下生成，在不同历史进程中，私法自治是民法和商法不可或缺的核心理念。对于私法自治在民法中的地位，民法学者并无异议，大部分商法学者也予以赞同。但部分商法学者在一定历史时期下对商事立法归纳的"私法公法化"特征，在某种程度上可能成为妨碍私法自治作为民商事立法核心理念的障碍。

关于商事立法的实证研究指出，商法典和单行商事法经常被注入行政法、刑法等归属于公法范畴之异质条款，该现象时被国内商法及经济法学者所提及，并作为商法成为独立法域的依据之一[③]，在部分文献中甚而被归结为商法分离于民法的最主要因素。所谓"私法公法化"在逻辑上是难以自圆其说的。从词义上看，所谓"化"者，当指不同事物之间性质的相互转变。依法理学上的权利义务守恒定律，在权利义务总量不变的前提下，私权利义务与公权利义务间成反比例关系。[④] 从理论逻辑推演，"私法

---

① 参见范健《我国〈商法通则〉立法中的几个问题》，《南京大学学报》（哲学·人文科学·社会科学）2009年第1期。

② 参见姚秋英《民法与商法的分析方法比较——以一个案例为切入点》，《河南省政法管理干部学院学报》2009年第1期。

③ 参见王保树《中国商事法学》，人民法院出版社，2001，第12~14页。

④ 张文显：《法理学》，高等教育出版社、北京大学出版社，1999，第89页。

公法化"这一表述必然意味着一定法空间内的公权载量增加，私权载量降低，二者此消彼长。本书并非主张私法自治无须任何限制，而是指出对私法自治的限制，已然超出民商法的调整范围。① 照此推演，便可能出现"市场经济越发展，商事法律越发达，国家主义的特征就越明显"的咄咄怪事。这一推演结论不论之于私法内在理念上或是实证法经验观察，都会造成不可接受的理论和现实悖论。

那么问题出在什么地方呢？我们认为，"私法公法化"乃混淆或误用不同学科概念的逻辑错误之理论产物。不可否认，随着国家对经济干预的强度和手段不断增加，原属私法领域的法典中有关公法的条款事实上在急剧增加，立法层面对法律社会化的追求也导致了劳动法、经济法等新兴领域的出现。我们同意这样的判断，即私法与公法、民法与行政法、契约与法律之间的僵死划分已越来越趋于动摇，这两类法律逐渐不可分地渗透融合。② 但应当指出，这一结论是一种法社会学意义上的观察判断，强调的是立法上应重视不同规范的协同与互动，而非在规范法学意义上取消私法和公法的划分。

从规范法学的视角来看，商法典和其他商事单行法中的"公法条文"不能成为抹杀公法与私法界限的理论依据。这是因为，作为法律基本单元的法律规范与法律条文不是同一概念，尽管法律规范由法律条文及其包含的法律概念所组成。私法规范本身是一个体系，法律条文须在一个领导性的价值观念下被组合成一个规范的单元，而后才能表达出一个完整的、互相协调的法规范。③ 就规范在体系上的归属而言，其法定的位置并非决定性的，各国商法典夹杂的有些公法条文从体系上不属于商法本身，而应该属于其他的法律部门，如劳动法和管理法。④ 忽视这一点，就无法解释当代立法尤其是部门单行法中，公法条款与私法条款往往大量出现于同一立法文本这一法律现象，私法公法化或者公法私法化的理论阐述可能导致公私法界限的模糊，进而在司法实践中减损不同法规范的适用功能，在理

---

① 参见张德峰《从民商法到经济法：市场经济伦理与法律的同步演进》，《法学评论》2009年第 3 期。

② 参见〔德〕拉德布鲁赫《法学导论》，米健、朱林译，中国大百科全书出版社，1997，第 77 页。

③ 黄茂荣：《法学方法与现代民法》，中国政法大学出版社，2001，第 106 页。

④ 参见〔德〕卡纳里斯《德国商法》，杨继译，法律出版社，2006，第 3~4 页。

念、体系和方法上引起法律适用的混乱。

申言之，我们不能因为私法法典中附带有公法性条款①，就武断归结为"私法公法化"。公法和私法之融合，不过是法律体系内部多部门协调调整的产物，这种情况在公法内部也是存在的，如刑法中的附带民事赔偿。异质的法律条款没有改变法律部门本位及其属性，也就谈不上"私法公法化"或"公法私法化"。因此，公法和私法融合现象，或者说公法条款对私法自治的有关限制，均丝毫不影响私法自治在民商事立法中的核心地位。

二　民商耦合理念

"耦合"一词借鉴于物理学上的概念。将之应用于社会科学领域，它的内涵是指两个不同事物的相互影响、相互渗透、相互作用。不仅公法与私法之间存在渗透和融合，考虑到民与商既存在历史延续性，在当代又有所谓"民法商法化"与"商法民法化"的互动关系，民法与商法于各自立法表达上出现"耦合"现象，完全符合私法演进的内在规律。前文针对《民法典》关于民法和商法互动的分析，就是民商耦合理念在民商立法中体现的有力证据。

理解民商耦合理念不仅要关注二者的融合与渗透，更重要的是把握二者的融合度及其融合路径。其中，法律移植现象以及我国民商法律移植的历史传统，是观察民商规范耦合的一个重要窗口。按照法的一般理论，法律移植和法律继受须要具备一定的现实条件，否则便会刺激引发受体的秩序震荡而出现关联负值。对此，法学界关注较多的是外来制度与本土资源的整合问题，但强调得较少的一点是同一受体在接纳不同供体时，也可能会发生"消化不良"，或者出现其他破坏性的"化学反应"。

从我国民商事立法实践来看，一方面，由于缺乏商法典这一历史条

①　另外值得指出的一个错误倾向是，将强行性规范等同于公法条款。私法中也可存在一些技术性的强行性规范，功能在于确立私法自治的基本框架，如权利能力不得抛弃、所有权限制等。类似的限制古罗马就已存在，照此逻辑认定罗马法有"私法公法化"的倾向是极其荒唐的。

件，我国商事规则在一定程度上缺乏完整性和系统性，部分商法规范存在商化不足或过度商化的现象；① 另一方面，他国商法典的不少传统内容事实上已为我国商事单行法所借鉴，有关规定虽然没有"商法总则"或总纲性规定作为指导，但商事规则的具体适用及其效果并非只有依托商法典才能实现良好运行。在耦合路径方面，除了制定一部商法典外，对具体商事规则的完善，往往只需就商事单行法进行修改即可实现，或者在次级法典化的层面制定一些总纲性的规则（如商事通则），而无须大动干戈、完全独立于民事基本法之外另起炉灶，冒着破坏大众接受心理的危险而做出系统化变革。

同时，民商事立法的融合还将受到法律移植过程中不同法系传统的影响。在民法典制定中，如果将深受英美法系影响的商事法律规范和深受大陆法系影响的民事法律规范通过一部民法典的形式整合在一起，在我国现在的立法水平下，必然是一锅"夹生饭"。② 由于我国司法实务中进行思维和推理的基本框架是传统民法概念和逻辑的体系，传统民事规范与部分"英美化"的商事规范非兼容问题是客观存在的。因此，民商事立法的互动，必须妥善处理民法典与商事单行法关系的问题，以免法官面对两套差异巨大的概念和逻辑体系，造成法律适用混乱。

三　私法圈层理念

立法上的"圈层思维"源于化学上的"相似相溶原理"，即具有相似分子结构的溶质与溶剂相结合而形成新的物质状态。在这一状态中，既有交融的共通性，又有隔离的边界。相似度越高，则互溶性越大，反之则呈现差异性。而不同制度内容之间，互溶性有所不同，则构成了价值层面的多圈层格局，既包含了核心理念圈层，又体现各种外围理念圈层。

私法圈层理念是解决民法与商法规则冲突，处理民法和商法通约性与差异性关系的重要理念。具体到民商立法上，前述民商互动关系决定了二者之间存在较大公约数，如前述私法自治理念即是。私法自治作为民商制

① 参见王建文《中国现行商法体系的缺陷及其补救思路》，《南京社会科学》2009 年第 3 期。
② 任尔昕：《我国商事立法模式之选择——兼论〈商事通则〉的制定》，《现代法学》2004 年第 1 期。

度的核心理念，在民商事立法所有领域中的兼容性最强，是私法核心圈层理念。但是，对于私法自治内涵和外延的把握及其在具体个案中的运用，民法与商法解读的侧重点是不同的。例如，民法的自治更注重民事主体的意思内容，体现实质公平；商法的自治则侧重商主体的意思形式表达，体现效率。因此，在共通的自治理念下，民法可演绎或兼容公序良俗、诚实信用等次圈层理念，在其他圈层领域，商法则可能与民法"分道扬镳"，进而演变为"商主体严格法定原则，企业维持原则，保障交易自由、简便、迅捷原则，维护交易安全原则"等原则。①

可见，民法和商法固然有各自的核心理念，同时也有层次化的外圈层理念。更关键的问题在于，在民商立法中应注意圈层划分的边界问题，防止将一些特定领域的独特规则牵强附会设定为民法或商法的通用理念。例如，要式主义、严格责任、定型化交易往往是个别商事关系适用的制度，"不过是个别商事行为偶然的、个体的表现，并不具有涵盖所有商事关系的普遍意义"②。在学术研究中，为了突出商法的独立地位或者区别于民法的实质性特征，忽略私法不同圈层理念与原则的边界，必然导致民法与商法功能的错位，既不利于民商法理论的发展，也可能降低民商事立法的科学性。

四 以形式主义为主、以经验主义为辅的立法理念

立法的形式主义即法典主义，是一种通过形式化的法典编制，从而实现民商事规则体系化的一种立法价值导向。从比较法来看，形式主义并非各国通行做法。传统上，普通法国家由于并不依赖于成文法且缺少严格的部门法划分，自然也就不存在民商合一或民商分立的争议。即便使用成文法作为民商事规则的表达形式，英美国家也更倾向于按照经验主义选定内容，其典型代表为美国《统一商法典》（UCC）。在内容上，UCC 包含了许多在大陆法被视为"民法"的内容，如动产担保法、动产买卖法。另外，在体系上，整部法典也没有商人、商行为和其他商事规则固有的一般性原

---

① 参见范健《我国〈商法通则〉立法中的几个问题》，《南京大学学报》（哲学·人文科学·社会科学）2009 年第 1 期。
② 赵旭东：《商法的困惑与思考》，《政法论坛》（中国政法大学学报）2002 年第 1 期。

则。一些美国学者对 UCC 的法典性质也明确表达了否定态度。基尔默教授和与 UCC 起草人卢埃林合作过的霍克兰教授认为，UCC 只是一般成文法而不是真正意义上的法典：法典与一般成文法不同，前者在其领域内的效力优先于普通法，并被假定含有这一领域内出现的一切可能的问题的答案，而当成文法出现漏洞时，法官则须依据判例裁决；法典的实际条文是裁判的唯一依据，而法官依据成文法做出的判例却可以作为成文法的组成部分。①

与此不同，我国民事立法长期采用大陆法系的法典化表达形式，当前的民法典编纂即为有关立法思路的进一步延续与强化。从商事立法的基本需求来看，商事规则的体系化表达也是当前国家立法应当补足的"历史短板"。故不论民或商，其基本法或单行立法均采形式主义为主导，是极为自然的选择。

但应予指出，作为调整市场经济关系的主要法律，各商事部门法的修改频率也要明显高于其他任何部门法。完全比照民事规则的体系化去构造商事规则，过度追求规则体系逻辑结构的严谨，可能会减损商事规则的实践价值，并不利于商事活动的发展。在这方面，不拘泥于形式的英美法规则，及其经验主义的成文法编纂模式，无疑值得我们重视并借鉴。

当然，这并不是说各商事部门不需要理论指导，也不是说公司法等具体部门不可以形成相对完善的理论体系，而只是表明商事规范很难像传统民法那样得以形成能够科学涵括商事单行法基本制度的总论，来支撑一部商法典的制定。民法和商法作为一个既对立又统一的规则范畴，比较而言，民法代表稳定性，商法代表突破性；民法是守成者，商法是开拓者。故民事立法所体现的形式主义色彩更浓厚，商事立法的经验主义色彩更突出。

经验主义与形式主义虽有互补作用，但应防止经验主义掉入功能主义的陷阱，"即偏向假定一系列先验的功能，然后再去寻找履行这些功能的社会制度……结果产生的是这样一个概念体系，它只注意到了功能，实际制度也只是作为一种事后思考来处理的"②。为某种民事的"公平"或商事

_____

① 孙新强：《法典的理性：美国〈统一商法典〉法理思想研究》，山东人民出版社，2006，第 292～293 页。
② 孙新强：《法典的理性：美国〈统一商法典〉法理思想研究》，山东人民出版社，2006，第 87～88 页。

的"效率"的功能而寻找相应的制度配对时，必须考虑的是多元而不是单一的路径，不应刻意赋予一种路径符合某种先验功能的优先地位。各种功能及其对应的社会需求，只有在各具体路径的探索中才能被真实发现。

第五节　我国民商立法不足及后续立法模式选择

按照民法典的编纂思路，《民法典》不仅仅是民事法律的总则，其适用范围也涵盖了商事法律制度。为保持《民法典》一般法的地位，立法技术上需以抽象化方式统摄民商各项规则。抽象化立法在法律适用中的作用主要体现在，当特别法领域找不到可直接适用的依据时，可"回归民法寻找源泉性法理依据作解释说明"。[1]

另外，《民法典》对各类规范的统摄毕竟是有限度的，不仅有大量商法规范相比民法规范差异甚大，民法各编内容亦具相当独特性，通用性条款设置难度之大，可想而知。如欲降低其抽象程度，在总则为具体制度提供详细规范，则违背"一体适用"提取公因式的抽象化原则。[2] 反之，总则条款越抽象，通用性越强，则对商法的指导作用可能越弱。因为直接套用民法规定，必然对商法自身原理规则有欠考虑，难以真正体现规范目的之例外性。

正因为如此，《民法典》一般法的定位会使其在吸收商法规范方面遇到众多限制。"特别立法篇幅巨大，将其纳入法典将使法典膨胀而成为难以掌控的鸿篇巨制"[3]，而"在规则和价值上太过缤纷，也可能影响乃至失去其作为一般规则和价值提供者的指引性"[4]。有关因素构筑的立法"天花板"，决定了民法典只能维持"低度立法模式"。[5]《民法典》大量运用转引条款，而没有直接吸收众多商事特别规则，无疑是这种立法定位的

---

① 彭真明：《论现代民商合一体制下民法典对商事规范的统摄》，《社会科学》2017 年第 3 期，第 96 页。
② 李建伟：《民法总则设置商法规范的限度及其理论解释》，《中国法学》2016 年第 4 期，第 85 页。
③ 〔美〕约翰·亨利·梅利曼：《大陆法系》，顾培东等译，法律出版社，2004，第 161 页。
④ 茅少伟：《寻找新民法典："三思"而后行》，《中外法学》2013 年第 6 期，第 1141 页。
⑤ 王文宇：《从商法特色论民法典编纂——兼论台湾地区民商合一法制》，《清华法学》2015 年第 6 期，第 75 页。

明证。

我们赞同部分学者对《民法典》总则的评价，即在某种程度上，它并没有完成提取民法与商法公因式的任务。① 这既是基于《民法典》之立法定位，同时也是商法自身的特殊性所致，由此形成的后果，是商法规范难以完全寄希望于《民法典》总则的统摄、融合与技术协同，而必须另寻立法表达路径。在未来商事审判实践中，一般性商事规则可能会令许多案件面临"无法可依"的困境。下文以《民法典》第 170 条所规定的职务代理问题为例，说明《民法典》在民商融合工作方面尚存不足。②

第一，职务代理之代理范围不清。《民法典》职务代理规定于"委托代理"一章，体系上为委托代理之特别规则，可归属意定代理范畴。字面上，《民法典》把职务代理的权源定位于"职权范围"。这一立法处理具有一定的合理性。意定代理的权源只能来自本人的授权，本人授权的其他形式，如法律规定和交易习惯，与其说体现了代理权源的多元化，毋宁只是授权范围的类型化。不过，依民法学通说，代理权授予是单独行为③，意定代理权之范围仍应取决于授权行为所表示之意思，而非基础行为之内容。④ 直接将职务代理的权源表述为"职权范围"，似与"基础关系与授权行为相区分"的民法原理冲突。对此较为合理的解释是，将职权授予之意思与产生职权的基础关系相区分，并将前者直接视作代理权授予。

《民法典》第 170 条虽笼统规定职务代理依职权范围而定，但并没有明确代理范围确定的原则，后者恰恰是商事代理不同于民事代理的关键所在。二者的主要区别在于，民法上意定代理范围原则上依照本人的直接意思发生，商事代理（如经理权）的代理范围，却不完全取决于本人之意思，而为法律之规定，经理人特定的代理行为，是否为本人之意思，无关

---

① 参见赵磊《民法典编纂中的立法模式悖论——基于商法规范如何安排的视角》，《北方法学》2017 年第 3 期，第 43 页。

② 《民法典》第 170 条规定，执行法人或者非法人组织工作任务的人员，就其职权范围内的事项，以法人或者非法人组织的名义实施民事法律行为，对法人或者非法人组织发生效力。法人或者非法人组织对执行其工作任务的人员职权范围的限制，不得对抗善意相对人。

③ 参见陈华彬《论意定代理权的授予行为》，《比较法研究》2017 年第 2 期，第 193 页。

④ 参见陈自强《代理权与经理权之间：民商合一与民商分立》，北京大学出版社，2006，第 20 页。

宏旨。① 职务代理条款此种界定的缺失，必然引起司法实践中的种种问题。其所谓的"职权范围"，性质上纯属组织内部事务，仅依赖于内部授权确定代理范围，处理外部关系必须结合第二款之善意对抗规则，以构建一套复杂的关于相对人"善意"的构成要件。而在缺乏法律规定的前提下，容易"增加学理上和实务中就职权范围界定的不必要争议，甚至在司法实践中大大增加涉及法人和非法人组织代理的纠纷"②。

第二，未对不同职权范围及代理权限作合理细分。不论是法人或非法人组织，执行其组织工作者众，相应的职务类型纷繁复杂，《民法典》未对此做进一步的职权划分。不同执行工作任务者是否均对外有职务代理权，其代理类型和效力范围如何划分，《民法典》没有提供答案。将目光转移至大陆法系相关立法，在"商业使用人""商业辅助人""商业雇员"等概念统摄下，职务代理权通常有三种：第一种是经理权，其代理范围最为宽泛，可代理实施诉讼上和诉讼外的一切法律行为；第二种是特定范围的代理权，其权限范围窄于经理权，在不同国家有不同称谓，如代办权、部分代理权、企业辅助权等；第三种是店员代理权，这种权利不需要业主授权，只要受雇于店铺即视其享有销售权限。③ 总体来看，各类职务代理的范围具有法定性，各国通过立法技术对上述几种形式的职务代理权予以类型化，使职务代理构成以经理权为重心的逻辑严密的权利体系。

检索我国现行立法，在《民法典》之外有不同的类似的称谓。除《民法典》规定的企业法人的"工作人员"，有《公司法》第 216 条规定的"高级管理人员"，《合伙法》第 35 条规定的"经营管理人员"。另外，我国有关企业立法上还存在着"职工""员工"甚至"雇工""雇员"等概念。未入立法表述而依章程、内部约定和商业观念所表现的职务，更是五花八门，如总裁、主任、部门经理、业务经理、店长、总监等，不一而足。简要分析，这些概念均难以对应于境外立法的职务代理人。例如，"工作人员"从字义上应当指企业除法定代表人以外的所有人员，与职务

① 参见陈自强《代理权与经理权之间：民商合一与民商分立》，北京大学出版社，2006，第18 页。
② 尹飞：《体系化视角下的意定代理权来源》，《法学研究》2016 年第 6 期，第 61 页。
③ 参见钟凯《经理制度比较综议——以大陆法系为主要考察视角》，《北方法学》2010 年第3 期，第 71~72 页。

代理人相比，其外延显得过于宽泛；"高级管理人员"仅指作为公司负责人的管理人员，与职务代理人相比，其外延又显得过于狭窄。如果将这些概念嫁接《民法典》的职务代理，完全可能出现适用上的宽窄失当的问题。

目前商事单行法上的相关概念也未基于商事代理权而做出规定。例如，从《公司法》第 49 条的规定明显可见，公司总经理职权虽然也具有法定的属性，但基本为公司内部管理的内容，并不必然产生公司与第三人的外部关系。① 故仅凭借《民法典》第 170 条的简单规则，无法构建起如同境外民法典或商法典那种系统性的职务代理权制度。

第三，未充分贯彻商事外观主义的立场。所谓外观主义，是指以交易当事人行为的外观为准，而认定其行为所产生的法律效果。② 由于职务代理更多实施具有组织性和持续性的交易，对交易安全之强调尤为重视。基于法定性、客观性的代理构造特征，交易相对人只要以登记等易于辨识的方式确定其身份，"即可安心于经理人进行交易，无须一一调查经理权之有无"。③ 在比较法上，经理权等职务代理权之取得，原则上都要求采取明示授权的方式，且须进行登记，如《德国商法典》第 53 条第 1 款规定、《意大利民法典》第 2206 条第 1 款规定，以及日本、韩国、瑞士、我国澳门地区，均规定有类似内容。④ 为保护交易安全，我国《民法典》职务代理条款也承认"职权范围的限制不得对抗善意相对人"，但"由于善意系一种内在心理活动状况，它并不直接显露于外部，因而难以度测"。⑤ 倘若缺少职权范围及相应授权的公示方法，相对人便难以证明其构成

---

① 《公司法》第 49 条规定，有限责任公司可以设经理，由董事会决定聘任或者解聘。经理对董事会负责，行使下列职权：（一）主持公司的生产经营管理工作，组织实施董事会决议；（二）组织实施公司年度经营计划和投资方案；（三）拟订公司内部管理机构设置方案；（四）拟订公司的基本管理制度；（五）制定公司的具体规章；（六）提请聘任或者解聘公司副经理、财务负责人；（七）决定聘任或者解聘除应由董事会决定聘任或者解聘以外的负责管理人员；（八）董事会授予的其他职权。公司章程对经理职权另有规定的，从其规定。经理列席董事会会议。

② 王保树主编《中国商事法》，人民法院出版社，2001，第 25 ~ 26 页。

③ 黄立主编《民法债编各论（下）》，中国政法大学出版社，2003，第 537 页。

④ 参见钟凯《经理制度比较综议——以大陆法系为主要考察视角》，《北方法学》2010 年第 3 期，第 65 页。

⑤ 最高人民法院民事审判第一庭：《最高人民法院物权法司法解释（一）理解适用与案例指导》，法律出版社，2016，第 19 页。

"善意"。

　　未对职务代理的职权范围进行法定化、客观化处理，实践中还容易造成把有权代理混淆于表见代理。一种意见认为，如职务代理人所实施的行为超出其职权范围，即是超出了被代理人的授权范围，因此应当属于无权代理的情形，由此适用《民法典》总则第 172 条规定的表见代理规则。① 按照代理授权与基础关系相区分的原理，法人或非法人的内部约定，不能当然视为对代理权授予的限制，如存在外部授权（如公告、登记）或其他可推知的默示授权形式，该职务代理仍为有权代理。② 如将职权范围限制按表见代理处理，则会明显降低商事外观信赖保护的客观基础品质。与善意取得类似，表见代理对相对人注意义务要求也较高，这对于相关领域交易安全的保障往往是不利的。从民法学者的讨论来看，适用表见代理须考虑本人是否有"可归责性"、是否属于"本人可以控制的风险"等公平因素，或至少把本人的归责性纳入相对人的"合理信赖"因素。③

　　可见，唯有按照商事代理的价值要求建立职务代理权之公示制度，才能与大陆法系奉行的商事外观主义原则相吻合，并有效解决上文提及的概括授权所带来的权限界限不清晰的问题。④

　　第四，缺乏职务代理内部关系的实质性规范。首先，职务代理内部规范并非聊胜于无。法人或非法人组织内部各类工作任务执行人员，对外代理权仅是其依据职务而发生的权利义务关系之一，依据职务或基础关系的不同，如工作人员、高管、法定代表人，相关人员在组织内享有不同的法律地位。职务代理人与法人或非法人组织的内部关系具有多元属性，且内外之间未必一一对应，原则上需要于代理规则之外对其另作规范。其次，对职务代理内部关系做系统规范是境外立法之主流。从境外立法例看，商业使用人、商业辅助人等概念，不仅指向商事代理权，还着眼于商人与辅

① 参见沈德咏主编《〈中华人民共和国民法总则〉条文理解与适用（下）》，人民法院出版社，2017，第 1123 页。
② 实务中多认为挂靠经营属无权代理，适用表见代理的规定。可参见周凯《表见代理制度的司法适用——以涉建设工程商事纠纷为对象的类型化研究》，《法律适用》2011 年第 4 期。
③ 参见陈甦主编《民法总则评注》（下册），法律出版社，2017，第 1228～1229 页。
④ 参见蒋大兴、王首杰《论民法总则对商事代理的调整——比较法与规范分析的逻辑》，《广东社会科学》2016 年第 1 期，第 232 页。

助人之间的内部关系①，重点将竞业禁止作为商业辅助人的主要义务。最后，我国现行立法对公司以外的"经理人"以及其他职务代理人的义务规范阙如。在我国公司法上，针对职务代理人的竞业禁止和忠实义务的设定目前就只限于公司"高级管理人员"的范围，公司其他职务代理人以及非公司法人、非法人组织的职务代理人并不受约束。而且，我国公司法针对违反竞业之行为仅规定利润夺取型的介入权（归入权）。② 对于商事主体的保护而言，法律关系介入权也殊为必要，它可令公司整体介入竞业行为法律关系，将之视为为公司而从事的经营活动，从而可以有效夺回客商，充分保护公司利益，这是仅通过夺取财产利益或要求损害赔偿所不能达到的目的。

基于商事代理等商事立法的后续需求，民法典分则能否承接总则未完成的商法化任务，哪些需要留待商事通则再作统筹安排，需要进一步讨论。由于大量商法规范还是没能借《民法典》登堂入室，它们或隐匿于分散的商事单行法，或仅停留在学说层面继续远离商事实践，难以被审判机关系统适用。因此，接下来要考虑商法规范立法诉求后续实现问题。

对此，理论上存在三种后续方案。第一种方案是把特殊的商事立法问题，如商事代理，留待民法典分则中另作考量，例如间接代理由债法分则相应部分作特别规定。③ 第二种方案是将特殊商事制度付诸《商法通则》统一解决。④ 第三种方案是将有关问题交由商事单行法处理，例如在《公司法》修订时增设经理权、代办权等规范。⑤ 以上不同方案，需结合当前民法典编纂与商事立法实际，有针对性地加以论证并取舍。我们认为，民法典分编和商事单行法均无法满足商事立法的具体需求，理由如下。

---

① 较为特殊的体例是《德国商法典》，于经理权与其他商业代理权之外，另辟"商业辅助人及学徒"专章，专门规范商业辅助人与商人的内部关系。参见杜景林、卢谌译《德国商法典》，中国政法大学出版社，1999。如无特别说明，下文有关条文均引自该译著。

② 参见《公司法》第 148 条第 2 款规定。

③ 参见金可可《〈民法总则（草案）〉若干问题研究——对草案体系等若干重大问题的修改意见》，《东方法学》2016 年第 5 期，第 124 页。

④ 参见李建伟《民法总则设置商法规范的限度及其理论解释》，《中国法学》2016 年第 4 期，第 85 页。

⑤ 参见谢鸿飞《代理部分立法的基本理念和重要制度》，《华东政法大学学报》2016 年第 5 期，第 66 页。类似观点在商法学者的论述中也有涉及，可参见范健、蒋大兴《公司经理权法律问题比较研究——兼及我国公司立法之检讨》，《南京大学学报》（哲学·人文科学·社会科学）1998 年第 3 期，第 148 页。

首先，《民法典》所设置的分编体系未给某些重要商事制度留出空间。还是以职务代理和代理商为例，从体系上讲，它们均是一种特殊之债的发生依据，虽可借由"债法编"吸收进入民法典，但中国大陆债法体系深受《合同法》《侵权责任法》等民事单行法立法的影响而逐渐趋于瓦解，《民法典》第 121 条和第 122 条又将无因管理、不当得利等原本属于债法总则的内容规定其中，可谓针对传统债法体系发出的死刑判决书。① 没有了债法编，相关内容也就失去了融入分编的重要通道。从立法机关表述的《民法典》分则内容来看，同样没有为职务代理和代理商制度提供容身之所。

其次，通过新增编章纳入有关内容与《民法典》立法定位不符。比较法上，通过将各种企业规范独立成编的方式，职务代理、商事登记和商业账簿等制度虽可借由民法典编纂实现体系化安排，例如《意大利民法典》在"劳动编"的"企业劳动"专章中，以"商业企业与其他应当登记的企业"一节集中规定商业企业代理和登记等问题②，但是若追随此种"大民商合一"的编排思路，则需要将我国《公司法》《合伙企业法》《个人独资企业法》《劳动合同法》等单行法的相关内容再度进行次级公因式提取，其工作量之大，已不可能赶上民法典分则的编纂计划。况且，糅入过于庞杂的内容，所能实现者与其说是法典编纂，倒不如说是法典汇编。因此，这种思路既不符合学界关于民法典作为私法领域一般法的抽象化、简约化定位，也难与《民法典》低度立法模式相配套。

再次，不少商事制度如何在民法典中体现，学界还没有达成共识。其中，争议最大的就是商事代理制度。多数学者虽意识到商事代理不同于民事代理的独特性，但在"民法帝国主义"思维主导下③，民法学者往往对商法规范的特殊性体认不足。例如，有观点论及商事代理，对大陆法系直接代理中所包含的丰富商事规则视而不见，径直形成直接代理适用于民事领域，狭义间接代理（隐名代理）适用于商事领域的二元划分；④ 还有一些观点忽视直接代理与间接代理的本质差异，错误地以统一规尺统摄商事

---

① 参见薛军《民法总则：背景、问题与展望》，《华东政法大学学报》2017 年第 3 期，第 15 页。
② 参见费安玲、丁枚译《意大利民法典》，中国政法大学出版社，1997。
③ 有关"民法帝国主义"的批判，可参见车传波《论民法典的外部关系》，《社会科学研究》2014 年第 3 期，第 82～83 页。
④ 参见耿林、崔建远《未来民法总则如何对待间接代理》，《吉林大学社会科学学报》2016 年第 3 期，第 28～29 页。

中间人、商业代办、商业辅助人等不同代理形式。① 其实，按照民法典制定"存在争论就不要去涉及"的求同思维②，在有关问题达成科学共识前，立法者不太可能贸然效仿间接代理的立法经验，在分则中为经理权、代办权、代理商等内容设置章节条款。

最后，商事单行法模式也无法满足商事立法的全部需求。既然民法典难以包罗万象，反其道而行之的去法典化路径，考虑由商事单行法作为商法规范的主流形式，似乎不失为菜单可选项之一。在法典化与单行法之间，如果单行法"特别"到与法典相距甚远，就不再是单行法，而是其他法律，就应从法典中分离出去。③ 商法史上类似的现象并不鲜见，如日本公司法 2005 年即从《商法典》中独立。

具体考察公司法等商事单行法，不少国家（地区）的公司经理制度越来越多地融入内部治理上的职权因素，赋予经理人法定机关地位及代理权以外的法定职权。④ 现代经理人具有的多元身份，使其脱离于传统商法的经营辅助人地位，渐渐过渡到经营管理之核心身份。正如前述，我国现行公司法上的经理从一开始起就不是基于商事代理理念来设计的企业负责人，而是主要基于企业内部管理来使用的概念。为维护我国现有法律制度的延续性和协调性，在商事代理制度设计上，须尽量解决好传统经理与现代经理因内容差异而引起的诸如经理权、经理职权、法定代表权等概念冲突的问题。考虑到不同法律意义的经理人以及公司法适用范围的限制，这一目标显然非商事单行法所能自我实现。

类似的问题还包括《民法典》第 85 条所规定的营利法人决议效力规则。本条规定："营利法人的权力机构、执行机构作出决议的会议召集程序、表决方式违反法律、行政法规、法人章程，或者决议内容违反法人章程的，营利法人的出资人可以请求人民法院撤销该决议，但是营利法人依据该决议与善意相对人形成的民事法律关系不受影响。"这里的营利法人

---

① 有关观点可参见彭真明《论现代民商合一体制下民法典对商事规范的统摄》，《社会科学》2017 年第 3 期，第 99 页。

② 薛军：《民法总则：背景、问题与展望》，《华东政法大学学报》2017 年第 3 期，第 15 页。

③ 参见车传波《论民法典的外部关系》，《社会科学研究》2014 年第 3 期，第 84 页。

④ 关于经理设置的法定模式及权源，可参见王保树、钱玉林《经理法律地位之比较研究》，《法学评论》2002 年第 2 期。

决议效力规则"一分法"与传统公司法瑕疵决议的无效和可撤销"二分法"①，以及最高人民法院公司法司法解释规定的决议无效、决议可撤销和决议不成立的"三分法"②，存在明显的差异。也许有人认为，当商事特别法有特别规定的，可以按照特别法优于一般法的规则，优先适用商事特别法。但《民法典》相对于《公司法》及其司法解释而言是新法，按新法优于旧法的规则，似应优先适用《民法典》第 85 条，因为《公司法》仅适用于公司这一企业类型，对于公司以外的企业则无法适用，毕竟不论是"一分法"还是"二分法"，其固有缺陷是显著的。《民法典》在此问题上不仅没有包容和创新传统商事规则，反而造成民法和商法规则适用的排斥和冲突。

　　基于上述立法与实践的互动视角，试图通过修订公司法等商事单行法来填补以经理权为核心的职务代理商法规范群缺失，或者完全补正瑕疵决议效力规则的缺陷，绝非最佳选择。在民法典之外制定一部"商事通则"，形成"民法典 + 商事通则 + 商事单行法"范式的商法体系，目前看来既契合我国立法实际，又易于取得共识，因而更为可取。从立法需求来看，商事通则应当在"通、统、补"三个方面发挥自身作用：第一，继续创设民法与商法的通用规范，例如营业转让；第二，统率商事单行法规则，如经理权及经理义务的设置，决议等特别商事法律行为的效力规则；第三，填补民法与商事单行法之间的空白。③

　　需要强调的是，上述立法路径应侧重于"通"和"补"，而非"统率"所有商事单行法及商法概念。这是因为，一方面，商法的生命力和价值在于鼓励、保障和规制具有营利性的商业交易，不在于法律逻辑与概念

---

① 《公司法》第 22 条规定，公司股东会或者股东大会、董事会的决议内容违反法律、行政法规的无效。股东会或者股东大会、董事会的会议召集程序、表决方式违反法律、行政法规或者公司章程，或者决议内容违反公司章程的，股东可以自决议作出之日起六十日内，请求人民法院撤销。股东依照前款规定提起诉讼的，人民法院可以应公司的请求，要求股东提供相应担保。公司根据股东会或者股东大会、董事会决议已办理变更登记的，人民法院宣告该决议无效或者撤销该决议后，公司应当向公司登记机关申请撤销变更登记。

② 《最高人民法院关于适用〈中华人民共和国公司法〉若干问题的规定（四）》第 1 条规定，公司股东、董事、监事等请求确认股东会或者股东大会、董事会决议无效或者不成立的，人民法院应当依法予以受理。

③ 参见王保树《商事通则：超越民商合一与民商分立》，《法学研究》2005 年第 1 期，第36 页。

体系。① 大陆法系商法典虽有体系化之美，但其时空上与当前商业环境与交易需求颇有间隙，效仿传统法典编纂思路恐怕无法因应逾百年的沧桑巨变。另一方面，我国民法典为"统率"民商规范已然或正在打造相当基础设施，《商事通则》设置商事代理规则时需主动与民法进行体系化衔接，不应抛却已有通用型、融合型和转引型条款而另起炉灶，重新设计平行规则体系。因此，商事通则本质上应定位于"剩余法"（residue law）：它提供的更多是立法剩余技术规范，包括商事领域所形成的相当程度上的"共性的特殊性与独立性"规范群，以及商法领域既不为民法典所关注，也无法为单行商事法所规范的独特制度。②

结　语

可以预见，不论立法者对民法和商法采取何种布局，关于民法和商法关系的争论可能永远难以画上句号。《民法典》所包含的直接或间接商法规范的例证表明，民商融合之趋势难以避免，"民"与"商"的互动是当代民商立法最鲜明的特征之一。在未来，商法规范借助民法典以及其他适当的后续立法安排，实现适度体系化也是顺理成章的立法目标。

本书主张，民法学界与商法学界不宜继续纠结于民商合一与民商分立、私法一元化与二元化等问题过度争论，这对于民法和商法之良性互动反倒不利。毕竟，不同立法例往往是基于这些国家和地区不同的立法需求并根植于自身立法传统而做出的现实选择，而不单纯是一种理论智力游戏。这并不是说，关于民与商的关系问题研究是全无价值的，而是说在相应的立法表达上，我们需要秉持正确的立法理念，尊重合乎国情的立法路径依赖，并注意倾听来自司法实践的呼声，以促使民法规范与商法规范在互动中完善。

民法典的编纂是我国民商立法的划时代创举，但其无法承载民商立法的所有需求。正如有学者所指出，当前制定完全意义上的民商合一的民法

---

① 参见刘凯湘《剪不断，理还乱：民法典制定中民法与商法关系的再思考》，《环球法律评论》2016 年第 6 期，第 119 页。

② 参见李建伟《民法总则设置商法规范的限度及其理论解释》，《中国法学》2016 年第 4 期，第 90 页。

典已经没有可能，而效法欧洲大陆国家分别制定独立的民法典和商法典或者效法美国制定一部美国式的商法典的模式，亦是一种不识时宜的想法。①只要承认我国商法规范体系化的历史短板，那么以拾遗补阙、有限体系化为目标的《商事通则》，无疑是填补有关规范群缺失的较为合理的选择。

从目前商法学者的相关立法建议来看，关于商主体、商行为、商事责任所构成的《商事通则》的主要内容，其章节设置主要仿照了《民法通则》的体例，《商事通则》的地位和性质基本相当于大陆法系的"小商法典"。但是，根据前文关于民商关系及其立法互动的讨论，在民法典这一"民商"（不仅仅是民事）一般法的前提下，《商事通则》既不可能是"商法总则"，也不应当是《民法通则》在商法领域的翻版。在未来，如果《商事通则》能够被立法机关所认可并推动进入正式立法程序，其立法指导思想应确立为以问题为导向的"剩余法"模式。《商事通则》可以适度抽象但不宜过多统摄纷繁复杂、适用灵活的商事单行法规范，应针对诸如职务代理等一系列民法典和单行法无法解决而又亟待解决的现实问题，主导商事立法后续安排。最终，商事通则将与民法典和其他单行法一道，形成既有统帅指导又相对自成一体的中国特色多层次民商法律体系。

---

① 参见任尔昕《我国商事立法模式之选择——兼论〈商事通则〉的制定》，《现代法学》2004 年第 1 期。

第二章 物权法立法问题研究

党的十八届四中全会提出"编纂民法典"的立法任务要求不仅是时代精神的立法表达，更是实现国家治理体系和治理能力现代化的重大举措。民法典编纂被学界认为是一项复杂的系统工程。因此，为确保民事立法质量，按照全国人大的立法安排，编纂工作是分"两步走"的。第一步是出台《民法总则》，这一立法任务现已实现，《民法总则》已于2017年10月1日生效实施。第二步是编纂包括物权编在内的民法典各分编，力争计划在2020年3月将民法典各分编提请全国人大审议通过形成一部统一的民法典。① 2020年5月28日，十三届全国人大三次会议表决通过了《民法典》，并自2020年1月1日起施行。物权法作为民法的一部主干法，在民法典中居于十分重要的地位。现行《物权法》自2007年实施至今已逾十年且未做任何修改，立法之初看似合理的法律条文、法律规则，典型如物权法定，禁止耕地、宅基地等集体所有的土地使用权抵押和占有规则等，现今看来已与全面深化改革时期的中国社会现实存在一定程度的脱节。加之当前我国的物权理论研究和司法裁判实践都获得了长足发展，截至目前，最高人民法院相继出台了《最高人民法院关于审理建筑物区分所有权纠纷案件具体应用法律若干问题的解释》（以下简称《建筑物区分所有权司法解释》）、《最高人民法院关于审理物业服务纠纷案件具体应用法律若干问题的解释》（以下简称《物业服务司法解释》）、《最高人民法院关于适用〈中华人民共和国物权法〉若干问题的解释（一）》［以下简称《物权法司法解释（一）》］等规定。因此，在对2007年出台的《物权法》立法考察

---

① 石宏主编《中华人民共和国民法总则：条文说明、立法理由及相关规定》，北京大学出版社，2017，第3页。

的基础上，总结物权法实施十多年来的得失利弊，为后物权法时代我国民法典物权编的顺利实施提供规则指引。

第一节　物权法的立法背景考察

物权法的制定工作从 20 世纪 90 年代初开始着手，历经立法机关 8 次审议，其间又面临着《物权法（草案）》违宪的立法考验，及至 2007 年 3 月 16 日才在千呼万唤中由十届全国人大五次会议审议通过。从《物权法》的体系编排和基本制度设计看来，折射出私权神圣、所有权平等保护、物尽其用、人文价值的立法理念，确立了物权绝对原则、法定原则、特定客体原则、区分原则、公示原则。

一　物权法的立法理念

（一）私权神圣

中国长期以来深受封建社会观念的影响，缺乏私权传统，加之照搬苏联法学的知识体系，致使民众长期以来生活在权利意识淡漠的环境中，民众基本财产权利往往受到公权力的压制、抹杀和侵害。近百年来，欧洲大陆在人文主义思潮、文艺复兴运动以及宗教改革的影响下，私权勃兴，人们开始为权利而奋斗。受此影响，《民法通则》首次将民事权利纳入法律保护范围并设专章予以规定，2004 年宪法修正案增设"公民的合法的私有财产不受侵犯"的规定，物权法更是确立了私权神圣不可侵犯的私权根基——私有财产受保护。物权立法以私权神圣为依归，一方面在于表明所有权等物权的基本功能在于激发民事主体创造财富的活力，激发人们追求财产的激情，并对他们取得的合法财产提供物权制度保护，使"有恒产者有恒心"。《物权法》第 3 条、第 4 条尤其是第 66 条充分体现了对私人所有权的承认和保护。另一方面，物权法尽管奉行私权神圣但并非是一种绝对的神圣和不可侵犯，不管是英美法系还是大陆法系，当私权面对公共利益时就需要服从公权安排，当然这一服从往往都会附有严格的法定条件限制。按照《物权法》第 42 条的规定，地方政府征收私有财产应当出于公用之需，经法定权限和程序并按市价予以补偿被征收人。

（二）所有权平等保护

平等是民法精神构造的核心。每个人，作为一个人应拥有种种权利，可以确切地说，每个人都潜在地拥有跟其他人同等的权利。[①] 在私法领域，包括国家或集体财产在内的任何财产，只要进入民事领域，依据商品经济的特性，即成为私法上的民事主体（法人）所享有的财产权利，成为一种"私"的利益，与自然人和其他法人财产具有同等的民法地位。[②] 《物权法》在总则部分规定保障一切市场主体的平等法律地位，并确立了国家、集体、私人物权的平等保护原则。其实，物权立法确立物权平等保护原则的意义在于确认所有权类型之间的平等，物权平等保护与所有权类型化规定在本质上是一致的。[③] 因此，《物权法》在所有权编部分，将私人所有权与国家所有权和集体所有权并列为三种不同类型的所有权并等同视之，直接将第五章命名为"国家所有权和集体所有权、私人所有权"。总而言之，《物权法》的出台改变了以往根据财产姓"公"还是姓"私"政治地位的差别给予不同法律保护的做法，而是一体承认、平等保护。

（三）物尽其用

物权法作为一种社会资源分配机制，旨在发挥物的经济功能，增进物的使用和交换价值，促进社会资源的有效利用。近代以降，物权法的发展已由所有为中心向利用为中心转变，以往以所有权绝对性为基准构建的物权体系阻碍了资源的优化配置和利用，故而他物权的地位日益突出呈勃兴之势。一言以蔽之，这涉及物权法上的效率原则，要求将物归于能够将其效率最大化程度使用之人。因此，唯有通过立法的方式明确界定物权归属以减少协议目的不达所引发的损害。[④] 因此，我国《物权法》第 1 条开宗

---

① 〔法〕皮埃尔·勒鲁：《论平等》，王允道译，商务印书馆，1988，第 69 页。
② 尹田：《论物权法平等保护合法财产的法理依据》，《河南省政法管理干部学院学报》2006年第 3 期。
③ 韩松：《论物权平等保护原则与所有权类型化之关系》，《法商研究》2006 年第 6 期。
④ 王泽鉴：《民法物权》（第二版），北京大学出版社，2010，第 11 页。

明义宣示了"发挥物的效用"作为其重要立法目的之一。在具体制度和规则设置方面，第一，扩大了物权客体范围，"物必有体"被突破，权利在法定情形下也可成为物权客体，《物权法》第 223 条规定知识产权中的财产权可以作为权利质权的范围。第二，在用益物权制度中，以建设用地使用权为例，为了适应土地利用从平面向立体化发展的趋势，我国《物权法》第 136 条确立了建设用地使用权分层利用规则，在同一块土地之上，不仅可以在地表，而且还可以在地上甚至地下分别设立建设用地使用权。第三，担保物权中的最高额抵押权规则设计，最大限度地实现了债务人的资金需求，发挥信用授受的功能，同时也充分保障了债权的实现，以及建筑物区分所有权、地役权制度等，不一而足。

（四）人文价值与关怀

随着市场经济的发展和科技的进步，社会、经济格局发生了重大变化，民法的发展由近代的"泛财产化"倾向逐步演化为对个人的人文关怀趋势，受此影响，物权法作为财产基本法其中却包含着人文关怀因素。[①] 在总则编部分，为保护房屋登记权利人的财产权利，国家确立了不动产统一登记制度，并禁止登记机构通过评估、年检等超出登记职责范围的行为巧取豪夺、谋取私利；在不动产登记收费方面，建立了不动产登记按件收取规则。在所有权编部分，一方面，确立了在不动产征收情形下给予被征收人足额补偿的原则，尤其是在征收农村耕地时，应充分维护被征地农民的合法权益，加大补偿标准和范围；另一方面，随着所有权社会化的观念被广泛认可，所有权存在自由和义务的双重属性，即"所有权人的自由不得违背法律和第三人的权利"。[②] 换言之，所有权人不得任其自由，甚至突破法律的底线随意处分财产，必须受到法律的限制。《物权法》中对相邻关系的处理即为适例，要求不动产权利人按照有利生产、方便生活的原则进行，要求在用水、排水、通风、采光、日照、通行以及利用相邻土地方面提供必要的便利；相邻不动产之间禁止排放、施放污染物等有害物质。倘若使用相邻不动产给对方物权人造成损害的，应承担相应的民事责任。

---

① 参见王利明《民法的人文关怀》，《中国社会科学》2011 年第 4 期。

② 〔德〕罗伯特·霍恩、海因·克茨、汉斯·G. 莱赛：《德国民商法导论》，楚建译，中国大百科全书出版社，1996，第 189 页。

在用益物权编，农民的土地承包经营权与宅基地使用权是建立在土地非商品属性无偿使用的基础上的，就土地承包经营权而言，在土地承包期限届满之际确立了继续承包规则；就宅基地使用权而言，宅基地因自然灾害等原因灭失时，农村集体为其重新分配宅基地。总而言之，上述规则体现了物权法中的人文关怀和民权思想。

二 物权法的基本原则

从法律科学的视角以观，物权法作为调整民事财产关系的基本法，其结构之精巧、体系之严谨、规则之细致，如果没有遵循一定合理的物权基本原则，也就不可能建立起如此科学合理的物权体系。我国现行《物权法》的结构是建立在如下原则之上的：物权绝对原则、物权法定原则、客体特定原则、物权区分原则、物权公示原则。物权绝对性是物权的基本品性，这决定了后续的四个原则。物权的绝对性决定了物权人无须他人协助仅凭自己意思即可实现权利行使的目的，排除第三人的不当妨碍，具有对世效力。由于物权的行使涉及第三人利益，为建立平和的社会秩序、明确物权行使对社会产生的预期，物权的类型与内容法定，物权支配的客体特定也成为其题中应有之义。物权为支配权、绝对权，为确保物权人的支配、物的归属以及物权变动得到社会的承认和法律保护，应进行物权公示。物权的绝对性、债权作为请求权的法理基础，客观上要求物权变动与作为其基础关系的合同效力相区分。尽管上述原则中，有些没有在物权法中明确提出，但它们确确实实是立法的基础并且影响法律适用和法律的解释。

（一） 物权绝对原则

物权绝对原则指的是，物权人凭借其意思独断即可达致权利行使的目的效果并排除他人的不当干涉与妨碍。物权绝对性作为物权制度整体与债权或者其他民事权利相区分的本质属性，其更为重要的价值，是物权分析和物权裁判。[①] 物权绝对原则贯彻于整个物权法的制度结构，并具有指导

---

① 孙宪忠：《中国物权法总论》，法律出版社，2014，第 276 页。

意义。它不仅是物权定义的基础、物权行使的依据，而且是物权取得、变更、丧失、消灭的理论依据，更是维护物权流通的交易安全、保护善意第三人的制度根据。物权绝对原则的基本要求，一是直接支配性，物权人得依自己意思即可处分物权，实现权利内容的特性，无须他人意思或行为介入；物权系对物的直接支配，因此，同一标的物上只能存在效力特定的一个物权。比如，一个标的物上只能存在一个完全物权也即所有权；一个标的物上存在两个及以上的定限物权时，存在行使顺位上的差异。二是物权保护的绝对性，要求除物权人之外的其他外部第三人对其标的物的支配状态予以尊重。

（二）物权法定原则

物权法定存在的理由可归纳为如下三项。第一，确保物权的特性，在此基础上建立定型化的物权体系，与一物一权主义确定物权支配的外部范围相互呼应，使物权的法律关系清晰明确。第二，通过整理旧物权，使物权脱离身份的依附，防止封建时代物权的复活。第三，在商品经济时代，物权成为交易客体并具有高度的流通性，物权的种类和内容经由法定，得以公示，遂能达成促进迅速交易并兼顾维护安全的公共利益。[①] 我国《物权法》第 5 条确立了物权法定原则，要求物权的类型和种类实行法定，不允许当事人之间创设法律尤其是物权法所未规定的物权种类以及与物权法的内容相背离的物权。从法律条文的属性来看，《物权法》第 5 条属于强制性规范，对于违反该物权法定的法律后果应视情况而定。法律有规定的从其规定，如《物权法》第 184 条规定禁止抵押的财产、第 209 条禁止出质的财产等，若无规定其创设物权的法律行为按照法理应被认定无效。如《物权法》第 186 条禁止流押、第 211 条禁止流质的规定等。尽管当事人之间创设的物权行为的法律效力会被认定为无效，然而如果该行为具备其他法律行为的生效要件时，如符合债权行为的效力，则应许可其产生相应的法律效果。此即法律行为转换原理在物权法定原则中的应用。譬如，根据《物权法》第 187 条不动产抵押登记的规定，不动产抵押权自登记时设立，然而由于当事人自身原因或者其他原因而未能办理抵押权登记，尽管

---

① 参见谢在全《民法物权论》（上册），中国政法大学出版社，2011，第 32~33 页。

不动产抵押权未设立，但"抵押人"以其不动产为"抵押权人"设立担保的意思却是合法有效的。

（三）客体特定原则

物权的客体特定原则指的是，第一，物权客体必须是已经存在的特定物，没有具体指向的特定之物尽管可以成为债权的给付物，却不能作为物权标的物，正如法谚"所有权不得未确定"。第二，物权客体特定只需是一般社会观念上的特定物即可，并不是指一定为物理上的特定物。比如，建筑物区分所有权中专有部分的建筑物单元、按份共有中的按份份额等仍然可以成为物权法中的特定物。物权客体独立性的基本要求是，第一，物的组成部分无从支配且难以公示，不得成为物权客体。第二，物权客体的单一性，也即一物一权主义。然而，随着社会经济的发展和演变，此项规则已有放开趋势。土地物权的立体化利用，如《物权法》第136条确立的建设用地使用权在土地的地表、地上、地下的分层设立规则。物权客体从单一物走向复合物，使企业整体成为概括担保权的客体，同时也使在企业整体上成立所有权及用益权成为可能。①

（四）物权区分原则

物权区分原则指的是，在基于法律行为而引发物权变动的情形下，物权变动的合同效力与物权效力是区分的。根据《物权法》第9条、第15条、第23条的规定，不动产物权变动的合同效力不因没有登记而受影响，不动产物权变动采登记生效主义，动产物权变动以交付占有为生效主义。在《物权法》出台以来，最高人民法院出台的有关司法解释中更是进一步巩固了物权区分原则。《最高人民法院关于印发修改后的〈民事案件案由规定〉的通知》（法〔2011〕42号）指出，关于物权纠纷案由与合同纠纷案由编排与适用的问题，按照物权变动原因与结果相区分的原则，对于因物权变动的原因关系，即债权性质的合同关系产生的纠纷适用债权纠纷部分的案由；对于因物权设立、权属、效力、使用、收益等物权关系产生的

---

① 〔日〕我妻荣：《债权在近代法中的优越地位》，王书江、张雷、谢怀栻译，中国大百科全书出版社，1999，第123页。

纠纷，则应适用物权纠纷部分的案由。^① 2012 年 7 月 1 日起开始施行的《最高人民法院关于审理买卖合同纠纷案件适用法律问题的解释》第 3 条纠正了《合同法》第 51 条对物权区分的"立法偏见"，明确了在无权处分情形下真正效力未定的是无权处分行为，合同的效力仍然是有效的。总而言之，在民法的世界里，民事权利得丧变更的主要法律依据为法律行为，物权区分原则的法理基础究其本质为负担行为和处分行为的区分。

（五）物权公示原则

物权公示是让物权的取得、变更、丧失以及消灭等现实状态处于能够为外部第三人所了解或识别的客观表现方式，以期获得社会承认和法律保护。实质上，财产权利具有观念性、抽象性的特点，因此，物权公示就是给本为观念性的物权穿上一件具有客观表现形式的"外衣"，为外界提供一种可供识别的方法，使第三人能够通过对这件"外衣"的观察而知晓或者判定物权变动的事实以及物权的权属状况。^② 综观大陆法系国家的德国、日本、瑞士、意大利等，不动产物权变动的公示方法普遍确定为登记，动产物权变动的公示方法为交付。根据我国《物权法》第 6 条的规定，我国物权变动的公示方法遵从了大陆法系国家的通行做法也即不动产为登记、动产为转移占有，双方当事人不得约定加以排除或者另行创设非法定的公示方法。

三 物权法的立法特点与时代特征

物权法根基于一国的社会制度，往往因各国、各地区、各民族的历史传统、民族习惯以及固有文化等不同而有差别，呈现鲜明的本土化特色，因此物权法具有固有法或土著法的属性。在物权法领域，鲜有一国原封不动地直接移植他国法律为我所用情形的出现。纵使当前物权法的发展动向

① 参见《最高人民法院关于印发修改后的〈民事案件案由规定〉的通知》，北大法宝网 2011 年 12 月 12 日，http://www.pkulaw.cn/fulltext_form.aspx? Db = chl&Gid = 146519&keyword = %e6%b0%91%e4%ba%8b%e6%a1%88%e4%bb%b6%e6%a1%88%e7%94%b1%e8%a7%84%e5%ae%9a&EncodingName = &Search_Mode = accurate&Search_IsTitle = 0，最后访问时间：2017 年 9 月 11 日。
② 参见尹田《物权法》，北京大学出版社，2013，第 101～102 页。

出现国际化的发展趋势，但仍然应该奉行物权法的基本原理并结合一国实情确立适合社会发展需要的物权制度。在这方面，我国物权立法可谓颇具时代价值、意义与特征。

第一，我国属于社会主义国家，因此物权立法应在坚持公有制的前提下，力求将从西方国家引进的物权制度与我国社会主义公有制的特征相结合。由此决定物权法在配置公共物权时，国家所有权和集体所有权必然处于非常重要的地位，占有相当的比重。①《物权法》第一条立法目的与依据中明确指出维护国家基本经济制度和维护社会主义市场经济秩序，第五章对国家所有权和集体所有权的内容设专章进行规定。

第二，厘定、认可和确认改革开放以来社会主义市场经济体系下的各类财产关系秩序。在农村土地物权方面，为巩固家庭联产承包责任制和党中央的农村土地政策，确立了土地承包经营权和宅基地使用权的用益物权属性，其中，前者解决农民的吃饭问题，后者解决农民的居住问题。为发挥城市土地的商品要素功能，第十二章对建设用地使用权的取得、权利义务以及消灭等内容进行了专章规定。为巩固改革开放以来城市实行的住房商品化改革——多个所有权人区分一栋多层或高层建筑物的情形，在借鉴两大法系有关立法例的基础上，物权法首次对业主的建筑物区分所有权进行了系统规定。

第三，《物权法》的颁布为我国人权保障提供财产法律基础②。黑格尔曾说过："人格权本质上是物权。"③ 物权作为财产权，是维系人的生存条件，保持做人资格的基本条件。一个人要在世上生存、发展，必须要有最低限度的物质生活资料。因此，物权是现代社会人权的物化表达④，物权是实现人权的基础。《物权法》保护私人的合法财产权，激发、鼓励民众创造财富。

第四，《物权法》为进一步深化改革奠定了基础。物权法厘定了改革开放以来形成的财产关系秩序，以后的物权制度改革应该在此框架范围内

① 崔建远：《物权：规范与学说——以中国物权法的解释论为中心》（上册），清华大学出版社，2011，第9~10页。

② 陈华彬：《中国物权法的意涵与时代特征》，《现代法学》2012年第6期。

③ 〔德〕黑格尔：《法哲学原理》，范扬、张企泰译，商务印书馆，1982，第48页。

④ 袁兵喜：《论〈物权法〉的人权底蕴》，《广州大学学报》（社会科学版）2009年第1期。

展开。物权法在立法之时，其实已经对一些问题的进一步改革预留了空间，只是在立法之时还没有寻求到共识或者现实情况与立法的预设存在差距。比如，《物权法》第 60 条农民集体所有权的行使主体，到底是村集体经济组织、村民小组还是乡镇农民集体暧昧不清；事关 9 亿农民居住问题的宅基地使用权只有简单的 4 个条文予以规整；为盘活农地资源，发挥土地的融资功能，解决农业投入问题，解禁土地承包经营权不得抵押的规定势在必行；等等。由此观之，物权法上的前述问题只有等待将来达成共识、改革成功之际再做出细致规定。

另外，我国《物权法》制定之时民法学界对物权理论研究的某些滞后，以及立法过程中在立法思想和立法技术方面的不成熟，使这部法律在一些内容的规定上打上了时代烙印，留下些许遗憾与不足，如对建筑物区分所有权的规定较为原则，未规定取得时效，未规定添附制度，未规定无主物的先占制度，担保物权的种类较少，占有制度的规定较为简略等。①

第二节　我国物权立法现状及其主要问题

一　物权法律体系的基本架构和主要内容

2007 年全国人大审议通过的《物权法》无疑成为最为重要的物权法的法律渊源并完善了我国的物权法律体系。诚然这里的物权法法律体系，指的是以《物权法》为"大本营"②，相关行政法规、司法解释以及物权特别法等织起的严密的物权法律规范群。

（一）物权基本法

《物权法》统领物权法律规范体系，在其中处于基本法、主干法的地位，调整物的归属和利用，是规范财产关系的民事基本法。《物权法》的体例设置遵循大陆法系民事立法中提取公因式的总分结构模式，采取由抽

---

① 参见陈华彬《中国物权法的意涵与时代特征》，《现代法学》2012 年第 6 期。
② 崔建远：《物权：规范与学说——以中国物权法的解释论为中心》（上册），清华大学出版社，2011，第 3～4 页。

象到具体、一般到特殊的立法技术。

《物权法》设5编，分19章，再加上附则，共计247条。第一编"总则"规定了基本原则，物权的设立、变更、转让和消灭以及物权的保护这三部分内容。第二编"所有权"、第三编"用益物权"、第四编"担保物权"、第五编"占有"构成"分则"的内容，在"分则"中除"占有"编外的每一编之始专设"一般规定"来统领该编。其中，第二编"所有权"对国有财产的范围、国家所有权的行使主体、国有资产的保护等做了规定，对集体财产的范围和归属做了规定，对私人所有权的内容和对私人所有权的保护做了规定。① 第六章的章名设计为"业主的建筑物区分所有权"，在表述上寻求专业化和通俗化之间的平衡，通过"业主的"这一日常语词的描绘使普通大众能够领会这一术语所指为何。② 第七至第九章分别对"相邻关系""共有""所有权取得的特别规定"进行了规定。第三编"用益物权"之第十一章"土地承包经营权"是对农村农业用地物权化表现方式的规定；第十二章"建设用地使用权"是对国有土地物权化表现方式的规定；第十三章"宅基地使用权"是集体组织成员对集体所有土地享有占有和使用权利的规定；第十四章是对"地役权"的规定。第四编"担保物权"分别对抵押权、质权和留置权这三种基本的担保物权类型进行了规定。第五编"占有"共计5个条文对占有的法律适用、占有人的责任和占有保护进行了规定。总而言之，《物权法》的体系设计一方面基本上与大陆法系德国支系的物权立体体系大致吻合，另一方面照顾到了土地公有制、城乡二元结构等我国的社会实情。

（二）物权行政法规

民法中不动产物权是否完备，作为规范不动产物权实体法的物权法能否实现，端赖健全不动产物权登记法令的建立，健全完善的不动产登记可完整并正确呈现不动产上存在的真实法律关系。③ 2007年出台的《物权法》第10条要求确立不动产统一登记制度，然而出于机构体制等众多方面的原因，不动产统一登记制度未能遂愿付诸实施。2015年3月1日起生

---

① 高富平：《物权法原论》（第二版），法律出版社，2014，第341页。
② 参见刘家安《物权法论》，中国政法大学出版社，2009，第5页。
③ 谢在全：《民法物权论》（上册），中国政法大学出版社，2011，第2~3页。

效实施的《不动产登记暂行条例》，明确了不动产的范围，统一了不动产的登记机构和登记机构的职责，统一了登记程序，建立了统一的不动产登记信息管理基础平台。从《不动产登记暂行条例》的基本框架和主要内容来看，设"总则"等共计 6 章 35 条，规定了有关不动产的登记机构、登记簿册、登记程序以及登记信息共享与保护的内容。此外，还需注意的是，为了规范国有土地上房屋征收与补偿活动，保障被征收人的合法权益，2011 年国务院还专门出台了《国有土地上房屋征收与补偿条例》，分为"分则"、"征收决定"、"补偿"、"法律责任"以及"附则"共计 5 章 35 条。从内容来看，条例明确规定地方政府为国有土地上房屋征收与补偿的唯一主体，明确界定了公共利益的范围，明确征收补偿标准，征收过程程序化、强调尊重被征收人的意愿，征收房屋先补偿后拆迁。

（三）物权法司法解释

自《物权法》实施以来，为更好地推动《物权法》指导司法的审判实践活动，切实提升保障财产权利的法治化进程，截至当前，最高人民法院相继颁布了《建筑物区分所有权司法解释》《物业服务司法解释》《物权法司法解释（一）》计 3 个物权法方面的司法解释。其中，2009 年 5 月 14 日出台的《建筑物区分所有权司法解释》共计 19 个条文，明确了业主身份的界定标准，关于专有部分和共有部分的判断标准，关于规划车位、车库"应当首先满足业主需要"的认定条件等内容。① 2009 年 5 月 15 日最高人民法院发布的《物业服务司法解释》有 13 个条文，内容包括关于合法有效的物业服务合同对业主的约束力，物业服务企业的业务范围，欠费纠纷中业主据以抗辩的正当理由等内容。② 2016 年 2 月 22 日出台的《物权法司法解释（一）》主要针对不动产物权归属与登记、按份共有人的优先购买权以及善意取得等内容进行了规定，共计 22 个条文。总而言之，《物权法司法解释（一）》的发布，进一步强化了物权法学原理的应用，在厘清

---

① 参见杜万华、辛正郁、杨永清《最高人民法院〈关于审理建筑物区分所有权纠纷案件具体应用法律若干问题的解释〉、〈关于审理物业服务纠纷案件具体应用法律若干问题的解释〉的理解与适用》，《法律适用》2009 年第 7 期。
② 参见杜万华、辛正郁、杨永清《最高人民法院〈关于审理建筑物区分所有权纠纷案件具体应用法律若干问题的解释〉、〈关于审理物业服务纠纷案件具体应用法律若干问题的解释〉的理解与适用》，《法律适用》2009 年第 7 期。

《物权法》的一些重要的裁判规则方面满足了司法实践的需要。①

（四）物权特别法

物权特别法指的是，除物权法之外，为满足社会需求专门规范某一具体物权关系的法律规范。比如，在德国，除了民法典中对物权设专编之外，还有《地上权条例》《住宅所有权法》作为物权特别法；《日本民法典》物权编之外，尚有《借地法》《借家法》等作为其物权立法的补充；我国台湾地区也是如此，除物权编之外，还专门制订了"动产担保交易法""土地征收条例""平均地权条例"等。我国在物权法的特别立法方面，国有企业的物权立法属于一个典型。2009 年立法机关制定的《企业国有资产法》，在体系上就属于物权特别法，该法制定的目的在于强调公有制企业的政治地位和财产归属问题。② 此外，《海商法》、《民用航空器法》、《森林法》、《野生动物保护法》、《草原法》、《水法》以及《民法总则》等法律中涉及的相关物权规定也应作为物权法的特别规范予以对待。

二　物权法的实施问题与面临的挑战

现行《物权法》从 2007 年生效实施至今，已有十多年。审视这十多年来《物权法》的适用，理性、冷静地看待、总结该法在实施过程中遇到的问题和面临的时代挑战，着眼于在全面深化改革时期背景下现实社会对该法的需要，为民法典物权编的制定做好前期的铺垫准备。

（一）物权法总则部分面临的难点问题

1. 物权与财产权的界分

从比较法上来看，并非所有的大陆法系国家在民事立法活动中都会使用物权的概念，作为大陆法系有代表性的《法国民法典》就未采用物权一词。关于我国物权编制定过程中，是使用物权还是财产权的概念？从《民法总则》第五章"民事权利"关于物权的定义可知其包容性不足，立法对

---

① 孙宪忠：《〈物权法司法解释（一）〉若干问题的分析与适用》，《法律适用》2016 年第 10 期。
② 孙宪忠：《中国物权法总论》，法律出版社，2014，第 210 页。

知识产权、投资性权利、数据、虚拟财产等另行规定似乎有意将其与物权脱钩。① 其实，从狭义上来理解财产权，实际上就是将财产权等同于物权；从广义上来理解财产权，财产权的包容性很广，不能将其与物权等同视之，除了物权之外，还包括债权、知识产权、投资性权利、虚拟财产等具有经济价值的权利。比较而言，结合我国《民法通则》《物权法》等民事立法的实际，我国物权立法采纳物权概念比财产权更为严谨和准确，主要理由如下：准确界分所有权与其他物权，并在此基础上构建物权体系；界分有形财产和无形财产，构建对两类财产分别调整的法律规则；界分物权和债权，构建民法的财产权体系。②

2. 物权法定原则的取舍

在物权法定主义之下，物权的类型和内容若能够长久满足现代工商业社会的发展需要，固然是一种完美的制度设计。然而，时过境迁，如果法定物权不能迎合社会发展出现规则供给的脱节现象时，如土地空间权、农地"三权分置"改革背景下土地经营权的出现、商品房按揭、动产抵押等，物权法不能墨守成规，以免成为社会进步发展的绊脚石。若立法又未能适时补充时，民法设计即许习惯法填补，物权法定主义亦应无例外。③申言之，物权法定立足的根本在于确保物权的特性并在此基础上建立定型化的物权体系，对于社会上新生的物权如果没有违反物权法定存立的宗旨，能够有公示方法确保交易安全且社会上确有存在必要的，应当允许对物权法定进行扩大解释，透过习惯法的运作加以接受。

3. 不动产物权变动登记问题

根据《物权法》第 9 条的规定可知，我国明确了登记要件主义应为不动产物权变动的基本原则，法律的但书规定典型如，土地承包经营权效力均自合同生效时设立，登记为对抗要件。就土地承包经营权而言，随着当前农村土地权利的商品化改革，城乡土地物权之间的不平等现象正逐渐被消除，农地不再被认为是农民休养生息之地，而是一种市场化的土地权利，这有助于实现土地资本化、农业现代化和农民市民化。而且，当前中国的农村正如火如荼地展开土地确权登记工作。综上，关于土地承包经营

---

① 参见谢哲胜《民法典物权编通则章立法建议》，《财经法学》2017 年第 4 期。
② 参见王利明《物权法研究》（上卷），中国人民大学出版社，2016，第 37 ~ 38 页。
③ 谢在全：《民法物权论》（上册），中国政法大学出版社，2011，第 36 页。

权的设立应采登记生效主义，其登记发生权利正确性推定的效力。

4. 不动产物权变动公证制度

从大陆法系国家来看，如德国、法国以及瑞士等，不管是否采纳物权行为与债权行为相区分的原则、施行登记生效主义抑或登记对抗主义，物权变动是在公证制度的积极配合和支持下完成的并极好地保证了交易的安全，确保登记的准确无误。① 国外的这一做法无疑给我国提供了有益借鉴，因此可以考虑将公证制度引入不动产物权变动过程中以此完善我国的物权变动制度。比如，针对实践中在继承或者受遗赠引发的不动产物权变动情形下，登记机关需要查清申请人是否享有继承权及其份额，以及是否存在有效的遗赠行为，可考虑将公证设定为因继承、接受遗赠变动不动产登记的前置条件。② 然而，发生深思的是公证引入不动产物权变动中，需要厘清公证的目的，是证明当事人的意思表示真实还是物权归属的真实性；公证能否解决登记外观与真实状态不一致产生的纠纷；公证与登记的功能差异何在，有无实质性差别。③ 对于上述问题还需要从实定法上做进一步的实证考察。

5. 虚拟财产的保护

虚拟财产是相对于实物财产而言，随着互联网科技的勃兴而衍生出的一类具有经济价值的新型财产形态，如网络游戏中的装备、比特币等，在财产分类中被划归为无形财产序列。近年来，一方面，网络与民众的生活联系越加紧密，围绕虚拟财产引发的权益纠纷越来越多，而法律规则尚付阙如；另一方面，学界对于虚拟财产存在着权利属性之争，尚未达成共识。

（二）财产所有权方面的难点问题

1. 国家所有权、集体所有权的立法规定缺陷

社会主义市场经济的发展对物权立法提出了更高的要求，尤其是针对国家所有权和集体所有权不能仅仅停留在抽象定位的层面，而要提出切实

---

① 参见陈华彬《外国物权法》，法律出版社，2004，第 147~153 页；王茵《不动产物权变动和交易安全——日德法三国物权变动模式的比较研究》，商务印书馆，2004，第 159、190~191 页。

② 黄祎：《论物权变动视野中的公证制度》，《东方法学》2014 年第 2 期。

③ 参见霍文娟《学者共论物权立法热点 专家建言理论实务难题——民法典物权编立法研讨会综述》，《中国公证》2017 年第 5 期。

可行的公有财产的运行和保护规则，厘清物权法对公有财产进行规范的主旨和限度问题。事实上，当前物权法对公有财产的私法规制存在如下缺陷。第一，国家所有权客体和集体所有权客体无法真正运用所有权规则进行调整，物权法上关于国家所有权和集体所有权的表达方式基本上就是直接借鉴宪法中的规定致使仅仅只是表达特定利益的归属而无法成为民法所有权的调整对象。第二，将宪法上的国家和集体所有权置于物权法中对应规定，而不强调公有财产归属于所有制范畴和其目的实现的公益性这些前提，将会导致公有财产的私法化。第三，物权法在公有财产的分类规制上缺乏科学的体现。[①]

2. 建筑物区分所有权方面

现行《物权法》在第六章对建筑物区分所有权设专章予以规定并做出了较为详尽的制度安排，然而随着城市社会的发展，既有的建筑物区分所有权规则并不能满足实际生活的需要。在建筑物区分所有的法理层面上，还没有对区分所有形成一个整体性的法律判断，对于区分所有团体法理基础还缺乏深入的探讨和关注。比如，明确和厘定业主团体的法律人格问题，厘定和增订区分所有建筑物的修缮规则，对区分所有建筑物的重建规则予以增订和完善以及车库归属等。[②]

3. 所有权取得方法的扩充

就所有权的取得方法，现行物权法规定了善意取得、无人认领的遗失物的归属等，这些方法难以适应当前社会的发展之需。比如，现实中因混合、附合以及加工而产生的物的归属，如何处理，这就要求明确将添附作为所有权的取得方式。此外，还应规定无主财产的先占规则、取得时效制度等。

（三）用益物权方面的难点问题

1. 用益物权一般规定方面

根据《物权法》第117条有关用益物权人享有基本权利的规定，容易引发疑问的是，用益物权的客体究竟是否包括动产，用益物权的客体是否

---

① 参见梅夏英《民法典编纂中所有权规则的立法发展与完善》，《清华法学》2018年第2期。
② 参见陈华彬《我国民法典物权编所有权规则立法研究》，《政治与法律》2018年第10期。

限于"他人所有"。关于用益物权客体的界定模式，比较法上存在两种不同模式：一是以德国、法国、意大利等为代表的将用益物权客体界定为不动产、动产和权利，二是以日本、韩国以及我国台湾地区等为代表的将用益物权客体界定为不动产。世界范围内之所以会存在两种不同的立法体例，主要是东西方社会的风俗习惯不同。我国《物权法》第117条将用益物权的客体扩大至动产，主要是为了应对动产利用方式的多元化，为将来在动产之上设定用益物权提前预留法律空间。然而，考虑到物权法实行物权法定原则，而现行法规定的四大具体用益物权皆是以不动产为客体的，这就引发物权内部体系的自相矛盾。这就有必要认真考虑用益物权客体到底是否包括动产。关于用益物权的客体是否必须限于"他人所有"。根据《物权法》第156条的规定，建设用地使用权人或者土地承包经营权人可以在其权利之上为他人设立地役权，这也迎合了该条中的"他人的不动产""自己的不动产"，立法的措辞而非"他人所有的不动产""自己所有的不动产"。因此，《物权法》第117条的用益物权的客体归属于"他人所有"的表述与我国现实情况不相吻合。

2. 农地"三权分置"改革派生出的土地经营权的法律认定

农地"三权分置"改革是自党的十八大以来以习近平同志为核心的党中央因应农村生产力发展变化而提出的一项崭新的农地新政，这被认为是继家庭联产承包责任制之后农地制度的再一次创新与飞跃。由于土地承包经营权抵押受到立法和司法的双重封锁，农地"三权分置"改革的最初动因，在于解决农业投入面临的资金瓶颈，开禁农地抵押。换言之，由于土地承包经营权不能抵押，"三权分置"改革是在维持集体土地所有权、土地承包关系稳定不变的基础上，从土地承包经营权中派生出一项不受传统观念羁绊和制度障碍的土地财产权——土地经营权，是一项适格的抵押财产。然而关于土地经营权的法律属性，学界众说纷纭，莫衷一是，还没有达成共识，主要存在如下四种观点：物权说、债权说、物权化债权说、物权债权并存说。[①]

3. 住宅建设用地使用权的期限问题

在我国实行"房地一体主义"，也即房屋所有权和房屋占有范围内的

---

① 关于土地经营权的法律属性的不同观点梳理，具体可参见庄斌《土地承包权与经营权分置制度研究：改革逻辑与立法选择》，中国社会科学出版社，2018，第15～17页。

土地使用权属于同一主体。具体到城市商品房，指的是房屋所有权和房屋占有范围内的建设用地使用权属于同一主体。由于房屋所有权具有无期限性，建设用地使用权是从国有土地所有权中派生出来的一项期限性物权，这样二者之间就存在张力和冲突。《物权法》第 149 条确立了住宅建设用地使用权的自动续期规则。然而，对于住宅建设用地使用权到期后应该如何续期、是否有偿续期、续期时间多长，存在较大的争议，因此立法当时有意留了空白，仅表达为"自动续期"，及至立法时机成熟后，通过修法的方式予以完善解决。

4. 宅基地"三权分置"改革

我国现行宅基地制度源自 20 世纪 60 年代，是从计划经济体制中逐步演化而来的。出于种种原因，现行宅基地使用权徒有物权之名而无物权之实，被定位于农民休养生息之地，带有鲜明的福利分配色彩。宅基地使用权的特定身份属性以及社区封闭特性，致使现实中宅基地使用权流转裹足不前，尤其是宅基地之上的房屋买卖、抵押，由于违反了现行法律规定，买卖、抵押往往面临着民事法律行为无效的法律风险。其实，前述问题的根源在于我国实行"房地一体主义"，宅基地房屋买卖、在抵押权实现时，房屋占有范围内的宅基地使用权一并转让，由于宅基地使用权具有社区身份属性，当流转给社区外部第三人时面临着流转困境。正是在此背景下，2018年中央一号文件创造性地提出了宅基地"三权分置"改革，在维持集体土地所有权的前提下，盘活农村闲置宅基地，允许农民住房买卖、抵押，在于解决宅基地房屋买卖等物权化流转过程中房屋占有范围内的土地权源问题。这对于提高土地的利用效率具有重大的社会意义和法律价值。然而，政策毕竟不同于法律，宅基地"三权分置"的法律表达方式，经梳理当前存在如下四种不同的学术主张：第一，"所有权——宅基地使用权——建设用地使用权"的权利结构[1]；第二，"集体土地所有权——宅基地使用权——地上权"的权利结构[2]；第三，"集体土地所有权——成员权——宅基地使用权"的权利结构[3]；第四，"集体土地所有权——宅基地使用

---

[1] 刘锐：《乡村振兴战略框架下的宅基地制度改革》，《理论与改革》2018 年第 3 期。

[2] 席志国：《民法典编纂视域中宅基地"三权分置"探究》，《行政管理改革》2018 年第 4 期。

[3] 李凤章、李卓丽：《宅基地使用权身份化困境之破解——以物权与成员权的分离为视角》，《法学杂志》2018 年第 3 期。

权——宅基地租赁权"或"集体土地所有权——宅基地使用权——宅基地经营权"的权利结构①。较大的理论分歧和学说争议显然不利于将宅基地"三权分置"改革落实到法律制度层面。

（四）担保物权方面的难点问题

1. 担保物权一般规定方面

担保物权一般规定在于抽象出适用于抵押权、质权和留置权的共同规则，起到节约立法成本并避免立法重复规定的效果。然而，在担保物权的一般规定中，如果立法表达不慎，就会出现抹杀不同类型担保物权的差异性。《物权法》第173条关于担保物权的担保范围的表述即为适例，该条将保管担保财产的费用一并纳入担保物权的担保范围。然而，现实中在实现抵押权和相当一部分权利质权时，不会出现保管担保财产的费用问题。这就要求担保物权的一般规定应当是适用于所有担保物权的共同规则，而非仅仅适用于部分类型的担保物权。对于仅仅适用于部分类型担保物权的规则，可借本次民法典物权编编纂将其移置具体担保物权的对应部分。

2. 抵押权方面

我国物权法出于保护债务人利益，防止债权人凭借债务人一时之需的紧迫感而利用债权人的优势地位，从而与债务人签订流押合同。现行《物权法》第186条明确禁止流押，双方当事人签订的流押协议无效。对于这一条文有学者指出，物权法固守禁止流押的做法既不利于简化抵押权的实现流程，也不利于充分发挥物的经济效用而且也没有尊重当事人的私法自治。② 其实，从比较法的角度来看，已有一些国家和地区开始为禁止流押解禁，逐渐承认其法律效力，例如，法国、我国台湾地区等。因此，在物权法的未来发展过程中，应当效法域外法制，开禁流押契约，有条件地允许流押契约的存在。③ 此外，有学者还建议应当允许民办学校、幼儿园以及医院等可以教育设施、医疗卫生设施等财产抵押、明确抵押权的效力及于抵押财产的从物和添附物，完善抵押权与租赁权的冲突规则等。④

---

① 宋志红：《宅基地"三权分置"的法律内涵和制度设计》，《法学评论》2018年第4期。

② 参见程啸《担保物权研究》，中国人民大学出版社，2017，第124页。

③ 参见王利明《我国民法典物权编的修改与完善》，《清华法学》2018年第2期。

④ 参见程啸《民法典物权编担保物权制度的完善》，《比较法研究》2018年第2期。

3. 质押权方面

从世界范围内来看，质押财产的范围存在两种立法模式。第一种模式为正面清单模式，也即详细列举可以成为质押权客体的财产和权利。第二种模式为负面清单模式，也即采用法律除外模式，哪些财产和权利不能成为质押权客体，除此之外即为适当的质押权客体。从《物权法》第 223 条第 7 项[①]的规定来看，我国关于质押权客体实际上是采用了正面清单模式。然而，有学者指出，这一关于可以出质的权利范围显得较为封闭，不利于新型财产的有效利用。[②] 数据和网络虚拟财产属于新型财产权。然而，根据《物权法》的规定，尚未有法律、行政法规明文规定数据和网络虚拟财产可以质押，这就使得数据和网络虚拟财产为一项适格的质押财产尚存疑问。

（五）占有制度方面的难点问题

占有是人对物予以控制、支配、管领的事实状态，它是物权、债权等权利的"外衣"，是动产物权的公示方法，占有因此具有公信力。[③] 从占有在物权法中的地位以及发挥的功用来看，《物权法》第十九章共计 5 个条文规范占有制度。具体而言，第 241 条规范有权占有，第 242 条对恶意占有人的赔偿责任做出了规定，第 243 条是对无权占有人的返还义务及善意占有人的必要费用返还请求权，第 244 条规定了被占有物毁损、灭失时占有人的责任以及第 245 条的占有保护。由于现行物权法欠缺占有的分类、占有效力、占有人的物上请求权、占有消灭等基础性规则，我国物权法上的占有制度规定得还较为粗糙，甚至存在一些缺漏，还难以应付现实的需要和纠纷。

第三节　《民法典》物权编编纂的重点与难点

编纂民法典曾是中国人民的一大法治夙愿。中华人民共和国成立后，

---

① 参见《物权法》第 223 条第 7 项："债务人或者第三人有权处分的下列权利可以出质：……（七）法律、行政法规规定可以出质的其他财产权利。"

② 参见王利明《我国民法典物权编的修改与完善》，《清华法学》2018 年第 2 期。

③ 陈华彬：《中国物权法的意涵与时代特征》，《现代法学》2012 年第 6 期。

我国曾分别于 1954 年、1962 年、1979 年以及 2001 年 4 次着手启动民法典的编纂工作。然而，由于受当时的历史条件约束，均未能如愿。改革开放以来，我国民事立法富有成效，取得了较为丰硕的民事立法成果，《继承法》《合同法》《婚姻法》《物权法》《侵权责任法》等民事主干法相继颁布出台，逐步形成了较为完备的民事法律体系，为第五次编纂民法典奠定了良好的法律基础。当前，我国民法典编纂的条件已经具备。

2018 年 8 月 27 日，十三届全国人大常委会第五次会议首次审议了包括物权编在内的民法典各分编草案。2019 年 4 月 20 日，十三届全国人大常委会第十次会议继续审议了《民法典物权编（草案）》。2019 年 4 月 26 日，全国人大常委会公布了《民法典物权编（草案二次审议稿）》。2020 年 5 月 28 日，全国人民代表大会第三次会议审议通过了《民法典》，自 2021 年 1 月 1 日起施行。从《民法典》编排设置来看，物权编的设置紧随总则编之后，合同编之前为第三编，共分为通则、所有权、用益物权、担保物权以及占有共计 5 个分编 258 个条文。

一 《民法典》物权编关于通则部分的规定

从《民法典》物权编的内容来看，有关物权的定义和类型，物权课题以及物权法定原则的内容被从物权编中分离出去，设置在总则编第五章民事权利部分。相较于 2007 年实施的《物权法》，《民法典》物权编做出的修改之处，包括但不限于如下几个方面。

第一，《民法典》物权编第 219 条增设关于不动产登记资料的合理使用方面的规定，明确指出"利害关系人不得公开、非法使用权利人的不动产登记资料"。严格来说，这属于不动产登记程序方面的规定，2015 年生效实施的《不动产登记暂行条例》第 28 条已有规定。

第二，在非基于法律行为而引发的物权变动中，《民法典》物权编第 230 条删除了《物权法》第 29 条中"受遗赠"的情形，明确因继承取得物权的，自继承开始时发生效力。这是因为，继承和遗赠属于两种不同的行为。继承属于事实行为，而遗赠属于法律行为，适用法律行为的效力规则。因此，应将遗赠从非基于法律行为发生的物权变动中删除出去。

第三，《民法典》物权编第三章"物权的保护"很好地协调了物权保护制度中物权请求权与侵权请求权的关系。这有助于对物权展开全方位的保护模式。这种做法一方面符合我国司法实践需要，另一方面有利于更好地保护物权。因为在侵权情形下，这种物权保护模式如同递交"菜单"一样，可以使权利人非常清楚地了解其所享有的各种救济途径。①

二　《民法典》物权编关于所有权部分的规定

（一）顺应已出台的法律，修改相应表达方式

当前，与物权法修改联系较为密切的法律，非 2011 年施行的《国有土地上房屋征收与补偿条例》莫属。《民法典》总则编一改《民法通则》中对于法人的分类，基于功能主义的分类标准，将法人分为营利法人、非营利法人和特别法人这三类。《国有土地上房屋征收与补偿条例》一改以往的"拆迁"表述，取而代之的是"征收"。因此，《民法典》物权编相应地修改了表达方式，《民法典》物权编第 24 条将现行《物权法》第 42 条征收中的"拆迁"修改为"征收"，《民法典》物权编第 269 条将现行《物权法》第 68 条中的"企业法人"修改为"营利法人"，《民法典》物权编第 270 条将现行《物权法》第 69 条中的"社会团体"修改为"社会团体法人、捐助法人"。

（二）业主的建筑物区分所有权方面

第一，《民法典》物权编强化了业主对共有部分共同管理的权利。为解决实践中一些物业服务公司在未征求业主意见或者未取得业主同意的前提下，擅自改变或者变更建筑物共有部分用途或者擅自利用外墙，在建筑物公共区域张贴广告等开展营利活动，《民法典》物权编第 278 条、第 281 条对此明确做出了规定。

第二，《民法典》物权编新增共有部分产生的收益属于业主共有的规

---

① 王利明：《我国民法典物权编的修改与完善》，《清华法学》2018 年第 2 期。

定。这条规定其实来源于最高人民法院于 2009 年 5 月 14 日发布的《关于审理建筑物区分所有权纠纷案件具体应用法律若干问题的解释》第 14 条的基础上改造而来。前述司法解释规定的精神实质为业主可以要求物业服务企业或者其他行为人"吐出"擅自经营小区共有部分合理成本之外的收益。通过借鉴该条司法解释，《民法典》物权编第 282 条明确规定，建设单位、物业服务企业或者其他管理人等利用业主的共有部分产生的收益属于业主共有。

此外，《民法典》物权编第 278 条第 2 款为解决物业管理活动中业主做出决议难的问题，适当降低了决议标准要件。

（三）共有部分

《民法典》物权编在现行《物权法》第 101 条的基础上新增关于按份共有优先购买权的行使方法。《民法典》物权编第 101 条共有 2 款构成。其中，第 1 款被认为属于首创，规定了按份共有人可以转让其享有的共有份额，其他按份共有人应当在合理期间内行使优先购买权；第 2 款是在吸收《物权法司法解释（一）》第 14 条规定的基础上而形成的。

（四）丰富了所有权的取得方法

《民法典》物权编丰富了所有权的取得方法，在第 101 条增加了添附制度。其实，最高人民法院《关于贯彻执行〈民法通则〉若干问题的意见》第 86 条对添附已经做出了相应的规定。然而，该规定对于在双方当事人未有约定的情形下，如何处理添附物的归属，该解释未做出规定。因此，《民法典》物权编第 322 条明确了添附作为所有权的取得方式。根据该条规定，添附物的归属分为三个层次：第一个层次为，因加工、混合、附和有约定的，按约定；第二个层次为，没有约定的按法定；第三个层次为，在法律未做出规定的情形下，从保护无过错的当事人和物尽其用的原则确定添附物的归属。

（五）集体经济组织成员权制度

《物权法》第 59 条的规定属于在立法上首次明确规定了集体组织成员权的概念。农民属于集体经济组织成员，并基于这一身份而当然获得集体组织成员权。然而由于集体组织成员权的弱化和虚化，在实践中往往会出现诸如外嫁女是否依然属于本集体组织成员并基于该身份而享有集体收益分配请求权、土地承包权等权益。因此，《民法典》物权编第 261 条因循《物权法》第 59 条的规定指出，"农民集体所有的动产和不动产，属于本集体成员集体所有"。

三　《民法典》物权编用益物权规定

（一）农地"三权分置"改革

为回应党的十八大以来农业生产力发展而引发的土地利用关系变化，党的十八届三中全会提出了农地"三权分置"改革，由"两权分离"到"三权分置"的农地新政安排具有鲜明的时代特征和改革特色，是国家为解决新时代"三农"问题而进行的顶层设计，是继家庭联产承包责任制之后我国农地制度的又一次历史性飞跃，是一项告别小农传统、迈向现代农业、促进乡村振兴的社会进化之举。

2018 年 8 月 27 日，十三届全国人大常委会第五次会议首次审议的《民法典各分编（草案）》中第一编物权部分第 129 条第 1 款对"三权分置"做出了规定。其实，按照民法原理，土地承包经营权是一项单一、完整的权利，包含土地的占有权能、经营（使用）权能、收益权能以及处分权能等。权利不同于权能，权能是权利的内容之一，仅仅发挥权利的某一功能和作用。由此观之，土地经营权能属于土地承包经营权的一项权利内容。土地承包经营权人通过行使处分权能有权处分或者出让土地经营权能，为承包人之外的其他人设立土地经营权。这就实现了土地经营权能到土地经营权的质的飞跃，土地经营权能从其本权也即土地承包经营权中派生出来成为一项实体性土地权利并为其他人原始取得，典型的如土地承包经营权入股、入社、信托等。具体而言，在"三权分置"改革下，土地承包经营权是在维持农民与集体之间法权也即土地承包法律关系不变的基础上，通过出资农业公司、农民专业合作社以及土地信托公司等法人组织体将其占有、使用等权能也即土地经营权能从其本权中分离出来为土地承包经营权人之外的第三人——农业公司等法人组织体设立土地经营权。① 农业公司、农民专业合作社以及信托公司等成为土地经营权的原始权利主体。

因此，《民法典各分编（草案）》中物权部分关于"三权分置"的表述存在进一步的斟酌之处，建议根据条文设置的衔接与体系，可在土地承包经营权这一章，现行《物权法》第 125 条土地承包经营权人享有的基本权利之后增设一款"允许土地承包经营权人依法在其承包经营的土地之上为他人设立土地经营权，有关土地经营权的设立方式依照《农村土地承包法》等法律的规定"等类似条文作为第 125 条的第二款，以此回应承包地的"三权分置"改革。从条文设计来看，这属于引致规范，一方面出于节约立法成本，另一方面在于实现物权法和农村土地承包法的分工。物权法在于实现土地经营权的物权化。② 农村土地承包法整部法律围绕土地承包、

---

① 庄斌：《土地承包权与经营权分置制度研究：改革逻辑与立法选择》，中国社会科学出版社，2018，第 101 页。

② 有学说主张土地经营权是通过土地承包经营权的转包、出租等债权化流转方式为他人设定的，本质上仍属债权范畴。这一主张没有迎合党的十八届三中全会以来确立的农地制度改革要求以及当前关于土地经营权的立法规定。其实，"三权分置"改革的目的在于解决土地二轮承包以来出现的各类疑难，通过放活土地经营权解决农地的抵押困境，入股农业公司、农民专业合作社以及土地信托公司等丰富现代农业经营组织体并实现农地的规模化经营。总之，改革呼吁的是物权性质的土地经营权。如果认为本次农地制度改革要求的是债权性质的土地经营权，则农业行政最高主管部门和中央政策的制订者完全没有必要如此声势浩大地推动此次承包地"三权分置"改革，并自党的十八届三中全会之后出台系列政策，典型如《关于完善农村土地所有权承包权经营权分置办法的意见》。这是因为，从解释论的视角以观，根据《农村土地承包法》第 39 条第 1 款的规定，可知土地承包经营权的出租、转包等债权化流转方式，是在维护发包方与承包方之间土地承包关系不变的基础上，向外流转承包土地的，受让方获得的即为一定期限内的债权性质的土地利用权。在现行法律已明确规定从土地承包经营权中可派生出债权性质的土地利用权的情形下，再专门设置一个债权性质的土地经营权就显得有些多余。此外，2014 年修正的《行政诉讼法》第 12 条第 1 款第 7 项、2017 年 12 月修订通过并于 2018 年 7 月 1 日起生效实施的《农民专业合作社法》第 13 条第 1 款关于土地经营权的立法规定其实暗含了土地经营权的物权属性。具体而言，土地经营权人享有的土地经营权是通过与土地承包经营权人签订土地流转合同设立的，土地经营权人不仅受到合同法保护，按照 2014 年修正的《行政诉讼法》的规定，行政机关侵犯其土地经营权的可提起行政诉讼，这其实赋予了土地经营权具有对抗第三人不法侵害的效力。这一立法规定其实内含着土地经营权具有排除第三人不当妨碍的物权效力。《农民专业合作社法》第 13 条第 1 款明确规定土地经营权可以评估作价、出资转让至合作社名下，成为合作社法人的财产权客体。这其实也暗含了土地经营权的物权属性，因为土地经营权止步于债权不利于土地权利的物权变动、农地利用效率的提升和稳定的土地经营预期。参见庄斌《土地承包权与经营权分置制度研究：改革逻辑与立法选择》，中国社会科学出版社，2018，第 87～88 页。

使用以及流转等方面而展开的专门立法，在该法中系统规定土地经营权有助于从法律制度层面完整确认"三权分置"。而且，从物权法的立法过程来看，物权法中有关土地承包经营权的内容基本上就是采取法条搬家的方式，从《农村土地承包法》直接搬至《物权法》。因此，在农村土地承包法而非物权法中对土地经营权做出全面规定更具合理性。此外，值得注意的是，"三权分置"改革下，在维持土地承包关系稳定并不变的情形下，存在着物权型土地利用权和债权型土地利用权。前者为承包地"三权分置"改革下派生出的土地经营权，后者为现行《物权法》中规定的土地承包经营权出租、转包等债权化流转方式，受让人获得的即为土地租赁权。

2018 年 12 月 29 日十三届全国人民代表大会常务委员会第七次会议《关于修改〈中华人民共和国农村土地承包法〉的决定》对现行《农村土地承包法》进行了第二次修正，修正后的《农村土地承包法》（以下简称"新法"）已于 2019 年 1 月 1 日起生效实施。新法的一大亮点即为农地"三权分置"入法，确立了集体土地所有权、土地承包经营权与土地经营权的三权并行分置。并在"三权分置"思想的指导下，将 2003 年生效施行的《农村土地承包法》第二章第四节、第五节的节名分别更改为"土地承包经营权的保护和互换、转让"和"土地经营权"，并对第四节与第五节的内容做了大幅度的修改。

关于农地"三权分置"的法律调整涉及两大法律部门：一是农村土地承包法，可喜的是 2018 年已修正过，并已确立；二是物权法，当前正处于修法过程中。从这两大部门法的立法分工和技术衔接来看，物权法更倾向于确立土地经营权的法律属性，农村土地承包法在于完整确立农地"三权分置"。而且从 2007 年实施的《物权法》来看，有关土地承包经营权的内容规定基本是将 2003 年实施的《农村土地承包法》中的法条以"法条搬家"的方式迁移过去的。因此，在本次民法典物权编编纂过程中，应当尊重 2018 年修正的农村土地承包法。

从《民法典》物权编的内容来看，根据党中央的精神和修改后的农村土地承包法，对现行物权法第十一章"土地承包经营权"的相关内容作出了完善。除了明确耕地的承包期届满后按照农村土地承包的法律规定继续承包外，就"三权分置"的内容规定如下。

第一，土地经营权的流转方式。《民法典》物权编第 339 条的规定顺承新法第 36 条的规定，指出土地承包经营权人可以自主决定依法采取出租、入股或者其他方式向他人流转土地经营权。

第二，土地经营权的登记。《民法典》物权编第 341 条顺承新法第 41 条的规定，一方面，采取土地经营权登记对抗主义的方法；另一方面，以土地经营权流转期限 5 年为界限，超过 5 年的由当事人决定是否向登记机关确权登记。

第三，土地经营权抵押。由于我国实行物权法定原则，关于土地经营权的抵押规定最终还是依赖于本次物权编的编纂。《民法典》物权编删除了第十七章"抵押权"中关于耕地不得抵押的规定，目的在于适应农地"三权分置"后从土地承包经营权中派生出的土地经营权的入市之需，解决农业投入的资金问题。

（二）宅基地"三权分置"改革

党的十八大以来因应农村土地利用关系变化，国家开启了新一轮的农村土地制度改革。为盘活农村闲置房屋，提升土地的利用效率，发挥农地的用益物权功能，2018 年中央"一号文件"首次明确提出了宅基地的"三权分置"改革，要求在坚持农村土地集体所有的基础上，实现土地资源的有效配置，打破封闭的地域限制和土地权利的身份制约，鼓励社会工商资本下乡，实现农民住房的自由买卖、抵押以及宅基地的自愿有偿退出等。宅基地"三权分置"是在维持宅基地使用权主体专属身份特征不被打破，同时让外部第三人得以利用宅基地、农民住房目的的背景下应运而生的。党的十八届四中全会要求"做到重大改革于法有据"。由于宅基地"三权分置"是对现行物权法中宅基地使用权的一次制度革新，其改革要义为在维持宅基地使用权的基础上，推定宅基地使用权人与农民住房的买受人之间存在宅基地使用权的土地租赁法律关系。因此，应紧紧抓住当前民法典物权编编纂的时机，在现行宅基地使用权这一章中在房地分离时通过引入法定租赁权解决房屋占用范围内的土地权源问题。关于宅基地"三权分置"改革的内容可在二次审议稿第 156 条的基础上增加两款，分别作为第 2 款和第 3 款。其中第 2 款：宅基地使用权人可以将建造的住宅以转让、抵押等方式流转，其宅基地使用权并不一并转让，也不丧失，但不得对抗房屋买受人。在住宅买受人与宅基地使用权人之间，推定在房屋的使用期限内有租赁关系。其租赁期限适用合同法的有关规定。第 3 款为：前款情形，关于宅基地的土地租赁数额由当事人协商确定；协商不成的，可以请求人民法院确定。

然而，从《民法典》物权编第十三章"宅基地使用权"的规定来看，其依旧维持了现行物权法关于宅基地使用权的规定。《民法典》物权编还没有体现 2018 年中央"一号文件"关于宅基地"三权分置"改革的规定。

（三）住宅建设用地使用权续期规则的完善

《民法典》物权编第 359 条第 1 款在《物权法》第 149 条第 1 款的基础上，新增一句"续期费用的缴纳或者减免，依照法律、行政法规的规定"。这一表述被认为实际上把住宅建设用地使用权自动续期这一深受社会大众关注的产权规则推向了民法典之外。① 为此，本着形成保护住宅财产长期稳定的原则，应从以下三个方面对住宅建设用地使用权续期规则做出完善。第一，明确自动续期的内涵。换言之，住宅建设用地使用权的存续期间届满后，权利主体不需向政府申请审批，使用权的存续期间可以自动续期或自动延长。这有利于减免住宅建设用地使用权人的权利负担。第二，续期期限应当具有期限性而不宜永久续期。考虑到城市土地属于国家所有，如果建设用地使用权可以永续存在这等于架空了城市土地属于国家所有的规定，显然与土地公有制的属性相悖离。具体的存续期限，最低期限不低于 30 年，最高年限不超过 70 年。第三，实行有偿续期规则。一方面，如果无偿自动续期有违市场经济的公平规则，反而会进一步滋生房地产市场的投机行为并进一步加剧炒房行为；另一方面，续期的期限越长需要交付的土地出让金也就越高。②

（四）居住权

党的十九大报告提出加快建立多主体供给、多渠道保障、租购并举的

---

① 朱广新：《从物权法到物权编：革新发生在哪里——〈民法典物权编（草案）〉评析之一》，中国法学网，http：//www.iolaw.org.cn/showArticle.aspx? id = 5734，最后访问时间：2018 年 12 月 7 日。

② 参见袁志锋《城市住宅建设用地使用权期满自动续期初探》，《中国地质大学学报》（社会科学版）2013 年第 1 期。

住房制度，让全体人民住有所居。因此，《民法典》物权编在用益物权部分开辟专章设立了居住权制度。其实，关于居住权的立法规定在我国既有的实证法体系中完全有据可循，比如在最高人民法院《关于适用婚姻法若干问题的解释（一）》第27条第2款中就明确有"居住权"的表述。从《民法典》物权编关于居住权的规定来看，可以看出居住权的社会功能已由以往的对弱者的保护演变为当下的房屋多元化利用。

四 《民法典》物权编担保物权规定

担保物权制度不仅是物权法上更是市场经济中的一项重大制度，担保物权制度也是决定营商环境优劣的一项重要指标。总体而言，《民法典》物权编回应了现实的发展需要，进一步完善了现行物权法中的担保物权制度。

第一，担保财产范围的扩充。随着商品经济的发展，当代社会但凡具有交换价值的财产皆可作为担保财产。2007年出台的《物权法》在《担保法》的基础上，进一步扩大了担保财产的范围，发挥了担保财产的金融价值。出于金融风险的防范，当前仍然有一部分财产没有进入抵押财产的序列。党的十八大以来，中央开启了新一轮的农村土地制度改革，承包地"三权分置"、农民住房财产权抵押贷款试点、宅基地"三权分置"等稳步向前推进。且立法机关通过决定，授权国务院在试点地区暂停实施相关法律规定。试点取得了良好的效果，因此，应当在《民法典》物权编中有所反映。开禁土地承包经营权和宅基地使用权抵押，长期以来呼声很高，这有助于发挥农地金融化，解决农业投入的资金问题，发挥土地的财产功能等。为此，《民法典》物权编将土地承包经营权、土地经营权确立为适格的担保财产。

第二，抵押物转让规则的修正。现行《物权法》第191条对抵押期间转让抵押财产进行了规定，立法者试图在抵押权人、抵押人以及抵押物受让人这三者之间寻求利益平衡，然而却饱受诟病，被认为是以牺牲抵押权的追及效力为代价的。为此，《民法典》物权编第406条对此进行了相应修改。该条规定明确指出，抵押期间，抵押财产转让的，抵押权不受影响，并规定抵押人转让抵押财产应通知抵押权人这一程序性通知义务。

第三章　合同法立法问题研究

党的十八届四中全会提出要"编纂民法典",标志着我国民法典编纂成为党和国家依法治国方略的重要组成部分,民法典编纂成为实现国家治理体系和治理能力现代化的重大举措。2020 年 5 月 28 日,《中华人民共和国民法典》经第十三届全国人民代表大会第三次会议通过,是新中国成立以来第一部以"法典"命名的法律,开创了我国法典编纂立法先河。合同编在《民法典》中居于十分重要的地位,作为债法的主要组成部分,合同编的立法品格将直接影响民法典的质量和品格,具有重要的研究意义和价值。

第一节　合同法的立法理念

一　保护信赖

(一) 信赖与信赖利益

何谓信赖?这个问题与信赖利益的概念一样令人迷惑,按信赖一词系"美国法所创建"[1],因此,其基础含义只有在美国法所创建的语境下才能得到比较正确的理解。在美国法中,信赖乃是基于对允诺 (promise) 的一种期待态度,因而对允诺的违反使受允诺人感到"他被剥夺了一些属于他的东西"[2]。因此,信赖实际上涉及的只是一种期待,在这种期待中,并未涉及是否有

---

① 马新彦:《信赖与信赖利益考》,《法律科学》2000 年第 3 期。
② 〔美〕L. L. 富勒:《合同损害赔偿中的信赖利益》,载《债法论文选萃》,韩世远译,法制出版社,2004,第 267 页。

损失的问题，在信赖中加入损失的问题，将混淆信赖与信赖利益的区别。①

关于"信赖利益"，自富勒发表了《合同损害赔偿中的信赖利益》一文后，引发讨论几十年，迄今难有一个普遍被接受的定义，按照王泽鉴先生的观点，"信赖利益者，指当事人相信法律行为有效成立，而因某种事实之发生，该法律行为（尤其是契约）不成立或无效而生之损失，又称消极利益"②，与此种消极利益相对应的是积极利益，即所谓履行利益，指法律行为（尤其是合同）有效成立，但因债务不履行而生之损失，富勒在《合同损害赔偿中的信赖利益》一文中称之为期待利益。这是一种因信赖而已经支出的既存利益。

根据前述界定，我们可以认为，信赖是产生信赖利益的前提，但此种利益不是指当事人因为信赖而获得了某种积极的收益，正相反，它特指当事人因信赖产生了相应的支出，包括财产上的和机会上的，只有在这种支出获得赔偿或补偿时，"在这种场合受保护的利益可以叫作信赖利益"。③

（二）信赖、信赖利益与缔约过失责任

为什么我们要追究缔约过失者的责任？通说认为是因为缔约过失行为违反了先合同义务，而此种义务乃源于民法上的"诚实信用原则"。④ 我们认为，这一答案只回答了一半，只是说明了缔约过失者应承担责任的法律和法理依据，而没有涉及"缔约过失责任"这一法律制度的规范目的，也就是没有回答责令缔约过失者承担责任所欲达到的法律目的。那么这个目的何在？

我们认为，这个目的是使受允诺者"恢复到与允诺作出前相同的处境"⑤，是对受允诺者因其信赖而支出的成本进行赔偿或补偿，这种赔偿或

---

① 马新彦教授认为信赖首先是一种善良的心理状态，其次是受该善良的心理状态驱使为一定行为或不为一定行为，以致造成损失，包括财产损失和机会损失。参见马新彦《信赖与信赖利益考》，《法律科学》2000 年第 3 期。

② 王泽鉴：《民法学说与判例研究》，中国政法大学出版社，2004，第 267 页；2005，第 181 页。

③ 〔美〕L. L. 富勒：《合同损害赔偿中的信赖利益》，载《债法论文选萃》，韩世远译，法制出版社，2004，第 264 页。

④ 陈小君：《合同法》，中国政法大学出版社，1999，第 62 页。

⑤ 〔美〕L. L. 富勒：《合同损害赔偿中的信赖利益》，载《债法论文选萃》，韩世远译，法制出版社，2004，第 263～264 页。

补偿即是信赖利益，质言之，责令缔约过失者承担责任是为了保护信赖。因此，缔约过失责任乃是对受允诺人信赖的保护。

二　保护信赖的理由

缔约过失责任的目的在于对信赖进行保护，那么，一个社会为什么要耗费成本对此进行保护？笔者认为，至少有以下多个方面的原因。

一是基于社会心理需求的制度供给。既然信赖是一种"善良的心理状态"[①]，而此种心理状态又"相对来说是千篇一律的"[②]，因此我们可以合理推测全社会因此产生了"保护信赖"的普遍需求，法律制度作为一种公共产品，必然要回应此种需求而提供制度供给，否则，大多数受允诺者都将因害怕遭受损失而失去对允诺的信心，进而威胁到整个合同制度的存在。

二是维护信用。现代市场是以信用为基础的经济，流行语言谓之信用经济，信用经济的最大功用在于消除现实产品和将来产品之间的时空间隔，从而极大地节约交易的时间成本。如果任何交易都必须以实际存在的产品为标的，就会出现"不见兔子不撒鹰"的低效率局面。而对允诺的信赖乃是最重要、最基础的信用，法律保护信赖也就保护了信用，保护了现代市场经济。

三是信赖具有财产价值。信赖与普通财产相比，具有某种相同的属性，即未来使用、收益的可能性，任何财产在不直接使用、收益时，都只是作为可能性存在，比如一辆汽车，对车主而言，在上车前，其作为财产能否提供驾驶运载的功能，仅仅是一种可能。同样，信赖可能带来的收益也是一种可能性，二者的差别只在于信赖的收益可能性得以实现需要更多的时间。既然信赖本身具有作为财产而使用收益的可能性，法律作为保护公私财产安全的基本制度，必然应对信赖予以保护。

---

① 马新彦：《信赖与信赖利益考》，《法律科学》2000 年第 3 期。

② 〔美〕L. L. 富勒：《合同损害赔偿中的信赖利益》，载《债法论文选萃》，韩世远译，法制出版社，2004，第 263 ~ 264 页。

三 维护诚信

我们今天使用的"诚信"是建立在商品经济发展、契约观念形成和市民社会建立基础上的一种商业道德，最早起源于西方。它与中华文化中的传统诚信并不是一回事，中国传统的诚信只是对个人修养的倡导而不是对社会所有成员的诚信要求，它仅限于自然经济下封闭的亲人熟人小圈子的关系，而现代道德所讲的"诚信"，是在社会公正原则指导下的"诚信"，是行使权利、履行义务的"诚信"，它特别看重行为主体在政治、经济、文化等公共生活领域履行义务的社会信用。因此，中国传统意义上的诚信观念不足以为现代市场经济的诚信运行提供支持，我们需要深入分析违背诚信的经济原因并提供对策。

（一）守信的效益

我们之所以强调市场经济是诚信经济，乃是因为在以合同行为为基础的市场经济中，遵守诚信的准则具有降低交易成本的经济功能。

这里所指的交易成本是"一个涵盖十分广泛的概念，就合同行为的整个过程来看，交易费用可以包括合同制度运行的每个环节所需的费用"[1]，至少包括交易各方为了获得市场信息所要付出的费用、谈判和执行契约的费用等。在合同交易中，若合同当事人遵守诚信准则，可以避免不必要的信息收集，从而降低交易成本，这个结论可以从以下环节得出。

在磋商和签订合同的环节。在交易中，对交易的各环节做出符合实际的合同安排需要大量的信息作为基础，信息的获取需要花费大量的收集费用以及因收集信息而导致的机会损失，因此，交易各方实际上不可能全面进行这种高消费的活动，此时，决定收集何种交易信息以及收集到何种程度，往往受制于交易各方遵守诚信的程度，质言之，收集交易信息的成本与各方守信的程度呈负相关。

在履行合同的环节。由于对合同履行利益的期待，合同各方必然会监

---

① 郑强：《合同法诚实信用原则价值研究》，《中国法学》1999 年第 4 期。

督对方的履行行为，而"信息是个人行为受到监督的基础"①，因此，收集交易信息的成本与各方守信的程度呈负相关的结论仍然是成立的。

综上，收集交易信息的成本与各方守信的程度呈负相关，守信可以增进交易各方利益。

（二）失信的理由

既然遵守诚信准则可以增进交易各方利益，作为理性的"经济人"，交易各方何以会选择违背的策略，这一点至少可以从以下方面得到解释。

首先是信息不对称，由于各种主客观条件的限制，"交易双方或交易参与人相互之间对同一交易行为拥有非对称的信息"②，拥有信息优势的交易当事人基于自利的本能，可以很容易利用自己的优势，"通过隐瞒真实信息甚至制造虚假信息操纵交易行为，谋取不正当收益"③。这一理由可以在大量涉及欺诈的案例中得到证实。

其次是交易各方自利而理性的博弈行为，这一点可以借助"囚徒困境"模式得到解释，在履行合同的过程中，交易各方均面临类似囚徒的选择困境，由于不可能猜透他方的选择策略，为获取暴利或避免因守信而遭受损失，对任何一方当事人来讲，无论他方守信与否，选择不守信总能为自己带来更大的利益或避免损失。

最后是交易的非重复性，在重复交易的情形下，由于各方均有能力选择终止交易来对他方进行惩罚，为了获得持续交易的更大利益，各方均会选择并相信对方会选择遵守诚信准则。但是，由于市场的竞争性，同一产品的提供者是复数的，这就意味着"几乎很少有人会不断重复地和同一个人进行交易"④，重复交易中的惩罚机制因此失去效用。

（三）信息的供给

根据前文分析可以看出，在没有第三方介入的情形下，非重复交易的

---

① 张维迎：《产权、政府与信誉》，三联书店，2001，第 6 页。
② 段兵、刘志：《非对称信息与合同法的诚信原则》，《青海师专学报》（社会科学）2000 年第 5 期。
③ 衡兵：《信用缺失的经济分析》，《经济师》2006 年第 4 期。
④ 衡兵：《信用缺失的经济分析》，《经济师》2006 年第 4 期。

合同各方不可能自动选择守信的策略，这就意味着诚信准则由于缺乏有效的信息交流机制而不能得到有效的遵守。由于集体行为的存在，我们可以认为，交易各方不可能提供这样一种机制，第三方的介入不可避免。

第三方的介入至少可以提供两种方式弥补交易方的不足。

一是提供相对完整、便捷的信息共享和交流机制，为了避免因背叛行为被发现而遭受惩罚或避免因丧失信用而被驱逐，我们可以推测大部分当事人会选择守信的策略。显然，能够提供信息共享和交流机制的可以是公共权力部门，也可以是其他民间机构，但相对于公共部门可能存在的低效率，民间机构提供此种服务的效率和可行性要高。

二是在个案中揭露并惩罚失信的行为，对于在守信和失信间做出选择的当事人而言，影响其判断的是失信的成本，如果其失信的成本高于收益，选择守信是有效益的。由于提供此种机制的第三方需要具有合法的强制力和裁决的依据，此种机制只能由国家来提供，至少包括制定相应的法律（以明确惩处的行为构成及其范围）和执行法律两个方面。但是，需要特别一提的是，任何裁决所依赖的信息都是不完整的，这就意味着判决总是带有或然性的，裁决取信于交易以外的其他社会主体的关键并非裁决本身而是裁决者的道德权威，此时，裁决者为裁决提供了诚信保证。

第二节　我国合同立法中几个重要问题的立法沿革

一　无权处分合同制度

自《中华人民共和国合同法》颁布实施以来，针对该法第 51 条规定是否意味着我国采纳物权行为理论及该条与《合同法》第 150 条的协调问题，论者蜂起，见仁见智，产生了严重的意见分歧①，在《中华人民共和国物权法》颁布后，关于第 51 条是否采纳物权行为的争论已尘埃落定，但是，对该条规定在权利人与相对人间权利配置上存在的严重失衡，以及

---

① 各方观点参见崔建远《无权处分辨——合同法第 51 条规定的解释与适用》，《法学研究》2003 年第 1 期。

该条规定适用可能危及交易安全等问题，并未引起足够的重视。①

（一）《合同法》第 51 条规定的检讨

《合同法》第 51 条规定：无处分权的人处分他人财产，经权利人追认或者无处分权的人订立合同后取得处分权的，该合同有效。根据该规定，"依合同法第五十一条规定，出卖他人之物，权利人追认或者处分人事后取得处分权的，合同有效；反之，权利人不追认并且处分人事后也未取得处分权的，合同无效"。② 本条规定赋予了权利人的追认权却未规定行使追认权的期间，且未如第 48 条、第 49 条规定相对人享有催告权和撤销权，本文认为，这种严重偏惠权利人的权利配置将导致以下两个方面的不利后果。

一是忽略了对相对人特别是善意相对人的利益保护。

显然，《合同法》第 51 条的规定使无权处分合同的"效力完全由权利人根据其利益予以确认"，"给予权利人极大的确认合同效力的权利"，③ 对于这一事关相对人重大利益的合同，《合同法》未规定相对人享有第 48 条、第 49 条规定的催告权和撤销权，因此相对人没有任何权利主动终止法律关系的不稳定状态，只能听任他人的抉择，"这固然对真正权利人的利益的保护有利，但对第三人却欠缺保护"。④

同时，该条规定的预设是权利人会主动行使追认权，实际上，权利人因被吊销执照、陷入公司僵局等诸多原因，未必皆如立法者所料。比较极端的例子是，当无权处分的标的物未交付占有或变更登记时⑤，权利人并无行使追认权的激励，一旦权利人长期怠于行使追认权，由于合同效力未定，善意相对人既不能请求无权处分人交付标的物，也不能向无权处分人主张违约责任，更不能向无权处分人主张缔约过失责任，善意相对人的履行利益甚至信赖利益都不能得到保护，势必处于进退维谷、求救无门的境地。

---

① 在梁慧星教授和王利民教授主持起草的民法典草案建议稿中，均采取了与《合同法》第 51 条相同或相似的规定。参见梁慧星《中国民法典草案建议稿》，法律出版社，2003，第 26 页；王利明《中国民法典学者建议稿及立法理由》，法律出版社，2005，第 240、242 页。
② 参见梁慧星《如何理解合同法第 51 条》，《人民法院报》2000 年 1 月 8 日。
③ 邢玉霞：《我国法律体系下无权处分效力制度冲突的选择》，《法学杂志》2007 年第 1 期。
④ 邢玉霞：《我国法律体系下无权处分效力制度冲突的选择》，《法学杂志》2007 年第 1 期。
⑤ 根据通说及《物权法》第 107 条的规定，构成善意取得需以标的物交付或者转移登记作为要件。参见梁慧星《中国物权法研究》，法律出版社，1998，第 494 页，并参阅王泽鉴《民法物权 2. 用益物权·占有》，中国政法大学出版社，2001，第 260 页。

二是导致合同效力悬而未决，法律关系持久不能确定，危及交易安全。

现代社会出现了所谓的泛商现象，而大量的商事交易不可能均以现物交易的方式进行，买卖在途货物甚至他人之物，在所难免。但基于民商合一体例，《合同法》的规定同时适用于民事合同和商事合同，该法第 51 条规定无权处分合同效力未定，等于宣告大量的商事合同效力未定，此必将危及交易安全，也违背常理。

更有甚者，《合同法》针对权利人的追认权，并未规定权利人行使的期限和逾期行使的后果，因此当权利人保持沉默时，必将导致合同效力悬而不决，法律关系持久不能及时确定。

（二）《合同法》第 51 条规定出现前述问题的原因

对于《合同法》第 51 条规定出现权利失衡的原因，结合《合同法》草案的形成经历和现行《物权法》关于物权变动的规定来看，本文认为主要是由于"法律移植"时未充分考虑移植对象所在制度背景与我国相应制度背景不同造成的，具体分析如下。

一是《合同法》第 51 条系移植自《德国民法典》和我国台湾地区"民法典"。

根据梁慧星教授的陈述，"合同法第五十一条之拟定，也曾参考《德国民法典》和我国台湾地区'民法典'的规定"①，但对比《合同法》第51 条和《德国民法典》第 185 条②、我国台湾地区"民法典"第 118 条③的规定用语来看，《合同法》第 51 条的规定几乎是对后者的综合，该条规定应该认为是移植而非参考。

二是《德国民法典》和我国台湾地区"民法典"物权变动模式与无权处分行为效力的规范模式。

---

① 梁慧星：《如何理解合同法第 51 条》，《人民法院报》2000 年 1 月 8 日。
② 《德国民法典》第 185 条规定：（1）非权利人对标的物所为的处分，经权利人事先允许者，也为有效。（2）前项处分如经权利人事后追认，或因处分人取得标的物时，或权利人成为处分人的继承人而对其遗产负无限责任时，为有效。
③ 我国台湾地区"民法典"第 118 条规定：（1）无权利人就权利标的物所为之处分，经有权利人之承认始生效力。（2）无权利人就权利标的物为处分后，取得其权利者，其处分自始有效。

《德国民法典》和我国台湾地区"民法典"无权处分的规定有两项制度加以协调。其一是采物权形式主义①，在处分他人之物时，负担行为有效、处分行为"效力未定"②，在权利配置上能平衡权利人与相对人，并兼顾双方利益。其二是《德国民法典》和我国台湾地区"民法典"有时效取得制度加以配套，进一步完善了对相对人的保护，督促权利人尽快行使权利以确定处分行为的效力。具体表现在以下两点。

第一，如已转移标的物之占有，权利人固得拒绝追认无权处分行为并依不当得利取回标的物，但相对人可以依据负担行为（债权合同）向无权处分人主张债务不履行的违约责任，因此获得救济；若权利人既不拒绝也不追认处分行为，相对人虽不能取得物之所有权，但相对人可以依据占有而主张时效取得，这也可迫使权利人及时行使权利确定无权处分的最终效力。

第二，如未已转移标的物之占有，于权利人无损害，相对人可以依据负担行为（债权合同）请求无权处分人转移物之所有权，或者主张债务不履行的违约责任，因此获得救济。

三是《合同法》第 51 条移植的制度背景差异。

依据通说，我国现行《物权法》采债权形式主义③，同时未规定时效取得制度。因此，移植或借鉴自《德国民法典》和我国台湾地区"民法典"的《合同法》第 51 条失去了生存的制度土壤，在法律移植的过程中未能"注意国外法（供体）与本国法（受体）之间的同构性和兼容性"④，导致了移植上的不成功，不能兼顾权利人与相对人利益，也未能实现无权处分制度促进交易安全与便捷的目的，具体分析如下。

因物权法未规定时效取得制度，即使无权处分人已向相对人转移标的物之占有，当权利人长期怠于确定处分合同的最终效力时，相对人将既不能获得所有权，也不能主张权利瑕疵担保请求权⑤和缔约过失赔偿。此时买受人唯一的救命稻草是《物权法》第 106 条规定的善意取得制度，然而

① 王轶：《物权变动论》，中国人民大学出版社，2001，第 39 页。
② 王泽鉴：《民法物权 2. 用益物权·占有》，中国政法大学出版社，2001，第 245 页。
③ 杨立新：《细说物权法新概念与新规则》，吉林人民出版社，2007，第 16 页。
④ 张文显：《法理学》，法律出版社，1997，第 214 页。
⑤ 依据梁慧星教授的解释，适用《合同法》第 151 条规定的前提是买卖合同有效。参阅梁慧星《如何理解合同法第 51 条》，《人民法院报》2000 年 1 月 8 日。

基于商事便捷性的要求，买卖买受人往往明知其购买的货物为在途货物或者他人之物，买卖双方间的合同因而难以符合《物权法》第106条的规定。

如无权处分人未向相对人转移标的物之占有，当权利人长期怠于确定处分合同的最终效力时，因合同最终效力未决，相对人既不能请求处分人转移标的物的所有权，也不能向无权处分人主张缔约过失赔偿。

更为严重的是，无权处分合同的相对人不享有《合同法》第47条、第48条规定的催告权和撤销权，不能主动结束无权处分合同的效力不定状态，只能束手听任权利人的抉择。

综上可见，《合同法》第51条的移植由于供体与受体缺乏相同的制度背景，法条用语虽然相差无几，法律效果却相去甚远（见表3-1）。

表3-1 相对人的权利比较

	标的物交付占有		标的物未交付占有	
	权利人怠于追认	权利人取回标的物	权利人怠于追认	权利人否认
《德国民法典》第185条、我国台湾地区"民法典"第118条下相对人的权利	时效取得瑕疵担保	违约责任	要求交付/不能时主张违约责任	违约责任
《合同法》第51条下相对人的权利	不能时效取得不能瑕疵担保①	第58条相互返还、缔约过失	不能要求支付/不能主张违约责任/不能主张缔约过失责任	第58条相互返还、缔约过失

通过表3-1对比可知，尽管《合同法》第51条移植自《德国民法典》第185条、我国台湾地区"民法典"第118条，但相对人的地位和可获赔偿利益却大相径庭：在地位方面，相对人在《德国民法典》第185条、我国台湾地区"民法典"第118条下享有的是债权合同当事人的地位，能向无权处分人以履行利益为限主张违约责任，而相对人在《合同法》第51

---

① 适用《合同法》第150条的前提是合同有效，参见梁慧星《如何理解合同法第51条》，《人民法院报》2000年1月8日。

条下，至多只能主张第58条的权利，处于缔约受损害人的地位；在可获赔偿利益方面，相对人在《德国民法典》第185条、我国台湾地区"民法典"第118条下能向无权处分人以履行利益为限主张违约责任，而在《合同法》第51条下，至多只能主张第58条规定的赔偿，原则上属期待利益赔偿。

（三）无权处分合同的效力分析

根据是否采无权行为理论，本文将《合同法》及大陆法系主要国家民法典分为两大类并列表对比其关于无权处分合同（契约）效力的规定①，一类采物权行为理论，如《德国民法典》、我国台湾地区"民法典"；一类不采物权行为理论，如《日本民法典》、《意大利民法典》和《法国民法典》（见表3-2）。

表3-2　《合同法》及大陆法系主要国家民法典对比

法典（条）名	债权合同（契约）的效力	物权契约的效力
《德国民法典》第185条/我国台湾地区"民法典"第118条	有效	效力待定
《日本民法典》第560条/《意大利民法典》第1478、1479条	有效	—
《法国民法典》第1599条②	法律规定无效，实践相对无效	—
合同法	效力待定	—

由表3-2可知，在《德国民法典》、《日本民法典》和《意大利民法典》中，出卖他人之物的债权合同均为有效，而《法国民法典》为无效，但该规定在法典实施后即遭质疑，认为不切实际，后实践乃通过解释采相对无效说。③ 唯独我国《合同法》第51条对无权处分合同（债权合同）规定效力待定，如果说《合同法》第51条系参考《德国民法典》第185条、我国台湾地区"民法典"第118条，那么，似乎参考的不是无权处分

---

① 《日本民法典》、《意大利民法典》和《法国民法典》均无关于无权处分行为的一般规定，而只是就买卖他人之物做出规定。
② 《法国民法典》第1599条：就他人之物所成立的买卖，无效；在买受人不知标的物属于他人的情形下，出卖人负损害赔偿之责。
③ 参阅王轶《物权变动论》，中国人民大学出版社，2001，第39页。

的债权合同，而是无权处分行为（物权行为），一个不采物权行为理论的立法却将债权合同规定如物权行为相同的效果，这在逻辑上是难以理解的，也违背了各国倾向于使无权处分合同（债权合同）有效的大趋势。

二 债权让与制度

近代以来，"债权自身取得了完全的财产价值，和物权、知识产权等一同归属于财产权的范畴，债权由此失去人的色彩而实现了独立财产化，完成了其对人的直接支配性到非人格化的转变"①，此种非人格化，使债权人自由处分其债权成为可能，催生了债权转让②制度。我国《合同法》在第 80~84 条也就债权转让制度做出了相应规定。

尽管这些规定较之于《民法通则》第 91 条的规定③更为具体和详细，但《合同法》并未规定债权重复转让的问题，由于债权转让缺乏公示方法，债权重复转让在实践中时有发生，为此，正确认识债权重复让与的性质进而平衡各方利益，在实现债权流转的过程中具有较大意义。

债权转让行为以债权作为行为的标的物、涉及权利（债权）的变动，属于一般意义上的处分行为，即"指直接作用于某项现存权利的法律行为"④，其处分的对象是一项权利或者一项法律关系⑤。因此，欧洲主要国家民法典均将债权转让视为一种"准物权变动"，在债权转让制度中贯彻了物权变动的逻辑，换言之，债权转让是"物权变动模式立法选择所产生的体系效应"⑥ 之一。

---

① 〔日〕我妻荣：《债权在近代法中的优越地位》，中国大百科全书出版社，1999，第 48~49 页。
② 本文所以未使用当前论著普遍使用的"债权让与"的概念，是基于认识到"债权让与"是"物权形式主义"下特定的概念，而我国《物权法》并未采纳"物权形式主义"，因此本文使用"债权转让"取代之。
③ 《民法通则》第 91 条规定债权让与和债务承担都必须取得合同相对方的同意，并不得牟利，这一规定的不足已有学者撰文专门论述，足供参考。
④ 〔德国〕卡尔·卡伦茨：《德国民法通论》（下），法律出版社，2003，第 436 页。
⑤ 〔德国〕卡尔·卡伦茨：《德国民法通论》（下），法律出版社，2003，第 436 页。
⑥ 无权变动模式的立法选择再运用民法的言说方式对特定社会经济交往关系做出描述和反映之后，就会在逻辑上限定民法上一系列制度的具体设计或表述，王轶教授将这种现象称为物权变动模式立法选择的体系效应。参见王轶《物权变动论》，中国人民大学出版社，2001，第 6~7 页。

（一）债权转让与债权重复让与的本质

债权重复转让是债权转让制度下的子问题，因而，考察债权转让是确定和认识债权重复转让性质的制度背景。又因债权让与涉及权利的变动，因此与物权变动具有很大的相似性，对于债权让与性质，也应结合物权变动来予以确定。

根据大陆法系国家物权变动模式可分为形式主义模式（以《德国民法典》为代表）和意思主义模式（以《法国民法典》为代表）的情况①，本文以《德国民法典》和《法国民法典》为例，考察在不同的制度背景下债权让与的性质，并进而确定债权重复转让的本质。

在物权形式主义模式，因物权变动采"物权形式主义"②模式，在债权转让中区分债权转让的负担行为和处分行为，其中的处分行为被称为"债权让与"，通说认为债权让与系"不损害债权之同一性，而以其移转为内容之准物权契约"③，此种让与"通过原债权人与新债权人之间的合同发生"，"此种合同意味着是对债权的处分。因此，必须将其原因行为（买卖、担保或赠与等）区分开来。依不要因原则，让与的效力原则上不取决于原因行为的效力"。④这种理论在我国台湾地区也得到遵循。⑤

这种理论和立法例体现出两个鲜明的特点。一是在债权让与制度中，存在债权让与行为，该行为系准物权行为，具有独立性和无因性。二是债权让与行为作成时，由于债权让与缺乏对外公示的方法，债权让与一旦有效成立，即使未向债务人通知，对于包括债务人在内的一切人均发生移转的效力，"在此种规则模式下，债权人一旦作出了有效的让与，就不可能再就同一债权为有效让与"。⑥第二次让与实质上是无权处分他人（即第一

---

① 参见王利明《关于物权法草案中确立的不动产物权变动模式》，《法学研究》2005年第8期。

② 通说认为，物权形式主义，以《德国民法典》为其典范。依此主义，买卖标的物所有权的转移，除须有买卖契约、登记或交付以外，尚须当事人将标的物所有权的移转作成一个独立于买卖契约之外的合意，参见梁慧星《中国物权法研究》，法律出版社，1998，第177页。

③ 史尚宽：《债法总论》，中国政法大学出版社，2000，第704页。

④ 〔德〕迪特尔·梅迪库斯：《德国债法总论》，法律出版社，2004，第545页。

⑤ 参见史尚宽《债法总论》，中国政法大学出版社，2000，第708页。

⑥ 梅仲协：《民法要义》，中国政法大学出版社，1998，第286页。

受让人）的债权。

在法国系，以《法国民法典》为代表，采"意思主义物权变动模式"①，并不区分物权行为和原因行为。《法国民法典》将债权和其他无形权利的转让安排在买卖合同一章的第八节，将其定性为买卖合同的一种。于是，"和移转物之所有权的买卖合同一样，债权的转让也仅须当事人意思表示一致即可发生，债权应在转让合同有效成立时移转"。② 债权让与实际上就是债权合同，与买卖合同无异，并且"只要债权买卖合同一旦有效成立，即发生债权移转的法律效力"。③

这种理论和立法实践，同样体现出两个鲜明的特点。一是不存在德国法意义上的债权让与行为，严格地讲，在《法国民法典》中，如同没有物权行为一样，是没有债权让与这个行为的，有的只是债权买卖合同等具体的债权转让合同④，并不存在抽象意义上的债权让与制度。二是债权转让合同作成后，债权就实现了从出让人到受让人的转移，如出让人再次出让债权，那么根据第 1599 条⑤的规定，后一转让合同属于买卖他人之物，应为无效。

尽管《法国民法典》同时于第 1690 条另行规定"受让人，仅依其向债务人进行有关转让的通知，或依债务人在公证文书中接受转让的表示，始对第三人发生占有权利的效力"，但第 1690 条仅仅是就外部关系而言，就出让人与受让人之间的内部关系上，债权仍然是在债权转让合同成立时发生转移的，第 1690 条的规定并非弥补了出让人出卖他人之物的瑕疵，好比第三人善意取得物之所有权不能弥补无权处分人的无处分权的瑕疵一样。

---

① 通说认为，意思主义物权变动模式，以《法国民法典》为其典范。依此主义，除了当事人的债权意思以外，物权变动无须其他要件，参见王轶《物权变动论》，中国人民大学出版社，2001，第 18 页。

② 张元再、孙卫华：《合同权利转让若干争议问题研究——兼评〈合同法草案〉有关债权让与之条款》，《河南省政法管理干部学院学报》1998 年第 3 期，第 32 页。

③ 徐涤宇：《债权让与制度中的利益衡量和逻辑贯彻》，《中外法学》2003 年第 3 期。

④ 为了便于与债权让与相区别，鉴于《法国民法典》中并无债权让与一说，因此，本文使用"债权转让合同"来概括各种具体的以实现债权流转为目的的合同形式，从而避免混淆。

⑤ 《法国民法典》第 1599 条规定：就他人之物所成立的买卖，无效；在买受人不知标的物属于他人的情形下，出卖人负损害赔偿之责。参见李浩培等《拿破仑民法典》，商务印书馆，1979，第 260 页。

(二) 债权重复转让的本质

通过前述考察可以看出,"一物二卖"意义上的债权重复转让行为是不存在的,债权重复转让的本质在德国法上属于无权处分他人的权利,在法国法上属出卖他人之物。导致这一结果的初始原因在于债权的无形性和债权转让的不可公示性。申言之,由于债权本身的无形性和债权转让的不可公示性,缔结转让合同的事实与履行该合同的事实,在空间上重叠,在时间上同步。与之形成对照的是动产和不动产的转让,在形式主义的物权变动模式下,由于转让合同(在德国法上的负担行为)与所有权的变动在时间上、空间上和法律程序上都是分离的、不同步的,"使一物二卖"的重复转让成为可能。

尽管在德国法上,债权转让合同与债权让与也是分离的,但由于债权转让无须践行交付或登记的程序,此种分离仅存在于理论上,在"一般情形,债权之让与,其负担行为之契约(债之契约),与处分行为之让与(广义)契约,系同时完成"[①]。

债权转让缔结转让合同的事实与履行该合同的事实在时空上的重叠,进一步决定了债权只能一次性让与或转让,一旦债权让与行为或债权转让合同作成,即产生债权转移至受让人的效果,债权让与人此后已不再拥有该债权,既无债权,如何能重复转让?

综上,由于债权不可能二次转让,使用"债权重复转让"或者"重复让与"的概念都是不恰当的,是一种直接类比有体物多重转让的结果,但其与有体物多重转让有本质的区别。

(三) 债权重复转让本质的贯彻与例外

如前所述,债权重复转让(或让与)的本质为无权处分[②],因此,关于无权处分的法律规则和逻辑当然地贯彻于其中,这种贯彻进一步确定了债权重复转让(或让与)行为的法律效力及作为转让标的物的债权的归属。

此外,由于债权重复转让涉及债务人的利益,这是在"一物二买"的情形中所不存在的,为了突出对债务人的保护,民法制度中衍生出了无权

[①] 邱聪智:《新订民法债编通则》,中国人民大学出版社,2004,第421页。
[②] 无权处分的定义在不同的物权变动模式下,应有不同,参见王轶《物权变动论》,中国人民大学出版社,2001,第195页。

处分制度中所没有的"对债务人的通知"这一特殊的规则，它的出现导致了债权重复转让制度在贯彻无权处分规则上的不彻底。

同时，由于债权转让缺乏公示性，为避免危及交易安全，也需要通过对"债务人的通知或债务人承诺"这一制度来保护第三人的利益。这也进一步背离了无权处分的逻辑。

债权重复转让本质在《法国民法典》中的贯彻与例外。如前所述，《法国民法典》在债权让与制度中，贯彻了"意思主义的物权变动模式"，并不区分债权让与行为和原因行为，债权的让与和物权变动一样，仅须当事人意思表示一致即可发生，债权在转让合同有效成立时当然移转。从逻辑上讲，出让人再次出让债权，属于无权转让他人的财产，依该法第1599条①的规定，后该合同（即重复转让的合同）应为无效。

然而，《法国民法典》并没有贯彻此种逻辑到底，这是因为《法国民法典》未区分买卖合同和债权让与，而债权的转让欠缺足以由外界辨识的表征，故而，虽然从逻辑上将不存在债权重复让与的情形，而实际上此种行为却不可避免，显然这将严重威胁到作为交易整体利益代表的第三人安全，进而威胁到交易安全。为补其失，《法国民法典》于第1690条另行规定："受让人，仅依其向债务人进行有关转让的通知，或依债务人在公证文书中接受转让的表示，始对第三人发生占有权利的效力。"

综合《法国民法典》第1599条、第1690条的规定来看，发生债权双重让与的情形，原则上前一受让人自转让合同成立之时起即取得债权，而后一转让合同（即重复转让的合同）应为无效。

作为例外，如后一受让人依其向债务人所为的转让通知，或依债务人在公证文书接受转让的表示而占有债权，则应由其取得债权。法国法的这种做法也为《日本民法典》②和《意大利民法典》③所采纳。

---

① 《法国民法典》第1599条规定：就他人之物所成立的买卖，无效；在买受人不知标的物属于他人的情形下，出卖人负损害赔偿之责。参见李浩培等《拿破仑民法典》，商务印书馆，1979，第260页。

② 《日本民法典》第467条第1项规定：指名债权的让与，非经让与人通知债务人或经债务人承诺，不得以之对抗债务人及其他第三人。参见渠涛《日本最新民法典》，法律出版社，2006，第106页。

③ 《意大利民法典》第1264条规定：当债务人接受转让或者接到转让通知时，转让对债务人有效。参见费安玲《意大利民法典》，中国政法大学出版社，1997，第344页。

债权重复转让的本质在《德国民法典》中的贯彻与例外。如前所述，《德国民法典》基于"物权形式主义"的立场，将债权转让分离为债权让与和债权让与合同两部分，并认为"债权让与的法律性质为准物权行为"①。

基于前述立场，在债权重复让与情形，第一受让人当然获得债权，其他受让人与出让人间的债权让与的效力与无权处分的效力一致，依《德国民法典》第 185 条，属于效力待定。

作为例外，为了保护债务人利益，《德国民法典》特设第 407 条，明定不得以上述规定对抗善意（不知让与之事实）的债务人，并在第 408 条特别规定关于双重让与，为了债务人的利益而准用第 407 条的规定。②

（四）对我国《民法典》背景下债权重复转让的阐释

在我国，关于债权转让的性质，主要有三种学说。

一是处分行为说。该学说认为"债权让与为权利的处分行为"，"债权让与合同一旦有效成立，债权即移转于受让人。债权让与合同的成立、履行及其法律效力同时发生"，"债权让与为相对的无因行为。债权人让与其债权可能有各种各样的原因，例如将其作为清偿自己债务的方法或者作为赠与，但原因的有效与否并不影响债权让与的效力"。③ 有学者直接指出，"债权让与属于具有债权处分行为性质的准物权行为"。④

二是合同说。该学说认为将债权转让具有不同于各种有名合同如买卖、互易、赠与等特点，是一种独立合同关系。⑤

三是事实行为说。该学说认为"债权让与，是指债权自其主体处移转到受让人之手的过程，是债权变动的一种形态，因不承认物权行为制度及

---

① 林诚二：《民法债编总论——体系化解说》，中国人民大学出版社，2003，第 493 页。
② 《德国民法典》第 407 条第 1 款规定："对于债务人在让与后向原债权人履行的给付，以及对于在让与后债务人和原债权人之间关于债权进行的一切法律行为，新债权人必须予以承受，但债务人在给付或进行法律行为时明知让与的，不在此限。"第 408 条第 1 款规定："原债权人将已经让与的债权又让与第三人的，在债务人向第三人给付时，或在债务人和第三人之间进行法律行为，或诉讼发生系属关系时，为债务人的利益，对于前受让人，准用第 407 条的规定。"参见陈卫佐《德国民法典》（第二版），法律出版社，2006，第 142~143 页。
③ 王家福：《中国民法·民法债权》，法律出版社，1991，第 72 页。
④ 韩世远：《合同法总论》，法律出版社，2004，第 543 页。
⑤ 王利明：《合同法研究》，中国人民大学出版社，2003，第 222 页。

其理论，它属于事实行为；同时，它也是债权归属于受让人的一种结果。而债权让与合同则为引起债权让与的一种法律事实"。①

这三种学说显然是在不同的制度背景下提出的，处分行为说显然是以"物权形式主义"为制度背景的，而合同说则是受到英美法启发而提出的，认为"英美法将债权让与视为独立的合同的观点更为可取"②。事实行为说则是在认为我国民法"物权变动上采取债权形式主义"的背景下，在"区别债权让与和债权让与合同两个范畴"的基础上，认为"债权让与，是指债权自其主体处移转到受让人之手的过程，是债权变动的一种形态，因不承认物权行为制度及其理论，它属于事实行为；同时，它也是债权归属于受让人的一种结果"。

这三种学说其实界定的对象并不完全一致，处分行为说和事实行为说界定的对象是德国法下的"债权让与"，而合同说界定的是德国法下债权让与的负担行为（债权行为）。

前三种学说都是在《物权法》颁布以前提出的，在物权法颁布以后，根据物权法确立的物权变动模式，重新考察《合同法》第80条的规定，对于正确界定我国民法上债权转让的性质，显然是有必要的。

沿袭《物权法》第6条、第9条和第23条的规定，我国《民法典》基本上采债权形式主义的物权变动模式，该模式下，"物权因法律行为发生变动时，当事人间除有债权合意外，尚需践行登记或交付的法定方式"③，我国学者在此模式的基础上进而提出所谓"区分原则"，即"对作为原因行为的债权合同的生效条件及生效时间，与作为债权合同法律效果的物权变动事实的发生条件与发生时间，加以区分。按照区分原则，买卖合同的生效，与买卖合同生效后所发生效果的标的物所有权移转，应予区分并依不同规则：买卖合同自成立生效，标的物所有权依公示方法，动产依交付移转，不动产依登记移转"。④

在《物权法》确立的此种物权变动模式下，作为逻辑的贯彻，债权转让也当然要区分债权变动的原因行为和债权移转的事实，前者系转让债权

---

① 崔建远、韩海光：《债权让与的法律构成论》，《法学》2003年第7期。
② 王利明：《合同法研究》，中国人民大学出版社，2003，第222页。
③ 王轶：《物权变动论》，中国人民大学出版社，2001，第18页。
④ 梁慧星：《如何理解合同法第51条》，《人民法院报》2000年1月8日。

的合同，后者是债权转移的事实。在性质上应分别界定。其中，债权转让的合同，显然属于一项债权合同。而债权转移的事实，由于《物权法》不采物权行为理论，该种事实显然不能作为"处分行为"来予以把握，这一点显然与德国法上的"债权让与"是不同的，但该事实毕竟是人的行为，是债权转让合同的履行，其法律效力的发生源于并非基于行为人的意思，应属事实行为。于此需要注意的是二者需要一体把握，实际上往往也是同时发生的。

综上，我国民法上并不存在一个与德国民法上相当的"债权让与"行为（或者制度），《民法典》第546条的规定，并不具备德国法系意义上的"债权让与"的性质，不过是对各种不改变债权内容的债权移转合同[1]的抽象，实际上可以认为是一种独立的合同类型，在实务上，"在我国司法实践中基本上也认为债权让与关系是一种独立合同关系"[2]。

同时，为了便于交流而减少因用语不同而产生的纷争，本文建议理论上应将"债权让与"一词，专指德国民法上的债权的准处分行为，在比较法意义上使用。而在我国民法制度和学说中，应尽可能采用其他避免歧义的概念，比如"债权转让"或者"债权转让合同"。

如前所述，在我国债权转移是作为履行债权转让合同的事实行为，是与债权转让合同的效力同时发生的，故而，出让人再次转让债权，其实质也属于转让他人的权利。

为保护债务人的利益不因债权转让而受影响，我国《民法典》第546条借鉴了《日本民法典》第467条第1项债权转让未经通知不得对抗债务人的规定，显然，对债务人的通知仅仅是对抗债务人要件，而不是债权转移的生效要件，《合同法》第81条的规定不能否认债权在债权转让合同成立时宜转移至受让人的事实，也不能否认重复转让的行为的性质。

三　请求权制度

请求权在民法权利体系中居于枢纽性地位[3]，然此种枢纽机能如何体

---

① 这些合同的具体形式至少包括赠与、转让、代物清偿等。
② 王利明：《合同法研究》，中国人民大学出版社，2003，第222页。
③ 王泽鉴：《民法总论》，中国政法大学出版社，2001，第92页。

现，对民法权利体系的形成和权利实现有何作用，实为民法理论应予关注的重要问题。有鉴于此，本文拟着力分析请求权功能，并在此基础上讨论我国民事法律中的"民事责任"对请求权功能的影响，以期有助于加深对请求权理论的把握与理解。

"请求权"系德国法学家伯恩哈德·温德沙伊德（Bernhard Windscheid）的著名教义学发现，《德国民法典》第 194 条第 1 款明确规定该概念并将之定义为"请求他人作为与不作为的权利"，此后成为现代民法学理论的中心概念。①

"请求权是一种实体权利，其背后存在大量丰富的权利，它为这些权利的实现而服务"②，而请求权本身"在权利体系中居于枢纽的地位，任何权利与发挥其功能，均须借助于请求权的行使"③，同时从《德国民法典》第 194 条在法典中所处的位置来看，请求权是一个"更具一般性"的概念④，因其所由发生之基础权利之不同，可体现债权上的请求权、物权上的请求权、准物权上的请求权、无体财产权上的请求权、人格权上的请求权以及身份权上的请求权数种⑤，请求权因之呈现体系化，是为请求权的体系。

由于《德国民法典》第 194 条第 1 款关于请求权的定义与第 241 条的规定⑥几无不同，从"两条法律规定所下的定义的字面意思中，我们无法得出请求权与债权的区别"⑦，由此引发债权与请求权间究竟为何种关系的疑问。对此大致有两种观点：德国民法通说认为"在请求权与债权之间不存在实质上的区别"⑧，此种观点可称"无差别说"，而我国台湾地区学者通说认为请求权仅为债权之作用，此种观点可称为"债权作用说"。

从温德沙伊德的原意来看，"温德夏特的请求权概念具有双重含义：

---

① 〔德〕克莱因海尔等：《九百年来德意志及欧洲法学家》，许兰译，法律出版社，2005，第 452~453 页。
② 〔德〕克莱因海尔等：《九百年来德意志及欧洲法学家》，许兰译，法律出版社，2005，第 452 页。
③ 王泽鉴：《民法总论》，中国政法大学出版社，2001，第 92 页。
④ 〔德〕迪特尔·梅迪库斯：《德国民法总论》，邵建东译，法律出版社，2000，第 68 页。
⑤ 郑玉波：《民法总则》，中国政法大学出版社，2003，第 67 页。
⑥ 《德国民法典》第 241 条规定：依债务关系，债权人有权向债务人请求给付。给付也可以是不作为。
⑦ 〔德〕迪特尔·梅迪库斯：《德国民法总论》，邵建东译，法律出版社，2000，第 68 页。
⑧ 〔德〕迪特尔·梅迪库斯：《德国民法总论》，邵建东译，法律出版社，2000，第 69 页。

请求权一方面是内在于一切权利的强制因素，权利人可借助于请求权，以要求他人服从自己的意志；另一方面则构成了一种独立的权利类型，并且是权利的两种基本类型之一（当然无论是何种含义，请求权都首先是一种实体法上的权利）"①，温德沙伊德有此认识，乃是因为他把权利理解为"由法律制度所授予的意思力（Willensmacht）或意思支配力（Willensherrschaft）"，这也是19世纪德国法学理论的通说②，从这个角度看，债权与请求权并无差异。而我国台湾民法通说之所以认为"请求权乃权利的表现，而非与权利同属一物"③，是因为我国台湾民法学受耶林利益法学的影响，通说认为权利乃享受特定利益的法律之力，故债权乃请求特定认为特定给付的权利，此"给付"即为债权的特定利益，而"请求"则是债权的法律之力。④ 执是之故，两种认识的差异系因对权利的认识不同所致，相对而言，"无差别说"更符合温德沙伊德的原意，而"债权作用说"更符合请求权体系化的要求，本书因主要讨论请求权对私法权利体系的影响，故以下论述均采"无差别说"，认为请求权既是内在于权利的一种意思力，也是构成与支配权相对应的一种权利类型。

（一）请求权的功能

请求权之所以被认为是"现代民法学理论的中心概念"，"在权利体系中居于枢纽的地位"，是因为请求权具有完善民法权利体系、使民法权利在实体私法上得以实现等功能，这些功能使民法成为逻辑自足的体系，民法精神因之得以贯彻始终。申言之，请求权概念的提出，一方面消除了债内部主要组成部分之间的异质因素，使侵权之债与契约之债间具有了相同的结构；另一方面使债权不仅在权利客体，而且在权利作用方式上也拥有了异于物权的独立元素，进一步坚实了"债—物"二元权利的分立学说的基础，从而使民法的权利体系在逻辑上臻于完善。详述如下。

首先，请求权制度消除了侵权之债对诉讼的依赖，从而使契约债权和侵权债权均得以在实体私法上得以实现，从而使债权的概念成为一个整

---

① 金可可：《德国民法上请求权的概念》，《求索》2007年第3期。
② 〔德〕迪特尔·施瓦布：《民法导论》，郑冲译，法律出版社，2006，第133页。
③ 王泽鉴：《民法总则》，中国政法大学出版社，2001，第92页。
④ 王泽鉴：《民法总论》，中国政法大学出版社，2001，第84页。

体，可以在民法体系上做相同的安排和处理，进而使"债"得以作为一个整体与"物"相对应。

与《德国民法典》相同，罗马法之债法体系在盖尤斯《法学阶梯》及查士丁尼的《法学阶梯》中均是按债发生的原因来构建的，查士丁尼的《法学阶梯》将债发生的原因归纳为四种，"要么是根据契约的，要么是根据准契约的；要么是根据非行的，要么是根据准非行的"①，盖尤斯《法学阶梯》将债发生的原因分为契约及私犯两种最基本的类型②。但罗马法中，契约之债与私犯之债间具有一种内在的不和谐，以至私犯之债必须在体系上做特别的处理，这种特别处理体现为两个方面：一是查士丁尼《法学阶梯》将"私犯之债"与"诉"共同放在第四编进行论述，而盖尤斯《法学阶梯》将"私犯之债"位于第三编物法之末进行讨论。③ 二是查士丁尼《法学阶梯》及盖尤斯《法学阶梯》均在论述完"债的消灭"之后，才开始讨论"私犯之债"的议题，且其中主要是关于诉讼的问题。这种特别处理表明"私犯之债"与"契约之债"存在某种重大差异，以致必须在体系上进行不同的安排处理。那么这种差异何在呢？对比两部《法学阶梯》的体例可以看出，这种差异主要在于"契约之债"与"私犯之债"对诉讼的依赖程度不同。

契约之债是意定之债，其内容、形式及履行方式都在债发生时予以确定，虽然契约之债也会发生纠纷诉诸诉讼，但在大部分情况下，契约之债均可通过正常履行得以消灭，如果相反，则契约作为交易基本形式的功能将难以实现，正因为如此，两部《法学阶梯》均在"契约之债"之后立即论述"债的消灭"如清偿、代偿、免除等议题。与契约之债不同，私犯之债系法定之债，在大部分情况下其内容和履行都主要依赖于诉讼才能确定和执行，因此查士丁尼《法学阶梯》于第三卷"债的消灭"论述完毕后，才于第四卷中论述关于私犯之债的诸多议题，其中大部分涉及诉讼问题，比如第四卷第 1 题对盗窃的论述，合计 19 节，而 I.4.1.4 节、I.4.1.8 节、

---

① 〔古罗马〕查士丁尼：《法学阶梯》，徐国栋译，中国政法大学出版社，1999，第 343 页。
② 〔古罗马〕盖尤斯：《法学阶梯》，黄风译，中国政法大学出版社，1996，第 226 页。
③ 参见〔意〕朱塞佩·格罗索《罗马法史》，黄风译，中国政法大学出版社，1994，第 450 页；〔古罗马〕查士丁尼《法学阶梯》，徐国栋译，中国政法大学出版社，1999；〔古罗马〕盖尤斯《法学阶梯》，黄风译，中国政法大学出版社，1996。

I. 4. 1. 11～I. 4. 1. 19 节合计 11 节均涉及诉讼问题，第 2 题对暴力攫取财产的论述全部涉及诉讼问题，第 3 题则是关于不法侵害之诉的"阿奎利亚法"，第 4 题、第 5 题也几乎全是关于不法侵害和准私犯诉讼的论述。① 与此相似，盖尤斯《法学阶梯》第三编虽将私犯之债列入论述债的议题一并论述，但也对私犯之债做了特别处理，其第三编第 89～163 节讨论契约之债，第 168～181 节讨论债的消灭，最后才于第 182～225 节讨论私犯之债，其间也主要是关于"私犯之诉"的议题和私犯相关术语的界定②。两部《法学阶梯》的这种体例和内容安排充分证明了在罗马法中，私犯之债因对诉讼的依赖而须进行特别的对待。

两部《法学阶梯》债法中关于"契约之债—债的消灭—私犯之债—诉讼"的体例安排，在《法国民法典》中也有体现，《法国民法典》将"债法"放在第三卷"财产取得的各种方式"中进行规定，其体例是：第三编契约或约定之债的一般规定，包括契约成立、债的效果、债的种类、债的消灭等内容，第四编第二章才涉及侵权行为及准侵权行为的规定。

温德沙伊德提出请求权的理论后，"侵权之债"与"契约之债"具有了相同的请求权这种强制力，权利人可借助于请求权，以要求他人服从自己的意志，使侵权之债的结构与《法学阶梯》相比，发生了重要变化，举例对比如下。

查士丁尼《法学阶梯》第四卷第 3 题 I. 4. 3pr. 引用《阿奎利亚法》第一章规定："如果某人不法杀害他人的奴隶或被列入牲畜范畴的四足动物，他被判处对所有人偿付该物在该年内的最高价值。"③ 根据这一论述，并结合《法学阶梯》将私犯作为债发生原因的论述，可归纳如下：

不法杀害→债→诉→诉的责任→受害填补

在提出请求权概念后，加上权利概念的发明，此一侵害的规范顺序改变如下：

---

① 参见〔古罗马〕查士丁尼《法学阶梯》，徐国栋译，中国政法大学出版社，1999，第 419～455 页。

② 参见〔古罗马〕盖尤斯《法学阶梯》，黄风译，中国政法大学出版社，1996。

③ 〔古罗马〕查士丁尼：《法学阶梯》，徐国栋译，中国政法大学出版社，1999，第 435 页。

$$不法杀害\rightarrow债\rightarrow债权（请求权）\rightarrow\begin{cases}赔偿\rightarrow受害填补\\诉讼\rightarrow强制执行\rightarrow受害填补\end{cases}$$

　　显然，在请求权概念提出之后，诉讼在债法中被剔除，受害人的给付权利在诉讼之前就已经存在，受害人因之得依请求权产生的法律依据（请求权的基础）对加害人提出赔偿请求，该请求获得执行名义后得通过法院强制执行。这也是温德沙伊德对罗马法中的诉（action）进行分解，提取实体因素而扬弃程序因素的当然结果和目的所在。经过这番改造后，侵权之债和契约之债的规范结构取得一致：

$$\begin{matrix}合同行为\\侵权行为\end{matrix}\Bigg\}债权（请求权）\rightarrow请求权行使\begin{cases}债务不履行\\不完全给付\\给付迟延\end{cases}诉讼\rightarrow强制执行\\债务履行\rightarrow债消灭\end{cases}$$

　　综上可见，在近代权利观念的基础上，请求权概念消除了罗马法中侵权之债与契约之债的差异，从而使债与债权成为一个整体，具备了进行相同立法处理的可能，同时也使"债及债权"得以作为一个整体与"物及物权"相分立。而这种可能性在《德国民法典》中得到实现：《德国民法典》一方面以"债—物"的区分作为基本结构，另一方面于债务关系法第二编第一章至第六章规定了债法总则的内容，包括债务关系的消灭、债权的转让、债务承担等内容，第七章则是关于具体债务的具体规定，包括合同、不当得利及侵权行为。《德国民法典》"债务关系法"的前述体例与两部《法学阶梯》及《法国民法典》相比，突出之处是将侵权行为与各种具体的合同关系放在一起，共同适用有关债务消灭等债务总则的内容，且在具体内容上直接规定"对他人负有赔偿由此而发生的损害的义务"①，通篇不再出现关于诉讼的规定。显然，在《德国民法典》中，契约之债与侵权行为之债构成了一个整体，罗马法中由于"私犯之债"诉讼的依赖，其与"契约之债"有所不合的矛盾已经得到解决。请求权整合"债"之功效，比较法学家茨威格特有精研的评述："不管是在买卖抑或是

────────────

① 参见《德国民法典》第 823 条。

在侵权两种情况下，特定的人都可以向另一人有所请求，以至这两种内容都属于债法而且至今在同一教学活动中予以处理。反之，一个普通法法律职业者并不想在买卖与侵权之间发现更多的内部联系，因而他——在学校课堂上亦然——处理买卖法和侵权法时就将它们视为绝对独立的法律领域。"①

其次，请求权理论使债权不仅在权利客体，而且在权利作用方式上也拥有了异于物权的独立元素，进一步坚实了"债—物"二元权利的分立学说的基础。

众所周知，近现代意义上的"债"和"物"在罗马法中均被视为物，前者为无形物，后者为有形物，盖尤斯明确提出有些物是有形的，有些物是无形的，有形物是那些可以触摸的物品，无形物是那些不能触摸的物品，他们体现为某种权利，比如遗产继承、用益权以及以任何形式缔结的债②，因此盖尤斯和查士丁尼的《法学阶梯》均采用"人""物""诉讼"的提纲③，将债视为无形物，在"物"编进行论述，因此，罗马法上的"物"（rem）实质不过是财产或资产的总称，凡得以金钱评价者均属之④，与德国民法中"物"的概念迥异。该现象的成因至少有以下两点。其一是罗马法中契约与侵权之债系虽因客体同质（均为给付）而结合在一起而成为债，但因债之利益方对其在债务关系中所处的地位与所有者对其所有物的地位并无根本差异，均为一种支配，不同之处仅在于物关系中，支配的客体是有体物，而债务关系中支配的客体是义务人的人身或行为。其二是因罗马法没有近代意义上的权利的观念，一旦自己的利益遭受漠视或侵犯，"诉"是罗马法中权利的主要体现方式，利益人在有形物与无形物上的权利诉求最终都需要通过诉（actio）来表达，基本的区分是对人的诉讼（actio in personam）和对物的诉讼（actio in rem）⑤，而《查士丁尼法典》将诉（actio）定义为"通过审判要求获得自己应得之物的权利"⑥，因此

① 〔德〕茨威格特、克茨：《比较法总论》，法律出版社，2003，第220~221页。
② 参见〔古罗马〕盖尤斯《法学阶梯》，黄风译，中国政法大学出版社，1996，第82页。此处"以任何形式缔结的债"是否包括私犯之债，是有争议的，参见宋旭明《请求权与债权之关系》，博士学位论文，厦门大学，2007，第36~40页的讨论。
③ 参见〔意〕朱塞佩·格罗索《罗马法史》，黄风译，中国政法大学出版社，1994，第440~450页。
④ 丘汉平：《罗马法》（下册），上海法学编译社（上海会文堂新记书局），1933，第319页。
⑤ 〔意〕彼德罗·彭梵得：《罗马法教科书》，黄风译，中国政法大学出版社，1992，第86页。
⑥ 〔意〕彼德罗·彭梵得：《罗马法教科书》，黄风译，中国政法大学出版社，1992，第85页。

"债"在罗马法中缺乏独立于物权的作用方式。

在近代以来，"权利"取代"物"作为多样性法律生活的最终抽象，成为私法的中心概念①，"诉"与"权利"的关系发生了逆转，权利成为诉讼的依据和前提，罗马法中利益依赖诉讼来表达的方式，转换成为利益依托权利来表达，罗马法中"物"的概念解体，《拿破仑民法典》即已对财产及财产取得的方法（包括债法）分开规定，其第516条明确规定财产或为动产或为不动产。

温德沙伊德提出请求权的概念后，债权作为一个整体拥有了一种针对他人行为的"意思力"，权利人得以依托此种意思力请求他人为或不为某种行为。债权的作用方式因此与物权的作用方式大相径庭，物权的作用方式主要体现为支配权，在物权的法律关系中只有一个特定的权利人，因此只要这个权利人有实现权利的意思，其权利就能够得到实现，与物权相反，债权的作用方式是请求权，请求权法律关系中有两个或者两个方面的特定当事人，他们之间的权利义务正好对立，权利人必须借助相对人的意思才可以实现其权利目的或者权力上的利益。②

值得特别注意的是，在请求权提出后，突出了债务人的意志与自由在债务关系中的地位，基于人格尊严和人格自由的要求，债务的发生只能取决于债务人的意志，"债是债务人选择的结果或者说发动的结果，是他把自己的行为纳入法律关系的作用之下"③，债权人不能支配债务人的人身或行为而为给付，而只能请求债务人为给付，这与物权直接支配客体即可实现其利益形成了鲜明的对照，其中不同的作用方式突出了债权不同于物权的精神内核。

支配权与请求权作用方式的这种差别，进一步揭示了民法上债与物两种基本法律关系之间的差异，从而使民法中的债权和物权不仅在客体，而且在作用方式上也体现出各自独立的元素④，坚实了"债—物"二元权利

---

① 王泽鉴：《民法总论》，中国政法大学出版社，2001，第83页。
② 孙宪忠：《中国物权法总论》，法律出版社，2009，第35页。
③ 龙卫球：《债的本质研究：以债务人关系为起点》，《中国法学》2005年第6期。
④ 按金可可博士的见解，民法上债权物权区分的主要构成要素包括请求权与支配权的区分、债权客体与物权客体的区分、债权行为与物权行为的区分、绝对权与相对权的区分四个方面，其中债权客体与物权客体的区分、债权行为与物权行为的区分又可以包括在请求权与支配权的区分之中。参见金可可《债权物权区分的构成要素》，《法学研究》2005年第1期。

学说和立法的基础。

请求权概念的提出，使私法权利拥有了独立于诉讼以外的实现方式，从而使私法权利在实体私法上的实现成为可能，进而将私法权利中所蕴含的意思自治精神贯彻始终。

如前所述，罗马法并未形成近代以来的权利观念，诉讼（actio）成为其权利受到漠视和侵害时要求国家维护其权利的主要手段①，虽然在罗马法上诉讼是否属于公法仍有争议，但因诉讼获得权利是一种常见现象，特别是"裁判官才引进自己的革新时，不是根据一定的条件确立新的权利（这对他来说不可能），而通常是一次一次地允许或在其告示中宣布在其当政之年根据特定条件可以合法地进行哪些诉讼或审判；因此，那些产生于裁判官的权利连自己的称谓都没有，而是以诉权来表示"，"或者以据以获得诉权的事实来表示"。② 在《拿破仑民法典》中，"权利并没有必然地引申到权利的保护上，亦即权利尚未形成体系，私权的保护不是由实体法中的权利效力决定，而是通过各种诉讼创设的"③，因此法国 1807 年施行的《民事诉讼法典》规定了与各种具体的实体权利一一对应的诉权。④ 近代以来，民事权利被视为一种私人意志之力，"义务与权利同为自由意志之产物"⑤，而非公权力的恩赐或者强制，因此，罗马法及《拿破仑民法典》的此种立法技术，以诉讼作为民事权利实现和救济的手段是与近代以来民事权利的精神相违背的。

请求权概念提出后，债权得以通过给付请求权请求债务人为给付而实现，而物权在一般情况下仅通过排他支配物即可实现，在此种支配受到妨害或有妨害之虞时，若能回复原有的支配性，则物权人得通过物权请求权回复对物之支配；若不能恢复原有支配性，则可通过侵权赔偿请求权作请求加害人进行对等给付。民事权利的实现和救济因之至少在逻辑上与诉讼和国家公权力的脱钩，具备了在实体私法内实现和救济的结构，私法因之得以

---

① 此外还有"自我救助（ragion fattasi）"，这种情况随着公共权利的不断增长而逐渐减少。参见〔意〕彼德罗·彭梵得《罗马法教科书》，黄风译，中国政法大学出版社，1992，第 86 页。

② 〔意〕彼德罗·彭梵得：《罗马法教科书》，黄风译，中国政法大学出版社，1992，第 86 页。

③ 梅夏英、邹启钊：《请求权：概念结构及理论困境》，《法学家》2009 年第 2 期。

④ 参见张卫平、陈刚《法国民事诉讼法导论》，中国政法大学出版社，1997，第 56 页。

⑤ 芮沐：《民法法律行为理论之全部》，中国政法大学出版社，2003，第 26 页。

自足，而私法权利所蕴含的意思自治精神得以圆润无碍地贯彻始终。值得注意的是，尽管请求权的行使也常需诉诸诉讼并申请强制执行，但此种诉讼及强制执行的目的仅在于以国家之公权力实现权利人之权利以满足其请求①，"义务人若拒绝给付时，法律既非以义务人其人为对象，故对其人之本身即亦不必任加刑罚，而须别采强制执行之方法，以期完成此真正期求之目的。国家无勉强义务人必须自为给付，彼只能命令循吏执行义务人之财产"②。

请求权概念催生请求权方法，使民事诉讼的审查中心从对基础权利本身的审查转移到"请求权基础"的审查，从而理顺了民事权利与诉讼之间的关系，使诉讼成为实现民事权利的辅助力量。

请求权方法是大陆法系案例分析最为流行的方法，"只要案例中提出的问题是指向那些可以通过请求权达到的目标，如支付金钱、损害赔偿、返还、停止侵害等，那么在解答案例时，就应当以能够产生这些法律后果的请求权规范作为出发点"③，其实例构造为"谁得向谁，依据何种法律规范，主张何种权利"，"此种可供支持一方当事人得向他方当事人有所主张的法律规范，即为请求权规范基础，简称请求权基础"④，其基本步骤是：（1）根据案件事实进行请求权类型划分，以确定讨论的标题；（2）寻找请求权基础；（3）将给定的案件事实涵摄到法律规范之中，演绎出裁判结论。⑤ 在请求权方法中，法律适用的核心环节是寻找请求权基础，诉讼的重心不是确认原权利是否存在，而是请求权的基础是否存在，诉讼的目的即在于确认原告是否有权请求被告为某种给付，从而确定原告是否能拿到一份给付判决，给付判决是"一个执行名义，一旦其已具有既判力或被宣布为可以临时执行，强制执行机构即可据此对被告采取措施"⑥。在这个过程中，请求权是法律适用的前提，而诉讼及强制执行是确定和实现请求权的手段，通过请求权这个中介，各种丰富多样的基础权利均得以借助诉讼及强制执行的手段得以实现。

---

① 参见林诚二《民法债编总论——体系化解说》，中国人民大学出版社，2003，第392～393页。
② 芮沐：《民法法律行为理论之全部》，中国政法大学出版社，2003，第27页。
③ 〔德〕迪特尔·梅迪库斯：《德国民法总论》，邵建东译，法律出版社，2000，第70页。
④ 王泽鉴：《民法思维与民法实例》，中国政法大学出版社，2001，第50页。
⑤ 参见付荣《请求权方法的历史源流分析》，《比较法研究》2006年第6期。
⑥ 〔德〕迪特尔·施瓦布：《民法导论》，郑冲译，法律出版社，2006，第167页。

（二）"民事责任"制度对请求权功能的消解

我国《民法通则》在体例上的突出特征之一是设立"民事责任"一章，集中规定"违约责任"、"侵权责任"和"其他依法律规定应承担的民事责任"以及"民事责任方式"，其中"违约责任"被 1999 年颁布的《中华人民共和国合同法》（以下简称《合同法》）所吸收，成为《合同法》总则的组成部分，2007 年颁布的《中华人民共和国物权法》虽未单章规定"民事责任"，但部分条文中也规定了"民事责任"或"责任"，2020 年颁布的《中华人民共和国民法典》则是对"侵权责任"的集中规定，此外《专利法》《商标法》《著作权法》等诸多民事法律中设民事责任专章。可以认为，前述这些法律的规定，已经组成一个"责任规范体系"。

我国民事法律在涉及权利人对他人的诉求时，使用"要求"和"请求"的用语，其中《民法通则》与《合同法》适用"要求"，而《民法典》第 120 条使用"请求"，于此即需明确两个问题："要求""请求"是否是请求权意义上的"请求"？此"民事责任"是何种意义，对请求权功能发生何种影响？

"要求""请求"是否是请求权意义上的"请求"？《民法通则》中，"要求"一词的使用有两类情形，第一类是在第五章第二节债权部分，如第 84 条第 2 款规定"债权人有权要求债务人按照合同的约定或者依照法律的规定履行义务"，此种情形下，"要求"的相对方是合同债务人，"要求"的内容是履行合同义务；第二类是在第六章民事责任部分，如第 111 条规定"当事人一方不履行合同义务或者履行合同义务不符合约定条件的，另一方有权要求履行或者采取补救措施，并有权要求赔偿损失"；第 120 条规定"公民的姓名权、肖像权、名誉权、荣誉权受到侵害的，有权要求停止侵害、恢复名誉、消除影响、赔礼道歉，并可以要求赔偿损失"，此种情形下，要求的对象并不局限于合同债务人，还包括侵权法上不特定的义务人。

《合同法》总则涉及民事主体间法律关系中，"要求"一词的使用有三类情形。第一类是合同缔结过程中，合同缔结人提出的某种欲求，如第 33 条规定"当事人采用信件、数据电文等形式订立合同的，可以在合同成立之前要求签订确认书。签订确认书时合同成立"。第二类是合同履行过程中权利人向义务人提出的履行义务的请求，如第 62 条第 1 款第（4）项规定"履行期限不明确的，债务人可以随时履行，债权人也可以随时要求履行，但应当给对方必要的准备时间"。第三类情形是合同解除后要求损害赔偿和要求违约人承担违约责任，如第 97 条规定"合同解除后，尚未履行的，终止履行；已经履行的，根据履行情况和合同性质，当事人可以要求恢复原状、采取其他补救措施，并有权要求赔偿损失"；第 108 条规定"当事人一方明确表示或者以自己的行为表明不履行合同义务的，对方可以在履行期限届满之前要求其承担违约责任"。

《民法典》物权编涉及民事主体间法律关系中，"请求"一词的使用有两类情形：第一类情形是在物权变动，第二类情形是在物权保护中。

《民法典》物权编第一章到第四章关于"请求"一词的使用，是和侵权责任联系在一起的，如第 1167 条规定"侵权行为危及他人人身、财产安全的，被侵权人可以请求侵权人承担停止侵害、排除妨碍、消除危险等侵权责任"。

此外，特别值得注意的是，在《民法典》总则第九章中，明确使用了"请求权"的概念，《最高人民法院关于审理民事案件适用诉讼时效制度若干问题的规定》中使用了"请求权""债权请求权""返还不当得利请求权""无因管理行为产生的赔偿损失请求权"等概念。

由于"责任"一词在立法及学说中的大量使用，"责任"的性质众说纷纭，但从立法史角度看，民法上"责任"一词主要有两种性质。其一是"债之担保"，源通说认为"责任"系源于日耳曼法，依日耳曼法律观念，债务为债权人与债务人之间的"当为状态"，而责任为对债务之羁束状态，也即债之担保[1]，"债务人对其债务原则上是以其全部财产承担责任"[2]。罗马法本无"责任"与"债务"的区分[3]，随着"日耳曼法与罗马法的融合，责任观念渗入罗马法之中，并为后世大陆法系民法所继受"[4]。其二是违反义务的法律后果，其立法例始于 1964 年《苏俄民法典》，该法典于第 19 章专章规定违反债的民事责任，此种立法例为《蒙古国民法典》及

---

① 参见李宜琛《日耳曼法概说》，中国政法大学出版社，2003，第 104 ~ 105 页。

② 〔德〕迪特尔·施瓦布：《民法导论》，郑冲译，法律出版社，2006，第 169 页。

③ 参见林诚二《论债之本质与责任》，载郑玉波主编《民法债编论文选缉》（上册），五南图书出版社，1993，第 26 页。

④ 唐昭红：《论人格权请求权与知识产权请求权的确立》，《法商研究》2002 年第 2 期。

《越南民法典》所借鉴，我国《民法通则》也采该种立法例，严格区分民
事义务和民事责任两个概念，在立法体例上对债权、债务和民事责任做分
别规定①，并将民事责任分为"违约责任"、"侵权责任"和"其他依法律规
定应承担的民事责任"三类，我国《民法典》合同编也设专章规定违约责
任，并于第 577 条明确规定"当事人一方不履行合同义务或者履行合同义务
不符合约定的，应当承担继续履行、采取补救措施或者赔偿损失等违约责
任"，我国《民法典》侵权编大部分是关于侵权责任的规定，其第 1165 条明
确规定"行为人因过错侵害他人民事权益造成损害的，应当承担侵权责任"。

　　前述两种立法例对责任性质的不同认识，直接导致对义务不履行和侵
权行为后果的不同法律规制技术。

　　在"债之担保"认识之下，在绝对权法律关系中，针对绝对权的侵权
行为可能导致两种后果：一种是物权请求权的产生；另一种是侵权之债的
发生，受害人因之获得债权（请求权）。在债权法律关系中，债权人请求
权行使受到阻碍即发生债务不履行，进而导致强制执行、损害赔偿、解除
契约等共通效力②，债务不履行（请求权行使障碍）的后果因此"被视为
债的效力范畴"③。显然，这种规制技术的核心是请求权，可以称之为"请
求权模式"，其精神内核在于对意思自治的尊重，肯定债务人的意志是导
致债务发生的原因，而义务的履行也是债务人意志的结果，若债务人拒绝
履行债务，则基于人格尊严和自由，债权人仅得申请对债务人的强制执行
财产以实现其权利。

　　在"违反义务的法律后果"认识之下，责任是违反义务的不利后果。
违约责任的依据在于违反合同义务的行为，侵权责任的依据在于侵权行
为，这两个行为具有同一个特征，即违法性，违约行为是违反合同法的行
为，侵权行为是违反物权法或者人身权法的行为，总之都是违法行为，这
个违法行为进一步与诉权相连接，使公权力得以介入并对违法行为施加不
利后果，即法律责任。显然，这种规制技术的核心是"责任"，可以称之
为"责任模式"，而"责任是与诉权联系在一起的，民事责任之所以能成
为保障民事权利的有效措施，乃是因为民事责任具有诉权，从而使其成为

① 参见梁慧星《论民事责任》，《中国法学》1990 年第 3 期。
② 林诚二：《民法债编总论——体系化解说》，中国人民大学出版社，2003，第 392~393 页。
③ 王利民：《违约责任论》，中国政法大学出版社，2000，第 1 页。

连接民事权利与国家公权力之中介"①。其基本结构是：

合同债权→履行义务→违约行为→诉权→违约责任
绝对权→尊重义务→侵权行为→诉权→侵权责任

对比这两种规制技术，可以发现，由于"民事责任"的介入，"责任模式"的规制技术正好形成了对请求权功能的解消，使民事权利体系及其实现机制均发生了新的变化。

首先，"民事责任"的介入，侵权责任取代侵权之债，债作为一个与物相对立的整体概念被分解，侵权和契约失去了同质性，侵权责任法和合同法成为两个相对独立的法域。

在"请求权模式"下，契约与侵权具有同质性，都是债权发生的原因，都导致了债的产生，侵权债权和契约债权都包含请求权这种意思力，都针对义务人的"给付"这一客体，均得以通过债务不履行制度得以实现。在"责任模式"下，契约与侵权是异质的：契约导致合同权利（义务），而侵权导致侵权责任，契约缔结与侵权行为这两个事实引发的法律关系是不同的，合同法和侵权责任法几乎没有共同性。

其次，"民事责任"的介入使民事权利的实现机制由请求权转向诉权，绝对权性质的民事权利不能在实体私法上实现，而须依托国家公权力的保护。

对比上述两种规制技术可见，在"请求权模式"中，请求权具有不可或缺的地位，是各种民事权利得以实现的中介，而诉讼及执行仅仅是请求权内容得以实现的辅助力量，是请求权得以满足的工具和手段。而在"责任模式"中，责任的触发器是诉权，权利人行使诉权、提起诉讼及申请强制执行的重心转为请求国家公权力机关对违法行为施加不利后果，以体现对原权利的保护和对违反义务的行为的惩戒②，诉讼及执行已经从确认并

---

① 王利民：《违约责任论》，中国政法大学出版社，2000，第17页。
② 关于侵权责任的惩戒功能，我国《侵权责任法》第1条明确规定"为保护民事主体的合法权益，明确侵权责任，预防并制裁侵权行为，促进社会和谐稳定，制定本法"，关于违约责任具有的惩戒功能，王利明教授论述道，"我国违约责任制度除应有补偿功能以外，还应制裁和教育违约当事人，鼓励正当的交易，维护交易秩序，淳化道德风尚"，"强制履行不仅是对债权人的责任，而且是对国家应承担的责任，责任与义务相比较包含了一种国家强制性"，"违约责任在性质上兼具有补偿性和制裁性"。参见王利民《违约责任论》，中国政法大学出版社，2000，第5~7页、第16~17页。

实现请求权的内容转变为依法对违法行为施加不利后果，公权力不是权利实现的工具和手段，而是法律责任施加的主体，"减少了当事人意思自治的空间，提前了公权力介入的时间，与民法的私法性质不合"，"体现了太强的国家主义色彩"。① 虽然两种规制技术中债务人最终承担的"财产损失的数量"可能是相同的，但根本的差异在于坚持意思自治和私法自足责任模式下，请求权的功能和存在空间被诉权取代，私法自足和权利实现的链条被打断，权利人的权利只能依托司法机关对违反义务人所施加的不利后果来获得保护。

最后，由于请求权的功能被诉权取代，案件处理的方法也必然发生改变，请求权的基础检讨这种流行的案件分析处理方法失去适用余地，诉讼审查的中心从对原告请求权基础存在与否的审查，转向原告基础权利的正当性和被告违法行为构成要件上的审查。

第三节 《民法典》合同编的主要立法特点

一 放弃缔约过失责任保护信赖利益

缔约过失责任制度的规范目的在于确定缔约过失责任的适用范围及赔偿范围，从而为缔约过失责任与侵权行为法在适用上划清界限，以实现民法制度的内在和谐。

由于缔约过失责任系以保护信赖为规范，缔约过失责任的适用范围必须以产生信赖作为边界，从而厘清并协调与侵权法的适用关系，实现民法制度的内在和谐。

关于侵权法与缔约过失责任在适用上的重叠与交叉，最经典的案例是1911 年德国帝国最高法院关于顾客购买油布地毯被砸伤一案。② 在该案中，法院以百货商店在契约缔结之际有过失为由，判决其承担赔偿责任。在此案中，受害人既可以选择侵权赔偿，也可以选择缔约过失赔偿，因此侵权

---

① 徐国栋：《民法典草案的基本结构》，《法学研究》2000 年第 1 期。
② 该案的详细内容参见刘德宽《民法诸问题与新展望》，中国政法大学出版社，2002，第485 页。

法和缔约过失责任制度发生竞合。①

我们认为，如果认为信赖是缔约过失责任的规范目的，那么本案的判决理由是存在疑问的，因为在受害人的信赖中，不可能包含了被伤害的意思。此外，本案是自相矛盾的，因为受害人中有一位是顾客的孩子，此时，孩子所受的伤害与缔约何干？

我们认为，本案实际上混淆了侵权法与缔约过失责任制度的规范功能，扩大缔约过失责任的范围，其判决理由游离了缔约过失责任的规范目的，破坏了民法制度的内在和谐，会出现在缔约过失责任中适用精神损害赔偿的极端情况。

论者或许认为，此类案件适用缔约过失责任，可以排除雇主在侵权法中以已尽选任监督之责而进行抗辩的可能性。② 但此种理论上有理的理由，实际上没有多大价值，按照王泽鉴先生研究，在其"查阅所及的资料中，尚未发现有雇用人举证免责成功的案例"③，因此前述免责要件"不过是立法者的良好愿望而已"，不足以作为扩大缔约过失责任适用范围的理由。

由于缔约过失责任希以保护信赖为规范目的，缔约过失责任应当以履行利益作为赔偿的最大边界，因为任何人都不可能对合同履行利益以外的利益产生信赖。这一界定可以较好地平衡交易双方的利益。对信赖方而言，他可以安心地基于信赖从事行为，对于允诺方来讲，他可以知道自己最大的赔偿责任，从而可以在算计利害后，作为类似效率违约的行为。

二　完善无权处分合同制度以保护交易安全

对于《合同法》第 51 条出现的前述权利配置失衡，2017 年 10 月 1 日起施行的《民法总则》没有规定无权处分制度，《民法典》第 597 条规定："因出卖人未取得处分权致使标的物所有权不能转移的，买受人可以解除合同并请求出卖人承担违约责任。"该条规定虽未直接说明出卖他人之物的合同有效，也未借鉴买卖司法解释第 3 条第 1 款关于"当事人一方以出

---

① 刘德宽：《民法诸问题与新展望》，中国政法大学出版社，2002，第 485 页。
② 刘德宽：《民法诸问题与新展望》，中国政法大学出版社，2002，第 485 页。
③ 王泽鉴：《民法学说与判例研究》（第 1 册），中国政法大学出版社，1998，第 25 页。

卖人在缔约时对标的物没有所有权或者处分权为由主张合同无效的，人民法院不予支持"的类似规定内容，但是从该条规定使用"解除合同"和"承担违约责任"的用语来看，由于解除合同、承担违约责任是以合同有效为前提，因此可以认为《民法典》确认了出卖他人之物的合同有效。显然，规定无权处分合同为有效合同，有效保护了合同相对人的权利，有利于维护交易安全。

三　重新重视请求权制度的规范功能

综合前述分析可见，请求权的发现确为法学上的巨大贡献，请求权作为民事权利的枢纽，对于《德国民法典》体例下民事权利体系的构建、民事权利实现机制的完善，都起到不可或缺的作用，尽管历经百年的《德国民法典》债法部分在 2002 年进行了重大革新，但请求权的地位和功能仍未被撼动，足见请求权概念对《德国民法典》立法体例的重要意义。

民法有内在体系、内外双重体系之说①，立法技术和体例仅系外部体系，故民法之内在精神体系可通过不同的立法技术和体例来予以体现，请求权理论及债物二元分立学说系屹立百年而仍未撼动的成功技术，我国民法学说和合同法立法不应舍此体例而另求创新。

---

① 　参见朱岩《社会基础变迁与民法双重体系建构》，《中国社会科学》2010 年第 6 期。

第四章　公司法立法问题研究

20 世纪 90 年代至今的 20 多年间，包括我国在内的世界各主要国家和地区的公司法相继进行了较大规模的修订，这些修订大多冠以"公司法现代化"之名或以实现"公司法现代化"为目标。面对此轮修订浪潮，如何立足其立法背景和公司法理予以回顾与检视，并深化对现代公司法及公司法现代化基本内涵和理念的认识，进而为我国现行公司法的进一步改革提供宏观而理性的指导，实为非常重要的课题。有鉴于此，本文基于对各国（地区）公司法现代化改革基本特征的归纳和认识，探讨公司法现代化的基本内涵及现代公司法的基本理念，在此基础上检讨我国 2005 年公司修法的成果与不足，并提出推进我国公司法现代化的若干建议。

第一节　公司法的立法背景检视

一　公司法现代化改革的特点

20 世纪 90 年代，公司法现代化改革运动自一些国家兴起以来，十余年间迅速演化成为席卷全球主要国家（地区）的浪潮，其汹涌澎湃之势头几可与 19 世纪到 20 世纪上半叶的私法法典化运动相比拟，兹举数例如下：英国公司法现代化改革从 1998 年发布《现代公司法与竞争经济》至 "2006 年公司法"（the Companies Act 2006）获得批准，历时 8 年，在此轮改革中最具有领先性和典型性；美国在 21 世纪初期由于安然公司、世界通信公司等上市公司财务造假丑闻而出台了《2002 年公众公司会计改革和投资者保护法》（以下简称《公司改革法》），"成为继 20 世纪 30 年代美国经济大萧条

以来，政府制定的涉及范围最广、处罚措施最严厉的公司法律"①；日本
2005 年出台的《日本公司法》，取代了原《商法》的第二编、《有限责任
公司法》以及《商法特例法》等有关法律法规，从形式到内容上均实现了
对原法的革命性修正，进行了诸多制度调整和创新，修改的程度几乎等同
于法律编纂；法国、德国的公司法现代化改革从 20 世纪 90 年代开始，涉及
股份有限公司、有限责任公司等诸多制度调整和改革；我国台湾地区 2001 年
对"公司法"进行了大规模的修改，涉及条文占原法内容的一半以上，其后
的 2005 年、2006 年又两次对部分条文进行修正。纵观 20 年来这轮波澜壮阔
的公司法改革，尽管各国或地区由于法律传统和社会背景的不同也存在若干
差异，但改革的内容却呈现诸多趋同之处，体现出如下鲜明特点。

　　一是改革目标具有明显的一致性，即实现公司法的现代化。这一点从
英国《现代公司法与竞争经济》、日本《公司法制现代化纲要》、法国
《经济信誉和现代化法案》等一系列指导公司法改革的咨询意见、报告和
法律的名称上就可以直观看出。当然，各国对于公司法现代化目标的界定
以及采取的路径也呈现一定的差异性：就英国而言，公司法现代化是通过
有效整合法律和非法律规则，构筑一个具有国际竞争力的公司法框架，提
升英国公司和企业的创造性、生命力和竞争力，并保持英国对商业事业的
持续吸引力。② 就美国而言，由于各州之间的公司法竞争机制本身已经足
以保证其公司法制具有持续更新能力，各州的公司法现代化改革的重点则
侧重于改善公司的治理与监控机制，继续维持并改善公众公司（Public
corporation）与非公众公司（Close corporation）③ 的不同调整规则，提升公
司的竞争力。就日本而言，由于在传统上规制公司的相关法律条文分散在
《商法》《有限责任公司法》等诸多历史久远的法律法规之中，《公司法制
现代化纲要》将现代化的目标具体化为：在形式方面以便于理解的平假名
语言形式重新表达法规并以便于适用的统一法典形式形成统一的公司法

---

① 朱磊：《美国公司法的新发展——评〈萨班斯·奥克斯利法案〉》，《法制日报》2002 年
　10 月 10 日。
② See Modern Company Law for a Competitive Economy, the Company Law Review Steering Group,
　(1998), p12.
③ 非公众公司（Close corporation or Private companies）在不少论著中也被译称"闭锁公司"
　"封闭公司""私公司""私人公司"，认真推敲这些译称均有不确切之处。本文除直接引
　文之外统称其为"非公众公司"，即未向社会公开发行股份的公司。

典，并在实质方面修订公司法以适应社会经济情势的变化。① 对我国台湾地区而言，大规模修改"公司法"的原因则是为了"顺应资讯科技时代，尤其是网络技术的普遍运用；顺应企业国际化，协助企业提升国际竞争力；追求企业永续发展，并保护股东基本权利；推动完善公司治理制度，营造良好公司法制环境"，② 修改强调的主题是加强"公司治理"，特别是"股份民主"。③

二是调整和创新公司形态，为当事人提供多样化的选择，并根据不同公司形态及利益结构的差异，改善公司治理结构以平衡公司各方参与者的利益关系。我们注意到，公司形态的调整与创新是各国公司法改革内容中的一条主线。在英美等传统上区分公众公司和非公众公司的国家，一方面继续强调二者之间分别规范的必要性，如英国 2006 年公司法修正即贯彻小公司优先的原则④，突出非公众公司的地位，将公司立法重点放在建立适应非公众公司发展的规则之上，而公众公司基于安全考虑采取例外适用的办法做出特殊的制度安排；⑤ 另一方面则设计适宜中小企业经济结构的公司形式以满足实践需求，如美国《统一有限责任公司法》创设的"有限责任公司"（Limited Liability Company）的形式。在德国、法国等大陆法系的国家，则重新检讨股份有限公司与有限责任公司两种形式在分类标准上的合理性，进而认识到股份有限责任公司与有限责任公司、上市公司与非上市公司之间的结构性差异，调整规则以避免两类公司适用相同规范，从而为非公开发行股份的中小型公司建构一个更为自由的制度。日本 2005 年修改的《公司法》直接废除了有限责任公司与股份有限公司的传统分类，将有限责任公司与股份有限公司合并为股份有限公司，转而确立依据股份转让是否设置限制的分类标准，创设了合同公司（合同会社），从而形成股份有限公司（株式会社）、无限公司（合名会社）、两合公司（合资会社）

---

① 〔日〕照屋行雄：「会社法制の現代化：会社経営の論理と倫理」（〈特集〉会社経営の論理と倫理）『国際経営フォーラム』17–2，2006。
② 赖源河：《我国台湾地区"公司法"的改革历程和发展现状》，载赵旭东主编《国际视野下公司法改革：中国与世界》，中国政法大学出版社，2006，第 211 页。
③ 王文字：《评新修订公司法——兼论股东民主法制》，《台湾本土法学》2005 年第 8 期。
④ 蒋大兴：《没有精神气质的〈公司法〉——法典构造的乌托邦》，《月旦民商法杂志》2005 年第 10 期。
⑤ 郭富青：《当今世界性公司法现代化改革：竞争·趋同·融合》，《比较法研究》2008 年第 5 期。

及合同公司（合同会社）四种公司形式，并采纳了公众公司和非公众公司的分类。① 法国也因应商业实践的需求，在 1994 年创设便于在大企业之间建立子公司的简略股份有限公司形式（Société par action simplifiée，SAS）并于 1999 年使之成为所有人均可采用的公司形式②，从而丰富了公司的类型，提高了股份有限公司的适应能力。

与公司形态改革和创新相匹配，各国公司法改革针对不同的公司形态的特殊结构，在扩展公司参与者的自治空间的同时，也注重改善公司治理结构，平衡公司各方参与者的利益关系。英国《现代公司法与竞争经济》明确提出要"提供简洁、高效和公平的公司法规则，以平衡公司商业利益与股东的利益，债权人利益和其他公司参与者的利益"。③ 这一目标在英国2006 年公司法中主要表现为通过提高股东表决权行使的效率、强化股东在公司治理中的积极作用，整合重述董事的责任④，并要求董事恰当地处理好与公司雇员、消费者、供货商以及社区等利害相关主体的利益关系；⑤ 美国29 个州的公司法改革实践和《公司改革法》都突出了对投资者的保护并引入利益相关者保护思想⑥，通过加重公司高管的义务和责任⑦，提高财务信息披露的准确性等措施，来平衡投资者与公司高管之间的利益关系；⑧ 德国公司法改革侧重于对既有公司治理结构的调整，保持监事会的独立性并强化其监督职能，同时强调董事会与监事会之间的密切配合；⑨ 日本公司

---

① 参见《日本公司法》第 2 条。
② 参见保罗·勒嘉钗、孙涛：《向所有人开放的简化股份公司（SAS）》，《法学家》2000 年第 4 期。
③ see Modern Company Law for a Competitive Economy. the Company Law Review Steering Group,（1998），p12.
④ see Modern Company Law for a Competitive Economy：The Final Report ，the Company Law Review Steering Group,（2001），p343.
⑤ 郭富青：《当今世界性公司法现代化改革：竞争·趋同·融合》，《比较法研究》2008 年第 5 期。
⑥ 崔之元：《美国二十九个州公司法变革的理论背景》，《经济研究》1996 年第 4 期。
⑦ 《公司改革法》第 302 节要求公众公司的首席执行官（CEO）和首席财务官（CFO）或其他承担相同职责的人对公司的年报和季度报告进行认证（certify），第 906 节则规定首席执行官（CEO）和首席财务官（CFO）若明知报告不符合《证券交易法》（the Securities Exchange Act）第 13（a）条或 15（d）条的规定，仍然进行认证的，将被课以最高达 500万美元的罚金或 20 年的监禁。
⑧ 孙光焰：《美国公司法的最新改革》，《江汉论坛》2004 年第 1 期。
⑨ 彭真明、陆剑：《德国公司治理立法的最新进展及其借鉴》，《法商研究》2007 年第 3 期。

法改革更为彻底，一方面给予公司参与者在公司治理结构设计上的自由权，另一方面则加强监事会（监察人）的监督职能，并导入"会计参与"制度加强对公司的外部监督，以保护股东及债权人的利益。①

此外，鉴于信息技术的发展和普及有利于公司治理及公司运营中的信息传递，进而减轻公司参与者之间的信息不对称并降低了股东参与公司事务的成本，各国或地区公司法均对信息技术在公司治理中的作用予以高度重视，英、日、法等国以及我国台湾地区在公司法现代化改革中均在公司法中设计了信息技术运用的相应规则，以缓和大股东与中小股东、公司管理层与股东之间因"信息不对称"导致的利益结构失衡，激发股东和利益相关者参与公司治理的积极性，提高公司治理的有效性。

三是针对不同公司形态的特殊性，放松管制与强化监督并举，强调多种法律对公司行为的综合调控。公司的管制与自治是公司法的基础理论问题，管制强调对股东意思自治空间的限制，而自治则强调对股东意思自治空间的尊重。具体到规范技术层面，则体现为"公司法中强制性条款和任意性条款的配比，强制性条款意味着管制，而任意性条款则意味着自治"。② 因此，如何在管制与自治之间寻求平衡是公司法改革不可避免的难题，我们注意到各国在此上的共性特点就是对公众公司和非公众公司采取不同的监管措施：针对非公众公司的特殊结构，大多采取简化公司设立和运行程序的措施，削减强行性规范而增加任意性规范，且基本放弃了对设立人数及最低资本金的强制性规定以降低公司的设立门槛；相反，对公众公司均有强化监管的倾向，但侧重点和具体制度设计上具有一定的差异，英国2006年公司法主要是重述并强调公司董事的法律义务与责任，同时增加公司财务信息披露的真实性和时效性；日本2005年《公司法》修正侧重于建立完善的监督机制；德国公司法改革则是加强对上市公司信息披露的监管和财务监管，新设中期财务报告制度，强化财务报告审计人的责任。

此外，在对公司的法律规制方面，这轮公司法改革还有两个较为突出的特点：其一是集合多种法律部门乃至行业规范进行综合调整，如综合证

① 大賀祥充.「会计参与制度考」『修道法学』2-526，2006。
② 周友苏、沈柯：《在管制与自治之间的我国公司法》，《当代法学》2007年第1期。

券法和公司法对公众公司进行综合调控，综合反垄断法与公司法对公司并购行为的共同控制等；其二是多种不同性质的法律规范的综合调整，突出表现是打破公法规范与私法规范的分界，在公司法中大量配置行政法、经济法、刑法性质的规范，使公司法典从整体上已经很难识别究竟是私法还是公法。

二 公司法现代化基本内涵之解读

如前所述，各国（地区）大多将此轮公司法现代化改革浪潮的目标设定为"实现公司法的现代化"，相关法律和研究文献中也频繁出现"公司法现代化""现代公司法"的用语，但对于"公司法现代化"和"现代公司法"究竟当如何理解，这些法律及文献却鲜有提及，费尔摩里所著《现代公司法的历史渊源》一书尽管以"现代公司法"为题，但也仅只在法制史意义上将现代公司法界定为英国 1844 年以后的公司法，在国内公司法文献中，王保树教授将"公司法现代化"的内涵解释为"着眼于市场经济从一国范围到全球一体化的转变，不断提高公司法的适应水平，充分发挥其引导功能"；① 曹兴权教授认为，公司法的现代化"是一个国家按照现代公司制度的基本法律理念与原则去改造已有的公司法制度以适应于自己社会经济发展需要的一个历史过程，适应性是公司法现代化最基本的目标，适应性改造是公司法现代化的本质定性；历史过程是公司法现代化适应性改造过程的时间特性"。② 这些认识十分深刻并很具启发性。我们认为，对"公司法现代化"的理解须与"现代公司法"相联系，如果离开了对"现代公司法"的认知，"公司法现代化"容易被泛化成为公司法发展的简单历史过程。

根据既有文献的检索，对现代公司法的界定需要在两种不同意义上来理解：一种是法制史意义上的现代公司法，即根据历史时期来做的界定，多指 19 世纪公司法典或商法典颁布以后的公司法；另一种是作为理念意义上的现代公司法。我们认为，在"公司法现代化"语境下来讨论"现代公

---

① 王保树：《立法政策与中国大陆公司法的现代化》，载王保树主编《转型中的公司法的现代化》，社会科学文献出版社，2006，第 598 页。
② 曹兴权：《公司法的现代化：方法与制度》，《中国法律》（中国香港）2008 年第 4 期。

司法"，虽然也要兼顾法制史意义上的划分，但应更多从理念意义上来理解，否则，从 19 世纪末即确立了现代公司法的基本结构，何须"公司法的现代化"？同时也只有更多基于理念的意义，"现代公司法"作为分析公司法结构与功能变迁的基本范畴才更具理论张力。按照这一理解，立足今日之情势，19 世纪末法典化运动中形成并延续至 20 世纪 80 年代的公司法典或商法典尚不能冠以现代公司法的称谓，本文将其称为"近代公司法"，作为与"现代公司法"对照的类型。并且认为，"现代公司法"的特征和基本内涵只有在与"近代公司法"的对比中才能得到更为准确和深刻的理解。

纵观近代公司法的形成和发展不难发现，近代公司法具有过分追求制度层面的整齐划一的倾向，这体现为两个方面。

在公司形态方面，资合公司形态单一。大陆法系国家主要区分为股份有限公司和有限责任公司两种资合公司形式，且以股份有限公司为主要规范对象，对有限责任公司缺乏足够关注，有限责任公司制度设计缺乏个性，基本框架和主要规范均与股份有限公司较为类似。

在公司利益结构方面，19 世纪末成型的近代公司法基本上是以"股东利益至上"为基础，有限责任制度奠定了公司股东与债权人之间利益关系的基本格局，公司是股东的公司，股东对公司拥有实际控制权。公司法主要涉及的是股东之间的权利分配和架构问题；对债权人、劳工、消费者权益的规范主要通过民法中的合同等制度来实现，仅在公司侵权、公司解散及支付不能等个别问题时，方涉及债权人与股东之间的权益分配，而以平衡公司高级管理人员与股东关系为主旨的公司治理问题及相应的制度设计，尚未受到重视。

公司法以强行性规范为主，即使对有限责任公司的规制也是如此，反映出当时的立法者对公司有限责任制度怀有某种不信任的心态，同时也反映出当时的法律制度对公司这种兼具多种潜在功能和强大影响力的组织尚缺乏综合调控的能力，只能通过简单的强制或禁止性规范来实现对公司的硬性约束和管制；公法、私法在性质与功能的区分上是相对简洁而单一的。

国家对公司结构和公司行为的管制虽已纳入法制轨道，但主要以事前管制为主，并通过两个基本途径来实现。一是直接控制并强制持续维持公司人格构成条件；典型的制度设计是公司资本制度，公司最低注册资本金是形成公司人格的核心要素，而"资本三原则"则确保作为公司人格之基础的财产要素得以持续维持。此外，许多国家还禁止设立一人公司，严格限制公司对外担保、转投资、股份回购等行为，也反映出立法者通过强行性规范来控制和维持公司人格要素的意图。二是通过严格执行公司目的条款，以确保公司行为的可预测性和可控制性，在近代公司法中，目的条款基本上都是强制性的，超出目的范围的公司行为原则上无效。此外，对公司犯罪能力的限制也凸显了立法者控制公司行为的意图——至少在制度层面将公司行为控制在经济领域。

近代公司法这种简洁单一性的倾向形成，一方面可能源于当时的立法理念和立法技术，另一方面也可能与私法法典化运动时期法哲学上盛行形式理性有所关联，对理性的自信使立法者对公司法作为经验演进法而非逻辑演绎法的本质属性认识不够深入或者不够尊重，因此公司法或商法典不能容纳更多的实践安排。随着公司组织及功能的不断发展演化，近代公司法为扩展其适应性而不得不经常性地进行修改作业，这种经常性修改又使商法典的稳定性面临挑战并最终导致近代公司法向现代公司法演变。

与近代公司法的上述倾向性特征相比较并结合各主要国家公司法现代化改革的实践来看，"现代公司法"在应然层面至少具备以下特征。

第一，公司形态上具有多样性。表现为设计多种公司形态并以任意性规范许可当事人对公司结构进行适当安排，以增强公司法律制度的适应性和包容力，更好地应对实践的需要，如设计出一人公司、简略股份有限公司、合同公司等多种公司形式，2005 年《日本公司法》更是在公司结构上授权股东进行多样化设计，使公司当事人可根据需要组合出多样化的公司子类型。

第二，公司利益结构的多样性和多元化。一方面，由于公司形态多样化，不同的公司由于规模、组织结构等方面的不同，其利益结构也明显不同，从总体上看，公司利益结构因之呈现多样化的特征；另一方面，大型公司由于影响力巨大、涉及主体众多，其利益结构表现出了多元化的趋势，公司不再仅仅是股东的公司，债权人、公司高管、公司普通职工、消费者乃至社区等利益相关者均对公司有所诉求，现代公司法因之具备平衡利益相关者基本框架的属性，公司治理、职工参与以及公司社会责任等内容逐步被纳入公司法。

第三，公司法律规范类型的多样化。不仅表现为公司法强行性规范减少，任意性规范增加，而且表现为两类规范的类型也更加丰富，立法者可以根据不同的立法目标和规范意旨设置不同的规范：一方面放松对公司的事前管制，另一方面强化公司和公司高管的责任以实现事后规制；针对不同的公司类型和结构特点，采取不同的管制方式。多样化的规范类型，体现了国家对公司及其行为的干预方式、干预范围、干预力度更为灵活多样，也更具效率。

第四，公司法功能的多样化，即公司法不仅承担规范公司结构和行为的功能，而且更需要为各方公司参与主体提供利益平衡框架的功能，并承担因经济全球化和地区化带来的不同国家或地区之间公司制度竞争的任务。

综上可见，相对于近代公司法简洁单一性的倾向，现代公司法从整体上体现了多样化的鲜明特征，即多样化的公司形态、多样化的利益平衡、多样化的法律规范、多样化的干预方式和多样化的法律功能，这种特征实际上是现代公司法为了满足公司实践需求而做出的制度调适和安排，目的在于增强公司法的适应能力，以回应公司实践中不断提出的各种诉求。现代公司法的这一特征，可以认为是公司法作为一种经验理性规则的再次展现，这种经验理性在近代法典化运动前商人法的自然形成中即有初步体现，与建立在逻辑理性基础上的民法典形成鲜明的对比。由此我们认为，现代公司法具有互为表里的两个基本属性，即适应性和多样性。适应性是指现代公司法以满足公司实践之需求为目标，多样性是指现代公司法为适应公司实践需求而在法律调整方式和手段上体现出来的灵活性。这两个基本属性表明，公司法在本质上是不断演进的经验法则，而公司法现代化的内核就是根据公司实践情势的变化而适时对公司法进行调整。

行文至此，我们可进一步将发生于 20 世纪末和 21 世纪初的"公司法现代化"理解为：立法者为使公司法律体现现代公司法之基本原理并适应现代公司实践情势变迁而进行制度调整与创新的持续性历史过程。

第二节　公司法现代化与公司形态改革

公司法现代化作为一种制度变迁的历史过程，涉及公司法律制度的方方面面，可谓千头万绪，采取何种改革策略方可展现现代公司法所蕴含的多样性和适应性？

观乎此轮改革，各国虽国情不同而各有侧重，但一条相对明晰的主线是关于公司形态的改革，也即主要通过公司形态的制度调整和创新来展现现代公司法的各项特征和要求。究其原委，乃是由于公司形态是组成公司法律制度的基本单元，也是公司法主要规范内容，公司法的理念、规范意旨和功能发挥都主要通过公司形态相关规定来实现。同时，公司本质上是公司立法的塑造物，因而公司形态对公司参与者及立法者均有重大意义：对于立法者而言，公司形态塑造并划定了公司法的主要规范对象；对于公司参与者而言，基于公司类型法定的原则，公司形态是国家为当事人提供的包含某种特定利益组合的制度产品，不同的公司形态反映了不同的利益组合结构，好比不同的菜单组合，公司参与者选择某种公司形态，就等于选择了某种利益组合形式，尽管公司参与者有权对其所设公司的利益机构进行适当调整，但这种意思自治的空间内终究受制于立法许可的最大边界。

因此，公司形态立法的改革和完善，是公司法现代化的主线和核心，在这个意义上，公司法现代化主要就是公司形态制度的现代化，现代公司法蕴含的公司利益结构的多样化和多元化、公司规范类型的多样化、公司法功能的多样化等特征，都主要通过公司形态来具体展现。公司形态改革也因此成为中国公司法现代化必须特别关注的重要内容。

第三节 我国公司立法现状及其主要问题

我国 2005 年对《公司法》的修订，可视为全球公司法现代化改革浪潮的一部分，取得了重大的成果，修订后的《公司法》（以下称 2005 年《公司法》）被学者盛誉为"21 世纪全世界最先进的公司法之一"。但作为一种不断演进的经验法则，"公司法修改是不可能一次到位的"。[①] 根据实践的变化，结合公司法理论和立法的发展，对公司法进行持续适时的检视，是公司法现代化进程中不可或缺的基本环节。有鉴于此，本文基于前述关于公司法现代化的理解，认为我国 2005 年《公司法》尚有如下欠缺。

---

① 周友苏：《公司法修法理念的凝炼与阐释》，《社会科学研究》2005 年第 1 期。

一 尚未完全体现现代公司法理念

我国公司立法虽始于清末，至今已百年有余，然若以前述公司法历史变迁的角度来考察，其立法理念长期未能摆脱欧洲重商主义时代的窠臼，即使 2005 年公司法的修正还能见到它的影响。

我国清末内忧外患，仓促变法而草拟《公司律》，其动因有二。一是"骎骎乎并可与洋商相角矣，且征收印花税，其公司工厂行栈挂号等费，皆系与商律相辅而行之事，必有商律，方能兴办，故不可不急行编定也"①；二是废除领事裁判权的需要，根据光绪二十八年（1902）八月签订之《中英续订通商行船条约》第 12 款："中国深欲整顿本国律例，一俟查悉中国律例情形及其审判办法及一切相关事宜皆臻妥善，英国即允弃其治外法权。"② 这种基于急切功利思想而依托国家权力积极推动的公司立法，与欧洲 17 世纪公司法作为贯彻国家重商政策工具的做法如出一辙。

我们看到，1993 年出台的《公司法》是国家强力推动和积极主导的结果，立法的目的性非常明确，主要是推动国有企业改革，"适应建立现代企业制度的需要"。③ 在当时还缺乏真正的市场主体和市场经济意识尚不成熟的情况下，公司法并不像西方国家那样是市场各利益主体博弈的均衡成果，而是一种自上而下的人为的制度安排，立法者在该法起草过程中，"较多地考虑到国有企业改制的需要，对公司设立和运作中的具体规范的设计不够关注，对于一些技术性较强的规范，或是力不从心缺乏必要的推敲，或是根本就没有考虑制定"④。也正因为如此，根据市场经济发展和公司实践的需求，才有了 2005 年对这部公司法大幅度的修改。

与 1993 年《公司法》相比，2005 年《公司法》删除了"适应建立现代企业制度的需要"的字样，既反映出国有企业公司化改造已基本完成的历史事实，也反映出立法者对公司法性质认识的深化，但 2005 年《公司

① 《光绪朝东华录》，第 4763 页，转引自江眺《公司法：政府权力与商人利益的博弈》，博士学位论文，中国政法大学，2005，第 12 页。
② 王铁崖：《中外旧约章汇编》（第二册），三联书店，1962，第 107 页。
③ 1993 年《公司法》第 1 条。
④ 周友苏：《新公司法论》，法律出版社，2006，第 7 页。

法》第 1 条的规定也表明，该部公司法的立法宗旨之一是"促进社会主义市场经济的发展"，也意味着公司法仍然是推行贯彻国家社会主义市场经济政策的重要工具。这一规定在具有必要性和合理性的同时，也反映出立法者对公司法立法目的的一种认识。我们认为，现代公司法作为一种多功能、多元化利益平衡制度框架，虽然客观上要体现出国家经济政策的导向，但更多还需要负担若干复杂的经济和社会功能，为公司各方参与者提供利益平衡的制度设计。对比各国公司法现代化改革，2005 年《公司法》的修正，至少在立法理念上多少还缺乏这种现代化意识的指导，因而在取得重大成就的同时，还不能说从根本上实现了对公司法定位和立法理念的现代化。

二　公司形态的改革尚未调整到位

尽管 2005 年《公司法》对原有公司形态的改革有突破性的进展：一是在有限责任公司一章中新设了一人有限责任公司形式；二是在股份有限公司一章中专设一节对上市公司组织机构做出特别规定；三是在公司结构上突出有限责任公司和股份有限公司的区别，放松对有限责任公司的管制，赋予其更多的自治空间，但对照公司法现代化的国际背景和现实需求，仍有若干可堪检讨之处。

（一）一人公司的制度设计尚有不尽合理之处

2005 年修法讨论时，对是否引入国际上已经普遍采用的一人公司制度，有着两种迥然对立的意见，最后虽然获得立法机关对一人公司制度的认可和通过，但同时又是有所保留的：不仅对一人有限责任公司设置了十分严苛的规制措施，而且还排除了一人股份有限公司的形式，尽管这可能是基于协调不同意见达成的一种妥协措施，从而"反映出我国公司立法对此较为慎重的态度"①，但我们仍然感觉到其中更为重要的因素是缺乏现代公司法理念的导引。在公司实践中，有限责任公司与发起设立的非公众股份有限公司实在没有多大的差异。法律上既然可以承认一人有限责任公司

---

① 沈贵明：《模式、理念与规范》，《法学》2006 年第 11 期。

存在，为什么就不能允许一人股份有限公司的存在呢？对于发起设立的非公众股份有限公司而言，股东人数是一人还是目前限定的二人并无多大的实际意义，因为发起人要规避股东人数的限制也十分容易。我们注意到，几乎所有的国家和地区公司法认可的一人公司都包括了有限责任公司和股份有限公司两种情况在内。正是由于一人公司制度设计的不尽合理，2005年《公司法》实施后，一人公司制度仍然不断受到不少学者的批评。

（二）未能充分体现有限责任公司的灵活性和不同股份有限公司事实上存在的差异

我国作为采大陆法系公司分类的国家，公司法上只有股份有限公司和有限责任公司两种类型。这种二元分类在实践中最大的缺陷就在于：一是发起设立的非公众股份有限公司与有限责任公司在没有实质性区别的情况下仍然要适用公司法对两类公司不同的规定；二是使存在较大差异的公众公司与非公众股份有限公司又得适用公司法对股份有限公司的同一规定，从而使公司法显得缺乏必要的灵活性。2005年的公司法修改，虽然也受到大陆法系国家对公司形态和公司结构改革调整的影响，在一定程度上突出了股份有限公司与有限责任公司的区别，较大幅度放宽了对有限责任公司的管制，但仍然没有解决二元分类存在的问题。由于要兼顾非公众股份有限公司和大型有限责任公司的法律调整，也使意欲突出两类公司区别的修改受到限制。对于有限责任公司而言，《公司法》难以从根本上改变股东会、董事会、监事会的三元组织结构，对股东人数少、规模小的小型有限责任公司，也规定必须设执行董事和一至二名监事。其实，对于更多具有人合性质的小型的有限责任公司来讲，法律应当给予其更多的意思自治空间，在组织机构的设置上采取更为灵活的做法，可以允许完全由股东自行决定。对于股份有限公司而言，《公司法》还缺乏针对不同情况区别对待的规定。我们看到，公众公司由于面向社会公开发行股票，与非公众股份有限公司的差异相当悬殊，前者如果上市，其股东可能达到数万到数十万之众，后者的股东最少可以为二人。虽然《公司法》也有区别两种情况的差异性规定，如专门设置了对上市公司组织机构的特别规定，但由于前述二元分类的缺陷，又存在着不少对二者相同的规定。如根据《公司法》第126条的规定，股份有限公司的股份采取股票形式，这意味着非公众股份有限公司的股份也不例外；而按照《公司法》第 139 条和《证券法》第 39 条的规定，包括股票在内的证券的转让必须得在"依法设立的证券交易场所进行或者按照国务院规定的其他方式进行"，由此使非公众股份有限公司的股票存在不能自由转让的法律障碍，甚至出现还不及有限责任公司股份转让方便的情况。据我们调查，实践中还存在当事人自行转让后发生纠纷因没有在合法场所转让而被法院确认为转让无效的判例。可见，《公司法》在二元分类的情况下，还应当采取必要的方式来解决公司内部的差异性问题，否则就很难达到规制不同公司所要求的灵活性。

（三）公司组织机构的权力配置较为简单粗糙，未能体现不同公司形态的特殊利益结构

现代公司法是为公司各种参与人提供的利益平衡框架，需要通过对公司内部组织机构的权力配置来体现，立法者应当针对不同的情况来制定不同的法律规则。归纳各国（地区）公司法现代化进程采取的一般做法，对于小型公司而言，主要是授权公司当事人自行安排利益结构；对于大型公司而言，主要是强化信息披露及董事会权力，使董事会具有相对独立的地位，能够有效地协调处理大型公司在现代社会所面临的复杂利益关系，而不再仅仅服务于股东的利益。

2005 年《公司法》在公司组织机构权力配置上显得较为粗糙，使股份有限公司股东大会的职权简单准用有限责任公司股东会的规定。① 这意味着股份有限公司至少在法律上依然奉行"公司是股东的公司"和"股东会中心主义"的权力结构。反映出立法者对于股份有限公司和有限公司结构差异的认识以及权力配置的不足，未能按照现代股份有限公司的特殊结构来配置股东大会的权力，未能很好地体现股东大会的地位与功能的变迁。

随着公司制度的演进，小型公司与大型公司在股东（大）会权力配置上的差异日渐显著：对于小型公司而言，由于其本身的"人合"倾向，股东一般对公司的管理权和控制权有较强的欲求，同时，由于公司规模较小，股东（大）会召集方式相对简便，公司股东有权在章程中比较自由地

---

① 《公司法》第 100 条规定：本法第三十八条第一款关于有限责任公司股东会职权的规定，适用于股份有限公司股东大会。

配置和划分股东（大）会与董事会的权力，以股东（大）会为中心的权力配置模式在公司演变过程中并未发生明显的变化。但对于大型公司特别是公开发行股票的公众公司而言，股东（大）会的地位与功能已经发生了较大的变迁，其作为公司"至高无上的机关"① 并能直接干预公司及董事的任何经营行为的核心地位日渐式微，而董事会权力日渐扩张的公司权力配置模式得到普遍的认同和推行。董事会地位的相对独立性及其权力扩张，反映了现代大型股份有限公司已经不是股东的公司，而是诸多利益关系的集合体，董事会作为公司实际控制者，已不再被简单视为股东权利的受托人，而是平衡各方利益的独立机关。与此相适应，董事是公司的代理人而非股东的代理人。②

第四节　我国公司法修改的重点与难点

公司法现代化作为历史过程，是一项持续性的修法工程，为了适应现代公司法发展的趋势并契合实践的需要，在 2005 年《公司法》修订的基础上，我国公司法改革应以现代公司法理念为导引，弱化将公司法作为推行国家经济政策工具的观念，着力提高我国公司法的竞争力，降低公司的设立及运行成本，充分认识成文法固有的局限，以公司形态调整为中心，推动相关制度改革，为公司当事人提供更多的选择空间。

一　立足统一立法体例的现实，通过调整公司形态来提高公司法的针对性和适应性

依据是否采取单一法典形式作为公司制度的基本法，可以将各国公司法分为两种基本的体例：一是以单一公司法典集中规定各种公司制度特别是各种公司形态，并形成一国公司法的基本法律框架，本文称之为统一立法体例；二是采取分别立法的方式，将公司法律规范分散在不同的法律中，对不同公司形态进行有针对性的立法，本文称之为分散立法体例。从

---

① 张民安：《公司法上的利益平衡》，北京大学出版社，2003，第 341 页。
② 参见〔英〕保罗·戴维斯《英国公司法精要》，法律出版社，2007，第 124 页。

立法技术上看，由于不同的公司形式间差异较大，采取统一立法体例，难免顾此失彼，难以应对周全，但其优点在于便于理解和适用，同时适应公司法频繁修改的基本性格；而采取分散立法的体例虽有利于对不同的公司形式进行有针对性的规范，但因公司法律规范分散于多部法律中，反而不利于公司法的统一理解和适用，且在修订上也多有不便。可见，两种立法体例均各有利弊，都需要在实践中不断加以调整。

我国《公司法》于 1993 年制定之初即体现两个特点：一是采纳统一立法体例①，二是仅规定了有限责任公司和股份有限公司两种公司形式。应该认为这两个特点是相互依存的，公司形态分类越简单，就越便于统一立法。但由此带来的弊端是：一方面难以在理论上对股份有限公司与有限责任公司的分类理由做出合理解释；另一方面是公司法关于公司形态的简单分类导致相关规定与公司实践出现脱节，特别是使那些处于中间形态的公司难以得到有效规范。1993 年以后公司实践获得长足发展，成为我国企业的主导形式，公司数量也越来越庞大②，虽然法律上仅规定两种公司形式，但同种公司形式下因股东人数、经营规模等不同而使公司间存在相当大的差异，《公司法》关于有限公司和股份公司的简单分类缺乏适应性和灵活性的弊病日渐显著，公司法的相关规定被规避的现象也在所难免。

基于我国公司法的历史形成和 2005 年修订的成果，立足于立法体制、立法技术、法律实施环境等国情现实，我国公司法的现代化应当在不改变统一立法体例的前提下通过调整公司形态来提高《公司法》的适应性，对此，日本 2005 年公司法和英国 2006 年公司法的现代化改革策略各有特色，可资借鉴。日本 2005 年公司法改革的策略是调整和精细化公司形态以提高公司法的适应性，在合并有限公司与股份公司的同时，细化公司形态分类并许可公司参与人对所设公司内部结构进行一定的调整；英国的改革则采取在统一立法的体例下有所侧重的策略，公司法主要针对中小公司进行设计，而将大公司特别是上市公司的特别规制任务交给证券法及其他法律和

---

① 外商投资企业法虽然在《公司法》实施后还继续存在，但按照《公司法》关于"外商投资的有限责任公司和股份有限公司适用本法"的规定，可将外商投资企业法中涉及公司的规范，视为《公司法》的特别规定。

② 据国家工商总局 2009 年 3 月底发布的统计数据，我国内资公司法人已经达到 534.63 万户，占内资企业比重已达到 70%。

规范，以发挥统一立法和多种法律综合调控的优势。

如前所述，公司形态的分类是架构公司法的基础，不同的公司形态，体现了不同的利益结构，不同的利益结构又是确立不同管制方式的出发点。因此，设立合理的公司形态分类标准并设计多样化的公司形态，乃是公司法的基础性问题，可以为公司当事人提供更多的选择空间，也是扩展公司法适应能力的主要路径。

我国公司法未来对公司形态的改革，应树立公司形态体现公司利益结构、公司利益结构体现不同规制策略的立法观念，在不改变统一立法体例的前提下，因循 2005 年公司法的修改路径继续推进，在有限责任公司及股份有限公司的基本分类基础上，进一步建立多层次的分类标准，区分多种、多重公司形式，采取多样化的法律规范对不同的公司类型设计出针对性的制度，以适应丰富的公司实践，体现现代公司法的基本性质。

二 股份有限公司和有限责任公司的形态调整构想

因循前述思路，应对股份有限公司和有限责任公司的内部形式做进一步区分，使公司法能够容纳不同公司复杂多样的利益结构，具体构想包括以下两种。

（一）股份有限公司

可考虑结合《证券法》第 10 条第 2 款关于公开发行证券标准的规定①，将股份有限公司分为公开发行股票的公众公司和未公开发行股票的非公众股份有限公司两种基本类型。

对于公众公司而言，由于其涉及的股东众多且股份流动性强、规模大、股份所有权与公司经营权分离程度高，公司内部存在明显的控制股东与非控制股东、股东与公司管理层人员的利益冲突的特有利益格局，因而需要对其采取不同于非公众股份有限公司的方式进行规制，即主要以强行性规范对其组织机构和行为进行调整，并在此基础上将公众公司进一步分

---

① 该条规定的公开发行包括：（1）向不特定对象发行证券的；（2）向特定对象发行证券累计超过 200 人的。

为上市公司和非上市公众公司①，对上市公司继续沿用目前公司法、证券法及其相关法规对其进行专门立法的调整方式，使之受到更为严格的监管与规制；非上市公众公司由于向社会公开发行股票的性质，也要将其纳入仅次于上市公司严格规制的范围。我们认为，现行公司法上关于一般性股份有限公司相对偏严的规定（如关于组织机构的设置、股票转让的限制等），基本上可以适应对非上市公众公司规制的需要。

对于非公众股份有限公司而言，由于股东人数较少，所有权与经营权分离程度低，与有限责任公司没有多大的实质差异，应当给予公司及其股东更多更大的意思自治空间，可考虑在公司法进一步改革时对其做出有别于公众公司的统一规定，采取"准用有限责任公司规定"的做法，在保持公司类型基本不变的基础上，兼容英美法上对非公众公司规制的优点，以提高公司法的适应性和灵活性，为当事人提供更多的选择。

（二）有限责任公司

可考虑在现有的一人有限责任公司和普通有限责任公司的基础上，进一步在普通有限责任公司中划分出小型公司的形式并将其固定化，充分体现其人合性的特点，采取类似日本合同公司的做法，赋予其较一般有限责任公司更多更大的自治空间。

三　建立针对不同公司形态，配置多样化的规范，提高对公司的规制水平

法律规范是法律制度的基本构成。不同的规范体现了不同的立法政策和价值取向，也界定了当事人在法律框架下自治的限度。对不同类型公司的规制应当主要透过法律规范的设计和配置来完成。我国未来的公司法改革，应深化对公司法规范的认识，提高公司法规范的配置水平，特别是在

---

① 从《公司法》和《证券法》的规定来看，上市公司一定是公开发行股票的公司（公众公司），但公众公司却不一定都是上市公司。按照《证券法》关于累计向200人以上发行证券即为公众公司的规定，非上市公众公司至少可以包括：历史遗留的公众公司、通过增资扩股或股份转让形成的公众公司和证券监管机关新批准设立的公众公司。据笔者调查统计，我国目前非上市公众公司的数量大大超过上市公司。

强行性规范的配置上，应当根据规范对象的性质，在效率和安全两个维度上考虑配置的比例，区分不同类型公司的不同利益结构，有针对性、有区别地配置不同的规范。如对 2005 年《公司法》中若干使用"应当""不得""必须"等表述的规范的性质、效力和法律后果做出明示。在区分公众公司和非公众股份有限公司的基础上，大幅度降低非公众股份有限公司的强行性规范的配置比例，简化小型有限责任公司的设立条件和程序，提高小型有限责任公司的吸引力。

另外，引入现代信息技术规范，提高大型公司治理效率。信息技术极大地扩展了信息传播的空间并降低了信息传递及获取的成本，这对于提高上市公司股东参与公司治理大有裨益。因此，公司法改革应当重视信息技术在公开公司治理中的运用，如设计出网络投票等相关制度，降低股东获取公司信息以及行使股东权利的成本，提高股东参与公司治理的积极性。

第五章　证券法立法问题研究

以证券法为核心的证券法制体系是推进资本市场持续健康发展和深化改革的基础，亦理应为资本市场的改革发展提供充分的制度支持。我国证券法制定于1998年，曾于2005年经历了第一次大幅修订，但是难以满足证券市场快速发展和深化改革之需。新一轮的证券法修订始于2013年，其间修订草案经过立法机关的四次审议，历时六年后于2019年12月28日获得审议通过。根据统计，本次法律修订在旧法基础上删除了24个条款，新增了24个条款，总计修改了170多个条款，是证券法制定以来的第二次大幅修订。

任何立法走向成熟和完善均不可能一蹴而就。尽管新证券法亮点纷呈，但其不足也客观存在。事实上，新证券法的修订统一了不少共识，但是也搁置了一些争议甚至可能出现新的认识分歧。为此，无论从新证券法的实施抑或持续完善出发，都需要不断促进和凝聚共识。如何更加科学地廓清证券法的立法理念、原则并在此基础上深化对新证券法主要制度安排的理解，实为提纲挈领之首要问题。鉴于此，本章拟就此进行探讨，以期为新证券法的实施以及远期资本市场法制体系的进一步完善抛砖引玉。

第一节　证券法立法理念的检视与重构

一　立法理念的基本界定

黑格尔在《法哲学原理》中指出，"理念是任何一门学问的理性"。准此而言，可将立法理念理解为立法应当遵循和具备的理性。任何一项法律的制定都必然受到特定立法理念的制约，因此法律的制定首先需解决其理念的塑造问题。立法理念具体何指，其意义和价值何在？高其才教授认为，立法理念通过立法指导思想、立法精神、立法原则等予以表现，是指导立法制度设计和立法活动的理论基础和主导的价值观，对于制定科学而良善的法律、发挥法律的作用，从而树立起法律的权威具有积极意义。[①]总体上，我国学者所提出的立法理念可以分为两大类：一类是关于立法实体内容（立什么样的法）的理念，主要反映立法主体在立法时所要追求的价值目标和理想；另一类是关于立法活动方式（怎么样立法）的理念，主要表达立法主体的活动所必须遵守的体制上、程序上或形式上的制度约束。[②] 本文主要从第一种意义上展开讨论，旨在解决证券立法和修法应该立成什么样的法之问题，具体而言即证券法应当实现哪些价值目标。

就特定法律而言，立法宗旨（立法目标）和立法原则系立法理念最为直接的体现；而在科学立法的情况下，立法理念亦直接嵌入具体规范之中。同时，对于特定法律的遵守与适用，立法理念又具有实际指导和规范意义。此外，诚如学者所言，现代立法理念是伴随现代社会发展和法治建设而形成的，在较大程度上反映了立法发展的普遍规律，在世界范围内具有一定的共同性。[③] 证券法是商法的重要组成部分，而商法作为市场交易的基本法具有国际化的特征，在世界经济日益全球化的当下，这一特点愈发凸显。为此，本文将重点以立法宗旨与原则为主要面向，综合比较境外典型证券金融立法，着力阐释我国证券法应遵循之理念。

二　证券法立法宗旨之界定与重塑

立法宗旨和立法目的是立法者通过立法活动所追求的目标，承载并传达立法者的价值理念，因此是立法理念的重要构成。立法宗旨作为法律的"指南针"，还对其制定后的执行和适用起着指引作用，尤其在缺乏具体规

---

① 参见高其才《现代立法理念论》，《南京社会科学》2006 年第 1 期，第 85 页。
② 参见黄文艺《谦抑、民主、责任与法治——对中国立法理念的重思》，《政法论丛》2012 年第 2 期，第 3 页。
③ 高其才：《现代立法理念论》，《南京社会科学》2006 年第 1 期，第 85 页。

定或者相关规定出现冲突时立法宗旨可以成为解决问题的最终依归。[①] 还有学者指出，从我国证券法制的发展历史来看，立法理念对证券法体系结构与实施机制的决定效应是非常明显的。[②] 因此，证券立法需要高度重视立法宗旨问题。

（一）境外证券立法宗旨之比较

在全球范围内，各国和各地区资本市场的发展有其共同规律和规则，在立法上体现为促进证券市场发挥正常功能、保护投资者等共同目的。同时，由于经济社会发展程度以及立法理念等方面存在差异，不同国家和地区证券法规范对立法宗旨的界定存在一定差异。

1. 美国证券法规范对于立法宗旨的规定

美国《1933 年证券法》并未对证券立法的宗旨进行明确规定。根据《1934 年证券交易法》第 2 条之规定，证券交易法的立法目的或宗旨在于，对证券交易所及场外市场进行广泛的管理，以防止此类市场中的不公平与不公正交易的发生，促使证券市场能发挥其正常之功能。美国国会在制定《1934 年证券交易法》的听证会上指出，市场法规为确保市场价格尽可能地反映股票的真正价格。而美国联邦最高法院在 Basic，Inc. V. Levinson 一案中明确，证券法规的目的在于加强投资人对于股票市场廉正的信心。[③]

2. 日本和韩国金融立法宗旨的界定

日本原《证券交易法》规定[④]，本法的目的是，促进国民经济的稳定运行及保护投资者，使有价证券的发行及买卖等交易活动公正进行，并使有价证券顺利流通。由此，该法确立的宗旨主要包括三个：一是促进国民经济的稳定运行；二是保护投资者；三是规范证券发行和交易行为，保证证券的顺利流通。而根据整合后的《金融商品交易法》第一条"目的"之

---

① 如我国台湾地区有学者指出，"证券交易法"既以发展国民经济、保障投资为目标，不论本法的修正还是现行条文的解释与适用，均应以实现立法目的为依归。参见赖英照《股市游戏规则：最新证券交易法解析》，台北市赖英照出版，2017，第 8 页。

② 参见陈甦、陈洁《证券法的功效分析与重构思路》，《环球法律评论》2012 年第 5 期，第 7 页。

③ See 485 U. S. 224，246（1998）.

④ 日本的《证券交易法》（《证券取引法》）于 1948 年制定，其内容与精神在当时立法环境之影响下系袭自美国《1933 年证券法》与《1934 年证券交易法》。

规定①，本法旨在通过完善企业信息披露制度、规定规范金融商品交易业者相关的必要事项，确保金融商品交易所的运营等，在实现有价证券的发行及金融商品等的交易的公正，促进有价证券的流通之外，通过发挥资本市场的机能形成公正的价格，实现促进国民经济的健全发展以及保护投资者权益的目的。归纳而言，《金融商品交易法》确立的立法宗旨在于促进国民经济的健全发展以及保护投资者权益。

韩国师法英国和日本实行金融统合立法，于 2007 年 8 月 3 日通过了《金融投资服务暨资本市场法》（简称《资本市场法》）。韩国政府在该法制定过程中指出，制定该法的目的是"通过促进资本市场的金融革新和竞争，力争使韩国资本市场能够发展成为东北亚金融市场的中心，为培育有竞争力的投资银行奠定坚实的制度基础，并且进一步强化投资者保护"。②根据《资本市场法》第 1 条的规定，该法立法目的为：促进资本市场的金融创新与公平竞争，保护投资者，保障金融投资业的健康发展，提高金融市场的公平性、可信性和效率，促进国民经济发展。

3. 我国台湾地区"证券交易法"的立法宗旨

我国台湾地区"证券交易法"第 1 条规定，本法的立法目的为发展国民经济与保障投资，此规定之简洁在全球范围内亦罕见其匹。对"证交法"上述两大立法目的的理解，尤其是应以何者为重为先，我国台湾地区法学界可谓众说纷纭。刘连煜教授认为，保障投资为直接目的，而国民经济之发展为其间接效果，二者具有先后连带关系。只有在投资人的投资获得保障后，方能吸引更多的投资人投资证券市场，在市场活络后企业方可更易在资本市场获取所需资金，实现企业发展，带动国民经济发展并提高就业。因此，"证券交易法"以保障投资为首要目标。③ 赖源河教授持论基本相同，认为一方面二者并重，另一方面二者具有阶段上的差异：保障投资是证交法之直接、具体的目的，而发展国民经济是其间接的效果和终极目的；"证券交

---

① 日本于 2004 年底开始在证券交易法、投资信托法及期货交易法的基础上拟制定整合为《投资服务法》，2006 年正式定名为《金融商品交易法》并由立法机关审议通过，于 2007 年 9 月正式实施。

② 参见韩国企划财政部《关于〈资本市场法〉的立法预告》（2006 年 6 月 30 日），载董新义译《韩国资本市场法》，知识产权出版社，2011。

③ 参见刘连煜《新证券交易法实例研习》，台北元照出版，2016，第 16 页。

易法"之形成要因，在于投资之保障。① 林国全教授则认为，"证交法"
"发展国民经济"与"保障投资"之二目的应相辅相成，不可偏废。②

　　尽管对于"证交法"立法宗旨具体构成的诠释与理解存有歧义，但台
湾地区学界及实务界普遍认为，应以"证交法"立法目的作为该法的解释
与适用之最高指导原则。而台湾地区"最高法院"在相关判决中宣示，发
展国民经济并保障投资的立法目的，除具有强烈的社会法益保护性质外，
亦兼具保护个人法益。③

　　综上，通过适当的管理对证券发行和交易及相关行为进行规制，充分
发挥资本市场的正常功能，保障投资者的合法权益，从而促进经济社会的
发展，系各国家和地区证券金融立法普遍追求的目标和共同理念。

（二）我国证券立法宗旨的确立与发展

　　在证券法制定实施前，我国规范调整资本市场的主要法律法规为《公
司法》《股票发行与交易管理暂行条例》《禁止证券欺诈行为暂行办法》
等。彼时，我国资本市场处于起步阶段，市场以分隔的区域性试点为主，
全国集中统一监管的发展模式尚未形成。总体看，资本市场发展初期处于
一种自我演进、缺乏规范和监管分裂的状态。④ 因此，实现资本市场的统
一和规范发展成为其时证券立法的重要任务。鉴于此，《股票发行与交易
管理暂行条例》第1条规定：为了适应发展社会主义市场经济的需要，建
立和发展全国统一、高效的股票市场，保护投资者的合法权益和社会公共
利益，促进国民经济的发展，制定本条例。

　　随着我国证券市场的发展和对其规律认识的不断深化，证券法的立法
宗旨经历了更新发展的过程。在历次审议过程中，立法宗旨相关规定集中
于规范证券发行和交易行为，促进证券市场的健康发展，保护投资者的合
法权益，维护社会经济秩序和社会公共利益等。⑤ 总体而言，上述立法宗
旨紧密结合了我国资本市场的发展实际，并充分借鉴了境外立法经验。

---

① 参见赖源河《证券法规》，台北元照出版，2014，第19页。
② 林国全：《证券交易法研究》，台北元照出版，2000，第9～10页。
③ 参见赖英照《证券交易法解析（简明版）》，台北市赖英照出版，2016，第4页。
④ 参见中国证监会编《中国资本市场发展报告》，中国金融出版社，2008，第9页。
⑤ 关于《证券法》颁布之前历次审议稿对证券立法宗旨的具体规定，参见王连洲、李诚编
　 著《风风雨雨证券法》，上海三联书店，2000，第265～267页。

1998 年发布的《证券法》第 1 条规定，"为了规范证券发行和交易行为，保护投资者的合法权益，维护社会经济秩序和社会公共利益，促进社会主义市场经济的发展，制定本法"，2005 年证券法修订中维持了上述表述，而新一轮证券法修订中对此亦未做任何修改。

需要指出，上述不同立法宗旨之间存在一定的逻辑关系，前者是后者的基础和前提条件，后者是前者的实质理由。具体而言，只有规范了证券发行和交易行为，才能有效地保护投资者的合法权益，才能维护社会经济秩序和公共利益，进而才能促进社会主义市场经济的发展。[①] 因此，证券法的立法宗旨是一个有机整体，相互关联，不可分割，是统帅该法的灵魂，其他各项规范都是为实现这一宗旨服务的。[②]

（三）我国证券法立法宗旨的重新阐释

对于 2005 年证券法修订，有学者指出，该修订是在我国加入 WTO 且国内多层次证券市场已经获得较大发展的背景下所进行的，因此其在促进市场发展、提高市场竞争力等方面的功能和理念体现较为突出。[③] 也有学者认为，总体上而言，此次证券法的修订是在原有证券市场建构理念特别是监管理念决定的法律架构下，侧重于制度技术完善的拾遗补阙式的法律修改，并未在实质上改变证券法既有的建构理念、体系框架和实施机制。[④]自 2005 年证券法大幅修订至今，我国资本市场发展的内外环境已经发生巨大变化。因此，尽管新证券法没有对立法宗旨进行修订，但是在新形势下需要对其立法理念和宗旨重新阐释。

1. 保护投资者尤其是中小投资者的合法权益

保护投资者是各国各地区证券金融立法之通例，也是第一要义。但是，由于证券市场的发展程度、政治经济体制和法律文化等各种因素不尽相同，各国家和地区投资者保护的制度构建和执行以及保护水平存在较大差异。

我国资本市场起步较晚，尽管近年来发展较快，但新兴加转轨之本质

[①] 参见王连洲、李诚编著《风风雨雨证券法》，上海三联书店，2000，第 273 页。

[②] 参见周正庆、李飞、桂敏杰主编《新证券法条文解析》，人民法院出版社，2006，第 9 页。

[③] 参见陆泽峰、李振涛《证券法功能定位演变的国际比较与我国〈证券法〉的完善》，《证券法苑》（2011）第五卷，第 40 页。

[④] 参见陈甦、陈洁《证券法的功效分析与重构思路》，《环球法律评论》2012 年第 5 期，第 6 页。

并未改变。现阶段，我国资本市场存在如下直接或间接影响投资者保护的"基本国情"。第一，投资者结构中以中小投资者为主。与美国等境外成熟市场以机构投资者为主相比，我国证券市场的投资者以零售投资者也即俗称的散户投资者为主。根据相关机构统计，截至 2018 年底，A 股投资者账户数量共计 1.46 亿，其中自然人投资者账户占比为 99.77%，非自然人账户占比为 0.23%。[①] 第二，上市公司大股东"一股独大"的情况依然比较突出，关联交易比较普遍，大股东和实际控制人利用控制地位非经营性占用上市公司资金和由上市公司违法违规提供担保的情况此起彼伏。除依然存在分散股权结构下经营管理层与公司及全体股东利益冲突之问题外，我国公司治理更突出的问题还体现在大股东及实际控制人与中小股东的利益冲突明显。第三，证券市场约束机制尚不健全，对投资者保护不力，信息披露质量不高，监管执法手段不足，欺诈发行、虚假陈述、操纵市场、内幕交易等损害投资者合法权益的行为不时发生。在证券市场违法行为法律责任追究方面，行政执法虽然层层加码，但是刑事追责仍困难重重，民事赔偿制度尚不完善；由于实践中行政处罚往往先于民事赔偿执行，来源于投资者损失的违法所得上缴国库，投资者损失往往无法得到有效补偿。

在个人投资者尤其是非专业投资人为主的证券市场，投资人多缺乏自保能力，面对强势的市场参与者，尤应受法律妥当的保护。[②] 从历史发展来看，一方面，我国中小投资者为证券市场的发展作出了巨大贡献，他们曾是养育证券市场的沃土；[③] 另一方面，与机构投资者相比较，个人投资者无论在信息、资金、专业、风险承受能力等各方面均处于明显弱势。加之上述公司治理现状及市场约束机制不健全，中小投资者容易受到违法违规行为的侵害，亟须获得倾斜保护。

承认散户市场的国情，也要求资本市场改革发展中政策方针的确立以及立法完善，都应以此为出发点。既往资本市场的顶层设计和制度建设强

①　《中国资本市场投资者保护状况白皮书》（2018 年度总报告），中国证券投资者保护基金有限责任公司网站，http://finance.sipf.com.cn/finance/app/zhuanTi/bps2019/detail1，最后访问时间：2019 年 12 月 31 日。
②　参见赖英照《股市游戏规则：最新证券交易法解析》，台北市赖英照出版，2017，第 7 页。
③　参见周正庆、李飞、桂敏杰主编《新证券法条文解析》，人民法院出版社，2006，第 8 页。

调发展壮大机构投资者队伍，希冀通过创新和引进境外制度，来改变散户为主的市场，由此在备受争议的熔断机制等重大制度构建和实施中出现了"冒进"问题。不可否认，逐步改善散户为主的投资者结构是资本市场迈向成熟的重要基础，但不能忽视现行市场结构的客观现实及其改变的困难和长期性。基于此，本书认为，现阶段的重大改革和制度完善应当旗帜鲜明地强调投资者保护尤其是中小投资者保护，新证券法的若干重大修订均体现了上述立法宗旨，后续应确保各项具体制度的贯彻实施。

此外，公司法作为资本市场法律体系的重要组成部分，其立法宗旨也包含投资者保护的重要内容。① 因此，在我国已经正式启动的新一轮公司法修订过程中，应当充分考虑与证券法的协调联动，尤其在投资者保护方面需要从不同角度共同完善。例如，针对我国上市公司治理现状及存在的痼疾，有必要在立法上明确规定大股东对中小股东承担忠实勤勉义务（fiduciary duty）②，同时在行政执法和司法裁判等各领域中严格落实。

2. 服务实体经济

证券法及其他金融立法服务实体经济的理念和目标，来源于金融与实体经济发展的关系界定。对此，具有代表性的观点认为，金融是服务业，是为实体经济的借贷双方和买卖双方提供信用交易中介服务，为客户提供理财服务的代理人，其职责是为实体经济配置资源提供服务的，在整个经济循环系统之中是处于从属地位的，是实体经济的仆人。③

"金融服务实体经济"是近年来我国金融思想的最新发展，也是在国内外大背景下逐渐形成并为相关政策文件所确立的重要理念和指导原则。从国际范围来看，自20世纪80年代拉美国家的债务危机，到1997年的亚洲金融危机，再到2007年美国次贷危机及其后引发的国际金融危机，都有共同的原因，即这些国家或地区的金融业发展创新严重脱离了实体经济，金融业过度自我循环。国际金融危机爆发后，各国在总结危机的经验教训

---

① 需要指出，与证券法对投资者尤其是中小投资者倾斜保护的立法宗旨不同，公司法更加强调对公司、股东和债权人合法权益的同等保护。
② 有学者指出，既然中国法律强调股东中心主义，而且多数上市公司的实际运营也受到大股东的强烈影响，中国公司治理中的核心冲突体现在大股东与中小股东之间的冲突。为此，有必要引入要求大股东负担忠慎义务、防范大股东自利交易的规则。参见张巍《资本的规则》，中国法制出版社，2017，第267页。
③ 参见张云东《新自由主义在误导中国股市》，《上海证券报》2015年5月29日。

时，不约而同地提出了重振实体经济的政策。① 因此，强调和坚持金融服务实体经济的本质要求，是吸取国际金融危机深刻教训得出的有益启示。从国内情况来看，我国在经济领域确立了调整经济结构、促进产业升级增效等发展国民经济的战略，作为现代经济核心之金融自应服务于上述战略。有研究认为，纵观近年来金融业的发展，我国金融业的发展已经本末倒置、喧宾夺主，金融市场"另轨循环"和自我膨胀，严重挤占实体企业的发展空间，对实体经济造成了严重危害：一方面，经济的金融化吞噬挤占了实体经济急需的资金资源，妨害了实体产业发展；另一方面，金融业的超高利润示范效应，阉割了实体产业的创业冲动。② 上述观点虽然存在不少有待商榷之处，但是的确可警醒我们深刻反思包括资本市场在内的金融政策制度和实践，须臾不忘回归其以实体经济为依归的金融本源。

在政策指引方面，党的十八大报告明确提出，"深化金融体制改革，健全促进宏观经济稳定、支持实体经济发展的现代金融体系"，"牢牢把握发展实体经济这一坚实基础"。"十三五"规划纲要提出，"健全现代金融体系，提高金融服务实体经济效率和支持经济转型的能力"。2017 年 7 月第五次全国金融工作会议强调，要让金融回归本源，服从服务于经济社会发展，把服务实体经济作为金融工作的出发点和落脚点，更好满足人民群众和实体经济多样化的金融需求。据此，发展实体经济成为各种经济金融政策和制度的"出发点"。以证券市场为核心的资本市场是我国金融体系的重要组成部分，作为资本市场基本法的证券法理应遵循服务实体经济的宗旨和理念。

3. 满足社会创新创业和资本市场基本创新的需求

党的十八大明确提出，"科技创新是提高社会生产力和综合国力的战略支撑，必须摆在国家发展全局的核心位置"，并强调要坚持走中国特色自主创新道路，实施创新驱动发展战略。中共中央、国务院《关于深化体制机制改革加快实施创新驱动发展战略的若干意见》提出，到 2020 年，基本形成适应创新驱动发展要求的制度环境和政策法律体系，为进入创新型国家行列提供有力保障。党的十九大报告中提到"创新"一词超过 50

---

① 参见王文《金融服务实体经济再思考》，人民网，http://finance.people.com.cn/bank/n/2014/0617/c202331 – 25160381.html，最后访问时间：2019 年 12 月 29 日。

② 参见张云东《新自由主义在误导中国股市》，《上海证券报》2015 年 5 月 29 日。

次，并明确提出到 2035 年基本实现社会主义现代化、跻身创新型国家前列的目标。

在资本市场落实国家创新驱动发展战略方面，2018 年 3 月 30 日国务院办公厅批转了证监会《关于开展创新企业境内发行股票或存托凭证试点的若干意见》；根据党中央和国务院的部署，2019 年 1 月 30 日中国证监会发布了《关于在上海证券交易所设立科创板并试点注册制的实施意见》，其后完成了一系列科创板的基本制度安排，7 月 22 日科创板首批 25 家公司挂牌交易，设立科创板并试点注册制的重大改革在坚实稳步推进。总体上，近年来我国通过资本市场加大对科技创新和创新创业金融支持的政策与制度安排不断推进。

从境外的情况来看，2007 年次贷危机以来各国各地区为创新创业立法和修法颇为普遍。在美国，2012 年出台《新创企业启动法案》（以下简称《JOBS 法案》），目的正在于鼓励新创企业通过资本市场筹资，使符合资格的公司较为便捷地通过资本市场筹措资金，而无须花费大量的上市成本。[1] 在我国台湾地区，金融主管机关授权证券柜台买卖中心创设了创柜板市场，旨在为具创新、创意构想的非公开发行微型企业提供创业辅导筹资机制，扶植微型创新企业成长。[2] 我国香港特别行政区则于 2012～2013 年完成对《公司条例》的"重写"后，又于 2018 年 4 月完成近 25 年来最大的上市制度改革，旨在适应新经济发展和创新型公司上市之需，并且取得了立竿见影的效果。

另外，金融创新是经济社会发展中普遍存在的现象，无论从支持创新还是保护投资者的视角而言，金融立法都有必要积极应对。如在以股权众筹为代表的互联网金融兴起之后，相关国家和地区纷纷展开立法，以应对其规范发展的要求。美国在《JOBS 法案》第三章专门规定《众筹法》之后由 SEC 发布了股权众筹的监管规则（Regulation Crowdfunding），日本、韩国和我国台湾地区等均对股权众筹完善了相应立法和制度。

我国证券法制定之初恰逢亚洲金融危机肆虐，导致其中体现了较为明显的预防危机和减少非必要创新的理念。然而，随着经济社会的发展如互

---

[1] 参见我国台湾证券交易所编《美国证券市场相关制度》，台湾证券交易所网站，2019 年 8 月。

[2] 参见刘连煜《新证券交易法实例研习》，台北元照出版，2016，第 3 页。

联网技术的应用、共享经济的发展，金融创新扑面而来，同时也伴随着假借创新的不端和违法行为。我国要建设一个规范、透明、开放、有活力、有韧性的资本市场，也要求深化对金融本质和规律的认识，尊重市场主体的创新意愿和行为。

综上，无论从支持金融创新、打击各类伪创新活动以防范风险还是从保护投资者的利益出发，都要求证券法法律法规完善相关制度安排。证券法修订草案三审稿曾经确立股权众筹的法律地位，规定了小额发行豁免等创新机制，体现了支持创新创业的立法理念。遗憾的是，最终修订的证券法并未延续这些制度安排，总体上本次修订在市场创新方面的突破仍属有限，这是值得反思和有待今后改进完善的地方。

4. 不同立法目标的关系界定

综上，我国证券法的立法宗旨可以表述为：规范证券发行和交易行为，保护投资者的合法权益，维护社会经济秩序和社会公共利益，服务实体经济，支持创新创业，促进社会主义市场经济的发展。理论上各立法宗旨存在一定的逻辑层次关系，理应成为一个有机整体而相互关联和不可分割，并最终统一于促进国民经济的发展和社会福祉的提升。如保护投资者从表面上看是保护个别投资人的权益，但从宏观角度观察，则更是证券市场健全发展的基础[①]，因此并非与发展社会经济的立法宗旨扞格不入。

需要指出，实践中相关立法宗旨可能存在潜在冲突。譬如，支持创新和服务实体在一定程度上可能损及投资者保护之立法目的。对此，美国《1933 年证券法》第 2（b）条规定：在根据本法制定具体规则、需要考虑或决定某项行动对公共利益是否必要或适当时，委员会除要考虑保护投资者之外，还应考虑该行动是否将有利于提高效率、促进竞争和资本形成。事实上，投资者保护与资本形成（capital formation）的平衡一直是美国证券立法尤其是 SEC 制定监管规则时争议最大和最费思量的问题。

由上观之，证券立法宗旨并非孤岛，不同立法目标之间可能存在龃龉，这一客观现实要求，在具体制度的设计和适用过程中，需要做出平衡和取舍。

---

① 参见赖英照《证券交易法解析（简明版）》，台北市赖英照出版，2016，第 4 页。

第二节 我国证券法基本原则的重新阐释

证券法的基本原则是指贯穿于证券法始终的最一般的行为规范和价值判断准则，是证券法基本精神的高度概括和抽象，也是证券法基本特征的集中体现。证券法的基本原则不仅是指导证券法律关系各主体从事证券活动的基本准绳，也是指导证券立法及其适用的基本依据。① 在我国，按照一贯的立法模式，几乎每部法律均对相关基本原则做出了规定。②

对于我国证券法应当包括哪些基本原则，学界一直众说纷纭，莫衷一是。有学者将《证券法》总则相关原则性规定一概界定为基本原则，如"守法原则""分业经营管理原则""依法监督管理原则"等。本文认为，证券法基本原则的认定应当遵循"实质重于形式"原则。相关原则并不限于以法条明示的形式存在，含原则之表述者并非一定构成基本原则。此外，基本原则必须与具体制度相区分，前者具有统领整个法域的作用，能充分体现该部门法的本质特征和独特性，而仅适用于特定领域或具有特定功能的规则和制度不能构成基本原则。准此，我国证券法的基本原则包括保护投资者合法权益、投资者风险自负、公开公平公正的"三公"原则、意思自治与政府适度干预、诚实信用原则。

一 保护投资者合法权益与投资者风险自负原则

如前所述，保护投资者为不同市场的通例，为证券立法第一要义。保护投资者的内涵，应是以各种法规防止投资人遭受诈骗等各种违法行为，并给予受害投资者适当的民事、刑事等救济途径。③ 我国证券法已经明确将保护投资者的合法权益规定于立法宗旨中，并通过具体制度予以落实。新证券法在强调投资者保护中尤其突出了强制性信息披露制度、对违法行为的惩戒，并且设专章规定了投资者保护的一些具体制度。

需要指出，与境外成熟市场相比较，我国证券市场投资者保护水平仍

---

① 参见周友苏主编《新证券法论》，法律出版社，2007，第110页。
② 周友苏主编《新证券法论》，法律出版社，2007，第111页。
③ 参见刘连煜《新证券交易法实例研习》，台北元照出版，2016，第17页。

较低，投资者保护的任务依然艰巨。实践中，立法经常出现部门之间的博弈压倒利益主体之间的博弈，如博弈不充分进一步导致权力分割乃至市场的分割，而对于广大投资者来说法律的修改对保护他们的权益没有实质性改善。① 为此，对各类背离投资者保护的行为应当予以纠正。

证券法律法规所谓的保护投资者确保的是，投资者在投资前获得及时而准确的决策信息，证券市场免于被操纵，投资人不被欺诈，公司内部人等主体不能谋取个人不当利益，以及在投资者被各类违法行为侵害时能获得法律救济的权利。至于证券投资的风险，则须由投资者自行判断和承担。② 这即涉及证券法上的另一基本原则，即投资者风险自负，它是证券法领域的买者自负（Caveat Emptor）原则。③

我国新《证券法》第 25 条规定："股票依法发行后，发行人经营与收益的变化，由发行人自行负责；由此变化引致的投资风险，由投资者自行负责。"该条规定了发行人和投资者的风险责任，其中后者为证券市场投资者风险自负原则的基本要义。投资者风险自负原则的贯彻落实，有利于投资者形成和培养风险意识以及为自己投资行为负责的自己责任观念，最终促进证券市场迈向成熟。④ 但是，买者自负原则的适用存在重要前提，集中体现在两方面：一方面，买者自负与卖者有责不可分割。证券发行人与证券商等证券发行和交易相关主体必须依法切实履行其信息披露、投资者适当性管理等法定义务，否则必须承担相应的法律责任，而不能根据买者自负原则主张免责。另一方面，无论在证券立法还是监管方面，都应完善投资者保护制度和强化执法，同时应加强对中小投资者的教育工作。

二　公开、公平、公正原则

尽管在世界范围内，境外主要国家和地区在证券金融立法中并不作明

① 参见信春鹰《我国〈证券法〉的发展历程及其修改完善》，《证券法苑》（2014）第十卷，第 11 页。
② 参见刘连煜《新证券交易法实例研习》，台北元照出版，2016，第 17～18 页。
③ 参见曾洋《"投资者风险自负原则"研究》，《南京大学法律评论》（2013 年春季卷），第 286 页。
④ 事实上，以市场化为导向的证券发行注册制改革的一个很重要的基础和要求在于，引导投资者提高风险识别能力和理性投资意识，促进发行人、中介机构、投资者等各市场主体归位尽责，卖者尽责，买者自负。

文宣示，但几乎都在法律的具体规定中体现了公开、公平、公正的制度精神。① 因此，实质上的公开、公平、公正原则为不同市场所共同遵守之基本原则。我国《证券法》第 3 条规定："证券的发行、交易活动，必须实行公开、公平、公正的原则。"此为我国证券法上的公开、公平、公正原则，学界及实务界亦通常将其简称为"三公"原则。

公开原则是证券法思想的核心要义之一。"阳光是最好的防腐剂，灯光是最有效的警察"已为各市场普遍接纳，公开被要求作为治疗社会和企业疾病的一剂良方。在全球范围内，证券市场管理哲学总体上可以区分为公开披露管理原则（disclosure regulation）和实质管理原则（substantive regulation）②，前者将信息公开奉为圭臬，后者亦将公开原则作为管理资本市场的重要手段。我国证券法上的公开是指有关证券发行、交易的信息应如实、充分、持续披露，保证投资者在充分了解真实情况的基础上做出投资决策。贯彻公开原则的基本要求在于，发行人及其董事监事高管和重要股东等市场主体依法应予公开的信息必须真实、准确、完整、及时、公平，不得有虚假记载、误导性陈述或重大遗漏，不得违反及时性要求和选择性披露。除信息公开外，证券监管行为也应公开，其中包括规章制度的公开和具体监管行为的公开等要求。对此，《证券法》第 174 条规定："国务院证券监督管理机构依法制定的规章、规则和监督管理工作制度应当公开。国务院证券监督管理机构依据调查结果，对证券违法行为作出的处罚决定，应当公开。"

公平原则是指证券市场的参与者具有平等的法律地位，并且享有平等的市场机会。这一原则要求，使投资者能够公平地参与市场竞争，公平地面对机会和风险。公平原则要求参与市场的当事人法律地位平等。《证券法》第 4 条规定，证券发行、交易活动的当事人具有平等的法律地位。证券法兼具民商法和行政管理法的内容，在证券管理范畴之外绝大部分为民商事活动之领域。对于监管机构之外的主体而言，证券发行和交易活动是重要的民商事活动，根据民商事制度的基本精神，当事人的权利义务应当平等，任何一方不得随意扩大自己的权利，加重对方的义务。③ 没有平等

① 参见周友苏主编《证券法新论》，法律出版社，2020，第 112 页。
② 参见刘连煜《新证券交易法实例研习》，台北元照出版，2016，第 6 页。
③ 参见周正庆、李飞、桂敏杰主编《新证券法条文解析》，人民法院出版社，2006，第 16 页。

原则，就谈不上公平原则。证券法所要实现和维系的公平侧重于机会公平，即创造公平竞争的市场环境，让适格主体享有准入、获利的机会，并承担相应风险。① 但实践中，各种市场主体在特定法律关系中经常处于不平等的情况中，如中小投资者相对于机构投资者存在明显劣势，这就要求法律法规和执法司法行为更加注重落实实质公平原则，通过形式公平的矫正甚至倾斜保护，来实现证券法律保护投资者的首要宗旨。

公正是指证券的发行与交易等活动应执行统一的规则，适用统一的规范。如果说公平原则侧重于从证券市场具有平等地位的民商事主体而言，那么公正原则主要是针对证券监督管理而言，它要求证券监管机构及其工作人员必须公正，禁止欺诈、操纵以及内幕交易等一切证券违法行为。② 有学者认为，这里的管理者，不仅包括立法者、司法者和政府管理者，还应当包括延伸扩展到自律监管机构乃至证券中介机构行为的公正。③ 为发行人和上市公司等主体提供服务的证券中介机构虽非法定管理者，亦往往不与投资者直接发生法律关系，但是他们属于证券市场的"看门人"（gatekeeper），对广大投资者承担相应的法定义务，其中包括公正处理各种利益冲突，不得以损害中小投资者的利益来谋取自身和直接服务对象的私利。在我国证券市场实践中，还存在一些有违公正原则的地方。如在证券市场发展初期将重点放在了企业融资尤其是为国企解困的功能上，相对忽视了市场的投资功能，对投资者保护不够充分。④

需要指出，在具体贯彻落实公平和公正原则过程中，还应特别重视与竞争中性原则的衔接和协调。根据相关观点，竞争中性原则的要义是，政府采取的所有行动，对国企与其他企业之间的市场竞争的影响都应该是中性的，政府的行为不给任何实际的或潜在的市场参与者尤其是国企带来任何"不当的竞争优势"。⑤ 我国国有经济成分占比较高，资本市场助力与促

① 参见周友苏主编《新证券法论》，法律出版社，2007，第122页。
② 参见徐明、郁忠民主编《证券市场若干法律问题研究》，上海社会科学院出版社，1997，第211页。
③ 参见叶林编著《中国证券法》，中国审计出版社，1999，第70页。
④ 参见叶林《准确把握证券市场特性，推进证券市场法制建设》，《证券法苑》（2015）第十四卷，第49页。
⑤ 参见毛强《竞争中性原则：保护竞争而不保护竞争者》，《学习时报》2018年10月19日，第2版。

进国企改革发展无可厚非，也符合证券法规定的发展社会主义市场经济的立法目标。但凡涉及资本市场事项的，应切实遵守竞争中性原则，严格按照证券法律法规和监管规章规则办理。①惟其如此，重大改革应在法治轨道内进行的依法治国思想以及证券法明定的公平公正原则，方可真正落实。

总之，"三公"原则是我国资本市场有序运行的重要基础之一。证券市场是一个风险集中而高企的市场，只有实行并严格贯彻落实"三公"原则，才能防范和化解各类系统性风险，促进市场健康稳定发展。远期来看，我国资本市场仍将在较长时间内处于新兴加转轨阶段，市场需要承担的目标较多甚至可能存在直接冲突，而在市场经济体制下国有企业和民营企业在不同领域展开直接或者间接竞争也必然成为常态，在证券法的具体制度设计和执法过程中尤其要重视对竞争中性和"三公"原则的遵守，防范和避免出现体制性不公的问题。

三 意思自治与政府适度干预原则

《证券法》第4条规定，证券发行、交易活动的当事人应当遵守自愿原则。所谓自愿原则，亦称意思自治原则，是民法自愿原则在证券法领域的应用与具体化。在《民法通则》基础上，《民法典》第5条规定，民事主体从事民事活动，应当遵循自愿原则，按照自己的意思设立、变更、终止民事法律关系。证券法上意思自治是指证券发行与交易活动的参与人在法律许可的范围内，自主决定为或不为一定行为，任何机构、组织和个人均不得非法干预。关于证券法的地位和性质，历来存在认识分歧，总体上

---

① 2017年中国联通公司在混改中涉及股票非公开发行有关事项的规范适用即引发了较大争议，主要情况简述如下：2017年2月，中国证监会对《上市公司非公开发行股票实施细则》进行修订，其中明确规定上市公司再融资过程中"拟发行的股份数量不得超过本次发行前总股本的20%"。但中国联通2017年8月发布的混改方案载明，公司将向战略投资者非公开发行90.37亿股股份，占发行前公司总股本212亿股的比例为42.63%，远超上述20%的比例限制。中国证监会发表声明称，经与国家发展改革委等部门依法依规履行相应法定程序后，对中国联通混改涉及的非公开发行股票事项作为个案处理，适用2017年2月17日证监会再融资制度修订前的规则。此举引发了市场的高度关注和热议，不少观点认为这种处理方法有破坏市场规则之嫌疑并将产生市场不公。参见皮海洲《中国联通混改"个案处理"破坏市场规则》，新浪财经网，http://finance.sina.com.cn/zl/stock/2017-08-21/zl-ifykcypq2099235.shtml，最后访问时间：2019年12月30日。

可归结为商事法与经济法（或经济行政法）之争。如叶林教授认为，证券法在"民商分立"体系下为商法特别法，在"民商合一"体系下为民事特别法。① 周友苏教授认为，证券法具有商法和经济法的属性。② 我国台湾地区有学者认为，证交法以企业为调整对象，凡以企业为对象之法规均为商事法，且该法中又不乏如各种违法行为之损害赔偿请求权等私法性质之规定，故多数认为证券交易法为商事法。③ 笔者认为，证券法性质之争的源头和焦点主要在于其任意性规范多一点还是强制性规范多一点，意思自治多一点还是政府干预多一点，但证券法具有民商事法律的性质并不被否认。既然如此，意思自治原则自然需要于此适用。需要指出，证券发行和交易活动具有很强的技术性和专业性，在传统民商事领域通过主体单独缔约即可实现的交易，在此可能迥异。如在二级市场交易中，买卖双方根据交易规则实现成交，完全无须知悉交易对手方。正因为如此，证券法对投资者等主体需要提供特别法上的保护，但在证券法律法规无明确规定时，仍需根据公司法及一般民事法来解决具体争议和对受害者提供救济。

与一般民事法律不同，证券法具有较强的政府干预色彩。为平衡意思自治和政府干预，需要确立政府适度干预原则。与境外成熟市场以自我演进为主的发展变迁路径不同，我国资本市场由政府与市场共同推动，坚持"政府自上而下"与"市场自我演进"相结合的发展道路。④ 在市场发展初期自律和法治作用相对有限的情况下，政府干预对于解决市场失灵和实现对中小投资者的保护等方面，尤其不可或缺。但是，证券监管失灵不可避免，尤其是行政决策与市场客观规律出现龃龉时更为明显，这就要求界定政府干预的边界。在资本市场运行发展中政府要素多一点还是市场要素多一点，在不同国家和地区向来都是见仁见智的。鉴于各国资本市场发展程度不同，在不同发展阶段政府监管与市场自治的关系存在差异，特别在发展不够健全的资本市场侧重于政府实质管理，以为投资者提供更好的保障，的确无可厚非。⑤ 就我国资本市场而言，制度安排应当逐步从政府主

① 参见叶林《证券法》，中国人民大学出版社，2013，第28～29页。
② 周友苏主编《证券法新论》，法律出版社，2020，第27～28页。
③ 参见赖源河《证券法规》，台北元照出版社，2014，第21页。
④ 参见中国证监会编《中国资本市场发展报告》，中国金融出版社，2008，第45页。
⑤ 参见刘连煜《新证券交易法实例研习》，台北元照出版，2016，第12页。

导型向加大市场化的方向转变，增强市场约束机制，提高市场透明度。[①]近年来，我国逐步推进的证券公开发行注册制改革正是遵循市场化原则，不断沿着市场主体自治和市场自律的方向推进。就证券法远期的完善方向而言，应以有效激发市场主体活力为核心，制度安排侧重于更多地提供市场主体的活动规则，而不是监管机构的管制规则。就此而言，理想的证券法应该是一部市场运行法，而不是一部市场管制法。[②]

在平衡意思自治与政府干预的关系上，境外相关发展趋势不可不察。如美国强调市场自治，在公开发行、收购等领域主要贯彻信息公开原则，但对于证券商尤其是投资公司的规制，采用实质管理原则。英国早期以公开原则为主，但是 2000 年《金融服务法》以及其证券及投资局颁行之规则，似有愈来愈多实质性管理的趋势。[③] 总体上，在证券发行、上市公司收购等领域，证券立法和执法的长期目标应当定位于逐渐减少政府干预，突出信息披露至上的理念和原则，以信息公开为核心抓手；而对于防止利益冲突的问题如混业经营监管、投资者适当性管理等，仍应坚持实质管理原则。

最后，还需要进一步厘清并界定政府干预与证券监管尤其是行政执法的关系。逐步减少政府干预尤其是事前干预意味着资本市场前端的控制和监管弱化，而留给市场主体意思自治及自律的空间相应拓展，但是在利益驱动下，证券发行人等市场主体可能利用这种制度安排非法图利自己而损害投资者利益。因此，事前监管的逐步放松要求事中和事后监管必须及时跟上，其中尤其要强调证券监管机构的严格执法。就此而言，强调政府适度监管绝非意味着减少证券监管尤其是事中事后的监管执法，反之应当强化证券法律法规的严格执行。

四　诚实信用原则

诚实信用乃民法之帝王条款，为君临民商全法域之基本原则。我国目前采民商合一之立法例，证券法为商事法的重要组成部分，故诚实信用原则在该法领域当然适用，《证券法》第 4 条亦明确规定了上述基本原则。

---

① 参见中国证监会编《中国资本市场发展报告》，中国金融出版社，2008，第 68 页。
② 参见肖钢《证券法的法理与逻辑》，《证券法苑》（2014）第十卷，第 6 页。
③ 参见刘连煜《新证券交易法实例研习》，台北元照出版，2016，第 11 页。

应予指出，在我国资本市场现阶段乃至相当长的时间内，高度重视并贯彻落实诚实信用原则具有非同寻常的意义。我国处于市场经济转轨期，目前市场诚信缺失、信用不足带有相当的普遍性，在特定时间和特定领域内失信行为还可能愈演愈烈。譬如，我国上市公司控股股东、实际控制人与中小股东的利益冲突较为明显。在制度安排上，公司法确立了资本多数决原则以及公司治理模式上的"股东中心主义"，但并未明确上市公司大股东对中小股东负有忠实勤勉义务。① 从实践来看，控制股东利用优势地位非法占用上市公司资金、要求上市公司为自己违规担保、关联交易等显失公平问题频繁发生。发行人在上市后"业绩变脸"和虚假信息披露，"忽悠式"并购重组后公然违反承诺，已经成为我国证券市场的重大风险因素。凡此种种显示，资本市场失信行为花样繁多，对诚实信用原则造成了严重践踏，最终对中小股东的利益造成损害。

综上所述，我国资本市场的诚信建设已经刻不容缓。在立法方面，虽然现有证券法律法规、行政规章及市场业务规则中，对于诚信原则的立法导向不断强化，但相关具体法律制度仍有待完善。更应强调的是，资本市场的诚信建设属于系统和长期工程，需要在证券立法、执法和司法乃至社会治理等方方面面综合协调持续推进，就此而言依然任重道远。

第三节　我国证券立法现状及其主要问题

通过近30年的实践与探索，我国资本市场规范体系逐步形成且日益优化，为资本市场的健康稳定发展提供了重要的基础性条件。尤其是公司法、证券法的制定实施，对于规范证券市场活动，保护投资者权益，促进证券市场的规范发展起到了重要作用。证券法完成新一轮的修订，再次被各界寄予厚望。虽然本次证券法修订幅度不小，且不乏全面注册制这样的重大制度安排，但是受制于各种客观因素，我国现行证券法律法规体系还存在许多难以契合资本市场发展和深化改革需要的问题，远非一次证券法

---

① 《公司法》第20条规定，公司股东应当依法行使股东权利，不得滥用股东权利损害公司或者其他股东的利益；第21条规定，公司的控股股东、实际控制人不得利用其关联关系损害公司利益。普遍认为，从上述规定来看，尚不能认为我国《公司法》确立了控股股东对中小股东的信义义务。

修订就完全可以解决。

一 证券法功能定位依然不尽科学

资本市场又称长期资金市场，是金融市场的重要组成部分，其中证券市场又是资本市场的核心部分。一般而言，运行良好的资本市场应当具有有效满足社会投融资需求、优化资源配置等基本功能。在我国，金融服务体系以银行借贷和间接金融为主，资本市场虽然在国民经济发展中的作用与日俱增和日益受到重视，但是总体而言其功能并未获得较为充分的发挥。以资本市场的融资功能为例，实体经济从资本市场获得的直接融资比例较低。[①] 中国人民银行等部门相关统计数据显示，截至 2019 年末，我国社会融资规模存量（指一定时期末如月末、季末或年末实体经济从金融体系获得的资金余额）为 251.31 万亿元，作为直接融资的组成部分，企业债券和非金融企业境内股票余额分别为 23.47 万亿元、7.36 万亿元，分别占同期社会融资规模存量的 9.34% 和 2.93%，合计仅约为 12.27%。[②] 从我国资本市场直接融资的结构来看，股票市场融资比重低且尚未发挥合理配置资源的功能，债券市场为非金融企业提供的融资规模远远小于为金融机构和政府提供的融资规模。总体而言，资本市场在有效服务实体经济、防控金融风险、服务高质量发展方面存在明显不足。[③]

造成我国证券市场基本功能难以充分发挥的原因固然很多，证券立法的制约是重要因素之一。在此方面，核心体现是证券法行政管制色彩仍然较为浓厚，管制型及强行性规范配置较多。其一是证券发行管制过多过严，发行方式单一。在原有证券发行核准制下，无论首次公开发行还是上市公司发行新股，其发行条件由证券法明确规定，且即使上市公司非公开发行新股，一律需经过证券监管机构的行政核准。加之法律上没有豁免核准安排，公司通过证券市场融资面临较大准入限制。此外，IPO 之外的发

[①] 根据中国人民银行统计口径，我国社会的直接融资包括企业债券融资与非金融企业境内股票融资。

[②] 《社会融资规模存量统计表》，中国人民银行官网，http://www.pbc.gov.cn/diaochatongjisi/resource/cms/2020/01/20200117162039315757.htm，最后访问时间：2020 年 1 月 20 日。

[③] 参见国务院发展研究中心"高质量发展的目标要求和战略重点"课题组《提升我国多层次资本市场的融资功能》，《社会科学报》2019 年 3 月 4 日，第 2 版。

行上市机制基本阙如，市场可以选择的发行上市渠道狭窄。随着注册制改革的逐步推进，上述问题将有望得到缓解。但是，类似小额发行、股权众筹发行豁免制度的阙如，中小企业的证券市场直接融资渠道依然明显狭窄。其二是证券市场主体的主观能动性未能充分发挥。证券市场的市场化程度仍然相对较低，证券监管机构处于核心地位，其政策和行为对市场影响巨大，"政策市"特征明显，市场创新积极性尚待挖掘。① 如 2017 年证监会先后对上市公司再融资和股份减持制度进行了修订，但是新规的推出和实施均引发了不少争议甚至质疑，实施效果并未达到预期而引起不断调整需要，市场的能动性受到较大干预和制约。其三是证券交易所等自律组织的功能和作用有待更好发挥。长期以来，《证券法》一方面使用了"会员制""自律"之类的术语，另一方面又实质性地改变了这些术语的内涵②，使得自律组织市场化的组织和管理功能发挥不够充分。新证券法实施后，证券交易所的审核权得以强化，但是事实上发行上市审核的一体化问题依然明显，交易所的发行上市审核与证监会的注册审核二者之间的有效协调和衔接，仍有待实质夯实证券交易所的独立性。否则，不仅证券发行全面注册制改革受制，证券交易所的自律监管功能亦仍难以得到根本提升。

二 证券法律法规体系不尽完善

各国家和地区的证券法律法规体系主要由证券法、公司法及相关法律、判例法、行政法规（或行政命令）、证券监管规则以及自律规则等构成。在我国，关于证券法律法规体系的界定存在不同认识。③ 本书认为，我国证券市场的法律法规规范体系主要包括法律、行政法规、行政监管规则和司法解释、自律组织业务规则四大层次。就上述证券规范体系而言，当前依然存在的主要问题有以下几个方面。

---

① 参见陆泽峰、李振涛《证券法功能定位演变的国际比较与我国的完善》，《证券法苑》（2011）第五卷，第 42 页。

② 参见方流芳《证券交易所的法律地位——反思"与国际惯例接轨"》，《政法论坛》2007 年第 1 期，第 65、68 页。

③ 参见华东政法大学课题组《证券法的调整范围与立法体例研究》，课题负责人顾功耘，《证券法苑》（2014）第十卷，第 135 页。

（一）高位阶的法律法规较为缺乏

在证券法律法规体系中，全国人大常委会的立法主要包括《公司法》、《证券法》和《证券投资基金法》，其他与证券法关系密切乃至直接规范证券活动及与其相关行为的法律主要包括《信托法》《物权法》《破产法》《刑法》等。相对而言，公司法对资本市场的规范作用更为直接。资本市场诸多的制度安排既需要证券法提供，同样需要公司法等相邻法律的协调衔接，比如股份类别、公司治理等基本规定理应由公司法做出。但是，我国公司法的修订完善也体现出明显落后于实践需要的特点。本轮证券法的修订未能与公司法修订同步进行，相关问题将在新证券法实施过程中逐步显现，后续公司法修订应当充分考虑资本市场改革发展的制度需求。

在我国，行政法规在立法体系中起着承上启下的重要作用。在尚不具备制定行政法规的条件时，国务院及其相关分支机构或组成部门通常以政策文件的形式予以发布，这类文件在不违反法律法规的情况下同样具有拘束效力，并在一定程度上解决了正式规范依据不足的问题。如近年来国务院发布了《关于进一步促进资本市场健康发展的若干意见》（简称新国九条），并陆续颁发了《关于全国中小企业股份转让系统有关问题的决定》《关于开展优先股试点的指导意见》《关于规范发展区域性股权市场的通知》等，批转了证监会等部门关于资本市场的相关规范性文件。尽管如此，证券市场急需的证券违法行为处罚办法、上市公司监管条例、新三板管理条例等重要法规一直没有出台，"较高层次的法律法规较少，严重影响了证券法律法规的有效实施"。① 新证券法实施后，仍需要继续推动资本市场各重要法规的出台，以保证新法得到良好的贯彻落实。

（二）部门规章和规则的制定实施存在瑕疵

根据《证券法》第169条和《立法法》第80条的规定，证券监督管理机构依法制定的规章和规则是我国资本市场法律法规体系的重要组成部分。现行证券监管规章和规则存在的主要问题是立法形式上不够规范，而

---

① 陆泽峰：《中国证券法律体系的缺陷及其完善》，《武汉大学学报》（哲学社会科学版）2007年第1期，第79页。

立法程序的不规范或者缺乏上位法，容易引发市场争议。如 2017 年 5 月 27 日证监会公布"减持新政"即《上市公司股东、董监高减持股份的若干规定》后，有学者认为，减持政策可能存在上位法依据不足的问题。①

此外，证券监管机构落实证券法的授权规定不足的问题也较为明显，主要体现在对于证券法中已明确授权的立法事项，证监会没有履行立法职能或者形式、立法程序不规范。②

（三）证券市场司法解释有待完善

在我国，总体上关于证券法律的司法解释较少，如何完善证券法律的司法解释，充分发挥司法裁判对证券市场的司法监督作用，也是完善证券法律体系所面临的重要课题。笔者认为，针对我国证券市场投资者民事赔偿和救济存在较大障碍问题，当前应尽快修订虚假陈述司法解释，出台内幕交易、操纵市场民事赔偿司法解释，细化证券集体诉讼的操作规则，优化证券民事赔偿案件的立案、审理和执行程序。

三 公司证券法律修订的及时性不足

我国证券法自 1998 年 12 月制定以来，21 年间经历了五次修改。公司法自 1993 年底颁布以来，也仅进行过五次修订。总体来看，公司证券法律修订频率较低，不够及时，而处于转轨时期的资本市场发展较快，证券立法与市场发展之需的矛盾较为明显。在此情形下，证券监管机构往往被迫以规章甚至效力层次更低的规范性文件来应对现实执法需要，但容易陷入效力争议的困境。

反观境外市场，包括证券金融法在内的商事法律频繁修订几乎成为常态。美国联邦证券法律从 1933 年出台到现在，大大小小的修改，包括以一些专门立法进行的制度完善，修改了 40 余次，平均大约每两年修改一次；进入 21 世纪以来，2002 年《公众公司会计改革和投资者保护法案》（Sar-

---

① 参见郑彧《减持新规的愿景与远景：再议监管政策的"情"与"理"》，《证券法苑》（2017）第二十一卷，第 25 页。
② 参见李鹏《我国〈证券法〉授权证券监管机关立法的效力探讨与思考》，中国证监会法律部《证券法制通讯》2014 年第 4 期（总第 212 期）。

banes – Oxley Act），2010 年《多德－弗兰克法案》（Dodd – Frank Act）和 2012 年《JOBS 法案》，均构成对《1933 年证券法》和《1934 年证券交易法》的重大修订。日本在"吸收合并"金融期货交易法、投资顾问业法等相关法律和彻底改造《证券交易法》的基础上，于 2006 年 3 月颁布《金融商品交易法》，此后几乎每年均进行修订，有的年份甚至修订几次。日本金融法制修订之频繁，在全球范围内亦属罕见。我国台湾地区于 1968 年颁布实施"证券交易法"，至今已经历了 26 次修订；作为商法重要基本法的"公司法"同样频繁修正，截至 2018 年 8 月最近一次的大幅修订亦共计修订 26 次。[1] 总体而言，境外资本市场立法及修法紧跟市场发展改革之需，呈现及时更新的特点。

证券法及公司法等相邻法修订频繁根本上是由证券市场的变动不居、高风险等特性所决定的。为更好地满足资本市场风险防范和发展改革的制度需求，后续应当对新证券法具体实施情况及时评估总结并做好相关制度的立改废释。此外，建议继续完善证券授权立法制度，加大对证券监管部门的立法授权。[2]

第四节　新一轮证券法修订实施的重点与难点

一　证券法调整范围的重构及后续实施完善

（一）我国证券法调整范围的立法变迁

1998 年证券法将其调整的证券限于资本证券，将当时我国证券市场具有一定发展经验的股权证券和债权凭证列为主要证券产品，同时为证券市场的发展留有余地，具有一定的科学性。加之公司法等对可转换公司债券等证券产品另有规定，事实上我国证券市场发展初期的证券产品范围获得了逐步拓展。然而，随着证券市场的发展，证券法关于证券范围立法的弊端日渐明显。

---

[1] 我国台湾地区"公司法"的最新修订概况，可参见王文宇《公司法论》，台北元照出版，2018，第 81 页以下。

[2] 我国证券法对于证券授权立法层次过高，重要授权事项都是对国务院的授权。

2005 年证券法的修订对于证券的定义做了一定的拓展，修改后的证券法扩大了列举的证券范围，将政府债券、证券投资基金、证券衍生品等新增种类纳入了调整范围。尽管如此，囿于彼时修法理念、金融产品性质的认定和监管职责分工等因素，该次修法并未对此前的证券定义和范围进行大幅修订，其证券定义不仅与境外成熟市场相应立法相去甚远，而且仍远远落后于我国证券市场的发展实践。

事实上，自 2005 年证券法修订后的证券市场实践显示，采用列举方式并将证券范围主要限于股票、公司债券的规定，不仅无法满足证券市场创新发展的需要，而且不利于打击非法证券活动。因此，尽管证券法调整范围的修订可能涉及金融监管分工协调等诸多实际问题，但仍有必要尽快扩大证券范围，将实践中出现的各证券品种纳入证券法的调整。

（二）新一轮证券法修订对证券范围的调整及后续实施

2005 年证券法修订实施后，我国金融市场上发行与交易的证券已经远远大于证券法明确列举的范围。有学者就此指出，我国证券市场大量金融工具"溢出"证券法的适用范围，即"现身于资本市场却游离于证券法调整机制之外"。① 尽管对于证券法调整的证券范围应当适当修订成为大多数人的共识，但是对于如何修改则一直存在不同认识，这从新一轮证券法修订历次修订草案及最终通过的修订稿相关规定多次变化中可窥见一斑（见表 5 - 1）。②

表 5 - 1　新一轮证券法修订中证券范围规定的演变

修订版本	立法模式	列举的证券种类
修订草案一审稿	一般条款 + 明确列举模式	普通股、优先股等股票，公司债券、企业债券、可转换为股票的公司债券等债券，股票、债券的存托凭证，国务院依法认定的其他证券，资产支持证券等受益凭证，权证，政府债券，证券投资基金份额

---

① 参见陈甦、陈洁《证券法的功效分析与重构思路》，《环球法律评论》2012 年第 5 期，第 11 页。

② 需要指出，2015 年 4 月 20 日全国人大常委会对证券法修订草案一审后至 2017 年 4 月 24 日二审后并未公布审议稿，学术界通常以民间流传的证券法（修订草案）为研究蓝本。本文援引证券法修订草案一审稿和二审稿文本均为中国金融服务法治网刊登之《证券法（修订草案）》。

续表

修订版本	立法模式	列举的证券种类
修订草案二审稿	列举模式	股票、公司债券、国务院依法认定的其他证券、政府债券、证券投资基金份额、证券衍生品种
修订草案三审稿	列举模式	股票、公司债券、存托凭证、国务院依法认定的其他证券、政府债券、证券投资基金份额、证券衍生品种
正式修订稿	列举模式	股票、公司债券、存托凭证、国务院依法认定的其他证券、政府债券、证券投资基金份额、资产支持证券、资产管理产品

综上，2015 年 4 月一审的证券法修订草案采用了"定义 + 列举"的方式界定证券范围①，极大地拓展了证券法的调整范围，能够较好地避免原有法律的真空地带，尤其将投资性合同引入有利于解决长期以来实质意义上金融商品"溢出"证券法及其他法律法规调整范围的问题。遗憾的是，二审（2017 年 4 月）和三审（2019 年 4 月）的修订草案均放弃了对证券做出一般定义的安排，而二审稿则完全恢复到原证券法的规定。三审稿因为 2018 年开始国内开展创新企业境内发行上市工作，存托凭证被国务院认定为一种新型证券，因而将存托凭证列明为法定证券。在四审阶段，鉴于资产支持证券、资产管理产品等具有证券属性的金融产品实践中由不同部门监管，监管标准和监管规则不完全统一，按照功能监管的原则，授权国务院进行立法。②

将资产支持证券和资产管理产品明确纳入管辖范围，被学界和实务界普遍认为系新证券法的亮点之一。本书完全赞同将各类常见的具有证券属性的金融产品纳入证券法调整范围的观点和立法。从金融市场来看，债券、资产支持证券和资管产品是最为典型的具有证券属性但长期由不同监管部门"分而治之"的金融产品。近年来，我国一直致力于推进金融领域的协调监管。例如，2018 年 4 月中国人民银行联合银保监会、证监会及国家外汇管理局联合发布《关于规范金融机构资产管理业务的指导意见》

---

① 一般条款规定内容为：证券是指代表特定的财产权益，可均分且可转让或者交易的凭证或者投资性合同。

② 参见全国人民代表大会宪法和法律委员会《关于〈中华人民共和国证券法（修订草案）〉审议结果的报告》，2019 年 12 月 23 日。

（俗称"资管新规"），明确要按照资管产品的类型制定统一的监管标准，对同类资管业务做出一致性规定，实行公平的市场准入和监管，最大限度地消除监管套利空间。应当说，金融领域的类似行动，为资管产品和资产支持证券最后时刻纳入新证券法管辖范围奠定了重要基础，但是后续需由国务院根据证券法基本原则对这两类业务做出专门规定。

本书认为，在我国继续维持金融分业监管体系而难以实现单一机构的功能监管背景下[①]，欲通过证券法实现各类具有"证券"属性的金融产品的"大一统"，还面临很大的现实制约。就此而言，新证券法逐步扩大证券范围的做法值得赞成，而后续实施中最关键的问题是在何种程度上实现资产支持证券和资管产品在国务院层面的统一立法。从境外集合投资产品的立法与监管来看，存在美国式功能性分业监管和英国、日本及韩国的统一监管模式之分。[②] 而即使在美国这类强调功能监管的国家，对于集合投资计划的监管亦未实现完全的单一机构集中监管。鉴于我国资管产品和资产支持证券的发展与监管现状，建议在证券法统一要求下，以强制信息披露和反欺诈作为保护投资者的主要手段，实现两类业务在监管标准上的相对统一。[③] 比如，统一界定资产管理业务中投资者与资产管理人的法律关系，明确受托人的信义义务与责任，实现统一的投资者适当性管理制度等。

二 证券发行全面注册制的立法及其分步实施

自党的十八大以来，党中央和国务院的历次重要会议和政策文件均明确提出我国证券市场注册制改革的相关要求，本轮证券法修订的重要初衷

[①] 新《证券法》第6条规定：证券业和银行业、信托业、保险业实行分业经营、分业管理，证券公司与银行、信托、保险业务机构分别设立。国家另有规定的除外。《商业银行法》第43条规定：商业银行在中华人民共和国境内不得从事信托投资和证券经营业务，不得向非自用不动产投资或者向非银行金融机构和企业投资，但国家另有规定的除外。《保险法》第8条规定：保险业和银行业、证券业、信托业实行分业经营、分业管理，保险公司与银行、证券、信托业务机构分别设立。国家另有规定的除外。综上，我国法律仍将金融分业经营和分业管理明确规定为一般原则。

[②] 参见肖百灵《中国金融机构集合投资产品及监管体制研究》，深圳证券交易所综合研究所研究报告，2012年8月25日深证综字第0189号。

[③] 参见彭冰《〈证券法〉修改的"得与失"》，载"北京大学金融法研究中心"微信公众号，2019年12月31日访问。

在于满足以注册制为方向的证券发行体制改革的制度需求。但是，关于注册制改革的具体实施方案素来存在不同意见，体现在证券法修订草案中相关规定历经多次反复。一审稿采用一步到位的激进改革态度进行股票发行注册制的制度设计，而经过 2015 年股市异常波动之后的二审稿彻底逆转了一审稿的修订方向，仅对注册制改革做衔接性规定，明确国务院按照全国人大常委会关于注册制改革授权决定的要求，逐步推进股票发行制度改革。三审稿则吸收了科创板注册制试点的主要制度安排，在草案中明确采取证券公开发行"双轨制"，在保留核准制的前提下对科创板注册制做出特别规定。但是，这种将注册制限于科创板适用的方案在实务界和学界引发了较大争议。① 在证券法修订草案第三次审议之后，科创板注册制试点工作得以顺利平稳地开展，为注册制的推广奠定了基础，同时新三板和创业板的注册制改革也被提上议事日程。② 在此背景下，四审稿和新证券法按照全面推行注册制的基本定位，对证券发行制度做了系统的修改完善。

尽管新证券法按照全面注册制的精神和主线进行证券发行及配套制度的安排，但是并不意味着我国证券发行注册制的落地实施可以一步到位。事实上，在证券市场发展尚不成熟的情况下，注册制的全面实施既需要配套制度环境和条件的进一步调整和成熟，亦需要相应的实践经验积累。从境外来看，作为注册制改革分步到位的典型，我国台湾地区在 1988 年开始引入注册制时即兼采核准制和注册制的证券发行审核体制，二者并行直到 2006 年才过渡到全面注册制。③ 我国证券发行注册制试点自 2019 年科创板设立开始，目前仍处于试点阶段。正是认识到注册制改革是一个循序渐进的过程，新《证券法》第 9 条授权国务院对证券发行注册制的具体范围、实施步骤进行规定，为不同证券上市挂牌板块和不同证券品种分步实施注册制奠定法律依据。2020 年 2 月 29 日，《国务院办公厅关于贯彻实施修订

① 比如全国股转系统公司对证券法修订草案三审稿提出建议：明确新三板市场公开发行亦可适用注册制，更好地服务中小微企业和民营企业融资。

② 《中共中央、国务院关于支持深圳建设中国特色社会主义先行示范区的意见》明确提出，要创造条件推动创业板注册制改革。

③ 体现在 2006 年修订之前，"证券交易法"第 17 条规定：公司依本法公开募集及发行有价证券时，应该先向主管机关申请核准或申报生效；第 22 条规定：有价证券之募集与发行，除政府债券或经财政部门核定之其他有价证券外，非经主管机关核准或向主管机关申报生效后，不得为之。

后的证券法有关工作的通知》（以下简称《国务院通知》）再次明确了分步实施股票公开发行注册制改革的政策和制度衔接要求。①

总体而言，证券发行注册制的分步实施涉及证券市场板块和证券品种，从而与我国金融监管体系密切相关：（1）在证券上市挂牌板块方面，我国证券发行注册制试点于 2019 年从科创板开始，科创板注册制试点相关制度体系已经相对完整，将继续担当注册制试验田和领头羊的作用。在创业板注册制改革方面，2020 年 4 月 27 日，中央全面深化改革委员会第十三次会议审议通过《创业板改革并试点注册制总体实施方案》；8 月 24 日，注册制下的首批 18 家公司登陆创业板，标志着创业板注册制改革落地。与科创板不同的是，创业板试点注册制需要兼顾增量与存量两个维度。根据资本市场深化改革的安排，后续将在总结评估科创板和创业板试点经验的基础上，做好全市场注册制改革的准备，最终分阶段稳步实现注册制改革目标。（2）对于公司债券外的证券品种分步实施注册制，由于相关证券品种由不同机构分别监管，其公开发行注册制的具体安排相对复杂。根据《国务院通知》规定，新证券法实施后股票和公司债券的公开发行率先实施注册制。而根据《证券法》第 9 条、第 16 条规定，《国务院通知》明确了公司债券法定注册机关为国家发展改革委和证监会。据此，股票及存托凭证公开发行的注册制由证监会负责注册，公司债券公开发行分别由证监会和国家发展改革委负责注册。② 对于资产支持证券和资管产品暂无明确规定，参照公司债券公开发行注册制的实施理念，后续可能视其具体分类及监管现状，分别由银保监会和证监会负责资产支持证券和资管产品份额公开发行的注册事宜。

三　多层次资本市场法律法规体系的持续完善

为健全资本市场的基本功能，自 2003 年起党中央和国务院明确了建立

---

① 在新旧制度衔接上，《国务院通知》第 2 条规定：在证券交易所有关板块和国务院批准的其他全国性证券交易场所的股票公开发行实行注册制前，继续实行核准制，适用本次证券法修订前股票发行核准制度的规定。

② 需要指出，国家发展改革委 2020 年 3 月 1 日发布的《关于企业债券发行实施注册制有关事项的通知》（发改财金〔2020〕298 号）明确的是对企业债券发行实施注册制。事实上，目前国家发展改革委主要根据《企业债券管理条例》（国务院令第 121 号）对企业债券的发行行使监管权。

和健全多层次资本市场体系的战略任务。经过十余年的探索和实践，我国多层次资本市场体系已于近年初具雏形。随着科创板的开设，场内市场体系建设更进一步。但是，当前我国多层次资本市场体系仍难言健全，这不仅体现在市场层次不够完善，也体现在场内和场外发展明显失衡①，还体现在各市场层次之间的互联互通机制依然阙如。

早在 2014 年 5 月 9 日国务院新国九条明确了建立多层次资本市场的近期目标：到 2020 年，基本形成结构合理、功能完善、规范透明、稳健高效、开放包容的多层次资本市场体系。在本次证券法修订过程中，我国多层次资本市场体系的层次和框架逐渐形成。在此情形下，新《证券法》第七章规定我国证券交易场所包括证券交易所、国务院批准的其他全国性证券交易场所和按照国务院规定设立的区域性股权市场三个层次，同时规定全国性的证券交易场所可以设立不同的市场层次。据此，新证券法确立了现阶段我国多层次资本市场体系各个市场层次的法律地位，为进一步建立健全多层次资本市场体系奠定了法律基础，但是相关制度仍有待进一步完善。

（一）证券交易所之外的交易场所的法律供给仍需完善

尽管新证券法将证券交易所之外的国务院批准的其他全国性证券交易场所和按照国务院规定设立的区域性股权市场纳入调整范围，但是从具体规定来看，证券法关于证券交易场所的主要规定仍围绕证券交易所展开。对于后面两类交易场所仅做原则性规定，或授权国务院制定具体管理办法。这种安排的实际考虑在于，交易所以外的证券交易场所设立时间均较短，相关制度安排仍处于探索阶段，现阶段全面写入证券法的基础并不牢实。② 然而，现行立法仍存在如下问题。

---

① 总体而言，场内市场体系及其法律制度相对完善，场外市场体系及其法律制度则明显落后，二者的法律制度存在严重失衡。参见中央财经大学课题组《多层次资本市场及证券交易场所法律制度完善研究》，课题组负责人郭锋，《证券法苑》（2014）第十卷，第 293 ~ 294 页。

② 2013 年 12 月 13 日，《国务院关于全国中小企业股份转让系统有关问题的决定》（国发〔2013〕49 号）正式确立了新三板全国性证券交易场所的法律地位，并就新三板的主要制度做出了规定。2017 年 1 月 26 日，国务院办公厅发布了《关于规范发展区域性股权市场的通知》（国办发〔2017〕11 号），对规范发展区域性股权市场做出了全面规定，并规定证监会负责制定统一的区域性股权市场业务及监管规则。证监会据此规定，于 2017 年 5 月发布了《区域性股权市场监督管理试行办法》。

其一，新三板市场的法律法规体系需要进一步完善。新三板市场是我国多层次资本市场体系不可或缺的组成部分，根据新证券法的规定与证券交易所具有同等法律地位。① 但是在具体制度设计上，证券法诸多制度如证券发行交易制度、信息披露制度、投资者保护制度等并未将新三板充分涵摄。为此，建议未来在证券法规定和《国务院关于全国中小企业股份转让系统有关问题的决定》的基础上，进一步区分新三板与证券交易所的共性和差异，推动制定新三板条例，以为新三板市场的深化改革进一步夯实法律法规基础。

其二，现行立法对证券场外市场的列举不完整。证券法修订草案一审稿将证券交易场所划分为证券交易所、国务院批准的其他证券交易场所、证券监管机构批准的证券交易场所以及组织股权等财产权益交易的其他交易场所四个层次，但这一规定自二审稿开始即修改为三层次，"证券监管机构批准的证券交易场所"的规定随之被取消。证券法修订中的上述变化，与我国近年来互联网金融的清理整顿背景密切相关，体现了立法机关对股权众筹融资等互联网金融创新的回避甚至否定态度。但实际上，我国证券市场存续多时的证券公司柜台系统、机构间私募报价系统等场外市场与区域性股权市场一样，具有非公开和私募的共同属性。由于新证券法对其规定的阙如，上述私募市场的发展依然"于法无据"。此外，银行间债券市场也是我国重要的债券发行与交易市场，但是证券法关于该市场的定位及法律适用依然模糊不清。②

（二）证券市场的转板机制有待完善

在多层次资本市场体系中，企业在不同市场层次之间的有序流动是市场健康发展的重要基础。因此，在境外成熟市场，转板机制和退市制度是证券市场发展到一定程度的必然制度安排。退市制度主要解决"出口端"的问题，即场内上市公司向场外退出的问题，属于广义的转板机制的一部

---

①　主要体现在新《证券法》第96条和第97条的规定中。
②　根据前述《国务院通知》精神，银行间债券市场金融债券、非金融企业债务融资工具等品种的发行交易等事项，由中国人民银行及其指定的自律组织机构中国银行间市场交易商协会依照《中国人民银行法》等制定的有关规定管理。换言之，银行间债券市场不属于证券法规定的证券交易场所。

分；典型的转板机制则成为证券市场不同市场层次之间或者单一市场内部不同板块之间的连通机制。在我国证券市场实践中，除重新上市制度外目前场外公司只能通过 IPO 方式转为场内交易。因此，狭义及典型的场外挂牌转场内上市的具体转板机制仍然付诸阙如。

我国关于证券市场转板的规定均较为原则，且以政策性文件为主。其中，《国务院关于全国中小企业股份转让系统有关问题的决定》第二条"建立不同层次市场间的有机联系"中规定了新三板挂牌公司向证券交易所转板上市以及区域性股权市场挂牌公司向新三板的转板。① 国家"十三五"规划纲要中提出，建立健全转板机制和退出机制。2015 年中国证监会《关于进一步推进全国中小企业股份转让系统发展的若干意见》提出，着眼建立多层次资本市场的有机联系，研究推出全国股转系统挂牌公司向创业板转板的试点，建立全国股转系统与区域性股权市场的合作对接机制。② 事实上，近年来我国证券市场顶层设计对转板上市机制高度重视，但是一直处于研究论证阶段。

2019 年 10 月，中国证监会在启动全面深化新三板改革中明确提出：建立挂牌公司转板上市机制，在精选层挂牌一定期限，且符合交易所上市条件和相关规定的企业，可以直接转板上市，充分发挥新三板市场承上启下的作用，实现多层次资本市场互联互通。2020 年 3 月 6 日，中国证监会就《关于全国中小企业股份转让系统挂牌公司转板上市的指导意见》公开征求意见，其中明确了新三板挂牌公司向交易所转板上市试点的主要制度安排，如试点期间符合条件的挂牌公司可申请转板到科创板或创业板上市，申请人应当为在新三板精选层连续挂牌一年以上的公司等。随着新三板市场深化改革的推进，我国证券市场真正意义上的转板上市制度安排和实践有望很快落地。

需要指出，新《证券法》第 97 条规定交易所和新三板可以设立不同的市场层次，从而为这两类市场实施内部分层提供了法律依据。从成熟市

---

① 具体内容为：在全国股份转让系统挂牌的公司，达到股票上市条件的，可以直接向证券交易所申请上市交易；在符合国发〔2011〕38 号文要求的区域性股权转让市场进行股权非公开转让的公司，符合挂牌条件的，可以申请在全国股份转让系统挂牌公开转让股份。

② 该文件在 2020 年 2 月被废止，原因是证券期货市场实际情况发生变化，已不能完全适应现实需要，或者不适应资本市场全面深化改革的需要。

场的转板上市实践来看，不仅包括从场外市场（OTC）向场内市场的转板上市，交易所市场的内部分层以及不同市场层次之间的转板同样重要。① 就此而言，我国资本市场完整的转板上市机制亦应包括上述两方面的内容。为此，后续在新三板市场改革试点基础上，还需要及时总结经验，推进完善我国公开交易证券市场内部层次之间以及不同市场之间的互联互通机制。

四 证券市场投资者保护法律制度的完善与实施

不断改善我国资本市场投资者保护现状，切实提升投资者尤其是中小投资者保护的水平以贯彻落实证券法的核心宗旨，系证券法修订和实施过程中不变之指南和重要任务。证券发行全面注册制的安排与实施，客观上更需要配套完善投资者保护的制度体系并强化其实施与执行。在新一轮证券法修订中，除持续完善信息披露和法律责任相关制度外，历次审议稿均采用了专章规定投资者保护制度的立法模式。

（一）投资者保护立法模式之确立

长期以来，我国资本市场投资者保护制度体系一个较为明显的问题在于，缺少以投资者保护为直接内容的"直接的投资者保护制度"，且在作为证券市场基本法的证券法中未能得到充分体现，保护制度多散见于行政法规、部门规章以及自律规则之中，相应层级和效力较低。② 因此，完善投资者保护制度，应当着力于提升相关制度的效力层级，尤其需要突出证券法的"中枢"地位和作用。在此过程中，首先应当明确投资者保护制度的立法模式。

当前全球各金融市场投资者保护制度的立法模式主要包括三种类型，即投资者保护条款散见于立法的分散模式，在证券基本立法中单独设置投资者保护专章的集中模式，以及制定专门的投资者保护法的单行模式。总

---

① 参见钟洪明《多层次资本市场改革视域下证券法制重构论纲》，中国法制出版社，2017，第179页。

② 参见武汉大学课题组《投资者保护法律制度完善研究》，课题组负责人冯果，《证券法苑》（2014）第十卷，第394页。

体而言，上述三种立法模式的选择根源于特定国家地区的法律体制、金融市场发育情况以及政治、舆论的考量。① 如制定单行投资者保护法是一种相对成熟和发达的模式，需建立在市场较为成熟且相关制度相对完善的前提之下，故全球范围内仅美国、德国和我国台湾地区等少数市场采用。1998 年证券法制定以来，我国采取的证券投资者保护立法模式本质上属于第一类，其不足之处已如前述，在立法上迫切需要对其"改造升级"。但就我国证券市场发展和法制状况而言，采取单行模式的投资者保护制度恐将过于超前而难以保证良好的实施效果，最终新证券法采用了专章规定投资者保护具体内容的做法。有学者对此立法体例持保留意见。② 本书认为，综合考虑我国资本市场的发展现状以及全面实施注册制的需要，在证券法中专章集中规定投资者保护的立法模式不失为当前客观条件下的较优选择。同时，笔者亦赞同证券法和公司法应分别和协同完善相关投资者保护机制，此为后续公司法修订和新证券法实施过程中应特别关注和解决的问题。

（二）投资者保护专章具体制度的实施与完善

新证券法深度提炼"本土资源"，在总结我国证券市场发展实际经验的基础上，在"投资者保护"专章中规定了投资者适当性制度、征集表决权制度、现金分红制度、公司债券持有人会议机制和债券受托管理人制度、证券侵权先行赔付制度以及证券代表人诉讼制度等具体内容，旨在多管齐下进一步完善投资者保护体系。以下主要就其中备受关注和争议的相关具体制度分述如下。

1. 投资者适当性管理制度

在本次证券法修订之前，国务院办公厅《关于进一步加强资本市场中小投资者合法权益保护工作的意见》（以下简称国办 110 号文）明确提出

---

① 参见袁康《〈证券法〉修改背景下我国投资者保护制度的立法模式选择》，《证券法苑》（2013）第九卷，第 302～305 页。

② 如叶林教授认为，在立法观念上证券法确应加强投资者保护，但在立法技术上证券法专章规定"投资者保护"却未必合理。如果再将与投资者保护有关的、其他法律难以规定的内容写到"投资者保护"专章，还将使得该专章内容凌乱，甚至与其他章节规定产生冲突，反倒减损了专章规定"投资者保护"的价值。参见叶林《〈证券法〉专章规定"投资者保护"的得失》，《金融时报》2019 年 7 月 29 日。

要健全投资者适当性制度，严格落实投资者适当性制度并强化监管。实践中，在科创板、创业板、新三板、融资融券等市场、业务、产品领域逐步建立了投资者适当性制度，中国证监会亦于 2016 年 12 月 16 日发布了《证券期货投资者适当性管理办法》。但是，在法律层面一直缺乏投资者适当性制度的具体规定。证券法修订对此做出了回应，明确证券经营机构对于普通投资者负有了解客户、充分揭示风险、销售匹配产品三项义务，同时规定义务人违反行为的法律责任。需要指出，新证券法关于投资者适当性管理制度中的卖方规定为证券公司，但实际上银行理财产品、信托计划、保险资管业务中同样存在相应的投资者适当性管理制度。根据新证券法的授权规定，资管产品纳入证券法调整范围。据此，在后续资管产品的立法完善过程中，应按照证券法的原则统一规定各类资管产品卖方的投资者适当性管理义务。同时，在分业监管格局下，不同监管部门可以根据证券法和国务院的统一规定，针对不同产品相应完善具体的投资者适当性管理制度。

2. 债券持有人会议和受托管理人机制

有学者认为，本次证券法修订的亮点之一是构建公司债券制度的基础框架及债券持有人权利保护制度，从而改变了证券法主要是股票法的属性。[1] 从境外来看，债券持有人会议与受托管理人制度，是成熟市场较为常见的债券投资人保护机制。我国公司债券发展过程中对债券持有人会议与受托管理人制度亦进行了积极探索和实践，其中证监会于 2015 年修订的《公司债券发行与交易管理办法》对于此制度进行了较为系统的规定。在此基础上，新《证券法》第 92 条就公开发行公司债券应设立持有人会议和受托管理人及主要安排进行了基本规定，首次在法律层面确立了上述两项债权人保护机制。需要看到，实践中在我国证券市场近年的债券违约处置过程中，上述两类机制的不足屡遭诟病。比如有观点认为，我国公司债券持有人会议经常流于形式；规定由承销机构担任受托管理人，但是主承销商与发行人的利益关系更为密切，因而容易导致承销机构与债券持有人存在潜在的利益冲突。[2] 另有观点指出，公司债券持有人组织性保护制度

---

[1] 参见叶林《开创公司债券持有人权利保护的新型模式》，《上海证券报》2020 年 3 月 16 日。

[2] 参见秦龙、彭兴韵《完善债券市场投资者保护机制刻不容缓》，《上海证券报》2016 年 7 月 5 日。

存在亟须解决的内生性冲突：其核心理应为债券持有人会议，但是在具体制度设计中对于债券持有人会议却缺乏相应的规则，导致在制度实际运行过程中主次混乱，效率低下。① 本书同意我国公司债券持有人保护机制应予进一步完善的观点。就此而言，新证券法仅仅对债券持有人会议与受托管理人制度进行了原则规定，后续需要继续研究解决其在实际运行过程中存在的主要问题，才可能真正实现其保护债券持有人权利的功能。

3. 先行赔付制度

国办 110 号文第 6 条规定督促违规或者涉案当事人主动赔偿投资者，为我国证券市场先行赔付制度奠定了直接政策依据。② 实践中，在"万福生科""海联讯""欣泰电气"等公司欺诈上市或虚假陈述案例中，均采取了由保荐机构或控制股东出资设立补偿基金完成对投资者的先行赔付。但是，由于法律法规层面对于先行赔付缺乏统一具体的规则，实践中出现了不少争议，焦点在于先行赔付的主体范围界定和各连带责任主体之间内部责任的划分。尽管如此，先行赔付确属我国证券市场投资者保护的"本土经验"，并已经被证明能够高效解决投资者赔偿救济问题，新证券法对其做出明确规定有利于确认其法律地位。当然，新证券法关于先行赔付的规定仍较为原则，在其实施过程中仍存在需要进一步明确的若干问题，如先行赔付的适用范围、性质、激励③，先行赔付主体追偿权的实现以及先行赔付与诉调机制的衔接协调等。上述问题直接涉及证券监管与司法裁判，后续尤其需要监管机构和司法机关协调解决。

4. 证券代表人诉讼制度

在投资者事后救济机制方面，民事诉讼的作用至关重要。证券市场虚假陈述等民事赔偿诉讼的常见特点是受害投资者人数众多而分散，单独提

---

① 参见汪文渊《公司债券持有人组织性保护制度的理念更新与法律变革——基于制度融合的视角》，《证券法苑》（2016）第十七卷，第 321～322 页。

② 具体内容为：对上市公司违法行为负有责任的控股股东及实际控制人，应当主动、依法将其持有的公司股权及其他资产用于赔偿中小投资者。招股说明书虚假记载、误导性陈述或者重大遗漏致使投资者遭受损失的，责任主体须依法赔偿投资者，中介机构也应当承担相应责任。

③ 相关讨论可参见肖宇、黄辉《证券市场先行赔付：法理辨析与制度构建》，《法学》2019年第 8 期；陈洁《证券市场先期赔付制度的引入及适用》，《法律适用》2015 年第 8 期。

起诉讼存在证明责任和诉讼成本等多重问题。最高人民法院 2003 年《关于审理证券市场因虚假陈述引发的民事赔偿案件的若干规定》采用了因果关系推定的方式部分解决了实体法上的举证责任问题，2015 年立案登记制的实施亦有利于缓解前置程序的问题①，但是证券诉讼方式的问题始终未得到很好解决。最高人民法院上述虚假陈述司法解释规定民事赔偿诉讼只能采用单独或者共同诉讼，不能采用人数不确定的代表人诉讼。总体上，由于现行法律与司法解释对代表人诉讼限制重重，削弱了诉讼代表人的权利，影响了代表人诉讼的效率。② 随着证券发行注册制改革的推进，亦迫切需要探索建立与之相适应的证券民事诉讼制度。在此背景下，新《证券法》第 95 条明确规定证券民事赔偿诉讼可以采用人数不确定的代表人诉讼。③ 新证券法集体诉讼制度被称为"中国版证券集团诉讼"，并被各界一致寄予厚望。2020 年 7 月 31 日，最高人民法院发布《最高人民法院关于证券代表人诉讼若干问题的规定》，旨在进一步完善证券集体诉讼制度。在肯定证券代表人诉讼制度立法进步的同时也需要指出，其实施仍存在需要进一步思考和解决的问题：该制度并非独创或首创，更确切地说属于《民事诉讼法》代表人诉讼的具体运用，而人数不确定的代表人诉讼机制的启动依赖于法院发出公告，但法院并无实施上述行为的法定义务，因此法院启动代表人诉讼的意愿至关重要。但从包括证券市场在内的既往诉讼实践来看，人数不确定的代表人诉讼实属罕见，其间原因及未来

① 2015 年 4 月 15 日最高人民法院《立案登记制改革意见》指出：与本案有直接利害关系的公民、法人和其他组织提起的民事诉讼，有明确的被告、具体的诉讼请求和事实依据，属于人民法院主管和受诉人民法院管辖的，应当立案；对符合法律规定的起诉、申请，一律接收诉状，当场登记立案。对当场不能判定是否符合法律规定的，应当在法律规定的期限内决定是否立案。2015 年 12 月 24 日《最高人民法院关于当前商事审判工作中的若干具体问题》指出：根据立案登记司法解释规定，因虚假陈述、内幕交易和市场操纵行为引发的民事赔偿案件，立案受理时不再以监管部门的行政处罚和生效的刑事判决认定为前置条件。
② 参见武汉大学课题组《投资者保护法律制度完善研究》，课题组负责人冯果，《证券法苑》（2014）第十卷，第 426 页。
③ 普遍认为，新证券法代表人诉讼的基本规定脱胎于《民事诉讼法》（2017 修正）第 54 条的规定，并借鉴了美国证券集团诉讼默示加入、明示退出的制度安排，同时根据我国证券市场的情况进行了相应创新，比如由投资者保护机构代替律师来主导诉讼。事实上，最高人民法院 2019 年 11 月印发的《全国法院民商事审判工作会议纪要》在第 80 条证券纠纷案件的审理方式中提出，有条件的地方人民法院可以选择个案以《民事诉讼法》第 54 条规定的代表人诉讼方式进行审理，即属于人数不确定的代表人诉讼。

如何应对值得深思。此外，新证券法下投资者保护机构作为诉讼代表人可能带来的角色冲突和相关具体操作规则等问题，亦需要逐步明确。

五　证券法律责任制度的完善与实施

资本市场是名副其实的"名利场"，其间违法违规行为屡有发生，甚至不时出现社会影响甚巨的大案要案。总体上，资本市场的违法违规行为构成对法律法规的践踏，损害市场交易秩序，破坏市场的稳定与健康发展，并对投资者的合法权益造成直接损害。为此，需要包括证券法在内的法律法规明确对违法行为人施以相应的法律责任。

从法律责任的性质来看，证券法律责任可分为刑事法律责任、行政法律责任和民事赔偿责任三大方面。三种责任各有特点，共同发挥吓阻违法的预防性功能，民事责任则兼具损害填补的作用。同时，不同责任制度存在不同的缺陷和问题：民事责任的实现存在较多体制性约束，投资者通过民事诉讼救济权利存在诸多困难；在刑事方面，刑事法规定的证券犯罪类型较为缺乏，司法裁判中对于虚假陈述、内幕交易、操纵市场等常见违法行为追究刑事责任存在较大认定难度。有学者认为，证券刑事责任和民事责任具有"他法责任"的属性，而证券行政责任是证券法上第一位的责任形式，是名副其实的本法责任，且其责任实现的途径相对简单。[①] 实践中，我国对于证券市场违法违规行为亦主要依靠行政监管机构采取监管措施和行政处罚加以惩治。

在本次修法之前，我国证券法及刑法规定的证券违法行为处罚力度均被诟病。如原《证券法》规定的欺诈发行、虚假陈述等违法行为的最高罚款仅为 60 万元，而《刑法》第 160 条规定的欺诈发行刑事处罚最高刑期仅为 5 年，最高罚金为非法募集资金金额的 5%。因此，尽管我国证券执法不断强化，但是即使对违法违规行为人从重"顶格处罚"仍难以产生实质威慑力。2019 年"两康"（康得新和康美药业）公司财务事件的爆发及其处理，再次激起各界对资本市场违法成本过低问题的热议和反思。在科

---

① 参见周友苏、蓝冰《证券行政责任重述与完善》，《清华法学》2010 年第 3 期，第 65、67 页。

创板注册制试点过程中，相关制度设计充分贯彻提高违法违规成本的理念，但是由于上位法的制约难以实质改善和突破。

在本轮证券法修订中，对于加大对证券市场违法行为的惩罚始终高度重视，直到修订草案第四次审议时仍对惩戒力度实施"加码"，并最终获得立法机关的审议通过。① 此外，新证券法相应完善了民事赔偿责任的一系列规定。总体而言，新证券法显著提高证券违法成本，将更有利于对证券违法行为的事前遏制及事后追责，亦有利于更好地实现全面注册制下"宽进严管"的证券监管转型和投资者保护的制度需求。然而，提升资本市场违法违规成本实为"系统工程"，既需要行政处罚、刑事追责和民事赔偿制度的协调完善，还需要证券立法、执法以及司法之间有机衔接发挥合力。

（一）完善证券法律责任的配套立法和法律法规体系

在明确证券市场行为主体的法律义务和责任方面，证券法与公司法、刑法诸多规定紧密相关。为更好地发挥遏制与惩处市场违法违规行为的协同效应，在证券法修改业已完成的情况下，还需要推动公司法、刑法等相邻法律的协同修订与实施。公司法在完善公司治理制度体系中，尤其要确认控股股东对公司和其他股东负有诚信义务，明确控股股东的赔偿责任范围和责任追究机制。② 对刑法而言，其对证券犯罪行为的罚金多以原证券法为参照，在证券法大幅提高行政处罚力度的情形下，要求刑法尽快修订以实现两法之间的衔接协调。此外，我国刑法中一直缺乏对组织、指使发行人实施证券欺诈发行等违法行为的控股股东、实际控制人刑事法律责任的规定③，对此亦应一并予以完善。

---

① 宪法和法律委员会建议对法律责任一章做以下修改：对相关证券违法行为，有违法所得的，规定没收违法所得。同时，较大幅度地提高行政罚款额度，按照违法所得计算罚款幅度的，处罚标准由原来的一至五倍，提高到一至十倍；实行定额罚的，由原来多数规定的三十万元至六十万元，分别提高到最高二百万元至二千万元（如欺诈发行行为），以及一百万元至一千万元（如虚假陈述、操纵市场行为）、五十万元至五百万元（如内幕交易行为）等。参见全国人民代表大会宪法和法律委员会《关于〈中华人民共和国证券法（修订草案）〉审议结果的报告》，2019 年 12 月 23 日。

② 参见刘俊海《建议〈公司法〉与〈证券法〉联动修改》，《法学论坛》2013 年第 4 期，第 14 页。

③ 《刑法》第 160 条规定的欺诈发行股票、债券的犯罪主体为，在证券发行文件中隐瞒重要事实或者编造重大虚假内容发行股票或者公司、企业债券的自然人或单位。

（二）强化三种证券执法机制之间的衔接与协调

当前，我国已经形成以证监会行政调查处罚为基础，以公检法机关刑事追究为后盾，以投资者民事赔偿诉讼为补充的综合证券执法机制。[①] 证券市场的执法实践亦显示，上述三种不同执法机制之间相互呼应与衔接难言顺畅充分，甚至还存在相互矛盾和冲突之处。比如，证券市场长期以来重罚没、轻赔偿，证券法规定的民事赔偿责任优先原则难以真正落实。[②] 对此，后续需要进一步厘清问题及其成因，通过发布实施部门规章和司法解释等法治化手段，优化完善证券执法的合作与协调[③]，形成有效打击证券违法违规行为的强大合力，切实保护投资者的合法权益。

---

① 参见张子学《优化我国证券执法的三重进路》，《人民论坛》2019 年第 22 期。
② 我国证券法一直规定了民事赔偿优先的条款，但是实践中如何实现民事赔偿优先的困局一直难以破解。新《证券法》第 220 条对证券民事赔偿优先未做实质性修订，后续仍需要破解实际执行问题。
③ 如国办 110 号文规定：有关部门配合司法机关完善相关侵权行为民事诉讼制度……证券监管部门、公安机关应当不断强化执法协作，完善工作机制，加大提前介入力度；有关部门要配合公安、司法机关完善证券期货犯罪行为的追诉标准及相关司法解释。

第六章 保险法立法问题研究

中国特色社会主义已然进入新时代，我国社会主义虽然仍处于初级阶段，但不可否认我国所取得的发展成果，尤其是经济发展的成果。在社会主义市场经济中，市场对资源配置起决定性作用必然会引发相应的冲突与矛盾，新时代我国社会主要矛盾已经转化为人民日益增长的美好生活需要和不平衡不充分的发展之间的矛盾，这个矛盾贯穿于我国社会的方方面面，当然也体现在了保险行业领域。

本文所涉保险概念适用《中华人民共和国保险法》第一章第二条。[①] 我国 1949 年建立了第一家保险公司——中国人民保险公司，但由于认识的错误，此后我国保险业务处于停滞状态，直到改革开放后，我国保险业发展迅猛，取得的成绩举世瞩目。至 2018 年，我国有近 170 家保险公司，保费收入 38016.62 亿元。[②] 同时我国的保险服务项目也日渐多元，市场体系逐渐完善，保险法律法规也逐渐健全。

第一节 保险法律法规概况

一 法律

1995 年 6 月 30 日，第八届全国人民代表大会常务委员会第十四次会

[①] 保险，是指投保人根据合同约定，向保险人支付保险费，保险人对于合同约定的可能发生的事故因其发生所造成的财产损失承担赔偿保险金责任，或者当被保险人死亡、伤残、疾病或者达到合同约定的年龄、期限等条件时承担给付保险金责任的商业保险行为。

[②] 《保险统计数据报告》，原中国保险监督管理委员会官网，http://bxjg.circ.gov.cn/web/site0/tab5257/info4132154.htm，最后访问时间：2020 年 3 月 9 日。

议通过了新中国第一部《中华人民共和国保险法》，这是我国首部保险基本法，其内容较为系统、完整，为我国今后保险行业的发展起到了促进作用，也为此后的保险法改革奠定了良好的基础。至今，保险法已经过 2002年、2009 年和 2015 年的三次修订。

现行的《保险法》分为八章①，综观《保险法》，首先，其立法体例始终沿用保险业法和保险合同法合二为一的立法体例，涵盖了合同法、公司法，是一部综合性的法律，其对保险人的规制力度大于对被保险人的规制力度，体现了其保护弱者的立法宗旨。其次，《保险法》对于保险利益移转规则存在缺失，其并未规定保险利益基于法律行为或其他事由发生移转后对保险合同有无影响、影响如何。最后，学界对于我国《保险法》将保险类型区分为财产保险和人身保险一直存有争议，争议的焦点在于关于疾病、看护、伤害等造成的保险金的支付以及损失部分的补偿到底应归入人身保险的范畴还是财产保险的范畴抑或归入新的保险范畴。虽然我国《保险法》仍有其不足，但它作为商业保险的基本行为规范充分发挥了应有的作用。

二　行政法规

国务院制定有关保险法立法的行政法规。保险法的立法目的是进一步

---

① 分别是：第一章总则，主要规定了保险法的立法宗旨、调整和适用范围以及从事保险活动的基本原则。第二章保险合同，下分为一般规定、人身保险合同、财产保险合同，主要规定了保险合同的主体、标的、内容、订立原则、合同的成立和生效条件、合同的效力问题、合同的解除以及合同主体的权利和义务，在第二章我们可以看出保险合同既有一般合同的特性又有其特殊属性，比如保险合同是射幸合同、附和合同、最大诚信合同（最大诚信合同又称最大善意合同，是指保险合同当事人在订立合同时及在合同的有效期内，应依法向对方提供可能影响对方是否缔结合同以及缔约条件的重要事实，同时严格信守合同中的各项承诺）等。第三章保险公司、第四章保险经营规则、第五章保险代理人和保险经纪人以及第六章保险业监督管理，体现了国家对保险公司以及保险业的要求与监管。第七章法律责任规定了保险合同双方违反《中华人民共和国保险法》后的法律责任。第八章附则只有六款条文，对海上保险、农业保险以及保险法的实行日期进行了规定。全文共 185 条。射幸合同当事人一方支付的代价所获得的只是一个机会，对投保人而言，他有可能获得远远大于所支付的保险费的效益，但也可能没有利益可获；对保险人而言，他所赔付的保险金可能远远大于其所收取的保险费，但也可能只收取保险费而不承担支付保险金的责任。附和合同也称格式合同、标准合同或定式合同，是指由一方预先拟定合同的条款，对方只能表示接受或不接受，即订立或不订立合同，而不能就合同的条款内容与拟订方进行协商的合同。

加强对商业保险的监督力度，使《保险法》中规定的行政权力得以具体可执行，国务院制定了多部行政法规①，以此实现了在《保险法》规定的基本架构范围内对具体各方面保险监管的可操作化。通过各项行政法规制定规制商业保险的条例，将商业保险作为一种新的保险方式，充分体现了对已有的社会保险的补充功能以及化解矛盾、积极进行社会管理的作用。保险法行政法规能够补足法律的不足，我国保险法的法律规定较为模糊，需要下位法对其做出进一步的细化。

三　司法解释

对于《保险法》而言，到目前为止只有最高人民法院发布了四部针对《保险法》法律法规和具体适用方面的若干问题的解释，就其内容而言侧重点各有不同。这四部司法解释分别解决了保险法立法过程中存在的几大问题，分别是保险法改革过程中新法与旧法之间的衔接问题②，保险法理赔难、销售误导的问题③，保险公司的告知义务等问题④以及适用保险财产合同的若干问题。⑤

---

① 国务院制定的行政法规具体包括《机动车交通事故责任强制保险条例》《中华人民共和国外资保险公司管理条例》《农业保险条例》《存款保险条例》。

② 《关于适用〈中华人民共和国保险法〉若干问题的解释（一）》主要解决 2009 年新修改的保险法与旧保险法之间的衔接问题，其贯彻了加强对投保人和被保险人利益的保护这一指导思想，是为了对人民法院在审理保险合同纠纷案件中统一裁判标准。

③ 《关于适用〈中华人民共和国保险法〉若干问题的解释（二）》是为了解决如何适用《中华人民共和国保险法》保险合同一章中一般规定部分销售误导、理赔难的问题。其按照坚持保险原则、合同原则及诚信原则等对投保人如实告知义务的范围、保险公司说明义务的履行标准做了明确。

④ 《关于适用〈中华人民共和国保险法〉若干问题的解释（三）》主要是对人身保险部分进行解释，明确了人民法院在处理人身保险合同纠纷案件中，应主动审查投保人订立人身保险合同时合同的标的是否具有保险利益，以及合同中以死亡作为给付保险金的条件和保险金的金额是否经过被保险人同意并认可，旨在更好地保护被保险人。同时还规定，投保人或者被保险人指定受益人后，还可以变更受益人。

⑤ 《关于适用〈中华人民共和国保险法〉若干问题的解释（四）》是为了解决适用财产保险合同部分的相关法律问题，其本着以人为本、平衡保护、尊重保险司法规律、立足保险业发展现状等原则，明确保险标的转让、保险合同主体的权利义务、保险代位求偿权、责任保险等相关问题，以期进一步统一司法实践中的裁判标准，切实保障保险公司以及保险消费者的合法权益，促进保险行业蓬勃、健康发展。

四 部门规章①

中国保险监督管理委员会（现改为中国银行保险监督管理委员会）发布了多项部门规章，使行政权力更加细致，可操作化更强。②

通过上文我们对现行商业保险法律法规现状有了简单的了解。我国目前对商业保险的监管方式为"三管齐下"的模式，以公司治理监管、偿付能力监管和市场行为监管为"三支柱"，以公司内控和治理结构监管为基础，以偿付能力监管为核心，以现场检查为重要手段，以资金运用监管为关键环节，以保险保障基金为屏障"五道防线"的监管体系。③

当今社会呈现运转速度快、竞争性强、信息量大等新的特点，人类身处其中，所面临的风险也大大增加，人民对保险的需求随之增长，我们必须意识到当今社会的飞速发展以及保险行业在社会发展中所呈现的新特征，这无疑促使我们重新考虑保险立法的基本问题。

第二节 保险法的立法理念

"理念是任何一门学问的理性。"④ 法理念即是法学这门学问的理性，深刻反映了法这一事物的本质，是法的世界观，是法的灵魂之所在。立法者在创立法律时会将其本身的思维与观点投射于法律之中。"在立法过程中立法者所使用的最高原理就是法律之理念。"⑤ 在保险这一聚合众人之资金来分担成员所可能遭遇之危险的特殊事项中，正确地把握立法的理念显得尤为重要。

保险是"受同类危险威胁之人为满足其成员损害补偿之需要，而组成

---

① 部门规章是国务院所属的各部、委员会根据法律和行政法规制定的规范性文件，是行政管理活动的重要依据，无论是在数量、适用范围还是在使用频率上均远远超过行政法其他表现形式。
② 包括《保险许可证管理办法》《保险公司管理规定》《保险专业代理机构监管规定》《保险公司中介业务违法行为处罚办法》等。
③ 蒋虹：《人身保险》，对外经济贸易大学出版社，2010，第232页。
④ 黑格尔：《法哲学原理》，商务印书馆，1961，第2页。
⑤ 史尚宽：《法律之理念与经验主义法学之综合》，载刁荣华主编《中西法律思想论集》，台湾汉林出版社，1984，第259页。

之双务性且具有独立之法律上请求权之共同团体"。① 由此可见，保险是一种契约行为，其目的是在人们受到损害时分担其风险，从而达到维持社会稳定的作用，其性质是一种团体共担风险的双务行为、契约行为。本书认为，对于保险事项的立法应当遵循人本理念、客观理念、平衡理念、社会责任理念以及全球视野理念。

一 人本理念

法律作为一种特殊的行为规范，其产生的原因是规范人的行为。法律产生于人的需要，以人为最终目的，以人为本才是法律的核心。《中华人民共和国立法法》第一章总则第 5 条规定立法应当体现人民的意志，而《保险法》第一章总则第 1 条规定了保险立法的目的。② 保险法立法具有重要意义，其不仅管理保险活动的全过程，同时也通过管理保险活动维持社会稳定和经济秩序，同时保护着整个保险行业和保险活动参与人。因此，对于保险这一以人合为基础、以私人财产聚合为主体的共同体的立法活动必须树立以人为本的价值导向，从最广大人民的根本利益出发，彰显法律的人文主义色彩。

二 客观理念

"圣人之为国也，观俗立法则治，察国事本则宜。不观时俗，不察国本，则其法立而民乱，事剧而功寡。"③ 客观理念要求保险法立法活动时尊重客观规律，立足国情，以人民群众的客观需要为基础，科学合理地进行规划。《中华人民共和国立法法》第一章总则第 6 条规定，立法应当从实际出发。因此，对于保险这一具有双务性特征的特殊事项的立法必须尊重客观实际，尊重本国国情，充分发挥主观能动性，于高速发展、瞬息万变的社会中科学合理地规定保险法立法的内容以及保险双方应当承担的责任

---

① 江朝国：《保险法基础理论》，中国政法大学出版社，2002，第 19 页。
② 保险法为了规范保险活动，保护保险活动当事人的合法权益，加强对保险业的监督管理，维护社会经济秩序和社会公共利益，促进保险事业的健康发展。
③ 《商君书·算地》。

与义务。

三　平衡理念

"立法是对有限的社会资源进行制度性的分配，是对社会资源的第一次分配，反映了社会的利益倾向性。"① 因此要求立法者在立法的过程中要有大局观，放眼整体综合考虑，以尽可能达到各方的利益平衡。同时要注重公平理念，在平衡的基础上向弱者倾斜部分利益，以达到实质公平的社会效果。在保险立法活动中，必须对保险所涉及的各方主体进行充分的利益衡量和评判，选出利益平衡点，既要保证保险人有利可图，又要满足投保人的客观预期。由于保险行业不同于其他行业的特殊性质，除了保险法立法中的个人利益需要考虑之外，还要考虑到保险这一风险共担团体的集体利益，达到各方利益的相对平衡。

四　社会责任理念

保险除了满足人们风险管理的基本需求外，还起到维持社会发展的"稳定器"这一作用。保险最初以私人经营为主，但私人经营的保险对于分担自然灾害给人类社会生产、生活造成的破坏显得力不从心，私人经营的局限也使得其无法化解社会问题。历史不断地向前发展，保险业意识到对相应社会责任的承担有利于缓和愈加明显和激烈的经济发展与人民生活需求之间的矛盾。我们可以从整个保险业的发展历史里看到社会管理功能一直是客观存在的。"保险的产生和延续源于人们分散风险、消化损失、安定生活的客观需要，保险的精髓在于弘扬人性中'自助助人，人溺己溺'、'有福同享，有难同当'之高贵情操。"② 保险法属于商法的领域，但即使是商业保险也有其社会性意义，其也能发挥社会"稳定器"的作用，应当将商业保险与社会保险相结合，共同发挥其维持社会安全、防范风险的支柱作用。商业保险应当随着社会的变迁，提供多样化的保障方

---

① 高其才：《现代立法理念》，《南京社会科学》2006 年第 1 期，第 86 页。
② 肖俊：《论商事惯例与司法规制间的博弈——以责任保险合同中免责条款的效力审查为视角》，《西南石油大学学报》（社会科学版）2012 年第 5 期。

式，以弥补社会保险之不足。① 以保险法律关系作为调整对象的保险法律规范，在立法活动中除了体现保险的保障功能，更多地应体现对社会责任的承担。

五　全球视野理念

现如今的世界中国际交往愈加频繁，法律的发展愈来愈呈现出一种全球化的趋势。全球视野理念要求我们在尊重各国的法律规则的基础上，吸收先进国家的立法经验，兼收并蓄，博采众长。尤其是在保险法的立法活动中，要充分借鉴英国、德国、美国、日本等保险业以及保险法发展历史悠久国家的立法思路、立法体例等，但仍要立足于中国国情，坚持以我为本，为我所用。

第三节　保险法的立法原则

"立法原则是指在一国立法活动中起指导作用的思想和具有基础或本源意义的稳定的法律原理和准则。"② 立法活动体现的是国家的意志，想要顺利进行的前提是必须尊重立法原则，必须保证其符合作为指导思想的原则。而对于保险这一事项的立法活动除了遵循立法的基本原则之外，还应根据保险的特性提炼出保险立法特有的原则。

一　保险法立法的基本原则

（一）宪法原则

《中华人民共和国宪法》是保险法立法首要依据的根本大法，宪法原则是指导保险法立法活动的根本准则；宪法是国家的根本大法，保险法立法应当尊重其具有的最高法律效力。宪法原则要求所有的法律法规的立法活动都不得与其基本原则相抵触，因此，任何立法活动包括保险法立法都

---

① 江朝国：《保险法基础理论》，中国政法大学出版社，2002，"自序"第 1 页。
② 朱力宇、叶传星：《立法学》，中国人民大学出版社，2015，第 50 页。

必须严格遵守宪法。在保险法立法过程中，应当以宪法作为原则和基础，在宪法的指导下完成相关的保险法立法活动。

（二）法治原则

在保险法立法过程中立法机构所拥有的立法权不得高于宪法和立法法，这是法治原则的基本要求。保险法立法过程中所必须进行的环节以及所制定的法律都要符合法治原则，这与我国建设法治国家的基本要求相符合。在我国的社会发展和国家建设过程中，法治原则一直贯穿社会生活的各个方面，因此在保险法立法过程中必须以法律规范作为其立法的原则和基础。

（三）科学原则

一套法律在制定完成后要稳定地在社会中运行必须符合科学性，也就是要实现立法的科学化、现代化。首先必须在保险法立法过程中以科学的目光来看待立法，将其视为一门科学而非单一的社会学来对待。这要求我们在保险法立法过程中，要将立法观念、立法理念、立法权限划分、立法程序、立法主体设计、立法评估等各个步骤各个系统实行科学化。其次，尊重客观规律，以客观规律对保险法立法活动进行规制，从观念、制度和规律三方面实现立法的科学化，以平衡保险法立法过程中的抽象性与具体性。

二 保险法立法的特别原则

保险是受共同危险威胁的人组成共同体，并聚集资金，用以分散该共同体成员在生活中遭遇该危险时所招致的损失。保险法在性质上应隶属于商法领域，其所涉及的领域包含保险合同法和保险业法两个方面，旨在规范行业活动，监管该行业，同时继续促进国内保险事业发展。据此，本书认为对于保险法立法的特别原则必少不了风险共担、特定契约、综合性这三大原则。

（一）风险共担原则

21 世纪，随着新的科技革命的不断深入、互联网革命大爆发、信息技术高度发展，人类生活进入了高速发展的阶段，世界的运转速度也越来越快，尤其是在计算机、互联网等技术的普及之后，人类处于信息的中心，每个人所能了解的信息量达到了前所未有的程度，英国的脱欧、美国的大选、人工智能的发展，在这个信息时代，世界一端发生的事无疑会影响世界的另一端，蝴蝶效应愈发明显。当世界通过互联网暴露在我们面前时，我们也必定暴露在整个世界的面前。2018 年由光华博思特·大数据中心整理，网易、腾讯、新浪等多家媒体相继刊登的数据显示疾病正在年轻化。可见当今社会我们所面临的风险大大增加，除了资本集中所导致的金融风险、贫富差距、基础设施的系统性风险外，还有环境恶化给人类生存带来的风险，人工智能、基因编辑给人类带来的未知风险等，不胜枚举，这些风险是我们个人所无法独自承担的。在这样高速发展的社会，人类越来越意识到团结协作、风险共担的重要性，因此，人们对保险的接受程度日渐高涨。本书认为，在对保险事项进行立法时，在立法设计上必须要体现风险共担原则。

（二）特定契约原则

保险合同法所调整的法律关系属于商法范畴，是民事特别法。保险契约的订立除了追求公平、公正外，还更注重交易安全。保险合同所约定的事项具有特殊性，其所约定的事项是否发生具有不确定性，即未来可能不发生，也可能会发生。这种性质有些类似于民法中的附条件合同，但实际上与其又有所区别，因为在保险合同中这种约定的未来发生的事项具有双务性，且在对保险条款进行解释时，我们不能只单纯地将眼光局限于要解决保险公司与要保人之间的矛盾冲突，更要着眼于保险双方所参与的共同团体，考虑到解释会对共同团体所产生怎样的影响，考虑其在团体中所应得的权利和应当履行的义务。[①] 因此，在进行保险法立法时需要考虑多重问题，首先要考虑到正确处理民法的一般原则和保险法的特殊原则二者之

---

① 江朝国：《保险法基础理论》，中国政法大学出版社，2002，第 20 页。

间的关系。其次，保险行为作为一种特殊的民事行为在立法过程中需要考虑其特殊性。同时，保险法又属于商事法律领域，在制定保险法的过程中要充分考虑保险法的方法特性。最后特定契约原则应当成为保险立法原则的指导。

（三）综合性原则

当前我国通行的《保险法》的主要内容贯穿了保险行业从上而下的全部活动过程。[1] 可以看出，内容主要涉及两个方面：保险法集行政、民事、刑事法律性质于一身，且不论其章节划分是否合理，可以肯定的一件事是，在保险法的定义中，"保险"是一项综合事物而不仅仅是一笔简单的交易，其所依据的法律《保险法》是一部综合的内容完备的法律，其所涵盖的内容也具有综合性，其影响也涵盖社会生活的各个方面。据此，本书认为应在保留合并立法体例的基础上充分考虑保险法的综合性立法原则，使得立法者更加合理、科学地划分保险法的章节。

第四节　我国保险法修改的重点

一　被保险人的权益保障

法律用以规范人的行为。对于保险立法而言我们应首先明确其所规范的主体与内容。从比较法的角度观察，英美法系采用保险人与被保险人的"二分法"，而大陆法系则采用保险人、投保人及被保险人"三分法"。[2]虽然两大法系对所规范的主体和内容采用不同的范围，但两大法系在对《合同法》所保障的对象这一方面的规定却趋向一致，两大法系都认为被保险人应当作为所保护的对象，也就是说，请求赔偿的权利应当归属于被保险人。当然两大法系在对被保险人权利义务的规定方面也有所不同，"二分法"中由被保险人在签订合同中缴付保费，也就是说，被保险人实

---

① 其主要内容包括总则、保险合同、保险公司、保险经营规则、保险代理人和保险经纪人、保险业监督管理、法律责任。

② 参见〔日〕仓沢康一郎《保险契约法的现代课题》，成文堂，1995，第206页。

际上居于当事人的地位，承担作为当事人应承担的义务。而在"三分法"中，只有投保人在签订合同后进行缴费。我国属于大陆法系国家，因此在保险合同法立法过程中采用了三分法，分为保险人、投保人与被保险人。我国的《保险法》中对规范保险人所享有的权利和应承担的义务界定模糊，虽然借鉴了大陆法系的规定，但是对于何为投保人以及何为被保险人的概念仍然表述模糊。在此情况下，由于保险人与被保险人的定义不够完善，在对双方的权利和义务进行界定方面可能存在偏差，这将直接影响保险行业实践中对被保险人的保护。

比如，案件（2018）吉刑终 197 号，在杨某故意杀人、保险诈骗案件中，杨某作为投保人故意制造事故将被害人撞死后，向保险公司提出赔偿，但被发现此次事故存在多处疑点，理赔未能得逞。《保险法》第 43 条第 1 款规定："投保人故意造成被保险人死亡、伤残或者疾病的，保险人不承担给付保险金的责任。"[1] 该规定是否合理呢？首先按照保险事故的偶发性原则进行判断，引发人身保险赔偿的事故必须为意外事故。[2] 因此，因投保人故意实施损害行为导致被保险人受到损害对于被保险人来说一般情况下是其无法预料到的，这种无法预料的偶然会发生的事件符合该原则的规定。保险法立法的目的是维持社会稳定，保护被保险人。无论是被保险人受到来自第三人的伤害还是受到来自投保人的伤害，其都属于被保险人受到意外伤害的范畴，保险法都应当对其予以保护。因此出于对被保险人的保护，法律不应当允许保险人免责。另外，我国保险法立法应当注重人文主义关怀。在被保险人受到伤害时其急需钱财进行治疗，此时如果法律认为保险人不应当承担相应的责任，则被保险人就无法获取相应的保险金来维持治疗和康复的费用，出于对被保险人的保护，我国保险法应当立法规定在投保人对被保险人造成伤害的情况下，保险人也应当向被保险人支付一定的保险理赔费用。对于投保人或受益人所实施的伤害被保险人的行为，可以使用刑法和民法的相关规定进行规制，因此，我国保险法没必要再对其做出相关规定。因为面对投保人所实施的犯罪行为，我们可以利用刑法对其进行规制，这不属于保险法调整的范围，由刑法进行调整即

---

[1]　《中华人民共和国保险法》第 43 条第 1 款。

[2]　参见〔美〕埃米特·J. 沃恩、特丽莎·M. 沃恩《危险原理与保险》，张洪涛等译，中国人民大学出版社，2001，第 22 页。

可，本质上与保险法无关。① 由此，可以看出我国的立法者还未从观念上确立"被保险人为保险合同的保障对象"。

保险合同与一般合同相对比，首先，保险合同的主体具有特殊性，其合同的主体为保险人与投保人，保险合同中所应承担的权利与义务也归属于保险人与投保人。但是与民法上的一般合同不同的是，保险合同的保障对象并不是保险合同中的权利人而是被保险人。在保险合同中履行义务的一方为投保人，但最终享有权利的一方，也就是受益方是被保险人。当保险合同的条件达成时，被保险人有权获得保险公司的赔偿。因此保险合同有别于一般的商事合同，其并不完全遵守商事合同的交易规则即由出资的一方来受益，而应当贯彻"关系人中心主义"，以"损益关系"原则来考量保险合同。因此，本书认为，在立法过程中应当考虑的重点是对被保险人权益的保障，不论是在立法还是在司法过程中，都要以对被保险人权益的保障为着眼点，要有大局视野，不能单纯地囿于保险合同各方当事人的权利义务方面。因为保险合同的缴费义务和享有的权利不对等，因此，投保人的缴费义务不是立法应当考量的重点。

二　保险妨碍代位的规范

根据损失补偿原则，保险法在立法过程中规定了一项重要的权利也就是代位求偿权，该权利仅适用于弥补由第三人造成的财产损失。"代位"意思是让渡，由另一方代替己方行使一定的权利。在保险法中，当被保险人的财物遭到损坏时本应由其本人进行追偿，但是在保险人对被保险人所遭受的财产损失进行赔偿之后，被保险人将这一追偿的权力让渡给保险人，在这种情况下保险人便依照法律规定取代了被保险人的地位成为追偿的权利主体，可以对第三人享有求偿权。

保险代位妨碍是指在财产保险中因被保险人自己的行为使其对第三人的损害赔偿请求权消灭或难以实现，因此保险公司无法依据被保险人的损害赔偿请求权代位追偿②。首先，中国保险法的妨害代位权存在立法上的缺

---

① 参见〔英〕M. L. 克拉克《保险合同法》，何美欢等译，北京大学出版社，2002，第657页。
② 参见〔日〕金泽理《保险法》第2分册，成文堂，1991，第178页。

陷,《保险法》第 61 条规定为事后规制。① 其次, 中国保险法的妨害代位权
存在逻辑上的缺陷。《保险法》第 61 条的规定有 3 款, 第 1 款和第 2 款均对
妨碍代位行为的性质进行了时间上的划分, 而第 3 款并未对时间节点进行划
分。再次, 存在文法上的缺陷。《保险法》第 61 条规定②中的 "保险人未赔
偿" 与 "之前" 存在语义上的冲突。最后, 存在立场上的缺陷。《保险
法》立法倾向中对于被保险人行使妨碍代位行为持否定态度, 只要被保险
人一旦实施了妨碍代位行为则对保险人即可完全免责, 如此具有绝对性的
条款有失公平。综上可以看到, 对保险妨碍代位的规范是保险法立法的重
点之一。

第五节　我国保险法修改的难点

一　理赔难

要想有效规制理赔难, 就需要了解理赔难在实践中的真实样态。有关
财产保险的理赔投诉占总财产保险投诉的 78.89%, 有关人身保险的理赔
投诉占总人身保险投诉的 29.56%。③ 理赔难主要可以分为三种形式, 即
"不当拒赔"、"不当减赔" 以及 "不当拖赔"。④ 笔者于 2019 年 4 月分别
以 "不当拒赔"、"不当减赔"、"不当拖赔" 以及 "不当理赔" 为关键词,
通过裁判文书网进行数据搜集, 结果显示无保险人不当减赔与不当拖赔案
件, 涉及 "不当拒赔" 的裁判文书为 8 份, 涉及 "不当理赔" 的裁判文书
28 份, 共 36 份 (见图 6-1)。观其成因, 笔者认为有三点: 首先, 投保
人并非专业人士, 在面对复杂而专业的保险合同条款时, 难以发现保险合
同中隐藏的漏洞, 投保人对保险合同未充分了解; 其次, 保险业从业人员

① 《中华人民共和国保险法》第 61 条规定: 保险事故发生后, 保险人未赔偿保险金之前,
被保险人放弃对第三者请求赔偿的权利的, 保险人不承担赔偿保险金的责任。
② 《中华人民共和国保险法》第 61 条规定: 保险事故发生后, 保险人未赔偿保险金之前,
被保险人放弃对第三者请求赔偿的权利的, 保险人不承担赔偿保险金的责任。
③ 《中国银保监会办公厅关于 2018 年上半年保险消费投诉情况的通报》, 原中国保险监督管理
委员会官网, http://zhejiang.circ.gov.cn/web/site0/tab5218/info4115879.htm。
④ 黄丽娟:《保险人恶意不当理赔的法律规制——从违约责任到侵权责任》,《法商研究》
2016 年第 5 期。

存在不规范操作，未能充分地说明该保险合同存在的问题和应当注意的条款；最后，保险行业诚信的缺失。保险理赔是保险业务的核心环节，"理赔难"问题的出现就代表着保险行业患上了"心脏病"，平时隐隐作痛，一旦发病危及生命。虽然 2009 年新修订的《保险法》已对相关业务中"理赔难"问题进行了有针对性的修改，在修改过程中更加明确了保险人、投保人、被保险人三方的权利与义务，不过实践中仍存在一些适用问题。例如，案件（2016）渝民 03 民终 2470 号一案，法院认为，该保险公司在对事故进行核定的过程中，对于郑某的事故核定已超过法定最长期限，而该保险公司主张的理由不成立，在赔偿过程中延长审核期限的行为属于故意拖延构成不当理赔，故依法判决其向受益人赔付合同约定的保险金及相应利息。虽然保险被当作"社会稳定器"，对于社会的经济补偿方面保险公司也发挥着一定的作用，但这并不影响保险公司作为营利法人的营利性本质。因此，保险法立法应当坚持公平原则，发挥其维持社会稳定的作用，将失衡天平予以调节，虽然我国现行《保险法》要求在双方达成赔付协议后 10 天内给付保险金，但在大多数保险理赔中，保险理赔的核查为自主核查，保险公司处于优势地位，《保险法》对于证明双方达成理赔协议以及给付保额协议日期等方面存在具体立法缺失的遗漏，这就给处于优势地位的保险公司以可乘之机。对中国消费者的保护还依赖于消费者权益保护法，如此，对中国消费者的保护在以消保法为基本法的前提下，统一置于作为特别法的保险法的架构下。要加强对我国保险业的管理管控，平衡和调节保险法与消保法之间的关系，调节参与保险的三方之间的利益冲突，就必须解决实践中的理赔难问题。

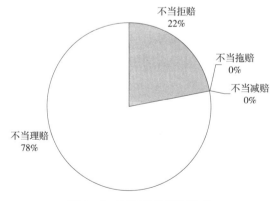

图 6 - 1　理赔难的表现形式

资料来源：裁判文书网。

二　中间性保险类型争议

我国从 1995 年制定的《保险法》就对保险类型的划分采取二分法，即分为财产保险合同和人身保险合同两种方式。但有学者却对此种分类方法提出异议。江朝国教授提出，财产保险合同与人身保险合同之 "二分法" "仅具有认识论上的意义"①，同时实务界还出现了医疗费用性保险到底归入 "人身保险合同" 范围还是 "财产保险合同" 范围以及医疗费用是否适用补偿原则等难题。如日本学者上山道生教授曾说，人在遭遇伤害或疾病之后由于治疗和康复会产生费用，这部分费用在保险金的偿付范围内，但是其性质既不属于人寿保险，同时因其损失不属于财物受到损害，也不属于财产保险的范畴，那么这种赔付方式究竟应该归于何种保险种类，一直是困扰学界的一大难题。② 1995 年修订的《日本保险业法》，将之规定为 "两者皆非" 的 "第三领域保险"，保险合同的分类也从 "二分法" 演变为 "三分法"。③ 在我国司法实践中同样面临医疗费用性保险的归属争议，且始终困扰着我国的法律适用，如罗某与某保险公司贵州分公司人身保险合同纠纷上诉案（2008）筑民二终字第 435 号。④ 我国理论界和实务界主张借鉴他国的保险划分方式，如有的学者主张借鉴日本的 "三分法"，即舍弃传统保险法中的划分方式，将保险类型划分为 "财产保险"、"人身保险" 和 "中间性保险" 三种方式。但是，该提议并未得到采纳，因为这种划分方法不能从根本上解决保险法划分方式上的争议，我国仍维持原有的立法体例。

---

① 江朝国：《论我国保险法中被保险人之地位——建立以被保险人为中心之保险法制》，《月旦法学教室》2011 年第 2 期。
② 〔日〕上山道生：《保险》，刘淑梅译，科学出版社，2004，第 17 页。
③ 参见〔日〕山下友信等《保险法》，有斐阁，2010，第 345 页。
④ 某大学为其在校本科生就短期意外伤害保险及短期住院医疗保险向被告续保，原告为本科生中一名学生。合同约定，合同意外伤害保险及附加短期住院医疗保险适用补偿原则。合同签订后，原告被第三人醉酒后打伤，后被送至医院进行治疗，伤愈出院后原告向被告要求按合同进行理赔，并向被告出具情况说明，说明其被打后向公安机关报案，已将犯罪嫌疑人抓获，并获赔全部医疗费。但被告以第三人已进行赔偿为由拒绝理赔。一审、二审均判原告败诉。

第六节　我国保险法的立法优化路径

自 1995 年《中华人民共和国保险法》颁行以来，已经过了 2002 年、2009 年和 2015 年的三次修订，但随着人类社会的高速发展，人工智能、基因编辑这些新的事物使人类面临的未知风险越来越多，暴露在风险中的速度也越来越快，人们对于保险这一事物的认可达到了前所未有的程度，就中国而言，截至 2018 年 2 月保险业资产总额相比 2009 年增长了315.5% 。因此，现行的《保险法》在许多方面仍然无法适应当前保险业的飞速发展。

那么，未来对《保险法》的修订，首先必须在结构层面的认识上理清两个问题。第一，在保险法的立法体例上，保险合同法与保险业监理法，究竟是"合"还是"分"？第二，在保险合同的立法分类上，"财产保险合同"与"人身保险合同"之"二分法"，是坚守还是扬弃？①

一　保险合同法与保险业监理法，究竟是"合"还是"分"？

保险法的内涵主要包含在两个方面。一方面主要是保险合同法，保险合同法属于合同法的范畴，其作用主要是规制合同几方当事人之间的行为；另一方面则主要涉及保险业法，保险业法所关注的问题主要是国家机关对保险行业从业者经营行为所进行的调整。综观世界各国，"大都通过保险合同法和保险业法这两大支柱来构建保险法的体系"。② 我国选择了合并立法这一模式，但是在学界对于不同的模式拥有不同的理论主张。

一是合并式。支持使用合并式的学者认为，传统保险立法体例主张使用分离式，在保险法改革和发展的过程中逐渐发展到合并式，有利于优化保险法的结构，使其更加便于实施。③ 同时有学者认为，当保险法采取合并立法体例时，在制定法律的时候便可以降低立法成本，只需要制定一部

---

① 樊启荣：《中国保险立法之反思与前瞻——为纪念中国保险法制百年而作》，《法商研究》
　　2011 年第 6 期，第 64 页。
② 李祝用：《中国保险立法体例研究》，《河北法学》2006 年第 12 期。
③ 覃有土：《保险法概论》，北京大学出版社，2001。

法律即可，如果采用分离式的立法体例，则需要制定两部保险法律。①

二是分别式。樊启荣认为，从实用的角度而言，保险法立法采取合并的立法体例有不利之处，一是合并的立法体例不便于法律的修改，二是合并的立法体例由于将保险法和保险业法合并立法，可能会造成这两部法律之间相互干扰。② 林勋发教授认为，保险契约之规范与保险事业之监理，二者之性质截然不同。保险契约法系以规范契约当事人之权利义务为目的，属私法之范畴，重在权利和义务之平衡与法之安定性；而保险业法则以赋予主管机关监督保险业之权限与准则为宗旨，具公法之性质，重在保险业之健全发展与法之适应性。③

三是折中说。支持折中说的学者认为，立法者在立法的过程中应当考虑多种因素，立法过程中将保险法和保险业法合并订立于同一部法律中，是综合多种因素经过慎重考量所得出的结果，保险法立法者在立法的过程中不一定必须考虑公法与私法的划分。④

那么上述哪一种主张更科学呢？

笔者在对保险法研究之后认为，我国未来的修订应当继续沿用已有的合并立法体例，原因有以下几方面。首先，目前使用分别立法体例的属于大陆法系的国家主要有德国、瑞士、意大利等，虽然两种体例均有国家使用，"分别立法体例被视为大陆法系国家保险立法体例之传统"，⑤ 但属于大陆法系的法国、越南在立法体例上采取的是合并式。在英美法系国家中英国、澳大利亚采用分别立法体例，美国、菲律宾、越南采用合并立法体例。而我国从清末至 1995 年期间，对于保险法所采用的立法体例为分别立法，1995 年后采用合并立法。其次，合并立法与分别立法各有利弊，哪一种立法体例更适合中国尚不明确。合并立法在实践中更具有实用性，而分别立法在理论上更具有科学性。再次，保险法与保险合同法之间的法律关系并非隶属关系，也不是一般法与特别法之间的关系，这两部法律之间的

---

① 李祝用：《中国保险立法体例研究》，《河北法学》2006 年第 12 期。

② 樊启荣：《中国保险立法之反思与前瞻——为纪念中国保险法制百年而作》，《法商研究》2011 年第 6 期，第 64 页。

③ 林勋发：《保险法论著译作选集》，我国台湾著者自版，1991，第 3 页。

④ 邹海林：《评我国保险法的修改》，中国法学网，http：//w ww. iolaw. org. cn/show news. asp? id = 450。

⑤ 林勋发：《保险法之沿革与修正刍议》，《月旦法学杂志》2000 年第 65 期。

关系实质上是对同一件事项的不同方面进行不同规定，二者所规定的内容没有隶属之分，二者的法律效力相同，因此在立法过程中应当对二者分别立法。最后，合并立法体例在我国已经运行多年，取得了较为良好的社会效果，经实践证明合并立法体例较为实用。并且人们已经较为习惯使用它，为了保护法律的安定性，降低重新立法的成本，发挥法律的实用性，也不应当更换立法体例。

笔者认为保险法的修订应继续采取合并立法体例，在具体章节的划分上以及具体的规则中应体现公法与私法的不同，不应将立法工作繁杂化、分散化，要最大限度发挥法律的规范功能。

二　在保险合同的立法分类上，"财产保险合同"与"人身保险合同"之"二分法"，是坚守还是扬弃？

樊启荣教授主张以现代"二分法"①，即"损失填补（补偿）保险合同"与"定额给付保险合同"来代替旧有"二分法"，即"财产保险合同"与"人身保险合同"。但笔者认为应当保留旧有"二分法"，并在此基础上进一步完善，对于赔付方式可分为损失填补式和定额给付式（详见图6-2）。首先，新、旧"二分法"之争只不过是对保险合同理解的角度不同，并不存在上述樊启荣教授所讲的旧"二分法"是对行业发展水平朴素认知这方面的问题。其次，对于实务中所出现的医疗费用性保险到底归入"人身保险合同"范围还是"财产保险合同"范围的难题，笔者认为这是对人身保险合同理解过于片面所导致的。人寿保险合同属于人身保险合同这一"母集"，是人身保险合同下的一个"子集"，如果将人身保险合同与人寿保险合同混同，则自然会出现医疗费用性保险归属的难题。最后，当前人们已经习惯于人身保险合同与财产保险合同的旧"二分法"，且旧"二分法"并无明显弊端。基于法律的实用价值、立法成本、人们的认知习惯，笔者认为《保险法》应保留对于保险合同的旧"二分法"，并在此基础上以赔付方式的不同再向下进行细分，以供契约双方充分行使意思自治。如此既符合人们对保险合同分类的已有的认知，又对新学说进行扬弃

---

① 以"保险契约之给付基础是否为经济上可得估计之损失为区分标准"的现代观念。

式的采纳，彰显中国特色。另外，在具体操作层面上应着重关注保险法立法的重点与难点。

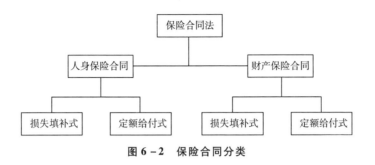

图 6-2 保险合同分类

三 消费者权益保障

保险机构与消费者相比实力雄厚，且拥有专业的保险从业人员，无论从经济实力还是信息获取力上保险机构都处于更为优势的地位。保险合同在拟定过程中会加入大量的免责条款，当消费者未注意到这些条款或对这些条款没有正确的解读时，便容易陷入保险公司的"陷阱"。

（一）多元救助

多元救助就是有不同的机构从多个角度、多个方式来对消费者进行救助。在保险法律层面，多元救助是指对政府、保险公司、社会组织等多个领域的制度规范进行协调，即政府对保险业中违法违规现象进行严厉打击，保险机构严格遵守保险活动中的规范，在多元救助的过程中，不仅要加大力度控制活动过程中的风险，同时还要对保险业自律组织进行规范，从而发挥其应有的职能和创造性。

此外，还可参考世界各国先进的立法经验，积极构建解决保险消费纠纷多元化机制。除此之外，我们的邻国日本设有保险纠纷诉讼庭外调处机构，其所解决的案件大多是小额短期诉讼。

（二）制度保障

保险法立法的制度保障要求我们用设立相关制度来订立一套规制保

险行业的标准和执行措施，保险行业的制度保障应当贯穿于保险法立法、执法、司法的各个环节。重点应当涵盖保险法的以保险立法来完善保险活动相关人员的问责制度，尤其是保险销售和保险理赔领域的问责制，在保险活动中一旦出现违规行为，就要严格加以惩戒。此外，对保险行业由上到下进行规制，从保险机构的准入开始，到保险公司设立的一系列要求、保险公司的风险防控和风险分散机制、保险理赔的各个环节的控制、保险金融机构的风险防御等各个环节都要进行严格的制度保障。

（三）信息披露

在保险行业中可能存在信息披露不完善的情况，在保险行业中信息披露双方的优势是不对等的，在签订保险合同的过程中，保险从业者利用专业和信息掌控可能站在优势的一方，但是投保人也有隐瞒自己真实状况进行骗保的可能性，双方在不同的情况下都可能占据优势地位。对于如何鉴定可能占据优势地位对保险的信息披露，笔者认为应当采用客观标准，即保险的信息披露需要为一般消费者所接受，也即必须要符合达到当事人合意的程度。在保险合同订立的过程中，保险人应当对保险中的条款进行充分的解释和说明。

保险人所负的咨询建议义务仅在个案中，是有针对性的、有范围的，并不是普遍的、广泛的或极度专业的。

四 妨碍代位

保险人的代位求偿权从法理角度是法定权利的移转，即保险人于理赔后法定取得被保险人对于第三人债权请求权，这意味着保险人负有先付义务。但被保险人对于该权利的有权处分对保险人的代位权造成的妨碍，应予以规范。被保险人对保险人的妨碍代位行为可能发生于保险活动的任意时间点。我国《保险法》对于"妨碍代位"问题的立法例采取"区分说"，即区分妨碍代位发生的不同时点而作不同的规范。与之相对的便是"不区分说"，即对妨碍代位行为不区分时间节点而作统一的规范，大陆法系国家多采此说。"不区分说"在立法上简洁明了，适用方便，但此说忽略了被保险人处分对第三人求偿权的性质问题。而"区分说"，虽然在立法和适用上不如"不区分说"简便，但其符合保险代位权的内在逻辑。因此，笔者认为未来在对《保险法》的修改过程中应在坚持"区分说"的基础上细化对妨碍代位的规范。

据此，笔者从被保险人处分其权利的角度出发认为对妨碍代位的规范应分成保险理赔之前（包括保险合同订立前）以及保险理赔后两个时间节点，对于两个时间点的处理方式应当各不相同。

保险的本质是风险的一种磋商转移，进行保险活动，是为了预防被保险人无法独自承担风险所带来的损失。在社会发展过程中，人们一直在不断地追求稳定感、安全感，当生活具有稳定感和安全感时，人们才能放下戒备心无旁骛地投身于生产生活中，维持社会的稳定感和安全感是政府、企业和个人都应当承担的社会责任。保险行业因其调节内容和调节范围的特殊性，担负着调节社会风险，为他人承担风险的义务。在第三人造成的财产保险事故中，侵权的第三人无法赔付的风险，通过保险合同这种契约行为转移至实力相对雄厚的保险公司，进而被保险人对第三人的债权请求权便转移给了保险公司。保险活动属于私法调整范围，因此，笔者认为我们应在保证公平、效率、交易安全的限度内充分尊重当事人双方的意思自由。

综上，本书对保险法立法的基本问题通过比较的研究方法进行了探讨，阐释了笔者对此问题的理解。随着社会的发展、科技的进步，人类认知能力和认知水平不断提高，对某一事物的认知也会越来越全面，随着对保险法立法基本问题探究的愈加深入，我们对其的认知也不断加深，对保险法所探讨的问题的层次也不断深入。这就使我们的法律既要保持其稳定性，又要以开放的姿态兼收并蓄。保险行业迅猛发展，出现了很多新样式、新情况，现行的《保险法》在实践中已经无法与保险行业相匹配，为了更好地发挥保险行业维持社会稳定、分担个人风险、提高人民在社会生活中的安全感，如何修订保险法使其符合保险行业的发展规律、社会发展的规律是保险法学者不可推卸的责任，笔者希望通过对我国保险行业相关问题的分析，为我国未来保险法立法事业贡献自己的绵薄之力。

第七节　典型法条案例及分析

一　代位求偿权分析

《保险法》第 60 条第 1 款规定：因第三者对保险标的的损害而造成保险事故的，保险人自向被保险人赔偿保险金之日起，在赔偿金额范围内代位行使被保险人对第三者请求赔偿的权利。

（一）基本案情

中国平安财产保险股份有限公司江苏分公司诉江苏镇江安装集团有限公司保险人代位求偿权纠纷案。保险人：中国平安财产保险股份有限公司江苏分公司（以下简称平安财险公司）；被保险人：华东联合制罐第二有限公司（以下简称华东制罐第二公司）；第三人：江苏镇江安装集团有限公司（以下简称镇江安装公司）。

2008 年 10 月 28 日，本案中的被保险人（华东制罐第二公司）与第三人（镇江安装公司）签订了建设工程施工合同，合同约定由第三人负责机器设备的迁移安装等工作。同时约定未经被保险人的允许，承包人镇江安装公司（第三人）无权将该项目转包任何单位，第三人镇江安装公司若将工程分包不能免除其应当负担的规定与义务。同时该合同还规定在项目开始时由华东制罐第二公司来承担施工中工作人员的安全保障并为工作人员购买保险及支付购买费用。工程开始后施工人员的生命健康保障以及设备安全由第三人负责并办理保险。第三人镇江安装公司必须为在工作过程中生命财产有可能受到威胁的职工办理意外伤害险，同时为施工设备办理保险并支付费用。

2018 年 11 月 16 日，第三人将一些项目分包给亚民运输公司。2008 年 11 月 20 日被保险人向中国平安保险公司投保了安装工程一切险，还签订了附加险，扩展条款约定事故的赔偿限额为 200 万元人民币。

2008 年 12 月 19 日，亚民运输公司的驾驶员在驾驶货车运输机械设备的过程中，因车辆故障导致车上的设备跌落地面并造成损坏。保险公司接单后对被损坏的货物部分进行查明并列出清单。镇江市交警对车祸现场进行勘察后认定亚民运输有限公司的司机负全部责任。本次事故后，保险公司聘请专业的评估公司对本次事故进行评估，确认该货物跌落事件为意外事故，应由亚民运输公司负全责。随后保险公司确立保单责任和定损总金额。而保险人及第三人对该评估公司的评估结果无异议，保险人同时向该评估公司支付评估费用 47900 元人民币。

2009 年 12 月 2 日，被保险人向第三人发出索赔函，第三人认为责任应当由其与亚民运输公司共同承担，并且应先由保险公司提前进行赔偿，再根据代位求偿权的原理把向对第三人索要赔偿的权利交给保险公司。被保险人可以就赔付不足的部分将继续向第三人及亚民运输公司追偿。

保险公司于事故发生后只有向被保险人赔付损失，然后才能向第三人进行索赔，要求其支付损失的金额以及评估费用。第三人如果拒绝赔付保险公司，其必须给出抗辩的理由，法律规定的最常见的抗辩理由为保险法第 60 条，该条规定了保险人行使代位求偿制度必须满足的条件为保险标的的损害是由第三人造成的。而分析本案后发现本案中保险标的跌落的原因是意外而非保险法第 60 条规定的人为损害，因此该案件不符合代位求偿制度的适用条件，保险公司应当拒绝支付相应理赔费用和评估费用。

（二）案例分析

《保险法》第 60 条第 1 款规定了代位求偿权。近年来保险人代位求偿权的案件迅速增加，中国裁判文书网的检索结果显示，该类案件 2014 年为 1885 件，2015 年有 1799 件，及至 2016 年该类型案件数量猛增至 3099 件。保险代位求偿权的规定来自《保险法》第 60 条第 1 款①，该款只有短短的一个条款，看似简单，实则尚存许多争议点需要厘清，其中最大的争议点为该规则的适用条件：由第三者对保险标的的损害。那么在实践中我们需要明确的一点是，不是由第三者直接造成伤害而是由于违反合同约定而对保险标的造成损害的情况，是否属于代位求偿权的适用情况，对此最高人民法院公布的指导案例进行了回答。在该指导案例中，最高人

---

① 因第三者对保险标的的损害而造成保险事故的，保险人自向被保险人赔偿保险金之日起，在赔偿金额范围内代位行使被保险人对第三者请求赔偿的权利

民法院明确规定因违约行为造成损害的符合前文所分析的第三者对保险标的造成的损害。

那么为什么关于代位求偿的追责范围不仅限于侵权损害赔偿，还要包括其他损害方式造成的赔偿呢？我们可以从目的解释的角度进行分析。首先，从立法者的目的上来看，设立该保险制度是为了防止被保险人取得超出实际损失的不当利益。若保险人可以同时从被保险人和第三者处取得两次理赔，那么给予其的赔偿额度将超出其受到的损失，即被保险人会取得不正当利益。而从法理学的角度来分析，保险法立法应遵循公平原则和利益填平规则。根据公平规则，由哪一方侵权造成的后果，就由哪一方负最终责任。在财产保险中对于标的造成损害的根本原因是第三者的不当行为，因此应当由第三者负最终责任。当保险标的物造成损害后，被保险人往往优先选择从保险公司处获得理赔，因为从保险公司处获得理赔更方便、更快捷。但如果从保险公司处获得赔偿后不再需要向第三者追偿的话，那便意味着第三者不需要对自己造成的损害行为承担责任。保险法应当遵循的第二项原则是损失填平原则，首先要注意到的是该原则仅适用于财产险，该原则要求在理赔过程中，对被保险人的赔偿额度应当以其所遭受的财产损失为限，原因在于财产险设置的目的是弥补被保险人的财产损失，如果被保险人从财产保险中受益，便与损失填平规则目的相违背。损失填平原则是保险法的基石，如果一个人所获得的补偿超过了第三者对其造成的财产损害，也就是说如果一个人可以从财产保险中获益，那么就会导致被保险人与第三人串通起来从财产保险中受益，损害保险公司的利益，长此以往则会造成道德滑坡。被保险人要么直接向第三者追偿财产损失，要么从保险公司处获得财产损失的理赔，同时转让对第三者追偿的权利。同时，在该规定中并未明确说明这些人的财物所受到的损害必须是侵权损害，因此，保险人代位求偿权的适用情形不仅有侵权损害赔偿一种方式，还应当包含其他损害方式。

二 被保险人权利的保障案例

《中华人民共和国保险法》第43条第1款规定：投保人故意造成被保险人死亡、伤残或者疾病的，保险人不承担给付保险金的责任。

（一）主要案情

（2018）吉刑终 197 号杨某故意杀人、保险诈骗案。投保人：杨某；被保险人：杨某弟弟；保险人：太平洋保险公司、安华保险、阳光保险、大地保险、平安保险、中国人寿保险。

本案涉及故意杀人罪，因为本文讨论的是保险法有关案例，因此，在此笔者只提取本案中有关保险诈骗罪的部分。本案的犯罪人杨某以驾驶车辆制造交通事故的方式将其弟弟杀害。在杀害其弟弟之前，杨某事先为自己的车辆投保了交通责任事故险并在多家保险公司为其弟弟购买了五份人身保险，投保人和受益人均为杨某。在为其弟投保之后十多天，杨某将其弟约至僻静处，故意驾车撞死其弟。案发之后杨某让自己的儿子到警局自首替自己顶罪。其儿子杨小某在明知本案过程的情况下仍然向公安机关作伪证，说自己因驾车不慎撞死了杨某的弟弟。同时杨某向多家保险公司要求理赔。其在案发之前多次购买人身险一举引起了保险公司的怀疑，因此，保险公司认为本案存在重大疑点并拒绝理赔。一审法院和二审法院都认定杨某故意杀人罪成立。由于杨某在案发前便为其车辆投保了商业保险，且为其弟弟投保了人身险十天后将其弟弟撞死有保险诈骗罪的主观故意，而杨某故意杀人后又到保险公司要求赔偿，其行为构成保险诈骗罪，又因其索取理赔未成功，因此定为未遂。

（二）案例分析

本案件的案件事实较为简单。本案件主要讨论的重点是投保人故意致被保险人死亡、伤残或疾病时，保险人是否因此得以免责？根据《保险法》第 43 条第 1 款的规定①，此种情况下保险人可以免责。因此当发生本案中的情况时，投保人恶意杀死或伤害被保险人之后，保险公司不必对其进行理赔。但是根据保险事故偶发性原则，对于被保险人而言，其不能预见到投保人会对其实施伤害行为，因此，此事故对于被保险人而言完全符合保险事故偶发性原则，不能免除保险人应当承担的责任。其次，被保

---

① 《中华人民共和国保险法》第 43 条第 1 款规定：投保人故意造成被保险人死亡、伤残或者疾病的，保险人不承担给付保险金的责任。

人已经受到了伤害，可能会导致其伤残或疾病，出于对被保险人进行保护的角度，法律也应当要求保险人负一定的责任。因为在保险诈骗案中存在投保人伤害被保险人但并没有导致被保险人死亡而是导致其残疾或受伤等需要治疗的情况。此时被保险人残疾、受伤则需要资金来治疗疾病，在被保险人需要资金来进行治疗的前提下，如果法律免除了保险人实际上应当承担的责任，就会产生被保险人代人受过这一可能。对于投保人或受益人实施故意伤害的情况，我国刑法已经做出了相应的处罚规定，因此，我国保险法规定免除保险人的责任实在是多此一举。由此可以看出，我国保险法的立法者还未从观念上确立"被保险人为保险合同的保障对象"这一理念。

三 旅客强制责任险分析

（一）主要案情

泰国普吉岛海难事故、东方之星沉船事故案例。

2008 年 7 月 5 日，两艘泰国观光游轮"爱莎公主号"和"凤凰号"突遇恶劣天气发生倾覆，该事故最终造成 46 人死亡，其中大部分为中国籍游客，在中国国内引起巨大的轰动。泰国是近年来中国旅客选择出行的热门地区，但是伴随着泰国旅游经济的迅猛增长，泰国旅游的安全性一直未有较大的改善。根据英国恩兹利保险公司的计算，在 2017 年有 23% 的保险索赔来自泰国。那么本次普吉岛沉船事故的遇难者究竟获得了多少保险赔偿呢？事故本身无疑是悲惨的，人们都在为不幸遇难者哀悼。但是作为一名法律工作者，我们在哀悼的同时，也关注着与本案相关的一系列法律问题。首先便是关于本案的保险理赔问题，本案最终的遇难者每人获得的赔偿金额是 20.8 万元人民币，这 20.8 万元人民币来自游客购买的意外险以及船票中含有的游船乘客意外险，这两种保险都是强制险，要求每位旅客都强制购买。其中不到 20 万元人民币是赔偿费用，另外 2 万元人民币是心理治疗费用，除此之外再无任何赔偿。

另一起近年来发生的大型旅客伤亡事故便是 2015 年 6 月 1 日的东方之星游轮事故。在对事故遇难者进行补偿的时候，采取同命同价的原则，对于所有的遇难者以赔偿金额最高的那个遇难者的理赔额为限进行赔付。也就是说，在所有遇难者中，按照最高的赔偿金额进行赔偿即就高原则，因此，东方之星每一位事故的遇难者家属所得到的最终的理赔额为 82.5 万元。这 82.5 万元的赔偿，一是失事客船保险 1 万元，该保险为强制险。二是旅行社责任保险，该保险为强制性，由旅行社为顾客投保，因此没有参加旅行社的散客无法获得此保险金额。三是乘客个人投保保险。除了旅行社和游轮为乘客购买的强制险以外，共有 138 名乘客为自己购买了一份或多份个人保险。个人保险总数为 253 单，参保率为 33%。该个人保险中包含意外险、人寿险、健康险，此外还有一些旅客参加单位或者是旅行社为其购买的团体险，如老年人旅游团体险、旅游意外伤害团体险。同时该邮轮上的船员也为自己购买了保险，主要有个人保险和团体意外伤害险。从保险方面来看，所有遇难乘客中最高获赔金额为 58.13 万元。

（二）案例分析

近年来媒体所报道的在旅游过程中出现人身财产安全事故屡见不鲜。部分旅游方式如野外游、海上游等本身存在一定的危险性。因此部分国家颁布法律，要求在旅游过程中强制购买某些类型的保险，同时加强立法，完善旅客人身损害赔偿制度。但是在这方面我国的法律规定仍存在空白。比如在海上旅客运输强制责任险领域，我国目前仍未有立法对其进行明确规定。目前在海上旅客运输强制责任险领域主要适用的国际法是《雅典公约》，该公约要求对旅客进行强制投保和担保，但目前我国并未加入该公约。目前我国《保险法》和《海商法》中，也没有法律明确规定海上旅客运输强制责任险。这属于我国保险法立法上的一个空白，鉴于海上运输的风险程度较大，笔者认为我国应当对海上旅客运输强制责任险领域做出相应的立法规定。

四　保险人不当理赔案例

（一）主要案情

阳光财产保险股份有限公司长沙市望城支公司与熊某财产保险合同纠

纷案。

2013 年 6 月，本案的被保险人熊某向保险人阳光保险公司投保一份交强险和一份第三者责任险，其中交强险理赔的最高额度为 12 万元，而第三者责任险理赔的范围为超出交强险理赔额度的部分，即在事故发生后保险公司先赔付交强险，在赔付完成后还有超出赔偿额度以上不能涵盖部分由第三者责任险进行理赔。同时第三者责任险的条款也规定，如果保险人或保险人授权的合法驾驶人驾驶机动车出现事故后，应当按照相应的责任比例承担责任，如果无法确定责任事故比例的，则默认为被保险人承担 50% 的责任。

2014 年 3 月，被保险人车辆行驶时与一辆两轮摩托车发生剐蹭，造成两轮摩托车翻倒，摩托车驾驶员受伤倒地。随后伤者被送往医院，因抢救无效死亡。在保险公司进行理赔前，被保险人已经与死者家属达成协议，由被保险人支付死者的医疗费用，同时支付一次性赔偿款 31 万元，此外本次案件的勘验费用、交通部门鉴定费等费用也由被保险人支付，所有费用共合计 38 万余元。该和解协议经保险公司盖章确认。

2014 年 4 月，经交通管理部门认定后，认为本次事故中被保险人与死者负同等责任即各负 50% 的责任。经保险公司自行核实计算，被保险人应当赔付死者的费用为医疗费 33000 元、误工费 1794 元、丧葬费 20000 元、死亡赔偿金 148000 元、被抚养人生活费 71000 元，以及各项勘验检查费用如车辆痕迹鉴定费等，总计 21 万余元，保险公司依据交强险保险条款赔付被保险人 12 万元。根据第三者责任险条款，赔付了被保险人 4.5 万余元（第三者责任险应理赔超出交强险赔偿范围的部分，本案中超出交强险赔偿范围的部分为 9 万元，因被保险人在此次事故中负 50% 的责任，因此，赔偿 9 万元的 50% 即 4.5 万元）。

双方产生争议，争议点主要集中在理赔金额的问题上。被保险人熊某认为应当以其实际支付的赔偿金额 31.5 万元为基础来计算理赔金额，而保险公司认为应当以公司计算核准的损失金额 21 万元为准来计算理赔金额。

（二）案例分析

案件发生以后，被保险人与受害人家属达成了一份调解协议，根据这份调解协议的内容，以及相关的法律规定，该行为已经过保险公司的承认或追认后有效。阳光保险公司在被告人熊某提交的调解书上加盖了公章并且该调解书在阳光保险公司的理赔卷宗中也有备份，这表明该调解书有效，应以约定金额为基础进行赔付，故阳光保险公司应以 31.5 万元的实际损失为基础进行理赔。本案对于被保险人熊某实际支出的医疗费金额以及保险人在调解协议上加盖的公章是否有效已产生争议，因其不属于保险法调整的内容，故在本次案例分析中将其省略。

本案经过一审、二审、再审三次司法程序，时间跨度近两年终于得以解决。本案涉及理赔难中的不当减赔方面的问题。为什么会出现大量保险恶意赔偿问题，这源于保险合同的特殊架构。与一般合同相比，保险合同具有较高的自由裁量权、抽象性和不确定性，且保险条款存在宽泛、缺少实质内容等特征，因此更容易滋生暗箱操作。造成保险不当理赔的第二个原因是保险人的主观恶意。保险人在订立保险时，便在保险上留有漏洞或模糊不清的字眼，同时也利用被保险人对法律及规则的无知形成优势地位，从而做出违反法律或者道德的行为。

五　法定免责条款适用中的人身保险纠纷案例

（一）主要案情

庞某、苏某、宾某与中国人寿财产保险股份有限公司深圳分公司人身保险合同纠纷案。2014 年宾某为自己购买人身保险，随后其在出海过程中使用自制的鱼钩钓鱼时不慎触电身亡。其母亲庞某、妻子苏某要求中国人寿财险保险股份有限公司深圳分公司进行赔偿。保险公司认为宾某的行为属于故意犯罪而导致其伤残和死亡而拒绝赔偿。

（二）案例分析

本案争议的焦点在于宾某的行为是否属于故意犯罪。根据《保险法》第 45 条的规定①，若宾某的行为属于故意犯罪，则保险公司不必对其进行赔付。法院认为宾某使用自制鱼钩钓鱼的行为属于违反我国《渔业法》规定的行为，但其不构成犯罪，不适用于保险法第 45 条规定的情况，保险公

---

① 《保险法》第 45 条规定：因被保险人故意犯罪或者抗拒依法采取的刑事强制措施导致其伤残或者死亡的，保险人不承担给付保险金的责任。

司拒绝赔偿的理由不成立。

本案涉及的主要争议点为，一般违法行为是否属于保险法的免责条款？比如某人在小偷小摸时不慎摔伤的情况是否属于保险法的免责条款。有观点认为一般违法行为的发生频率较高，如果认为一般违法行为不是保险法的免责条款，则会使一般违法行为没有后顾之忧助长此种风气。也有人认为，一般违法行为情节较轻且较常见，如果任由所有的违法行为即使是情节比较轻微的一般违法行为也成为保险法中的免责条款，其结果必然会造成免责条款这一规定的滥用，其结果将损害人民群众的利益并且与保险法的立法精神相违背。

第七章　破产法立法问题研究

"法律体现了国家几个世纪以来发展的故事，它不能被视为仅仅是数学课本里的定律及推算方式而已。"[①] 任何一项法律制度的产生和发展都与当时的政治经济环境、社会历史背景息息相关，破产法也不例外。我国现行《企业破产法》自 2006 年 8 月通过至今已逾 14 载，中国的市场经济无论是经济结构、市场结构、企业结构还是产品结构都发生了巨大变化，立法的滞后在相当程度上限制了破产法功能的充分发挥。2018 年 9 月 7 日，在十三届全国人大常委会公布的五年立法规划中，《企业破产法》修改作为一项重要议题被明确列入了第二类项目。有鉴于此，本书试图通过对破产立法的价值取向和基本原则重新进行梳理，结合我国破产立法目前面临的困境和障碍，为廓清破产立法的修订方向抛砖引玉，凝聚共识。

第一节　破产法立法价值取向的演变

破产法是在市场经济自身发展过程中，伴随着企业的优胜劣汰而逐步产生和建立的，从 1986 年《企业破产法（试行）》到 1996 年《企业破产法》出台，可以说破产法的发展历程本身，就比较集中地反映了现代市场经济法律价值理念的不断变化。从我国近年来整个市场的竞争环境、监管环境以及要素市场环境所发生的重要变化来看，破产法的立法价值取向发生了以下几个方面的重要变化。

---

① Oliver Wendell Holmes, *The Common Law*, Boston: Little, Brown and Co., 1881, p. 1.

一 维护企业的可持续经营价值

以托马斯·H. 杰克逊（Thomas H. Jackson）和道格拉斯·G. 白耶德（Gouglas G. Baird）为代表的美国学者在对破产制度的内在逻辑进行深入分析时指出，当债务人不能清偿全部到期债务时，其全部资产就形成了一个"公共池塘"（Common Pool），单个债权人按照强制执行法行使权利的行为将会导致部分债权人受偿而其他债权人受损的不公正结果。[①] 从救济债权人权益的角度考量，破产制度就是法律为了确保同一位阶的债权人享有平等的受偿机会，防止发生"捷足先登"的不利后果而设计的集体索债程序。

所谓维护企业的可持续经营价值，就是指在破产立法的过程中通过制度的设计与完善，尽可能避免对破产企业直接进行清算，而是通过实施包括预重整、重整在内的一系列破产预防措施尽可能地保存破产企业财产的剩余价值，以使破产利害关系人能够最大限度地从破产企业的财产中获得清偿。从资产价值评估类型的角度，一家企业能够给所有者提供价值的方式有两种：一种是清算价值（Liquidating Value），即停止经营并将企业资产拆分出售后得到的现金流；另一种是持续经营价值（Going - Concern Value），即企业在持续经营假设下所产生的未来现金流量的现值。持续经营假设（Going - Concern Assumption）是财务会计学中的一个基本假设或者基本前提，是指"企业在可以预见的将来，会持续生产、销售产品或提供服务，以价值最大化的方式使用其资产，并从最优的渠道获取融资"。[②] 换言之，持续经营价值就是"一家公司作为正常经营的企业，相对于另一家公司或个人的价值"[③]。通常情况下，企业的持续经营价值要高于其清算价值，因为一方面，企业在清算时所面临的快速变现的压力会导致其资产

[①] Thomas H. Jackson, *The Logic and Limits of Bankruptcy Law*, Washington, D. C.： Beard Books, 2001, pp. 24 - 25; Douglas G. Baird, "The Uneasy Case for Corporate Reorganizations", *The Journal of Legal Studies*, Vol. 15, No. 1, January 1986, pp. 127 - 147.

[②] Jerald E. Pinto, Elaine Henry, Thomas R. Robinson, John D. Stowe, *Aquity Asset Evaluation*, 2nd Edition, New Jersey： John Wiley & Sons, Inc. , 2010, p. 4.

[③] 〔美〕约翰·道恩斯、乔丹·艾略特·古特曼：《金融与投资辞典》，于研、郑英豪译，上海财经大学出版社，2008，第371页。

的实际销售价格远低于财务报表上所反映出来的账面价值；另一方面，企业的持续经营价值还包含了超出资产账面价值的但能够增强企业盈利能力的无形资产，例如企业与其监管机构和其他政府部门之间的良好互动、高效的管理团队、优质的客户关系、广受赞誉的口碑，以及员工对企业的认同感与归属感等。

需要特别注意的是，在持续经营理论中存在着两个假设性前提：一是所有已经或者濒临破产的企业都具有持续经营的价值，二是持续经营相较于拆分清算有可能创造更多的价值或者避免遭受更多的损失。一些学者通过对这些假设性前提的分析而对建立在持续经营理论基础上的重整制度的优越性问题展开了深入探讨。

第一个问题，是否所有陷入困境的企业都具有持续经营的价值。企业所面临的困境，根据其与资本结构之间的关系，可以划分为财务困境（Financial Distress）和经济困境（Economic Distress）：前者是指企业的现金流量不足以清偿其到期债务的情况，后者是指企业因为与资本结构无关的原因而在市场上处于不能取得成功的困境。格拉斯·维尔堡（Glas Wihlborg）和沙布哈西斯·甘歌帕德亚（Shubhashis Gangopadhyay）两位学者对财务困境和经济困境之间的差异进行了细致的对比，主要内容见表7-1。

表7-1 企业经济困境与财务困境的区别

分 类	定 义	措 施
经济困境	在任何管理层的领导之下，公司资产的现金流净现值均为负值	对企业资产分拆清算
	在不同的管理层的领导下，公司资产的现金流净值有可能为正值	将企业资产作为持续经营的实体对外整体出售，以达到更换管理层的目的
财务困境	现金流净现值为正值，但小于债权人权益主张的价值总和	通过债务减免，股权重组来提高公司资产的价值
	流动性问题	通过债务重组提高流动性

资料来源：Glas Wihlborg, *Shubhashis Gangopadhyay*, *Infrastructure Requirements in the Area of Bankruptcy Law*, Financial Institutions Center of University of Pennsylvania Working Paper, No. 01-09。

从表7-1可知，如果企业是因为短期内的流动性问题而陷入财务困境，其经营收入虽然不能弥补财务成本，但仍然高于生产成本，说明企业的资产仍然具有创造社会财富的能力，对其进行重整所能获取的持续经营价值将高于其清算价值。相反，陷入经济困境的企业，其经营收入已经不足以弥补生产成本，说明企业资产的使用效率非常低下。如果这种低效率是由于管理团队的能力不足或者重大经营决策失误所致，通过重整程序将企业业务作为一个经营整体出售将有助于提高资产使用的经济效益；但如果这种低效率是由与企业经营管理无关的其他因素导致的，例如无法跟上技术革新的步伐，受困于竞争对手以更低价格提供更高质量的产品，以及社会对破产企业所提供金融产品和服务的需求量持续下降等，实施破产清算可能更有助于对社会资源的合理配置。必须承认的是，将财务困境与经济困境的分类标准应用在具体个案中来判断破产企业是否具有持续经营价值时，仍然存在很多困难。因为在现实生活中，导致企业陷入困境的因素是十分复杂的，财务困境与经济困境常常同时存在并且相互作用，确认导致企业破产的经济原因以及各种原因的作用比例即使对于专业人士而言，也始终是一个异常艰巨的任务。

第二个问题，是否所有企业的持续经营价值都一定高于其清算价值。美国学者查理斯·亚当斯（Charles Adams）在对持续经营理论的第二个假设性前提进行分析时指出，如果特定资产保留在破产企业中比出售给其他企业和个人具有更高的使用效率，企业的持续经营就会创造出比破产清算更高的价值。① 因此，在美国19世纪末的铁路扩张运动中，当许多铁路公司因无法支付大量到期债券而卷入破产浪潮时，债权人、企业和铁路公司的股东很快就达成了共识：允许铁路公司保留其修建的铁路并继续运营要比将其分拆成钢材、枕木和沙石后清算出售更符合各方当事人的利益。但是白耶德和罗伯特·K. 拉斯马森（Robert K. Rasmussen）两位学者在对美国大型企业的破产重整进行实证研究后发现，随着现代社会科学技术的进步，服务业的兴起以及重工业经济地位的不断下降，对于包括企业在内的大多数企业而言，价值最高的资产不再是与19世纪的铁路公司类似的专项资产（Firm - Specific Assets），而是具有流动性的人力资本，后者在任何地方都能够得到有效利用。据此，他们得出结论，大部分现代破产企业不会

---

① Charles Adams, "An Economic Justification for Corporate Reorganizations", *Hofstra Law Review*, Vol. 20, Issue 1, Article 3, 1991, pp. 117 – 158.

因为持续经营而获取比清算更高的剩余价值。[①] 有学者对此表示了异议，林恩·M. 洛浦基（Lynn M. Lopucki）教授认为，把企业的持续经营价值视为专项资产的独有属性这种观点是错误的，因为持续经营价值主要是蕴含在企业与各个生产要素、顾客、监管者以及其他利益相关者所建立的关系之中。[②] 企业的持续经营价值主要体现在以企业为中心建立起来的各种社会关系上：对外包括企业在开展业务、贷款、投资和结算等经营活动时与客户建立的关系，企业与监管机构之间的关系；对内包括企业与员工之间的关系、管理层的团队协作，以及企业内部的组织管理体制等。这些对内对外关系相互契合所发挥出来的联合作用，才是企业重整制度致力于保存的持续经营价值。正如杰勒德·麦考马克（Gerard McCormack）教授所言，"破产清算对企业的分割和零碎式出售将使得建立并整合这些关系时所投入的大量成本不可避免地损失殆尽"。[③]

综上所述，维护破产企业的可持续经营价值为企业破产立法提供了微观经济学意义上的正当性基础和价值取向。英国破产服务局（Insolvency Service）在其发布的研究报告《企业拯救与重整机制综述》中指出："许多案例正传达出这样一种信念，即认为企业挽救制度（包括非正式的庭外重整和法院主导下的重整）比破产清算制度更能够使企业的利害关系人和公司的经营事业受益。产生这种信念的基础就在于：破产清算对企业资产

---

① Douglas G. Baird, Robert K. Rasmussen, "The End of Bankruptcy", *Stanford Law Review*, Vol. 55, 2002, pp. 751 – 789; Douglas G. Baird, Robert K. Rasmussen, "Chapter 11 at Twilight", *Stanford Law Review*, Vol. 56, 2003, pp. 673 – 699.

② 科斯在他的经典论文《企业的性质》中提出了"企业的显著特征就是作为价格机制的替代物"这一论断，认为企业产生的契机在于其可以通过与生产要素（或者它的所有者）建立契约关系以节省利用价格机制可能发生的交易成本。理查德·V. 巴特勒（Richard V. Bulter）和斯科特·M. 吉尔帕特里克（Scott M. Gilpatric）两位学者用科斯的前述观点来分析持续经营价值的构成，认为可以将持续经营价值划分为两个部分：一部分表现为企业在设立之初与生产要素所有者建立的关系，另一部分表现为企业在存续期间与客户、监管者和其他利益相关者建立的关系。洛浦基教授对这一分析结论表示了赞同。Lynn M. LoPucki, "The Nature of the Bankruptcy Firm: A Reply to Baird and Rasmussen's 'The End of Bankruptcy'", *Stanford Law Review*, Vol. 56, 2003, p. 652; Richard V. Butler, Scott M. Gilpatric, "A Re – Examination of the Purposes and Goals of Bankruptcy," *American Bankruptcy Institute Law Review*, Vol. 2, 1994, pp. 280 – 281; R. H. Coase, *The Nature of the Firm*, Vol. 4, No. 16, 1937, pp. 390 – 394。

③ Gerard McCormack, *Corporate Rescue Law – An Anglo – American Perspective*, Massachusetts: Edward Elgar Publishing Ltd., 2008, p. 7.

的清仓大甩卖会不可避免地导致资产的价值发生贬损，但是如果企业能够作为一个经营实体持续运营下去，假以时日，债权人将会得到更好的回报。"① IMF 也在其发布的题为《有序和有效的破产程序：关键问题》的报告中对持续经营的问题做出了如下总结："在现代经济中，通过破产清算实现负债企业资产价值最大化的可能性已经显著降低。特别是那些经营价值主要建立在专有技术和商誉而非有形资产上的企业，保存企业的人力资源和营业关系对于最大化债权人的利益可能至关重要。"②

二　自力救济与公力救济的博弈平衡

法律是社会现实的一种现象，运用社会学的研究方法和理论学说从不同的角度和层次来分析考察法律问题，对于理解法律制度的形成机制、作用效果和发展趋势等大有裨益。笔者认为，在社会学的派系林立的众多理论学说中，对企业破产立法最具有解释力的理论应当是社会冲突理论。社会冲突理论一直是西方社会学理论的重要组成部分，在其发展过程中主要沿袭了两条理论主线：一条是德国社会学家拉尔夫·达伦道夫（Ralf Dahrendorf）受到马克思和韦伯（Weber）冲突理论的影响而形成的辩证冲突论，另一条是刘易斯·科塞（Lewis Coser）在汲取了格奥尔格·齐美尔（Georg Simmel）和西格蒙德·弗洛伊德（Sigmund Freud）冲突理论的精华后发展起来的冲突功能主义。尽管两大学派在理论渊源、分析方法和研究内容等方面存在一定的差异，但是在主要观点上基本保持了一致性，以下分而述之。

第一，冲突属于人类社会的本质，在任何一个社会出现冲突都是普遍而且是不可避免的。社会学将冲突定义为个体或社会群体之间互动的一种特殊表现形式，即"每个人追求改善自身的生存机会而因此陷入与他人的矛盾，每个人又为解决矛盾而努力。特定群体和社会运动有意识地利用冲突策略，宣扬其目标并使其获得承认"。③ 达伦多夫和科塞抨击了美国社会

---

① The Department of Trade and Industry, *A Review of Company Rescue and Business Reconstruction Mechanisms*, London: DTI, 2000, p. 5.

② Legal Department of the IMF, "*Orderly & Effective Insolvency Procedures: Key Issues,*" 1999, available at http://www.imf.org/external/pubs/ft/orderly/, last visit at 2015.03.25.

③ 〔德〕托马斯·莱赛尔：《法社会学导论》（第 5 版），高旭军、白江、张学哲等译，上海人民出版社，2011，第 263 页。

学家塔尔科特·帕森斯（Talcott Parsons）所提出的社会生活总是井然有序的这一结构功能主义的基本前提①，认为现实社会总是处于一种非平衡的状态之中，社会冲突是社会运行中的常态。达伦道夫在他的《社会冲突理论的探讨》一书中提出，冲突源于对"权力"和"权威"等稀缺资源的争夺。② 挪威法社会学家威廉·奥伯特（Wihelm Aubert）将冲突划分为"对抗"（Competition）与"异议"（Dissensus）两种类型，利益对立和意见分歧被分别视为二者最显著的特征。③ 美国社会心理学家约翰·蒂鲍特（John Thibaut）和劳伦斯·华尔克（Laurens Walke）则将冲突区分为认识冲突和利益冲突，并进一步指出："在认识冲突中，当事人的目标都是为了获悉事实的真相，冲突的解决将使各方同时受益；但是在利益冲突中，当事人的利益是相互矛盾的，无论哪一种解决方案均是以牺牲一方利益为代价而使另一方利益实现最大化，故不可能获得各方当事人的共同认可。"④

　　第二，如果不能予以适当的控制，冲突将产生破坏性的力量。⑤ 冲突对社会生活和社会发展的消极作用主要表现在以下三个方面。首先，冲突

---

① 结构功能主义是现代西方社会学中的一个理论流派，美国社会学家帕森斯是其主要代表人物。他认为，社会利益虽然是一种稀有资源并且为每个人和每一社会组织所追求，但是在整个社会中，对于获取或分配的方式却有一种社会整体的共识。这种共识可能表现为人们自觉地限制自己的行为，也可能是社会为达到某种程度的整合而对人们实行的强制。由于社会系统对整合的需要和整合功能在社会系统中所发挥的积极作用，社会生活总是秩序井然、有条不紊。不论什么时候，只要社会中出现了破坏正常秩序的现象，社会整合功能机制就会发挥其作用，对之加以制止和校正，使之恢复到原有的状态上去。

② 达伦道夫继承了韦伯关于"权力就是不顾他人反对而实现自身意志的能力"这一观点，将权威视为合法化的权力。他认为，各种社会组织或团体之中都存在着"强制协作联合体"：人们分化为行使权力、拥有权威的人群和服从权力、丧失权威的人群。拥有权威的人群处于统治地位，可以发布命令；失去权威的人群处于被支配地位，只能服从上级命令，并且违反权威命令还将受到惩罚。在这种社会权威结构中，统治者与被统治者、管理者与被管理者为了"权力"与"权威"等稀缺资源而相互争夺，构成了社会冲突的一般动力机制。参见刘海湘《达伦多夫的辩证冲突理论》，《学习时报》2006 年 12 月 18 日，第 6 版。

③ Wihelm Aubert, "Competition and Dissensus: Two Types of Conflict and Conflict Resolution," *Journal of Conflict Resolution*, Vol. 7, 1963, pp. 26 – 42.

④ John Thibaut, Laurens Walker, "A Theory of Procedure," *California Law Review*, Vol. 66, Issue 3, Article 2, 1978, pp. 543 – 544.

⑤ 在科塞的社会冲突理论中，冲突具有正向和负向双重功能。他强调指出，冲突决不仅仅是"起分裂作用"的消极因素，它还可以在群体和其他人际关系中承担起一些决定性的功能，例如有助于建立和维持社会或群体的身份和边界线，增强社会凝聚力等。参见〔美〕L. 科塞《社会冲突的功能》，孙立平等译，华夏出版社，1989，第 17～23 页。

会直接或者间接地造成大量人力、物力和财力资源的损失和浪费，破坏社会发展的资源基础。其次，冲突会扰乱社会秩序，削弱人与人之间相对稳定的社会关系，使社会运行脱离正常的轨道，出现社会行为秩序失控、社会危机甚至社会解体。最后，冲突还会造成社会经济生活的混乱，引发政局动荡，增加社会运行的无序度。任何一个内部稳定的社会都无法容忍上述情况的发生。因此，公共机构应当完善相关的制度和措施，妥善、及时地解决社会冲突，即使无法解决，也应当尽可能地予以引导，使冲突失去破坏性的力量和威胁性。

第三，关于如何消除和化解社会冲突，两大学派达成的共识是应该采取疏导的方式。达伦道夫认为，为了避免严重冲突的集中爆发，必须对冲突的原因加以疏导，通过"冲突的制度化调节"方式将其控制在较小规模内。[①] 如"达成共识"，即明确地承认利益冲突的客观存在并为其提供表达与协商的各种有效途径；"建立机构"，具体包括谈判、仲裁与调停等机构；以及"约定规则"，即冲突各方约定处理相互利益矛盾关系框架的一些正式游戏规则，并将这些规则制度化。[②] 科塞则认为任何社会系统在运行过程中都会产生敌对情绪，当这种敌对情绪超过社会系统的耐压能力时，就会导致社会秩序的瓦解，因此，通过冲突释放被封闭的敌对情绪，可以起到维护社会关系的作用。[③]

从社会冲突理论的角度来看，当企业陷入破产困境时，由于企业的清偿能力出现问题，无法满足所有债权人的提现或者还款请求，每一个债权人都渴望在不足额的财产中分割到较大的一块以最大限度地补偿己方的利益损失，因此，债权人之间存在着典型的对抗冲突和利益冲突，如果这种冲突不能得到及时、有效的解决，最终就会破坏现有的经济秩序，引发剧烈的社会动荡。[④] 解决利益冲突的方法多种多样，这里涉及两个选择性的

---

① 潘西华：《当代国外学者关于社会建设理论研究综述》，《思想理论教育导刊》2006 年第 10 期。
② 叶克林、蒋影明：《现代社会冲突论：从米尔斯到达伦多夫和科瑟尔——三论美国发展社会学的主要理论流派》，《江苏社会科学》1998 年第 4 期。
③ 王文晶、高洋：《社会冲突的根源与功能探讨》，《长春理工大学学报》（社会科学版）2006 年第 5 期。
④ 方芸：《银行重整法律制度构建——以模式选择为中心》，博士学位论文，中国政法大学，2015。

问题值得进一步讨论。第一个问题，应当由破产企业的债权人自行解决冲突还是通过第三方来解决。挪威的托斯坦·埃克霍夫（Torstein Eckhoff）教授认为，当事人在冲突解决的结果中利益分歧越大，由当事人自行解决冲突的可能性就越小，其引入第三方的需求就越大。此外，还有其他一些因素可能构成第三方参与冲突解决的条件，例如当事人之间的对抗关系会导致外界环境的损失或者风险，第三方对冲突解决存在利益或者控制着当事人所争议的客体等。[①]一方面，破产企业的债权人人数众多，债权债务关系复杂，通过谈判达成一致意见的实际可能性非常低；另一方面，企业破产具有强烈的负外部效应，容易引发连锁反应，政府作为社会公共利益的代言人无法坐视不理，因此，在企业破产立法中，建立第三方介入的冲突解决机制是最具有可操作性的方式。由此引出了第二个问题，即应当选择什么样的组织或者机构充当第三方。社会学通常将冲突解决中第三方的角色划分为三类：调解人、法官和行政管理人。调解人自己并不会做出任何决定，而只是提出解决方案，并通过促进、引导冲突各方进行协商，以求当事人可以就此达成合意。法官与调解人的区别在于，法官的任务不是设法使当事人和解，而是做出冲突各方谁为正当的决定。行政管理人与法官一样决定着冲突应当如何解决，这是他和调解人之间的区别，但是他也不会像法官那样采取不偏不倚、居中裁判的态度；相反，行政管理人做出决定时，往往有其追求的特定目标或者利益，例如维护社会稳定或者减少公共利益的损失等。对于企业破产而言，公权力的介入虽然有助于及时解决债权人之间的利益冲突，但是在权力架构模式上，存在司法机关和行政机关的选择问题。笔者认为，从社会学的冲突理论出发，公权力在处置破产企业债权人之间的利益冲突问题时，需要综合考虑各种因素来选择是由法官还是行政管理机构充当第三方。一方面，如果冲突的解决结果对公共利益影响重大，并且通过调解或司法程序所能得到的结果具有相当的不确定性，公权力就有充分的理由对破产企业采取行政手段或者措施实施干预；另一方面，虽然公权力拥有足够的权威来强制实施其做出的决定（即便破产企业的债权人明确表示反对），但是如果强制实施的成本过高，或

---

① 〔挪威〕托斯坦·埃克霍夫：《冲突解决中的调解人、法官和行政管理人》，喻中胜、徐昀译，《司法》第 1 辑（2006），第 275~276、280~281 页。

者对该项决定的强制实施可能会引发新的社会冲突，公权力机关则应当放弃行政管理人的角色，转而通过调解或者司法程序来实现冲突的解决。

第二节　破产法立法原则的再认识

对于破产法具体包含哪些基本原则，中外学者见仁见智。笔者认为，法律体系的纵向结构大致可以分为三个层次：法的价值、法律原则和法律规范。破产法的基本原则是构建破产法律制度和法律调整机制的基本原理和基本准则，在整个破产法律体系中处于承上启下的关键位置：一方面，它是破产法的立法宗旨在破产法规范体系中一定程度上的具体化，集中体现了破产立法的价值取向；另一方面，破产法的基本原则统辖着法律规范，对其制定、适用以及解释都具有非常重要的指导意义。

一　公平原则

公平是法的逻辑前提，法律是在公平理念的指导下产生并发挥作用的；与此同时，法也是公平的客观要求，公平只有在受到法律保护的前提下才能得以实现。"真正的和真实意义上的'公平'乃是所有法律的精神和灵魂。实在法由它解释，理性法由它产生。……制定法之下的公平原则就是同等地对待同类案件，制定法之上的公平原则就是根据人的理性和情感做出的公平的判决。"① 一言以蔽之，公平就是对同等的主体或者事项予以同等的对待。公平原则贯穿于破产法的始终，具体而言，它包含着两层含义：第一层是指法律内容的公平，第二层是指法律程序的公平。

法律内容的公平要求立法者在实体法上公平地设定债权人和债务人的权利与义务，法律程序的公平是指通过程序法上方式、方法和步骤的设计公平地解决冲突与纠纷。对债权人而言，公平原则一方面要求法律对性质相同的债权人做到平等对待，一视同仁，例如破产法应当就债权人所享有的债权申报权，成为债权人会议的成员权、表决权、异议权、监督权，对破产管理人的选任权，对破产财产的按比例分配权等重要的实体权利和程

---

① 〔美〕金勇义：《中国与西方的法律观念》，陈国平等译，辽宁人民出版社，1989，第79页。

序权利做出明确规定；另一方面，公平原则又要求法律对不同性质的债权人进行区别对待，例如破产法需要分别就诸如破产费用、共益债权、劳动者工资与其他费用、税款、别除权、取回权、抵销权、普通债权以及劣后债权等实体权利的构成要件及其实现途径和先后顺序做出明确规定。对债务人而言，公平原则要求破产法在保障债权人公平受偿的前提下，同时兼顾对债务人合法权益以及再生能力的维护，这具体体现在债务人所享有的破产申请权、强制和解权、破产重整权、自由财产权、破产免责权、复权申请权等程序权利和实体权利做出明确的规定。此外，破产立法还应注意对破产程序关系人合法权益的保护。对债权人代表、破产清算人、和解监督人、重整执行人等这些特殊破产机构或人员的权限和报酬做出合理规定，也是公平原则中不可缺少的内容和具体表现。

法律内容的公平和法律程序的公平之间既具有紧密的联系，同时也存在一定的区别。一方面，程序法的首要功能是为实体法提供服务，因此，没有程序公平，就无法在债权人与债务人之间实现实体公平；而脱离了实体公平，程序公平也就失去了运作的理由。另一方面，程序还有其独立的价值，即程序公平直接体现出来的民主、法治、人权和文明的精神，使它本身就成为法的公平价值的一个组成部分。从破产法立法的角度来看，法律不仅需要注重对权力和私益的公平分配，以及破产处置成本的合理分摊，同时也必须注重对程序性规范的设置，明确破产程序的具体操作流程、步骤和方法，以及在程序实施过程中相关权利人的法律救济途径。

二　效率原则

效率，就其词源和本质而言，是经济学中的一个基础概念。根据《柯林斯经济学辞典》的解释，效率是被用作判断市场分配资源优劣的一个标准，其具体含义是指稀缺的要素投入和商品及服务的产出之间的关系。[①]用最简单的公式来表达：效率＝收益÷成本；由于外部性的存在，在计算效率时必须注意到，收益包括社会收益和私人收益，成本也涵盖了社会成

---

① 〔美〕克里斯托夫·帕斯、布赖恩·洛斯、莱斯利·戴维斯：《柯林斯经济学词典》第 3 版，上海财经大学出版社，2008，第 221 页。

本和私人成本。传统法理学的研究并不关注法的效率问题，直到 20 世纪六七十年代，法经济学的兴起为法理学研究提供了全新的视角，一些法学家开始运用经济学的原理和方法用来分析和评价法律制度及其功能，而效率作为经济学中最基本的范畴逐渐进入了法理学的研究视阈。法的效率价值是指现代社会的法律，无论从实体法到程序法，还是从成文法到不成文法，都应当"以有利于提高效率的方式分配资源，并以权利和义务的规定保障资源的优化配置和使用"。① 从内容上看，法的效率价值并不仅仅体现为经济效率的增加，同时也包括社会效率的提高，具体到破产法领域，法对效率价值的追求主要表现在以下两个方面。

一是在企业破产立法中引入成本—收益分析（Cost - Benefit Analysis）是法追求效率价值的集中体现。作为应用经济学中一种重要的分析方法，成本—收益分析是指在备选方案的成本和收益均可用货币来进行度量时，对各个方案做出评估，并选择收益超过成本且收益/成本比（Benefit - Cost Ratios）最高的方案作为最优方案。将成本—收益分析应用在企业破产立法中，意味着立法者必须充分考虑不同破产制度的实际经济成本，充分引导市场力量积极参与破产企业的处置过程。笔者认为，尽管在我国的企业破产立法中，立法者通常都会有意识或无意识地对各种制度进行成本与收益的分析并在二者之间进行比对，但是在未来的企业破产立法中引入成本—收益分析仍然具有十分迫切的必要性，其意义并不在于推广这样一种经济学的分析方法，而是要让成本—收益分析成为立法者自觉履行的一项职责和义务，减少因为决策仓促而造成资源浪费，提高破产立法的经济效率。

二是在企业破产立法和实践中，行政权的扩张和对私权利的限制不断加强，是法追求社会效率的集中体现。为了实现这一价值目标，法律必须以公共利益作为中心和起点，在个人与社会之间依照整体效率最大化的原则进行权利和义务的资源配置。企业破产会产生一定的负外部效应，特别是一些大型企业，对破产企业的处置必须慎重考虑社会运行中各个环节的承受力以及它们之间的和谐度，不能单纯以经济上的合理性即经济效率作为唯一的评价指标，也不能将破产程序的主导权完全交由私法上的主体来掌控，因为后者是以追求个体效率最大化为目标的。公权力介入企业破产的目的，正是为了

---

① 陈金钊主编《法理学——本体与方法》，法律出版社，1996，第 299 页。

从公共利益的角度对个人权利予以适当的限制，从而提高社会的整体效率。

需要特别注意的是，在企业破产立法中，法在经济效率和社会效率的任何一个方面的提升都是效率价值的体现，都应当获得肯定。但是当二者发生矛盾的时候，价值理论所追求的是法的经济效率和法的社会效率的相互协调与平衡发展，而不是二者的相互抵消和否定。一方面，牺牲经济效率而一味追求社会效率的做法，将不可避免地造成大量社会资源的浪费。例如在法国里昂信贷企业（Credit Lyonnais，以下简称里昂企业）破产案中①，法国政府为了避免国有企业的倒闭，前后投入了高达 1470 亿欧元的公共援助资金，不仅打破了企业同业之间的公平竞争原则，严重阻碍了本国企业的正常发展，而且同时也使得里昂企业本身的破产处置成为法国党派斗争的政治砝码。另一方面，如果完全忽视社会效率而仅考虑经济效率，则有可能使得企业破产的负外部效应被无限放大。例如美国政府拒绝向雷曼兄弟公司（Lehman Brothers）提供援助而放任其破产，最终引发了全球金融恐慌，不仅企业同业拆借市场因此几近崩溃，更造成股市大跌，6000 亿美元的股票市值随之蒸发殆尽。②

---

① 里昂企业是 1863 年成立于法国里昂的一家私人企业，于 1946 年被法国政府国有化。在哈伯尔（Haberer）担任该企业总裁期间，里昂企业通过在欧盟其他成员国收购当地的企业，不断扩张其资产规模，并进行了大量存在巨大风险的贷款项目，投资决策失败使企业的不良贷款大幅增加，资产质量严重恶化。20 世纪 90 年代初，受到欧洲经济衰退的影响，里昂企业长期积累的风险最终爆发，1992 年，里昂企业的亏损额达到 18 亿法郎，1993 年这一数字攀升至 69 亿法郎，1994 年 3 月，法国政府宣布对里昂企业实施救助。2013 年 11 月 11 日，法国财政部部长皮埃尔·莫斯科维奇（Pierre Moscovici）宣布法国政府将在年底前通过发行政府债券的方式筹措 45 亿欧元，以清偿里昂企业倒闭产生的剩余债务；而根据《巴黎人报》（Le Parisien）的报道，自 1993 年以来，由法国纳税人所承担的里昂企业的重整费用已经高达 1470 亿欧元。参见 Benton E. Gup, *Bank Failures in the Major Trading Countries of the World – Causes and Remedies*, Santa Barbara：Greenwood Publishing Group, 1998, p. 25；Sreeja VN, "French Government To Borrow ＄6B To Settle Debts From Credit Lyonnais Bankruptcy This Year", *International Business Times*, November 11, 2013。

② 雷曼兄弟公司（以下简称雷曼公司）成立于 1850 年，是美国第四大投资企业，在世界 500 强中排名第 132 位。2007 年，受到美国次贷危机的冲击，持有巨量与住房抵押贷款相关的"毒药资产"的雷曼公司在短时间内股价暴跌，英国巴克莱企业（Barclays Bank）曾与雷曼公司举行了数轮收购谈判，但由于美国政府拒绝为此次收购提供公共资金作为支持，巴克莱企业最终退出了收购，雷曼公司于 2008 年 9 月 15 日向法院申请破产保护。雷曼公司的破产导致不信任情绪迅速在全球各地的企业间蔓延，没有企业愿意再向其他企业提供贷款，企业信用急剧收缩，次贷危机开始向全球蔓延。时任法国经济部长的克里斯蒂娜·拉加德（Christina Lagarde）就公开表示，美国放任雷曼公司破产对全球金融体系维持均衡而言是一个大错。

三　权益均衡原则

企业虽然是以营利为目的的法人，但其破产带来的影响并不局限于直接的利害关系人之间，还涉及公众生活、金融安全、经济发展以及社会稳定等各个方面。在企业破产程序中，既有监管机构、金融机构、地方政府和法院等公权力主体的参与，也有包括债权人、破产企业及其股东、企业管理层和普通员工等在内的私法上的权利义务主体。这种多元法律主体和多维利益层次的格局，决定了企业破产中权益冲突的复杂性：它并不仅表现为公共利益与私人利益之间的冲突，还通过公权力之间的博弈，以及个体利益之间的矛盾加以呈现。权益均衡原则要求在处理企业破产中的权益冲突问题时，通过平衡机制兼顾各方利益，使自利的各方能够在维护破产企业可持续经营价值的共同目标下积极参与，协调行动。

首先，企业破产立法应当在坚持对公共利益予以优先保护的同时，防止公权力过度扩张而对私人利益进行不合理的侵夺。法律是利益的调节器，并通常"以赋予特定利益优先地位，而他种利益相对必须作一定程度退让的方式，来规整个人或社会团体之间可能发生，并且已经被类型化的利益冲突"①。由此决定了当破产立法中的公共利益与私人利益发生冲突并且无法兼顾时，法律应当抑制个体的利益需求，将对公共利益的保护置于优先位次。一方面，由于市场经济的先天局限性，市场主体在追求自身利益最大化的同时，并不会考虑其行为对他人的影响，因此，公共利益的实现不能寄希望于社会公众的自主行为。而政府作为公共利益的代表，其干预市场的目的就是为了弥补市场机制在资源配置中的效率损失和分配的不公正性。由此，公权力介入企业破产程序就成为法律维护公共利益的必然选择。另一方面，法律又必须为个人利益对公共利益的让步设定严格的限制条件，将企业破产程序中公权力的干预尺度控制在合理范围之内。在企业破产程序中注重对公共利益的保护，强调公权力的引导和支持，这并没有从根本上改变主体平等、意思自治等私法理念在企业破产制度中的基础作用。涉及破产企业的资产转卖、兼并收购等重要处置措施，其有效运作

---

① 〔德〕卡尔·拉伦茨：《法学方法论》，陈爱娥译，商务印书馆，2003，第 1 页。

仍然取决于完善的市场竞价机制和购买者的意思自治。如果法律没有为企业破产中公权力的介入建立严格的约束机制，本就处于弱势地位的个人权利在面对打着公共利益优先旗号的公权力的侵蚀时，其生存空间将被进一步压制。政府对企业破产的过度干预不仅会妨碍企业破产市场机制的有效运作，还会损害债务人股东、债权人等相关利益主体，以及其他市场主体的合法权益。

其次，企业破产立法必须合理界定行政权与司法权在企业破产处置过程中的职责与权限。行政权与司法权虽然都隶属于国家公权力体系，但就其固有属性而言仍然存在较大的差异：行政权以管理为本质内容，具有主动性和相当的灵活性，"行政机关可以基于社会整体利益的考虑而进行相机抉择，甚至可以在限度范围内以事后补偿来牺牲特定社会成员的利益"；① 司法权则以判断为本质内容，奉行"不告不理"的被动原则，严格按照法律规则裁判案件，法官的能动性在很大程度上受到限制。企业破产的专业性、复杂性及其对公共利益的深远影响决定了行政权介入破产处置过程，发挥作用具有必然的合理性，但法律"究竟在何处划定行政自由裁量权与法律限制之间的界线，显然不能用一个简单的公式加以确定之"。② 权益均衡原则要求在协调行政权与司法权之间的相互关系时，既要强调分工合作，又要坚持权力之间的相互制衡：法律要承认在企业破产处置的过程中，司法权对行政权的部分让渡已经成为一种普遍的发展趋势，并且积极地为行政机关参与企业破产处置提供明确的行为依据和具有可操作性的实施规则；与此同时，法律也应当清醒地认识到行政权并不能取代司法权，法院仍然必须在企业破产程序之中保持主导地位。立法者必须从本国国情出发，慎重选择企业破产处置中的权力架构方式，同时加强对行政机关在企业破产过程中相关行为的司法监督，以保证公权力对企业破产的干预不会超出合理的界限。特别是当行政机关为了促成企业破产重整成功而漠视甚至牺牲私法主体的权益时，司法将是遭受侵害的个人权益获得法律救济的最后一道防线，其对阻却公权力滥用的重要性不言自喻。

---

① 黄韬：《我国企业市场退出法律机制中的"权力版图"——司法权与行政权关系的视角》，《中外法学》2009 年第 6 期。
② 〔美〕E. 博登海默：《法理学：法律哲学与法律方法》，邓正来译，中国政法大学出版社，1999，第 370 页。

第三节　我国破产立法现状及其修改难点

2006 年颁布的《企业破产法》在过去十多年的时间里对我国市场经济体制的健全发挥了不可替代的作用，但与此同时，这部法律存在的缺陷亦十分明显，特别是"宜粗不宜细"的立法指导思想和"成熟一部，制定一部"的"应急性"规则供给范式，虽然可以暂时性满足我国社会经济高速发展的内在需要，但却严重背离了规则供给哲学中的基本原理，从而造成了我国企业破产处置规则的诸多不完善之处。

一　破产法适用对象单一

明确破产法的适用对象是破产立法需要首先解决的问题。对此，无论是在破产法的制定过程中还是在法律的实施过程中，我国的理论界和实务界始终存在严重的意见分歧。第一种意见认为我国的破产法只适用于在中国境内具有法人资格的企业，理由主要是我国对自然人的财产缺乏一套详尽的申报、监控的法律制度作为支撑，而且自然人的债务通常仅限于生活债务，数额较小，如果允许自然人和非法人企业适用破产法，势必造成破产案件的数量剧增，超出了我国现有审判机制的负荷范围。第二种意见认为破产法应当适用于中国境内具有法人资格的企业以及合伙企业、个人独资企业和不具有法人资格的专业服务机构等非法人组织。这种意见的主要理由是，非法人组织是我国市场经济活动的重要参与者，所占的比重正在日益壮大，它们能够独立地从事民商事活动，名下拥有相应的可供处分的财产，已经具备了适用破产法的物质基础。更重要的是，由于市场优胜劣汰的竞争法则，非法人组织经营失败的事件普遍存在，特别需要法律对其市场退出行为加以规范。第三种意见认为破产法应当适用于我国境内所有的民事主体，包括自然人、法人和非法人组织。换言之，第三种意见的实质是认为我国破产立法在破产主体问题上应当放弃传统的商人破产主义，改为实行一般破产主义，其主要理由是，无论是自然人、法人还是非法人组织都有可能发生不能偿还到期债务的问题，而破产制度的主要目的就在于保障所有的债权人能够从债务人的财产中得到公平的、尽可能多的清偿，同时给予诚实而不幸的债务人一个减轻债务负担、东山再起的机会。如果将自然人或者非法人组织撇除在破产法的适用范围之外，这不仅不利于充分保护债权人的合法权益，而且也不利于这些非法人民事主体在平等的条件下与企业法人展开竞争。与此同时，从其他国家和地区的立法例来看，原来一些采用商人破产主义的国家，如法国、意大利等，现均已通过修订其破产法，转变为采用一般破产主义，许多学者认为我国破产立法也应当顺应这个发展趋势。

尽管第三种意见目前已经上升成为我国破产法学界的主流观点，但是从法律规范文本的表述来看，《企业破产法》采取的仍然是第一种意见，该法的第 2 条将我国破产法的适用主体明确限定为企业法人，同时通过第 135 条的规定为企业法人以外的法人和非法人组织进入破产程序预留了参照适用的空间。① 根据《合伙企业法》和《农民专业合作社法》等法律的规定，合伙企业、农民专业合作社等非企业法人也可以适用《企业破产法》实施破产处置。② 从司法实践的发展来看，我国破产法的适用范围虽然也呈现逐步扩大的态势，但整体进程仍然较为缓慢。例如 2012 年最高人民法院在《关于个人独资企业清算是否可以参照适用企业破产法规定的破产清算程序的批复》中明确规定个人独资企业可以参照适用《企业破产法》。但以非营利法人为例，在过去很长一段时间，最高人民法院并不支持非营利法人进入破产程序，2002 年，最高人民法院曾明确提出，不以营利为目的的社会团体法人，不是企业法人，不能适用《企业破产法》进行清算③；到了 2010 年，最高人民法院的态度开始发生转变，民办学校被允许在适用《民办教育促进法》第 59 条规定的特殊清偿顺序的前提下，可

---

① 《企业破产法》第 135 条规定：其他法律规定企业法人以外的组织的清算，属于破产清算的，参照使用本法规定的程序。

② 《合伙企业法》第 92 条规定：合伙企业不能清偿到期债务的，债权人可以依法向人民法院提出破产清算申请，也可以要求普通合伙人清偿。合伙企业依法被宣告破产的，普通合伙人对合伙企业债务仍应承担无限连带责任。《农民专业合作社法》第 55 条规定：农民专业合作社破产适用企业破产法的有关规定。但是，破产财产在清偿破产费用和共益债务后，应当优先清偿破产前与农民成员已发生交易但尚未结清的款项。

③ 2002 年 7 月 16 日，最高人民法院在给重庆市高级人民法院《关于农村合作基金会是否具备破产主体资格的复函》（法民二〔2002〕第 27 号）中称，"本院认为，农村合作基金会是设置在社区内不以营利为目的的资金互助组织，经依法核准登记，即取得社会团体法人资格。鉴于现有法律、法规尚无将农村合作基金会登记为企业法人的规定，因此农村合作基金会不能以资不抵债的企业法人向人民法院申请破产"。

以进入破产清算程序。①

即将于 2021 年 1 月 1 日起施行的《中华人民共和国民法典》（以下简称《民法典》）延续了此前《民法总则》的立法模式，将法人划分为营利法人、非营利法人和特别法人三种类型，《民法典》第 73 条在关于法人的一般规定中明确提出"法人被宣告破产的，依法进行破产清算并完成法人注销登记时，法人终止"。换言之，在《民法典》的统摄下，所有类型的法人都可以进入破产程序。但是落实到破产法的层面，对非营利法人而言，除了前述最高人民法院关于民办学校破产清算的批复以外，目前我国还没有出台涉及《民法典》中非营利法人、特别法人适用《企业破产法》的具体法律规定。

二　破产重整制度存在重大缺陷

尽管破产重整制度在我国破产立法中出现的时间比较晚，但因为其体现了对企业进行积极挽救的价值导向，有利于企业与债权人、出资人、职工等利害关系人实现共赢而备受推崇。尤其是 2015 年以来，在中央经济工作会议明确提出"三去一降一补"结构性改革任务的大背景下，最高人民法院反复提出要通过加强破产重整制度建设以保障供给侧结构性改革。然而相关统计数据显示，自《企业破产法》2007 年 6 月 1 日实施以来，每年全国法院受理的破产案件数量始终徘徊在 2000 件左右，与之形成鲜明对比的却是，我国每年工商管理机关注销的企业数量均在 35 万户以上。② 与其他国家和地区做横向比较，我国适用破产程序的企业数量不足美国的0.2%，不足西欧全部国家的 1.16%，在破产案件总量不高的情况下，具有挽救企业功能的重整程序适用率反而比破产清算更低。以 2016 年为例，

① 2010 年 12 月 16 日《最高人民法院关于对因资不抵债无法继续办学被终止的民办学校如何组织清算问题的批复》（法释〔2010〕第 20 号）规定："依照《中华人民共和国民办教育促进法》第 9 条批准设立的民办学校因资不抵债无法继续办学被终止，当事人依照《中华人民共和国民办教育促进法》第 58 条第 2 款规定向人民法院申请清算的，人民法院应当依法受理。人民法院组织民办学校破产清算，参照适用《中华人民共和国企业破产法》规定的程序，并依照《中华人民共和国民办教育促进法》第 59 条规定的顺序清偿。"

② 《企业破产程序"启动难"案件审判机制亟待完善》，中国清算网，http://www.yunqingsuan.com/news/detail/13475，最后访问时间：2020 年 3 月 9 日。

人民法院共受理破产案件 5665 件，在审结的 3602 件破产案件中，适用重整程序的案件数量为 525 件，占比仅为 14.6%。① 破产重整案件的受案率之所以长期低迷，除开债务人和债权人对重整制度的功能认识不足、地方政府不当干预等"法外因素"，《企业破产法》关于重整制度的立法设计本身存在短板也是一个非常重要的原因。

一是破产重整程序的启动条件不明确。《企业破产法》第 2 条和第 71 条关于重整程序启动条件的规定过于笼统和抽象，加上缺少相应的司法解释予以细化，导致在实践中产生了许多问题。例如法院在启动重整程序时没有考察债务人企业是否具有再生希望和再生价值的权限，结果进入重整程序以后才发现债务人企业严重缺乏重整能力，即使能够借助外部力量维持企业的经营或者实现脱困，所耗费的社会资源也大大超过了经营产出，与重整制度的初衷背道而驰。此外，由于法律关于重整程序启动条件的表述过于笼统含糊，负责审理破产案件的法官被赋予了极大的自由裁量权，考虑到我国目前法官队伍的业务水平参差不齐，特别是破产重整制度在我国运行的时间较短，审判经验积累不足，过多的自由裁量权并不利于保障司法的统一性与权威性。

二是对重整措施的认识过于狭隘。从各国破产法的立法例来看，针对债务人企业的重整措施大致可以划分为两类。其一，存续式重整措施，即"通过债务减免、延期清偿以及债转股等方式解决债务负担，并辅之以企业法人治理结构、经营管理的改善，注册资本的核减或增加，乃至营业的转变或资产的置换等措施，达到债务人重建再生之目的"②。该类重整措施的特点是不会影响债务人企业的法人资格存续，重整始终是在原企业的外壳之内进行。其二，出售式重整措施，即将债务人企业具有可持续经营价值的资产的全部或主要部分出售给其他的企业，同时由该收购方承接债务人企业的全部或部分负债，其标志性的特点是重整措施实施后，债务人企业的资产将在债务人企业之外以一个经营实体的方式得以存续。

长期以来，我国理论界和实务界对重整的认识存在一个误区，即认为重整就必须要保持债务人企业的法律人格不变，如果将债务人企业注销就

---

① 《我国破产重整制度运行障碍的原因分析》，搜狐网，http://www.sohu.com/a/204517960_99999909，最后访问时间：2020 年 3 月 9 日。
② 王新欣：《重整制度理论与实务新论》，《法律适用》2012 年第 11 期。

不是重整，而是破产清算，这种看法并不符合重整制度的立法本意。重整制度的实质作用是最大限度地保留债务人企业可持续经营价值，而不是一定要在形式上保留其独立的法人人格。正确理解重整制度的立法本意对于发挥重整制度的作用显得尤为重要，因为通过对债务人企业有效营运资源的出售，不但可以保障其营业继续进行，避免因大量职工失业而引发的各种社会问题，与此同时债权人与债务人的关系在很大程度上得以维系，从而大大提高了企业重整成功的可能性。但与此同时，也产生了一个新的问题：债务人企业在完成营业转让以后，从法律形式上看，该企业仍然是一个独立的法人实体，如何完成对剩下的实体即"剩余企业"的处置工作？

三 银行业金融机构有序破产制度亟待重构

现行立法对银行业金融机构破产处置制度缺乏清晰的顶层设计，呈现碎片化特征的政策法规无法使行政处置程序与司法处置程序实现有效衔接，在法律适用领域造成了诸多困惑与争议。

第一个问题是行政接管与司法重整之间究竟是何关系，理论界与实务界对此存在不同的看法。有学者认为，为了提高风险处置的效率，节约处置成本，如果被接管的银行在法律规定的接管期限内仍然无法恢复正常营业，或者接管期限并未届满但接管人发现被接管的银行根本无法恢复的，监管机构可以下令关闭该银行并向法院申请进行破产清算，没有对接管失败的银行再进行司法重整的必要。① 也有学者认为，行政接管是对银行适用司法重整的选择性前置程序，一些规模较小、不易引发社会动荡或者系统性风险可控的问题银行，可以无须实施接管而直接令其进入司法重整程序。② 由原银监会受托起草的《银行业金融机构破产条例（草案）》［以下简称《银行破产条例（草案）》］第39条的表述是："接管工作完成后，银行业金融机构有《企业破产法》第2条规定情形的，银行业监督管理机构或者接管人经银行业监督管理机构授权，可以向人民法院申请对银行业

---

① 章于芳：《后危机时代我国银行接管法律制度研究》，博士学位论文，华东政法大学，2010，第116~117页。

② 吴林涛：《涅槃抑或坠落——论商业银行破产重整制度》，法律出版社，2014，第279页。

金融机构进行重整。"① 从《银行破产条例（草案）》的条文内容来分析，监管当局显然更倾向于将行政接管定位为银行业金融机构进入司法破产（包括司法重整和司法清算）的必经前置程序。这种制度框架设计的目的在于最大限度地挽救问题金融机构的持续经营价值，但却难免有重复救助之嫌，在立法过程中有部分学者对此提出了质疑。

第二个问题是行政清算与破产清算之间如何衔接。我国现有的对银行业金融机构进行清算的途径有两种：一是撤销后的行政清算，二是司法清算，前者的主要政策法律依据是《商业银行法》、《银行业监督管理法》和《金融机构撤销条例》等，后者主要由《企业破产法》和《民事诉讼法》以及与之配套的司法解释予以规范。由于现行立法未对行政清算的法律效果及其与破产清算的程序衔接等细节问题做出明确的规定，给相关法律实践带来了操作上的困难。例如根据《商业银行法》第 71 条的规定，商业银行被法院宣告破产后，将由法院组织监管机构等相关部门和人员成立清算组进行清算；但是监管机构是否或者应当何时撤销该银行的营业执照，法律语焉不详。再如，根据《金融机构撤销条例》第 8 条、《银行业监督管理条例》第 39 条和《农村资金互助社管理暂行规定》第 60 条的规定，农村资金互助社被监管机构撤销后，应当及时成立清算组进行清算，但是法律并没有明确如果清算组在清算过程中发现该互助社资不抵债时，是否应向法院申请宣告破产转入破产清算程序。

---

① 在 2006 年《企业破产法》颁布并实施后，国务院法制办曾酝酿过起草银行业金融机构破产条例的动议，并委托银监会负责具体事宜。银监会随后与中国政法大学联合展开具体工作，于 2008 年 4 月完成初稿，在由银监会征求各方意见后，于 2009 年初完成正式讨论稿。但由于受到 2008 全球金融危机的影响，该项立法工作止步不前。2011 年，权威媒体报道《银行业金融机构破产条例》草案重启，2013 年银监会曾对外表示正在征求意见，在银监会 2017 年 5 月 9 日公布的《中国银监会 2017 年立法工作计划》中，《商业银行破产风险处置条例》曾被明确列入 2017 年代拟行政法规，但该条例未能如期出台。银保监会成立后，原银监会和原保监会拟订银行业、保险业重要法律法规草案和审慎监管基本制度的职责被划归中国人民银行。2018 年 3 月 14 日，国务院对外公布《国务院 2018 年立法工作计划》，但该立法计划并未提及银行业金融机构破产条例。本研究报告所引用草案文本的出处为 2009 年完成的讨论稿。参见陈夏红《金融机构破产条例何以迟迟还不颁布？》，《法制日报》2018 年 4 月 4 日，第 12 版；刘丽靓《银监会正在制订银行业金融机构破产条例》，《证券日报》2011 年 7 月 8 日，第 A2 版；《中国银监会办公厅关于印发 2017 年立法工作计划的通知》，新浪财经，http://finance.sina.com.cn/money/future/in-du/2017 – 05 – 16/doc – ifyfecvz1488335.shtml，最后访问时间：2020 年 3 月 9 日。

第三个问题是银行业金融机构破产处置的启动条件不明确。在现行规则体系中，无论是行政处置，还是司法处置，都对破产处置程序的启动条件采取了概括主义立法，由于缺乏一套清晰并且具有可操作性的指导规则，实践中相关部门束手束脚，经常错失最佳的处置时机。一方面，《企业破产法》规定的司法破产程序不宜直接适用于以吸收存款、发放贷款作为基本业务的银行业金融机构。与普通企业不同，短期存款与长期借贷相结合的特殊经营方式使银行业金融机构经常会面临暂时性的流动性问题，但只要民众没有对其失去信心，后者完全可以通过同业拆借、人民银行提供的流动性贷款或者再贴现等方法来填补临时性的资金缺口。因此，以"明显缺乏清偿能力"或者"有明显丧失清偿能力可能"作为判断应否对银行业金融机构启动司法破产程序的标准，明显与现实脱节。同理，将"资产不足以清偿全部债务"用作判断标准也不合适。与普通企业相比，银行业金融机构的资产负债结构具有相当的特殊性：其负债业务中有相当部分属于或有负债①，不一定需要立即偿还；与此同时，受制于借款人的资信状况，其资产业务在承诺还款期届满时也不一定能够及时回收，因此，即使依据资产负债表和资产评估报告中的数据而得出"资不抵债"的结论，并不能准确地反映出该金融机构的真实经营状况，以此启动司法破产程序就会导致矫枉过正的偏差。另一方面，政策法律对行政破产程序启动条件的表述过于模糊，并且不同类别的规则之间还存在内容上的出入。以对农村信用社启动撤销程序为例，根据《金融机构撤销条例》第 5 条和《银行业监督管理法》第 39 条的规定，应当满足的条件是"有违法经营、经营管理不善等情形，不予撤销将严重危害金融秩序、损害公众利益的"；而根据《关于明确对农村信用社监督管理职责分工的指导意见》（以下简称《职责分工指导意见》）的规定，所应满足的条件则是"违法违规经营造成严重后果、已经发生支付风险或预警将发生支付风险，通过外部救助无法恢复其正常经营"。从规范性文件的效力等级上看，《金融机构撤销条

---

① 依据《企业会计准则第 13 号——或有事项》的定义，或有负债是指过去的交易或者事项形成的，其结果须由某些未来事项的发生或不发生才能决定的不确定负债。例如农村商业银行、农村合作银行、村镇银行等对客户作出的信贷承诺；或者以银行业金融机构为被告的未决法律诉讼、待裁决的上诉、索赔争议以及其他类似事件中，其可能承担的潜在债务。

例》与《银行业监督管理法》似乎要高于《职责分工指导意见》（后者属于国务院办公厅下发的规范性文件）①，但是"形式上的法律渊源概念不能完全解释法律的有效性"②，依赖于其背后强大的行政系统权力以及社会成员对中央政府的高度信赖，《职责分工指导意见》所创设的行为规则极有可能在事实上得到比《金融机构撤销条例》与《银行业监督管理法》更高程度的遵守。值得注意的是，近年来，为了明确银行业金融机构风险处置程序的启动条件，监管机构颁布了包括《商业银行监管评级内部指引》《农村信用社监管评级内部指引（试用）》《关于高风险农村信用社并购重组的指导意见》《贷款公司管理规定》《农村资金互助社管理暂行规定》等一系列规范性文件，试图通过可量化的标准来增强规则的可操作性，但是由于前述文件对相关部门启动行政破产处置程序均为授权性规定，未做强制性要求，行政破产处置程序的启动标准仍然具有相当大的不确定性和不可预期性。③

第四个问题是银行业金融机构破产处置的规则供给不完善。"宜粗不宜细"的立法指导思想和"成熟一部，制定一部"的"应急性"规则供给范式虽然可以暂时性满足我国金融高速发展的内在需要，但却严重背离了规则供给哲学中的基本原理，从而造成了我国银行业金融机构破产处置规则的诸多不完善之处。不完善一方面表现为立法内容上的不全面。以《企业破产法》为例，根据该法第84~89条的规定，重整方案必须先由债权人分组表决通过，并经法院审查批准以后，才能生效。但是与普通企业相比，银行业金融机构的债权人往往人数众多，极为分散，而且债权构成

---

① 本研究报告所称国务院办公厅下发的规范性文件，是指经国务院同意，由国务院办公厅下发的除行政法规以外的、可以反复适用的、具有普遍约束力的规范性文件。这类文件虽然不是《立法法》所确定的正式法律渊源，《立法法》也没有对"法律""行政法规""规章""地方性法规"与具有相同制定主体的"规范性文件"之间的效力等级关系作出明确界定，但是由于国务院的地位特殊，以及《立法法》所体现出的"效力等级取决于制定主体等级"的观念，理论界和实务界大多倾向于认为，这些规范性文件的效力尽管要低于宪法、法律和行政法规，但只要不与上位法的规定相抵触，其效力应当高于地方性法规和规章。参见黄金荣《"规范性文件"的法律界定及其效力》，《法学》2014年第7期；蔡小雪《国务院下属部门规范性文件的法律效力判断与适用》，《人民司法》2008年第4期。
② 贾圣真：《论国务院行政规定的法效力》，《当代法学》2016年第3期。
③ 方芸：《农村金融机构风险处置——以四川为例》，四川省社科规划2017年度项目研究报告。

复杂、数额差异巨大，用分组表决的方式通过重整方案需要耗费大量的时间，要求对金融知识几无所知的存款人参与讨论和表决亦不现实。与此同时，银行业金融机构的可持续经营能力在很大程度上是以其市场信誉作为生存基石的，一旦传出要进行重整的消息，其所拥有的资产就会迅速地发生贬值。如果依照前述《企业破产法》的规定行事，很可能在重整方案得以通过之前，该金融机构的资产就已经蒸发殆尽。此外，现行规则尽管赋予了地方政府对银行业金融机构的破产处置职能，但是地方政府参与处置的时机、方式和权限等重要的内容均语焉不详，对金融监管部门和地方政府在风险处置中的职责划分亦十分模糊，为实践中有关部门在银行业金融机构风险处置过程中相互推诿、沟通不畅埋下了隐患。存款保险基金管理机构在农村金融风险处置规则体系中面临着类似的困境。尽管《存款保险条例》赋予了存款保险基金管理机构对参保机构的早期纠正和破产处置职能，但却没有明确规定存款保险基金管理机构作为参保机构的接管人或清算人的适用条件，相关处置安排仍然需要存款保险基金管理机构与监管部门通过"个案协商"的方式来确定，效率低下且不具有可预见性。不完善另一方面表现为立法技术上的可操作性匮乏。以接管制度为例，在既有规则中，找不到一个具体的条款对接管人的选任机制与职责范围进行详细说明，对接管期间监管机构或接管人可以对被接管机构采取的处置措施语焉不详，这就大大增加了银行业金融机构的股东和高级管理人员等对接管后果的不可预期性，极有可能刺激相关主体在银行业金融机构陷入困境时，选择更加冒进的经营策略，企图通过投资一些高风险的项目来博取超额的收益，甚至有可能铤而走险进行违规操作。此外，现行政策法律虽然规定在对银行业金融进行破产处置期间，政府部门可以采取一定的救助措施，但并没有对救助的标准、方式、程序以及协调机制等问题做出明确规定，导致相关部门为了防止金融风险在体系内的传播，往往不计代价地投入公共资金实施救助，由此产生的负面影响一是助长了问题金融机构对公权力的依赖性，破坏了银行业公平竞争的市场环境；二是加重了中央和地方的财政负担；三是可能导致人民银行的货币供给量超出预定目标，从而影响货币政策的独立性和有效性。

综上所述，我国现行银行业金融机构破产立法，在宏观层面缺乏统一的处置模式架构，在微观层面缺乏明确的启动标准和具有连贯性和可操作性的规则供给，由此导致的必然结果就是相关部门只能选择"不确定的、非系统性的和次优的政策性调整来取代法律调整"①。

第四节　完善我国破产法的对策和建议

一　扩大破产法适用范围，建立个人破产制度

《企业破产法》在我国已经实施了 20 多年，这为处理个人破产事务积累了较为丰富的经验，而《民事诉讼法》《合伙企业法》等法律中也已经出现了关于个人破产制度的一些雏形设计。换言之，从立法技术层面来看，现阶段将破产法的适用范围扩大至非法人组织和自然人是完全可行的。2019 年 6 月，最高人民法院公布的《最高人民法院关于深化执行改革健全解决执行难长效机制的意见——人民法院执行工作纲要（2019 ~ 2023)》显示，人民法院将开展与个人破产制度功能相当的试点工作，为建立个人破产制度打下实践基础。2019 年 7 月 16 日，国家发展和改革委员会网站发布了由 13 个部门联合印发的《加快完善市场主体退出制度改革方案》，明确提出"研究建立个人破产制度，逐步推进建立自然人符合条件的消费负债可依法合理免责，最终建立全面的个人破产制度"。② 以上做法和提法被理论界和实务界广泛解读为个人破产制度或将被提上立法日程。

对于个人破产制度的立法体例，在理论上主要有两种观点。一是将现行的《企业破产法》更名为《破产法》，在该法中直接增加与个人破产相关的章节条款。采用此种立法体例的好处体现在两个方面。第一，从立法技术层面来看，《企业破产法》被扩展为《破产法》，实质上是采用破产法典的形式建立统一的破产法律制度体系，不仅节约了立法成本，同时也能够避免企业破产与个人破产双轨制下存在的法律冲突和衔接等问题。第

① 何畅：《现行商业银行破产法律制度存在的缺陷及完善对策》，《金融论坛》2003 年第 12 期。
② 《关于印发〈加快完善市场主体退出制度改革方案〉的通知》（发改财金〔2019〕1104 号），国家发展和改革委员会网站，http：//zfxxgk.ndrc.gov.cn/web/iteminfo.jsp? id = 16232，最后访问时间：2020 年 3 月 9 日。

二，从立法程序上来看，由于十三届全国人大常委会并没有将《个人破产法》列入其于 2018 年公布的立法规划中，因此如果要采取单行法的形式推出个人破产制度，只能通过调研立项，列入下一个五年立法规划，这就需要经过相当长的一段时间；相反，利用修改《企业破产法》的契机来建立个人破产制度可以大大缩短立法所需时间，因为按照"十三五"立法规划，《企业破产法》的修改已经被明确列入第二类项目，即"需要抓紧工作、条件成熟时提请审议的法律草案"。但是，采取这种立法体例也存在一些弊端，因为个人破产制度中有许多具有特殊性的内容只能适用于自然人，如果要在原来的《企业破产法》中增加与个人破产相关的内容和条款，势必要对该法进行大幅度的修改，在体系结构上几乎相当于推倒重来。由于现行《企业破产法》所构建的企业破产制度本身已经存在诸多问题，如果为了建立个人破产制度而对《企业破产法》进行大刀阔斧的修改，有可能因为过于仓促而徒留隐患。有鉴于此，一些学者倾向于采取第二种立法体例，即在《企业破产法》之外单独制定《个人破产法》。理由在于：第一，单独制定《个人破产法》从立法技术层面上看可以更好地进行处理，在该法中仅需规定个人破产的特殊程序与规则即可，无须重复《企业破产法》的内容；[①] 第二，实行企业破产和个人破产的双轨制在我国有先例可循。从我国破产法的立法历程来看，在《企业破产法》出台之前的很长一段时间内，实行的是国有企业破产和非国有企业破产的双轨制，先制定的《全民所有制企业破产法》属于一般法，后制定的《民事诉讼法》中的"企业法人破产还债程序"则属于特别法。对于个人破产和企业破产，也可以考虑沿用这种立法体例。

二是应当建立和完善个人财产申报和信用体系等配套制度，为个人破产制度的顺利实施提供支持。个人破产制度作为社会诚信体系的一部分，关联的政治、社会、经济问题非常多，与征信、失信惩戒等制度具有密不可分的联系。所有这些制度的出台，不存在主次先后的问题，而应当强调相辅相成，协同推进。具体而言，首先需要完善个人财产申报制度。在制定个人破产法所面临的诸多争议之中，一个首要的问题就是，建立个人破产制度是否会成为恶意逃债行为的"避风港"？诚如王欣新教授所言，"个

---

① 汤维建：《〈个人破产法〉的立法研究》，《山东警察学院学报》2010 年第 5 期。

人破产制度只是将债务人不能清偿这种现象从隐性状态变成显性状态，并通过制度为这一问题的解决寻找一个合理的法律渠道"。① 制定个人破产法的初衷，无疑是为了加大对恶意逃避债务者的惩戒力度，但是为了预防债务人隐匿财产逃避债务，必须进一步完善个人财产申报制度。个人应当在破产程序中如实向法院申报其财产，一旦被发现存在虚假申报的行为，就应当依法追究其法律责任。目前我国的民事诉讼法已经就财产申报制度做出了一些原则性的规定，这为与个人破产立法相配套的财产申报制度的建立健全奠定了法律基础。其次是要加强个人征信制度建设。学术界对我国建立个人破产制度的另一个争议焦点是，在个人征信制度特别是征信系统建设尚不完善的情况下，司法机关是否已经拥有了迅速查证债务人真实财产状况的技术与手段。如果答案是没有，那么建立个人破产制度是否会因此引发严重的社会信用危机？近年来，随着我国个人征信系统的不断完善、《征信业管理条例》的施行以及社会保障体系的逐步健全，建立个人破产制度的技术条件已经日趋成熟。目前我国已建成世界上收录人数最多、数据规模最大、覆盖范围最广的企业和个人信用信息基础数据库。中国人民银行公布的统计数据显示，截至 2018 年 8 月末，该数据库累计收录信贷信息 33 亿多条、公共信息 65 亿多条，为 2542 万户企业和其他组织、9.7 亿自然人建立了统一的信用档案。② 从世界范围来看，个人征信制度主要有三种建设模式：一是美国以三大个人征信公司为核心的完全市场化模式，二是欧盟以各成员国央行信贷登记系统为核心的行政主导型模式，三是日本以各个金融行业协会为核心的会员制模式。笔者认为，我国需要在学习借鉴其他国家和地区操作经验的基础上，充分利用先行先试的政策与后发优势，逐步建立适合我国国情发展的个人征信制度，并通过中央与地方两个层面的立法形成一套由信用基本法、部门规章和地方性法规等各类规范性文件构成的信用立法体系，用法治手段解决征信机构征信权的规范问题和信用主体信用权

---

① 贺斌：《个人破产制度："水到"才能"渠成"》，《中国新闻周刊》2019 年 7 月 29 日，总第 909 期。

② 周芬棉：《9.7 亿自然人信用信息被收录，征信法规体系逐步建立》，新华网，http：// www.xinhuanet.com/legal/2018－11/01/c_ 1123644373.htm，最后访问时间：2020 年 3 月 9 日。

的保护问题。

二 全面推广出售式重整，提高破产处置的质量和效率

考察国外破产重整制度的立法，结合我国的实际情况，笔者认为，相较于我国在破产重整实践中常见的如资产置换、增资扩股和资产债务重组等重整措施，出售式重整作为一项重整措施，其优点主要表现在以下几个方面。

首先，出售式重整有利于保存债务人企业的可持续经营价值。如前所述，重整措施就其会否对债务人的法人资格产生影响，分为存续型重整措施和出售式重整措施。增资扩股就是一种典型的存续型重整措施，通过增资扩股虽然可以改善问题银行的股本结构，使其资本金得到充实，但是仍然需要债务人企业将其资产无论好坏全部消化吸收，据此制定的重整方案可能使得债务人企业因为受累于不良资产的拖累，进而导致重整失败。反观出售式重整，其通过将债务人企业具有盈利能力的营运资产单独出售，可以保证该部分资产在收购者手中正常运营，维持甚至提高这部分营业本身的经济与社会价值，有利于提高债务人企业重整成功的可能性，达到保存债务人企业可持续经营价值的实质目的。

其次，出售式重整有助于缩短债务人企业重整所需花费的时间。采取存续型重整措施，用以清偿债权人的债务人财产，其主要来源是债务人企业的未来收益或者新引入的战略投资者提供的偿债资金，但从本质上讲，还是以前者作为主要的清偿保障。在重整实践中，这种运作方式面临着许多问题。第一，重整方案的执行期限通常较长，除了担保债权人可以就担保物或者从保证人中获得清偿以外，其他债权人利益实现所需要的周期很长。第二，重整方案中所预计的债务人企业的未来收益能否实现存在较大风险和不确定性。在出售式重整模式下，债务人企业的部分特定债务将随同其资产一并转移至收购方，使得债务人企业的债权人数量大为减少，为管理人对其剩余部分进行清算扫清了障碍，大大加快了重整的进程。

最后，出售式重整可以弥补我国重整市场化运作不足的短板。长期以来，如何引导市场的力量参与破产重整并减少不当行政干预一直是破产法理论界和实务界研究的焦点。出售式重整虽然也是在政府的参与和支持下实施的，但从协议本身的内容来看，仍然遵循的是平等自愿、诚实信用、

等价有偿等合同法的基本原则。债务人企业的资产和负债由收购方一并取得，不仅保存了债务人企业的可持续经营价值，同时也有利于收购方拓展其业务范围，扩大市场占有率，从而在市场化运作模式下实现收购方和出售方的双赢。

虽然我国的《企业破产法》并没有对重整措施是否可以包括出售式重整做出规定，但在破产实务中已有实践。私法领域"法无禁止即可为"的原则为我国在破产重整立法中引入出售式重整奠定了法律基础。笔者认为，破产重整制度应当重实质而轻形式，要摒弃关于重整就是要维持债务人企业法人人格存续的思维定式，在实践中全面推广出售式重整。

在我国过去的破产法实践中，曾经出现过一些破产企业甚至个别地方政府以挽救债务人企业的优质业务与资产为借口，恶意转移债务人的资产，欺诈侵害债权人权益的现象。① 采取出售式重整同样可能面临着这样的问题，因此，必须建立并健全保障债权人利益的各种法律防范措施。首先，债务人转让企业资产和业务必须严格遵循法律程序，坚持公开、公平、公正的原则。其次，如果有 2 家或者 2 家以上的企业表示愿意整体收购债务人企业的资产并承接部分特定债务，出售式重整应当通过公开竞价的方式进行，在同等条件下，管理人必须选择出价最高的买家作为最后的收购方。最后，管理人应当聘请社会中介机构对债务人企业的资产作价评估，要对债权人的质疑给予充分解释，持反对意见的债权人可以向法院起诉，法院可以对出售式重整的决定进行司法审查。

三　重构银行业金融机构破产制度

（一）建立行政程序与司法程序有效衔接的银行业金融机构破产制度框架

笔者认为，在未来我国银行业金融机构破产处置的法律框架设计中，应当首先考虑将处置进程划分为行政接管与司法破产两个阶段，并与对疑似问题金融机构的早期干预制度进行有效衔接，如图 7 - 1 所示。

---

① 王新欣：《重整制度理论与实务新论》，《法律适用》2012 年第 11 期。

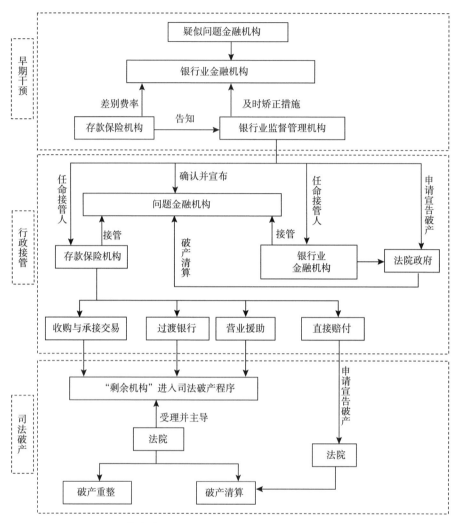

图7-1 未来我国银行业金融机构破产处置的法律框架设计

　　具体而言，我国银行业金融机构破产处置的法律框架可以按照以下结构进行设计和搭建。

　　首先，对疑似问题金融机构，根据类型不同，由存款保险基金管理机构和银行业监督管理机构负责实施早期干预。存款保险基金管理机构的早期干预的主要措施是实行风险差别费率，银行业监督管理机构的早期干预适用于所有的银行业金融机构，主要是指《商业银行监管评级内部指引》《农村信用社监管评级内部指引（试行）》《贷款公司管理规定》《农村资金互助社管理暂行规定》等规范性文件中确立的及时矫正措施，包括非正式矫正措施和正式矫正措施：前者如风险提示函、约见或者建议更换高级管理层成员、要求制定改善风险的自我整改计划等；后者如责令暂停部分业务、禁止开办新业务，限制股东分红或高级管理人员的薪酬，限制向其他金融机构融入资金或转让资产，责令调整董事、高级管理人员或者限制股东权利以及停业整顿等。及时矫正措施的选择适用是随着银行业金融机构风险程度的增大而逐级递进的，如果该疑似问题金融机构的各项要素持续恶化并突破了法定的最低要求，监管机构就必须及时确认并启动问题金融机构破产处置程序。

其次，对经银行业监督管理机构确认的问题金融机构，以行政接管的方法启动对问题金融机构的破产处置程序。如果接管人在完成对问题金融机构资产状况的全面调查后，认为该金融机构仍然具备恢复重建的可能性，可以根据需要采取包括收购与承接交易、过渡银行、营业援助、并购重组等在内的多项救助措施，最大限度地保存问题金融机构的可持续经营价值，避免风险外溢导致金融体系运行不稳定。考虑到贷款公司属于非银行业金融机构且不能吸收存款，银行业监督管理机构可以不启动接管程序而直接撤销其金融牌照，并向法院申请宣告破产并依照《企业破产法》实施破产清算。[①]

最后，对接管人认为救助无望、救助成本过高或者在接管期间救助失败的问题金融机构，以及进行资产剥离处置后的"剩余机构"可以进入司法破产程序。接管人在取得已参加存款保险的问题金融机构的控制权以后，如果认为该机构已无救助的必要性或者救助成本过高，经监管机构同意，可以在存款保险基金管理机构对储户进行直接赔付后，向法院申请宣告破产并对该机构依照《企业破产法》进行破产清算。在接管期间，如果对该问题金融机构的救助宣告失败，或者该机构未能如期完成重组或重组失败，接管人可以终止接管程序，向法院申请宣告破产并对该机构进行破产清算。如果接管人采取收购与承接交易等方式将问题金融机构的部分资产对外出售，当资产转让行为完成以后，经监管机构同意，接管人可以向法院提出申请，对"剩余机构"依照《企业破产法》的相关规定进行重整或者清算。

之所以采取这种阶段性制度框架设计，主要有以下几个方面的考虑。第一，我国的金融市场属于典型的银行导向型，金融资源的高度垄断同时

---

① 方芸：《农村金融机构风险处置——以四川为例》，四川省社科规划 2017 年度项目研究报告。

也意味着金融风险的高度集中，一旦银行业金融机构发生信用危机，就极有可能引发剧烈的社会动荡。这就要求我国银行业金融机构破产立法在进行制度框架设计时，必须把维护地区金融安全和社会稳定作为首要因素加以考虑。以接管的方式启动问题金融机构破产处置程序，不仅有利于与对该金融机构的早期干预程序顺利地实现对接，而且可以通过接管人实施的行政救助和行政重组尽可能地回收问题金融机构的市场价值，最大限度地促使该机构的经营实体可以通过另外一种形式继续在市场运营。第二，通过对经验事实层面的观察可以发现，虽然近年来相关部门为鼓励、引导和扩大民间资本进入银行业金融机构出台了一系列支持政策，但是我国的民间资本在进入银行业时仍然面临着经济、政策和法律层面的种种障碍。当接管人将问题金融机构具有可持续经营价值的资产剥离出售后，尽管从资产负债表上看，"剩余机构"早已资不抵债，名存实亡，但是就其金融牌照的稀缺性和未来获取高额垄断利润的可能性而言，对于民间资本仍然具有很强的吸引力，后者完全可以通过增资扩股、资产债务重组、兼并收购等方式进入"剩余机构"，参与其产权改革并取得实际控制权，而无须像设立一家新的金融机构那样经过漫长的审批和等待。因此，在对"剩余机构"进行破产处置时，《企业破产法》上以多边协商机制为核心的司法重整程序比行政性并购重组更有利于民间资本进行市场化的运作。

（二）完善问题金融机构的识别标准，细化破产处置程序的启动条件

明确问题金融机构的基本特征，形成统一的判定标准是及时启动破产程序，对其实施行政救助的前提条件。如前所述，为了细化银行业金融机构破产程序的启动条件，我国的银行业监督管理机构颁布了包括《商业银行监管评级内部指引》《农村信用社监管评级内部指引（试用）》《贷款公司管理规定》《农村资金互助社管理暂行规定》等一系列规范性文件，希望充分发挥监管机构的专业特长和经验优势，对问题金融机构的识别标准进行科学的量化处理。在引入风险系统综合评估机制后，只要银行业金融机构的资本水平或者综合评价指标跌破了监管机构所设立的最低标准并且经过自我整改后仍然未能在规定期限内达标，监管机构就可以立即启动对该金融机构的破产处置程序。

笔者建议，在未来的银行业金融机构破产立法中，应当将《企业破产

法》《商业银行法》《银行业监督管理法》等法律法规中设立的定性标准与银行业监督管理机构在风险系统综合评估机制中设立的量化标准结合起来，对问题金融机构破产程序的启动条件做如下规定，凡银行业金融机构有下列情形之一的，监管机构可以依法对该机构启动风险处置程序：（1）不能清偿到期债务，并且资产不足以清偿全部债务或者明显缺乏清偿能力，已经或者可能发生信用危机的；（2）有明显丧失清偿能力的可能，并且可能引发挤兑等严重影响存款人和其他客户合法权益的；（3）资本充足率低于2%并且未能在银行业监督管理机构规定的期限内补足的；（4）发生挤兑、重大损失案件等突发性事件的；（5）综合评级结果为5级或5级以上，并且未能在银行业监督管理机构规定的整改期限内达标的；（6）监管机构认定的其他情形。与此同时，为了杜绝"监管宽容"问题，避免错过启动破产处置的最佳时机，建议法律在赋予监管机构对启动银行业金融机构破产处置程序一定的自由裁量权的同时，对不能清偿到期债务，并且资产不足以清偿全部债务或者明显缺乏清偿能力的，并且已经发生挤兑的问题金融机构，明确规定监管机构负有立即启动破产程序的法定义务。

（三）明确存款保险基金管理机构在银行业金融机构破产处置中的管理人身份

对于银行业金融机构破产管理人的选择，在我国现行法律体系和制度环境下，主要有四种方案可供选择：一是由地方政府担任，二是由律师事务所、会计师事务所、破产清算事务所等社会中介机构及其专职从业人员担任，三是由商业银行、金融资产管理公司等金融机构担任，四是由存款保险基金管理机构担任。

由地方政府担任问题金融机构的破产管理人，从一方面来看，虽然得到了现行政策法律文件的确认，在实践中也应用得最多，但是从制度构建的角度来分析，却是弊端最为突出的。如前所述，地方政府特别是市（州）、县（市、区）地方政府除了管理地方经济发展，常常还是地方金融机构的大股东，由其担任这些问题金融机构的接管人，不仅会给整个破产处置的过程抹上浓厚的地方政府干预色彩，而且几乎无法避免因地方政府的多重身份而引发利益冲突，在某种程度上相当于又回到了"政企不分"的老路上。从另一方面来看，银行业金融机构的破产管理人具有极强的专业性和时效性要求，管理人必须在很短的时间内依据自身的专业能力迅速制定出最佳的风险处置方案并加以实施，由地方政府出任显然无益于前述目的的实现，其作用只需要通过外部的协作配合即可实现。

　　由社会中介机构及其从业人员组成专业化的队伍担任问题金融机构的破产管理人，可以保证管理人的独立性和中立性，而且能够为金融机构在行政重组过程中涉及的大量财务会计、资产评估和法律等方面的事务提供专业化的服务。还有学者提出，我国的银行业协会也可以纳入破产管理人的备选范围，理由是作为行业自律性组织，银行业协会的职责包括行业自律、维权、协调、服务以及银行业监管机构委托、交办的事项，由其担任问题银行的破产管理人可以在银行利益维护和监管机构职权行使之间起到协调和平衡的作用。① 在 2008 年金融危机发生后，成立专职的金融资产管理公司已经成为各个国家和地区处置问题金融机构的常见手段，例如印度的 FRDI 草案中拟组建的风险处置公司。我国在 1999 年由财政部出资成立了长城、东方、华融、信达四家金融资产管理公司，从中、农、工、建四家国有商业银行和国家开发银行收购、处置了近 1.4 万亿元政策性不良资产和 1.2 万亿元商业性不良资产。② 在完成了政策性处置任务后，目前四家公司正在向多元化的金融控股集团发展。由金融资产管理公司担任问题金融机构的接管人，可以充分发挥其多年以来在银行不良资产处置方面所积淀的专业优势和操作经验。此外，我国的银行业监督管理机构也曾有过委托大型商业银行以托管人的身份参与被撤销金融机构清算事务的先例，例如在 1998 年海南发展银行倒闭案中，人民银行就指定了中国工商银行来托管海南发展银行的债权债务。③ 由商业银行担任问题金融机构的接管人，

---

① 管斌、张东昌：《我国商业银行接管制度的立法评析与完善》，《经济法研究》2013 年第 1 期。

② 陈成：《金融资产管理公司如何转型》，《学习时报》2012 年 12 月 3 日，第 4 版。

③ 1997 年 5 月，海南省的许多城市信用合作社发生支付危机，中国人民银行于 1997 年 12 月决定由海南发展银行（以下简称海发行）合并其中的 28 家发生大面积支付危机的城市信用合作社，并对另外 5 家已经实质破产的城市信用合作社的债权债务进行托管，以保证对存款本金和利息的支付。但储户的挤兑行为并未因合并和托管而停止，反而使得海发行受到挤兑风潮的牵连而陷入困境。在海发行发行债券的计划宣告失败后，中国人民银行陆续向海发行提供了近 40 亿元的再贷款，仍然无法挽救其支付危机。为防止风险进一步蔓延而引发区域性金融危机，中国人民银行于 1998 年 6 月 21 日发布公告称对海发行进行关闭清算。参见中国人民银行网站，http://www.pbc.gov.cn/publish/bangongting/91/2011 20111220095627560465214/20111220095627560465214_.html，最后访问时间：2020 年 3 月 9 日。

其优势在于可以将前者成功的经营管理经验引入后者，提高问题金融机构在接管阶段重组成功的概率。

由存款保险基金管理机构担任破产管理人的主要优势体现在以下几个方面。第一，从组织机构及其成员的稳定性来看，无论是社会中介机构，还是金融资产管理公司或者商业银行等市场金融机构，都存在临时性组建、匆忙上阵的问题，而存款保险基金管理机构既具备了专业化的技能，同时还拥有相对固定的机构组织和从业人员。第二，从信息获取能力来看，根据我国《存款保险条例》的规定，存款保险基金管理机构不仅可以通过与其他金融管理部门建立的信息共享机制获取有关投保机构的信息，而且还有权要求投保机关报送自己所需的其他相关信息①，相较于社会中介机构和商业银行等金融机构，存款保险基金管理机构拥有更强的信息获取能力。第三，从权力制衡的角度来看，存款保险基金管理机构独立于银行业监督管理机构之外，不受其管辖，能够有效遏制监管机构在风险处置过程中滥用权力进行过度的行政干预。第四，从成本控制的角度来看，由存款保险基金管理机构以接管人的身份主持对问题金融机构的行政救助，有利于控制存款保险基金的支出，实现处置成本最小化。

笔者认为，在社会中介机构、金融资产管理公司和存款保险基金管理机构三者之中究竟应当由哪个机构来担任银行业问题金融机构的破产管理人更为合适，应当结合中国的现实国情加以考虑。银行业金融机构破产制度设计中最重要的一点在于其首要目标是维护地区金融体系运作的稳定性，防止金融风险在系统内扩散蔓延，对于破产管理人而言，可谓是任务重、时间短、压力大。我国的社会中介机构就其整体发展水平而言，还不能与西方发达资本主义国家相提并论，中介机构执业行为不规范，从业人员素质不佳，特别是缺乏应对突发性社会事件的经验等问题仍然较为突出，就目前而言恐怕难以胜任问题金融机构破产管理人这一重任。关于金融机构与存款保险基金管理机构孰优孰劣的问题，2015 年出台的《存款保

---

① 《存款保险条例》第 14 条规定：存款保险基金管理机构参加金融监督管理协调机制，并与中国人民银行、银行业监督管理机构等金融管理部门、机构建立信息共享机制。存款保险基金管理机构应当通过信息共享机制获取有关投保机构的风险状况、检查报告和评级情况等监督管理信息。前款规定的信息不能满足控制存款保险基金风险、保证及时偿付、确定差别费率等需要的，存款保险基金管理机构可以要求投保机构及时报送其他相关信息。

险条例》和还在制定过程中的《银行破产条例（草案）》做出了不同的回应。《银行破产条例（草案）》规定接管人由银行业监管机构在金融资产管理公司、商业银行等金融机构中进行选择和任命，存款保险基金管理机构的职责仅是依照法定限额向储户进行清偿或者将逾期未申请兑付的存款债权予以提存。① 但是《存款保险条例》第 19 条却明确规定存款保险基金管理机构可以担任投保机构的接管人。因为《存款保险条例》是由人民银行负责起草的，而《银行破产条例（草案）》是由原银监会牵头制定的，立法内容的冲突在实质上反映出人民银行和银行业监督管理机构对存款保险机构能否担任银行业金融机构接管人这个问题持有完全相反的态度。根据2018 年 3 月 13 日十三届全国人大一次会议审议通过的《国务院机构改革方案》，银监会和保监会合并组建银保监会之后，原银监会和原保监会拟订银行业、保险业重要法律法规草案和审慎监管基本制度的职责被划入了人民银行。据此可知，银行业金融机构破产处置条例的起草工作将转由人民银行负责，银行业金融机构接管人的选任之争极有可能以确认存款保险基金管理机构接管人身份作为分歧终结的标志。考虑到在对问题金融机构的风险处置过程中，会涉及大量的不良资产处置问题，而四大金融资产管理公司在不良资产处置领域具有丰富的实践经验以及在平台、牌照等方面的优势，建议未来的立法在明确存款保险基金管理机构作为问题金融机构破产管理人职责的同时，进一步规定存款保险基金管理机构可以将资产处置的具体工作委托给金融资产公司实施，以提高资产回收的效益和价值。

---

① 《银行破产条例（草案）》第 7 条规定：存款保险基金管理机构应当依法对被实施接管或者破产的银行业金融机构的存款人进行赔付。第 27 条规定：接管人应当根据被接管的银行业金融机构会计账册和有关凭证，对存款债权予以确定和登记，并报告存款保险基金管理机构和银行业监督管理机构。存款保险基金管理机构对存款债权确认后，经会商银行业监督管理机构后发出兑付公告。存款人应当在兑付公告规定的期限内，持存款凭证申请兑付，存款保险机构依照法定限额向存款债权人进行清偿。逾期未申请兑付的存款债权，存款保险机构应当予以提存。

第八章　票据法立法问题研究

《中华人民共和国票据法》于 1995 年 5 月 10 日颁布，1996 年 1 月 1 日正式实施，是新中国诞生后的第一部票据法。它的公布施行标志着我国票据市场法制化道路的历史性开端，具有划时代的进步意义。它对于维护我国社会主义金融秩序，促进市场经济飞速发展，繁荣票据市场起到过非常积极进步的推动作用，是一部非常重要的从无到有的开创性法律。但同时我们也应当客观清醒地认识到，受立法之时特定的历史环境制约，票据法存在着先天的不足。从 1996 年实施至今的 24 年中，尽管国内经济社会各方面的环境形势已经发生了翻天覆地的变化，情势早已迥异于制定之初的立法背景，但是，票据法的内容却并未进行与时俱进的大范围修改，仅仅在 2004 年 8 月 28 日做了一次小幅度的调整，而这一小修迄今也已经 16 年了。毫无疑问，现行票据法无论从理念上还是制度上，都远远滞后于当今巨变的社会主义市场经济环境，与票据市场的飞速发展并不匹配，在相当程度上阻碍了票据在市场经济中积极作用的有效发挥，桎梏了我国票据市场的健康生长与可持续发展，也不利于我国金融体制改革的顺利推行。因此，在当前形势下，对票据法进行全面的检视与省思是极为迫切和必要的。

第一节　我国票据法立法理念的审思

我国票据法自诞生以来，就一直因并未明确规定票据无因性原则，反而规定了对票据无因性造成严重妨碍否定和不当限制的第 10 条"真实交易关系原则"和"对价原则"而备受争议和质疑，这一做法不但违背了国际通行的票据法理和立法惯例，也违背了票据自身天然具有的、根本的流通属性。票据法的这一硬伤导致了制度规范及司法实践上的冲突和混乱，成为扼制我国票据制度和市场发展的桎梏。

一 问题的提出

（一）从"同案不同判"的司法乱象说起

××银行苏州吴中支行曾于 2012 年和 2013 年分别为同一票据贴现申请人办理过两笔银行承兑汇票贴现业务。之后，两张汇票的出票人均以该行在贴现审查过程中存在重大过失为由对其提起了诉讼。两案都同样经历了两审程序，前案历经济南市中院、山东省高院，后案则历经成都市武侯区法院和成都市中院。两案的基本案情也极为相似，都是出票人以贴现为目的虚构交易签发汇票，银行承兑后交由收款人签章背书，再交由出票人委托的第三人办理贴现。几经中转，最后都交由同一贴现申请人办理贴现。吴中支行在贴现环节中均审查了申请人递交的贴现申请书，贴现申请人的主体资格、开户情况，经其背书未到期商业汇票，贴现申请人与其前手之间的增值税发票以及商品交易合同复印件，并均通过支付系统向汇票的承兑行进行了查询查复。从形式上看，两张票据均背书连续、形式无瑕疵，无挂失止付。因而，银行均支付对价，办理了贴现。后经查，该贴现申请人为专门从事贴现业务的中介公司，两票据上流转环节的背书签章均为该公司以其购买或伪造的印章自行加盖。两案最大的不同之处在于，前案中出票人获取了部分贴现款，而后案中因受托人过错汇票被骗，出票人分文未得。几乎同样的案情，两地法院却非常遗憾地对同一主体做出了截然相反的判决。山东案两审判决均认定吴中支行"已经尽到审查义务，不存在重大过失"。[①] 而成都案则认定吴中支行"未尽到基本审查义务，存在显著的重大过失"。[②] 造成这种"同案不同判"的根本原因在于两地法院对于票据法中的"重大过失"和"真实交易关系"存在不同的理解，并适用了完全不同的审查标准。

关于票据法上"重大过失"的认定，一直是票据纠纷案件司法实践中

---

① （2014）济商初字第 19 号民事判决书和（2014）鲁商终字第 264 号民事判决书。
② （2015）武侯民初字第 9423 号民事判决书。

争议较大的问题。《票据法》中有三个条文提及重大过失，分别是第 12 条第 2 款①、第 57 条第 2 款②和第 92 条③。不过，对于重大过失的具体情形及认定方法，《票据法》却并未做出任何规定。《票据管理实施办法》（以下简称实施办法）中也完全没有提及。目前，只有《最高人民法院关于审理票据纠纷案件若干问题的规定》（以下简称"若干规定"）第 69 条第 1 款④和第 70 条⑤对其做了简单列举。但这仅有的四项情形远不周延，完全不能满足错综复杂的司法审判需求。因此，法院往往以付款人在"真实交易关系"上的审查义务作为判断重大过失的主要标准和依据。

《票据法》第 10 条规定，"票据的签发、取得和转让，应当遵循诚实信用的原则，具有真实的交易关系和债权债务关系。票据的取得，必须给付对价，即应当给付票据双方当事人认可的相对应的代价"。但对于真实交易关系及对价的内涵和法律效果、贴现人及付款人的审查义务、具体的司法审查标准等重要内容，《票据法》、实施办法和若干规定均未加以规定。只有《商业汇票承兑、贴现与再贴现管理暂行办法》第 19 条⑥及《支付结算办法》第 92 条⑦第（三）项对贴现人审查义务做出了简略解答。然

---

① 《票据法》第 12 条第 2 款规定：持票人因重大过失取得不符合本法规定的票据的，也不得享有票据权利。
② 《票据法》第 57 条第 2 款规定：付款人及其代理付款人以恶意或者重大过失付款的，应当自行承担责任。
③ 《票据法》第 92 条规定：付款人依法支付支票金额的，对出票人不再承担受委托付款的责任，对持票人不再承担付款的责任。但是，付款人以恶意或者重大过失付款的除外。
④ 《最高人民法院关于审理票据纠纷案件若干问题的规定》第 69 条第 1 款规定：付款人或代理付款人未能识别出伪造、变造票据或者身份证件而错误付款的，属于票据法第 57 条规定的重大过失，给持票人造成损失的，应当依法承担民事责任。付款人或代理付款承担责任后有权向伪造者、变造者依法追偿。
⑤ 《最高人民法院关于审理票据纠纷案件若干问题的规定》第 70 条规定：恶意与重大过失主要包括以下几种情形：（一）未依照票据法第 57 条规定对提示付款人的合法身份证明或者有效证件以及汇票背书的连续性履行审查义务而错误付款的；（二）公示催告期间对公示催告的票据付款的；（三）收到人民法院的止付通知后付款的；（四）其他以恶意或者重大过失付款的。以上情形若发生，则付款人及其代理人就当自行承担责任。
⑥ 《商业汇票承兑、贴现与再贴现管理暂行办法》第 19 条规定：持票人申请贴现时，须提交贴现申请书，经其背书的未到期商业汇票，持票人与出票人或其前手之间的增值税发票和商品交易合同复印件。
⑦ 《支付结算办法》第 92 条规定：商业汇票的持票人向银行办理贴现必须具备下列条件：（一）在银行开立存款账户的企业法人以及其他组织；（二）与出票人或者直接前手之间具有真实的商品交易关系；（三）提供与其直接前手之间的增值税发票和商品发运单据复印件。

而，这两个由中国人民银行于 1997 年先后颁布的部门规章对其规定却并不一致。前者要求审查"增值税发票和商品交易合同复印件"，后者则要求审查"增值税发票和商品发运单据复印件"。对同一发布主体的规范冲突的解决机制从理论上讲是毫无争议相当简单的，一般适用后法优于前法的规则。对于这两个部门规章，单从冲突规范的时间效力上来说，似乎应当以后者为准。但从之后中国人民银行的态度和其他规范性文件的表述上来看，具体的审查要求又每每出现反复。有要求审查经济合同、增值税发票和发运单据复印件的①，也有只审查增值税发票、贸易合同复印件，必要时才查验增值税发票原件的②。中国人民银行在真实交易关系审查义务这一问题的态度上反复不定，使得法院在票据法律法规及司法解释严重供给不足的情况下，同时也缺乏了统一明确的行业参照标准，这更增加了司法裁判中对真实交易关系和重大过失理解适用及最终认定上的困难，法院理解认识上的分歧就此导致了"同案不同判"的司法混乱。

我国的司法实践中，对于真实交易关系的审查，始终同时存在着两种截然相反的"双重"审查标准：一是较为宽松的形式审查标准，以票据无因性原则为其理论基础，坚持票据关系和基础关系相分离，对基础关系尤其是票据原因关系只做形式上的审查；二是较为严格的实质审查标准，以《票据法》第 10 条作为论证依据，要求对基础关系的真实性做实质性审查。前文中两地法院"同案不同判"的结果，正是因为分别采用了上述两种不同的审查标准所导致的。事实上，我国各地法院在此类票据纠纷中从未形成过统一的认识和标准，这种"同案不同判"的司法乱象屡见不鲜，甚至连最高人民法院的态度也都出现过反复，曾经分别采用过这两种标准，在不同的判决裁定中做出过彼此相互矛盾的论证和裁决。在侯马建行案中采用了实质审查标准，认为"……未能提交增值税发票原件的情形下办理了贴现，应认定其未按照正常工作规程尽到审查义务，侯马建行具有重大过失"。③ 而在青岛海晶化工与潍坊银行案中则采用了形式审查标准，认为"……同时审核了商品交易合同及增值税发票复印件，亦对出票行进行了查询；在关涉基础交易关系相关资料的审核中，虽有疏忽，但不构成

---

① 《关于加强支付结算管理保障银行和客户资金安全的通知》（1999 - 3 - 24）。
② 《关于切实加强商业汇票承兑贴现和再贴现业务管理的通知》（2001 - 7 - 24）。
③ 最高人民法院（2011）民提字第 84 号民事判决书。

重大过失"。① 最高人民法院对真实交易关系及票据无因性这种前后矛盾、摇摆不定的态度更是加剧了这种司法混乱。

在目前这两种截然对立的"双重"审查标准并行适用的司法环境下，法院最终会采用哪种标准裁判案件完全依法官个人对法律的理解和偏好，当事人很难单凭事实和法律做出可期待的合理预测和判断，裁判过程和结果具有极大的不确定性，这严重伤害了法律和司法的公信力和权威性。追根溯源的话，这种司法上的混乱根源于票据法在立法上的混乱，而立法上的混乱又主要根源于票据法立法理念上的冲突和错位。唯有回望矛盾冲突的本源，从源头上对立法理念进行厘清和纠偏。

（二）从规则冲突到价值冲突

1. 规则冲突——票据无因性原则与真实交易关系原则的冲突

现代票据法理论认为，票据是一种无因证券，这是票据无因性理论的核心。建基于萨维尼首创的民法制度中物权行为无因性理论之上、由德国学者巴尔发展出来的票据无因性理论和原则现在已经成为世界各国票据法律制度和理论的通说，是目前两大票据法体系共同承认的基本理论和制度基础，二者都对票据无因性怀抱肯定和支持的态度，均将无因性作为票据立法的基本原则。可以说，"无因性是现代票据制度的灵魂，票据在商品经济发展中所发挥的作用，都是以票据无因性原则作为基石"。② 现在，除了法国还囿于历史的原因，仍然要求票据有因外，世界各国票据法都普遍认为票据是无因证券，"甚至即便在法国，立法机关也在考虑修改票据法以适应社会经济生活的需要并使之符合国际立法通例"。③ 我国票据法虽然没有明确规定票据无因性原则，但从整个票据法律制度的精神实质和司法审判实践的态度上来看，是秉承着日内瓦统一票据法体系的理念，承认票据无因性原则的。票据法司法解释《若干规定》第 14 条规定，"票据债务人以票据法第 10 条、第 21 条④的规定为由，对业经背书转让票据的持票

---

① 最高人民法院（2013）民申字第 4 号民事裁定书。
② 张奇：《从票据无因性看我国〈票据法〉的缺憾》，《法制与经济》2008 年第 10 期。
③ 蒋大兴：《〈票据法〉的立法缺陷及其完善》，《河北法学》1996 年第 4 期。
④ 《票据法》第 21 条规定：汇票的出票人必须与付款人具有真实的委托付款关系，并且具有支付汇票金额的可靠资金来源。不得签发无对价的汇票用以骗取银行或者其他票据当事人的资金。

人进行抗辩的，人民法院不予支持”，这一规定通常被国内学者视为票据无因性原则在中国得到法律确认和具体适用的明证，认为若干规定 14 条是更加与国际通行的现代票据理论相契合的。

而《票据法》第 10 条中的“真实交易关系”和“对价”则明显属于票据基础关系的范畴，前者属于票据原因关系，后者属于票据资金关系，第 10 条将票据关系与作为其前提基础的应由民法加以调整的经济上的交易关系联系起来，理论上将票据的签发、取得和转让这三种票据关系与票据基础关系混淆规定在一起，使得票据权利的效力受到了票据基础关系效力的牵连和影响，违背了国际公认的票据关系一经产生即与票据基础关系相分离和独立的最基本的无因性原理，触及了票据法的核心理论和基本原则——票据无因性原则——的底线。从理论角度看，这种票据关系与票据基础关系之间不适当的牵连，违背了国际公认的票据无因性原理。从事实角度看，这种有因性规定极大地限制了持票人使用票据完成支付的范围，降低了票据的流动性水平。

2. 理念价值冲突——流通与安全

票据无因性原则与真实交易关系原则的冲突折射出了更深层次的票据法立法理念和价值之间的冲突。流通与安全都是票据法所保障的重要理念价值。票据无因性强调票据的流通价值，而真实交易关系侧重保障支付安全价值。而当二者发生价值冲突时，我国立法者优先保障的是安全。目前，我国票据法的核心立法理念是保障安全，奉行安全价值至上。《票据法》第 1 条开篇就指出，“为了规范票据行为，保障票据活动中当事人的合法权益，维护社会经济秩序，促进社会主义市场经济的发展，制定本法”，非常清楚地表明了我国票据法将安全价值列于首位的强烈决心和意志。“票据法的首要价值取向显然并不在于保护票据权利和促进票据的流通性，而是注重规范票据行为，维护社会经济秩序，强调票据使用的安全性，这种立法理念决定了整部票据法的性格，所有具体制度，不管是票据种类、票据权利制度、票据行为制度，还是票据挂失止付制度，都着重强调票据使用的安全性，忽略票据流通的重要性，这既有悖于现代票据法的发展趋势，也有悖于我国经济生活的现实。”[1] 现行票据法过度地限制了票

---

[1] 吴京辉：《〈票据法〉修订：私法本性的回归》，《法商研究》2013 年第 3 期。

据的流通属性，比如，"真实交易关系原则对非商品类交易的排除；对价原则对未支付或未支付相对应对价的持票人权利的否定；严格限制票据的种类，不承认商业本票；不承认票据的交付转让；不承认空白授权票据和空白背书等等规定"①，都对票据的流通转让构成了实质性的限制和妨害，极大地削弱了票据的流通效率。同时，票据法过于重视对银行安全利益的保护，有时甚至不惜牺牲善意持票人的权利以及票据的流通性。如《票据法》第 8 条规定，"票据金额以中文大写和数码同时记载，二者必须一致，二者不一致的，票据无效"。这种简单严苛僵化的票据金额记载方式和判断标准就是非常明显的例证。这一规定仅仅单方面考虑并侧重于银行方面的利益维护和风险防范，却完全否定了票据持有人的权利。事实上，"大多数国家和地区的通行做法是区分不同情况，分别规定在重复记载的数额中以某一数额记载为票据金额，基本不采取直接认定票据无效的做法"②，从而尽可能积极有效地保护持票人的权利，促进票据流通。

二　对安全至上立法理念正当性的反思

我国现行票据法奉行的是安全至上的立法理念，其赖以存在的核心基础是真实交易关系原则。真实交易关系原则对票据流通构成了最核心、最致命的侵害，其无论从理论、现实及法律上都缺乏必要的正当性。

（一）对真实交易关系原则理论正当性的反思

我国真实交易关系原则的理论基础是 18 ~ 19 世纪英国经济学上著名的"真实票据理论"。《票据法》第 10 条第 1 款正是基于这一金融理论而创设的。首次系统权威性阐述真实票据理论的学者是亚当·斯密。他认为，"只要纸币的发行总量不超过原本在任何一个经济活动水平下所需流通的金属货币总量，纸币就不会贬值"③。该理论强调，为确保资金的流动性和安全性，银行信贷应以真实的商品交易为基础，放款必须以真实的票据为凭证，只有如此，银行信贷才不会过剩并产生通货膨胀。具体表现为，为

---

① 郑孟状：《论〈票据法〉的修订》，《宁波大学学报》（人文科学版）2013 年第 1 期。
② 赵新华：《〈票据法〉上票据金额记载规定的立法完善》，《法学》2011 年第 9 期。
③ 〔英〕亚当·斯密：《国富论》，唐松日等译，华夏出版社，2005，第 222 页。

保证银行信贷资金只流向真实的商品生产和交易，银行放款只能对具有真实交易背景、且带有自动清偿性质的短期（一般不超过一年）"真实票据"提供贴现和抵押融资。这一理论在相当长的时期内支配和指导着商业银行的资产管理和业务经营，直接影响着票据法和银行法的态度和倾向，在自由资本主义时期曾经长期占据统治地位，产生过巨大的影响。银行通过信贷控制，尽力使货币供给与真实商品生产流通保持同步，在一定程度上避免了信贷过度扩张导致的通货膨胀。在这一背景下，美国 1913 年的《联邦储备法》正式采纳了真实票据理论，并以此为依据设置了一整套信贷供给与生产流通环节直接挂钩的管控机制。至此，真实票据理论发展至其巅峰。

然而，由于真实票据理论自身的理论局限、垄断资本主义经济外在形势和内在要求的巨大变化，最终使得曾经红极一时的真实票据理论的缺陷日益凸显。"真实票据理论认为存款是商业银行资金的主要来源，而且存款随时可能被提取，商业银行为了保证贷款及时回收，只能发放与真正商品生产交易行为相联系的自偿性票据"①，"但却忽略了银行短期存款的相对稳定性和长期存款比重上升的可能性"②，忽略了商品交易以外的其他放款需求，无法适应资本主义经济发展深化和外部环境变化对贷款需求扩大和贷款种类多样化的要求，使商业银行的业务经营受到极大限制，并不适用于整个商业银行系统。此外，"真实票据""合格票据"易于以人为"空转对倒"方式加以炮制，在审查实践中难以认定和确实执行，自偿性难以有效保障，银行信贷与实际货币需求量之间动态反应滞后等理论和实践上的巨大局限性，使其并不能有效控制票据市场的泡沫，难以阻止信贷的过度扩张。这些局限性在美国 1929～1933 年的经济大萧条中被充分地暴露出来，真实票据理论终因未能有效发挥货币调节供给功能和扼制恶性通货膨胀而广受批判。美国 1935 年《银行法》的出台及其对"合格商业票据"的解限，标志着美国对真实票据理论实践应用的彻底失败和正式放弃。可见，真实票据理论对于宏观意义上金融风险的防范效果并不理想，难以有效抑制"票据空转对倒"，同时，它否定票据的无因性，对微观意

---

① 王煦逸：《商业银行客户资信评价模糊综合判别模型及其敏感性分析》，博士学位论文，复旦大学，2003。
② 于永达：《论日本商业银行的几个问题》，《日本研究》1997 年第 4 期。

义上的票据流通也产生了极大的阻碍，严重束缚了票据市场的健康发展。如今，真实票据理论在金融调控技术、金融法律制度等方面明显落后于时代要求，与现代金融监管调控的理念难以契合，早已不再是学界的主流学说，远被时代所抛弃，并"已被金融界以更合理、灵活、有效的信用控制手段所取代"。①

（二）对真实交易关系原则现实正当性的反思

真实交易关系原则的雏形肇始于 1988 年 6 月 8 日上海市人民政府颁布实施的《上海市票据暂行规定》（1989 年 8 月 1 日失效）第 7 条第 3 款②中"以合法的商品交易为限"的相关规定。之后 1988 年 12 月中国人民银行发布的《银行结算办法》（1997 年 9 月 19 日失效）沿用并发展了这一规定，提出了"签发商业汇票必须以合法的商品交易为基础"。1995 年《票据法》将其表述进一步修改为"真实交易关系"，并将其确定为一项基本原则。票据法律、法规和司法解释对此仅是点到即止，均没有可供理解和操作指引的进一步具体规定。真实交易关系规范体系③主要是由中国人民银行通过规章和一系列行政规范性文件逐步建立起来的。此外，从真实交易关系规范体系的构成可以看出，中国人民银行只在首部票据法颁布之后的前两年相继制定了一部行政法规、两部部门规章，其余全部为低层级的行政规范性文件。作为《票据法》第 109 条明确授权创制行政法规的行政立法机关，在近 20 年间一直怠于行使高层级的立法权，始终以政策代替法律。并且，由于不够严谨和规范，各规范性文件之间在审查义务等关键性内容要求的表述上经常反复随意变动，缺乏一致性、连贯性，更进一步加

---

① 黄达：《货币银行学》，中国人民大学出版社，2000。
② 《上海市票据暂行规定》第 7 条第 3 款规定：商业汇票和商业本票的签发，以合法的商品交易为限。
③ 由中国人民银行制定发布的主要有：《关于进一步加强银行结算管理的通知》（1997 - 4 - 16）、《商业汇票承兑、贴现与再贴现管理暂行办法》（部门规章）（1997 - 5 - 22）、《票据管理实施办法》（行政法规）（1997 - 10 - 1）、《支付结算办法》（部门规章）（1997 - 12 - 26）、《关于加强商业汇票管理促进商业汇票发展的通知》（1998 - 6 - 2）、《关于加强支付结算管理保障银行和客户资金安全的通知》（1999 - 3 - 24）、《关于切实加强商业汇票承兑贴现和再贴现业务管理的通知》（2001 - 7 - 24）、《关于完善票据业务制度有关问题的通知》（2005 - 9 - 5）、《关于促进商业承兑汇票业务发展的指导意见》（2006 - 11 - 9）、《关于规范和促进电子商业汇票业务发展的通知》（2016 - 8 - 27）等。

剧了对票据无因性原则的冲击和伤害。

尤为值得一提的是，中国人民银行自 1997 年 4 月发布《关于进一步加强银行结算管理的通知》开始，之后发布的所有规范性文件中，包括同年颁布的两个规章，均将票据法中的"真实交易关系"替换成为"真实的商品交易关系"，仅仅增添了"商品"两个字，就将"真实交易关系"审查范围限缩至"真实贸易背景"审查，而将不属于商品交易范畴，诸如技术、劳务、偿债等其他交易关系排除在商业汇票的使用情形之外，可谓是差之毫厘，谬以千里。这种对商业汇票适用范围的限缩性解释明显与扩充票据适用范围，为在劳务、技术、服务贸易甚至其他双务法律关系中使用票据的立法初衷相背离，是对上位法的无效篡改，是过度自由解释、滥用立法权的表现。中国人民银行的这种"变更"实际上是将审查事项范围恢复到票据法出台之前以交易合同作为主要证明依据的状态，这主要是基于对具体审查方法可行性和操作性的考虑。但现实证明，即便将交易范围限缩至商品交易，即便审查合同、发票、运单复印件也根本无法达到审查交易关系真实性的目的。真实交易关系原则这个在草案中根本没有出现，却在立法审议的最后两个月被匆忙加入的条文本身从立法思想的统一到制度设计的衔接都存在着先天的不足。

事实上，在最初提交给全国人民代表大会审议的《中华人民共和国票据法（草案）》中，并未包含关于票据真实交易关系原则的规定。相反，草案对票据无因性原则的态度是明确承认并大力支持的。1995 年 2 月 21 日中国人民银行副行长周正庆在第八届全国人民代表大会常务委员会第十二次会议上所做的草案说明中还特别对票据的无因性做出了专项说明，他指出，"票据属于无因证券。根据这一特征，草案没有沿用现行《银行结算办法》关于签发商业汇票必须以合法的商品交易为基础的规定。这是因为，票据关系都是基于一定的原因关系而发生的，如货款的支付、债权债务的清偿等，但票据关系成立后，即与其原因关系相分离。票据关系与票据原因关系是两种不同的法律关系，应由不同的法律进行调整和规范。只要票据符合法定形式，并且依法取得，持票人就享有票据权利，在行使票据权利时，不需要向债务人证明其取得票据的原因。因此，签发票据是否有商品交易或者交易是否合法，不属于票据法规定的内容，应由其他有关

的法律加以规范"。① 然而，很遗憾，这一观点并没有被最终采纳，在 1995
年 5 月 10 日第八届全国人大常委会第十三次会议审议通过的《票据法》
文本中，却已经加入了真实交易关系条款，并将其列为票据法的一项基本
原则了。

这种立法态度上的紧急转向是立法过程中不同立法理念之间冲突与妥
协的结果。当时我国正处于 1993～1995 年的新中国成立以来最高最凶险的
恶性通货膨胀时期。信贷过度扩张，货币供给过量。在严厉紧缩货币政策
和财政政策、整顿金融秩序、遏制通货膨胀的大背景下，立法者出于对经
济安全的考虑，衡量之下放弃了票据无因性原则的规定，转而选择了真实
交易关系原则。这也就意味着，在流通与安全这两大立法理念第一次发生
冲突碰撞时，立法者优先选择了安全，而将流通这一票据基本理念价值置
于安全价值之下。这是在当时特殊时代背景下的无奈妥协。而这种最后时
刻的妥协与变更，也使得真实交易关系原则与法案起草机关一以贯之的立
法思想并不能系统地融合衔接，其内涵、外延、法律效果等重要制度规定
因理论上难以自洽而始终缺位，这种尴尬的立法状况使其难以达致立法初
衷，反过来严重影响了其安全价值的有效实现，制造了新的混乱。

现行《票据法》自 1995 年颁布以来，除 2004 年做出较小修正之外，
还从未进行过任何大的立法修改，始终奉行着 20 年前确立的以安全为首要
价值的立法理念。然而，当初的立法环境与现在的票据市场运行环境早已
大相径庭。这种偏颇错位的立法理念也早已成为严重束缚票据法律制度和
票据市场健康生长的桎梏，失去了现实正当性的社会基础。

（三）对真实交易关系原则法律正当性的反思

在流通与安全这两个票据法所追求的价值目标之间，流通是目的，安
全是手段。保障安全的最终目的是为了更好地促进流通，而不是以安全为
名任意地限制甚或剥夺票据流通。目前，我国票据法所采用的以真实交易
关系原则为基础，以安全为核心至上理念的立法模式，就是在本末倒置、
因噎废食。安全至上者所主张的理由不过两点：一是宏观经济安全，二是

---

① 周正庆：《关于〈中华人民共和国票据法（草案）〉的说明》，中国人大网，http://www.
npc. gov. cn/wxzl/gongbao/1995 - 02/21/content_ 1479950. htm，最后访问时间：2020 年 3
月 9 日。

私主体之间的交易安全。这两者当然要维护，但以过度侵害票据流通为代价来实现，就失去了其法律正当性。

1. 宏观经济安全与比例原则

"票据真实交易关系要求控制社会总体信用规模，防止信用膨胀，确保国家对信贷活动的有序管理，保障宏观经济安全"[①]。然而，仅凭宏观经济安全这一理由并不足以自洽地证明其限制或剥夺持票人权利的法律正当性。票据流通权利属于经济自由中财产权的范畴。"在宪法中，经济自由是宪法基本权利的重要组成部分，在权利位阶上隶属于自由权的范畴"[②]，"经济自由与人身自由、精神自由被称为近代资本主义宪法所确认的'三大自由'"[③]。国家可以因公共利益对公民基本权利予以限制和剥夺，但理论上应接受法律保留原则和比例原则的审查。对于前者，因票据法的法律位阶为法律，在立法形式上已经符合法律保留原则，因此，真实交易关系原则已具备形式上的合宪性。而对于后者，真实交易关系原则在比例原则对实质正当性的考察中则存在着明显的瑕疵。

在宪法上比例原则的适当性方面，要求手段与目的相适应。真实交易关系原则为维护金融稳定安全、防范宏观金融风险限制公民票据流通权，手段与目的能够达成一致，这一点并无异议。然而，在比例原则中的最小侵害原则方面则存在着一定问题。真实交易关系要求持票人对票据交易关系的真实性负举证责任，这并不是保障宏观经济安全的诸多手段中对持票人权利自由侵害最轻的一种。事实上，有很多手段能够达此目的。比如，"以信用控制和贷款总额监控的方法代替逐笔审查真实性的落后手段，建立明确而灵活的调控指标体系，通过票据融资总量监测和风险控制制度，将票据承兑量计入社会融资总量进行统计，将其纳入金融风险监测范畴"[④]。另如，司法实践中，在适用实质性审查标准的情况下，法院对承兑

---

① 刘宏华：《票据有因性观念的坚守与超越——对真实交易背景规则的辩护》，《法学杂志》2007 年第 3 期。
② 邸雅婧、秦强：《"月球大使馆"案件与宪法中的经济自由》，《山东社会科学》2007 年第 11 期。
③ 陈蓉：《论经济自由的含义及其价值——以公用事业的市场准入为视角》，《长沙理工大学学报》（社会科学版）2010 年第 4 期。
④ 周学东、戚宇涛、赵颖：《从江苏票据市场看修改〈票据法〉的迫切性》，《金融纵横》2015 年第 10 期。

行在交易关系真实性上的审查力度要明显轻于持票人或贴现人的举证责任，这也意味存在着更小侵害的手段却没有被采用。2016 年央行第 224 号文件《关于规范和促进电子商业汇票业务发展的通知》更进一步取消了电子商业汇票贴现贸易背景审查的规定恰恰印证了这一点，变相说明了事实上存在着无需向持票人和贴现人施加真实审查义务的有效手段。最后，狭义比例原则要求对所保护的利益和所施加的伤害进行利益衡量，前者明显大于后者方为合比例。前者为宏观经济信贷安全，后者表面为持票人权利，但因严重影响票据的流通性，因而实际最终伤害的是整个票据市场的良性流通和健康运行。二者孰轻孰重，并非明显到轻易能够得出合比例结论的程度。况且，票据法的法律属性为商法，其私法本性决定了维护公共利益并不是其最高的核心价值，相反，对当事人票据权利的保护才应当是票据立法的终极目标。因此，从理论意义上来讲，真实交易关系原则对持票人权利的限制就失去了其宪法正当性。

2. 私主体间交易安全与法律父爱主义

"票据法立法之时，采取将票据关系与票据基础关系相结合的方法，而舍弃原草案中的无因性原理的另一个原因是担心不法之徒利用票据进行诈骗活动"。[①] 1995 年 5 月 5 日全国人大法律委员会副主任委员项淳一在第八届全国人民代表大会常务委员会第十三次会议上对票据法草案的审议结果进行报告时强调，"许多部门、地方和金融机构提出，票据当事人在签发票据或取得票据时，应当具有真实的商品交易关系或债权债务关系，取得票据的人应当给付相对应的代价。目前票据使用中的一个突出问题是，有些当事人签发票据没有真实的经济关系为基础，利用票据进行欺骗活动。因此，建议在草案总则中明确规定：'票据的签发、取得和转让，应当遵循诚实信用的原则，具有真实的交易关系和债权债务关系'。'票据的取得，必须给付对价，即应当给付票据双方当事人认可的相对应的代价'"[②]。可见，真实交易关系原则的另一立法目的是为了防范因滥用票据融资功能所招致的微观金融风险，从而实现对私主体之间票据交易安全的保护。从报告中的问题描述来看，它最初主要针对的是票据签发环节中出

---

① 谢怀栻：《评新公布的我国票据法》，《法学研究》1995 年第 6 期。
② 《全国人大法律委员会关于〈票据法（草案）〉审议结果的报告》，法律图书馆，http：//www‐lib.com/fzdt/newshtml/20/20050810223959.htm，最后访问时间：2020 年 3 月 9 日。

票人滥用票据套取银行贷款的行为，也就是说，真实交易关系最初意图保护的对象是承兑银行即付款人的利益。不过从条文最终的规定及实施效果来看，保护对象为付款人和出票人。

立法者为保护出票人、付款人利益对持票人克以强制性法律义务的做法，属于法律父爱主义中的硬父爱主义。"硬父爱主义是指管理人出于增加当事人利益或使其免于伤害的善意考虑，不顾当事人的主观意志而限制其自由的行为。善意的目的、限制的意图、限制的行为、对当事人意志的不管不顾，构成这个概念的四个重要组成部分。"① 借助法律父爱主义的分析方法，我们可以发现，票据法真实交易关系原则的确是基于爱和善意限制持票人的行为自治。然而，从其施加义务的对象可见其立法意图中爱和善意的对象是出票人和付款人。立法者要求持票人负交易关系真实性的举证责任是为了防止出票人被骗取票据、冒领款项，付款人被骗取贷款而遭受损失。这种情况属于对与受益者相对的主体自由加以限制的间接父爱主义。"基于法律父爱主义而对自治、自由进行限制，必须具有充分的证成理由，范伯格运用利益衡量原则论证：只有在风险是'如此不合理'的情况下，对当事人自愿行为的直接干预才能被证明为正当的。"② 这里，真实交易关系所指向的风险明显不属于这种"如此不合理"的情形。在任何私主体之间的交易都有可能存在诈骗的风险，但这里的风险并不明显比其他私法领域更显著。出票人、付款人与持票人为法律地位平等的私主体，其权利为同质同位阶的利益，均没有明显的价值优越性。立法者为保护出票人、付款人的权利而限制持票人权利的做法明显不合比例，违背了狭义比例原则。此外，防范票据诈骗犯罪最直接有效的手段是通过刑法，而不是票据法。这种直接的家长式统治，将个人完全作为行为的客体，有"超父爱主义"之嫌，是家长主义哲学的逻辑结果，属于法律父爱主义的过度限制，无法得到正当性证成。

第二节　我国票据立法现状及其主要问题

我国票据法施行较晚，又明显受到了制定之时特定经济发展阶段的各

---

① 孙笑侠、郭春镇：《法律父爱主义在中国的适用》，《中国社会科学》2006年第1期。
② 孙笑侠、郭春镇：《法律父爱主义在中国的适用》，《中国社会科学》2006年第1期。

种环境制约，在整个立法过程中甚至在最后阶段都极大增加了对当时中国现实的迁就让步。可以说，票据法在诞生之初就已在立法理念上有着天然的硬伤，在具体制度上也没能积极汲取国际票据立法的先进经验，存在着诸多的先天不足，又迟迟没有与时俱进的大幅度补强，导致目前我国票据法在实施过程中问题频发，立法缺陷与金融实务存在极大的矛盾冲突，严重制约了票据市场的健康发展。

一 削弱了票据的流通性

我国票据法受制定当时的经济环境、思想观念等各方面因素的限制，在立法理念上奉行安全至上的立法价值观，核心宗旨是保障票据交易安全。在整体框架和具体制度设计上都更加倾向于侧重对票据行为的规范约束以及对社会经济秩序的维护保障。《票据法》第1条规定，"为了规范票据行为，保障票据活动中当事人的合法权益，维护社会经济秩序，促进社会主义市场经济的发展，制定本法"。可见，我国票据法将安全价值置于首位，其首要价值取向并不在于保护持票人票据权利、积极促进票据的流通，而是着重在于确保票据交易安全，这极大地削弱有时甚至直接牺牲了票据的流通性。这种以流通为代价而换取来的所谓"交易安全"极大地扼杀了现代票据功能的完整发挥，不利于我国票据市场的正常健康发展。这种立法理念"决定了整部票据法的性格，所有具体制度，不管是票据种类、票据权利制度、票据行为制度，还是票据挂失止付制度，都着重强调票据使用的安全性，忽略票据流通的重要性，这既有悖于现代票据法的发展趋势，也有悖于我国经济生活的现实"①。

二 违背了票据无因性原则

我国票据法并没有直接明确地规定票据无因性原则。相反，为了确保票据交易的安全，"使票据关系建立在真实的经济关系之上，增强票据的真实性和票据活动的合法性，防止利用票据骗取资金等不正当行为的发

① 吴京辉：《〈票据法〉修订：私法本性的回归》，《法商研究》2013年第3期。

生，还特别规定票据的签发、取得和转让应当具有真实的交易关系和债权债务关系，这一规定，可以认为是对票据行为无因性在一定程度上的否定，这种做法既与国际公认的票据法基本原理相悖，又影响了我国票据功能的充分发挥"①。《票据法》第 10 条中的"真实交易关系"和"对价"明显属于票据基础关系中的原因关系和资金关系，这一规定将票据的签发、取得和转让这三种票据关系的效力与票据基础关系的效力牵连到一起，属于完全的有因论。此外，《票据法》第 21 条、第 74 条、第 82 条同样强调了票据资金关系，将票据关系与资金关系的效力做出了直接牵连。从理论角度看，这些将二者关系做不适当牵连的过度规定，明显违背了国际公认的二者之间相独立、相分离的票据法基本原理，与票据无因性原则的宗旨和目的直接相悖。对于票据法的这一规定，虽然最高人民法院在后来的司法解释第 14 条②中试图做出过补救，并在司法裁判中多次表明对票据无因性的承认和支持，但受制于上位法的直接限制性规定和其自身的效力位阶，导致其在面对与《票据法》第 10 条、第 21 条、第 74 条、第 82 条的直接冲突时无法真正与其相抗衡，无因性原则的实际适用阻碍重重，效果不佳。无因性原则是现代票据理论的基石，直接决定着整个票据法理论体系的构建方向和完备程度。这一基石的缺失，不仅严重影响我国自身票据法理论体系的科学性和完善性，也造成了目前我国票据市场和司法实务中的大混乱。前文中对于银行是否应当承担对真实交易背景的实质审查义务的不同认识所导致的"同案不同判"的司法乱象仅仅只是这一乱象的冰山一角。这种规则的错位与实务标准的混乱势必增加正当持票人额外的法律风险，严重影响人们对票据使用的信心，不利于我国票据市场的正常健康发展，也不利于我国与国际票据市场的无缝接轨。

三 限制了票据的信用融资功能

我国现行票据法在票据的诸多功能中明显更加侧重于对汇兑和支付结算功能的发挥，并将其作为票据的核心功能，加之基于安全至上的立法理

---

① 赵新华主编《票据法问题研究》，法律出版社，2007，第 46~47 页。
② 该条规定：票据债务人以票据法第 10 条、第 21 条的规定为由，对业经背书转让票据的持票人进行抗辩的，人民法院不予支持。

念，对票据的信用融资功能则倍加警惕和限制，对商业票据的信用功能更是在具体制度设计上进行了诸多限制。我国票据法中，银行信用居于绝对中心的地位，对银行信用极为推崇，而对商业信用则做出了层层限制。不承认个人汇票、商业本票和融资性票据，对出票人资格进行了极大限制。在本票中，票据法仅仅允许签发记名的即期付款的银行本票。而对于商业本票、远期本票和无记名本票则不予以法律保护。这一规定在票据法制定之初社会主义市场经济和商业信用制度体系刚刚起步、尚不成熟的时代背景下是恰当的，然而在20余年后社会征信体系日渐完善、社会信用状况整体向好的当下，仍固守这一保守立场就显得有些不合时宜了。而《票据法》第10条、第73条，《支付结算办法》第74条等一系列规定，更是对票据信用融资功能的有效发挥造成了极大的束缚和阻碍，从制度上排除了融资性票据的法律合法性。不过，制度的束缚并不能压制市场的现实需求。随着互联网技术和支付宝、微信、电子银行等创新型金融支付工具的飞速发展和广泛使用，票据传统的汇兑支付功能受到了极大的冲击和削弱。而另一方面，各电商票据理财平台、各类金融公司的票据业务如火如荼，恰恰说明了实践中对票据信用功能发挥的巨大市场需求。目前，票据市场上票据的核心功能事实上已经移转为信用功能，而我国现行票据法律制度体系却主要是围绕着票据传统的汇兑和支付功能建立起来的。这种法律制度与现实需求的错位脱节导致了票据信用功能在行使和实践操作中的诸多混乱无序，严重妨碍了票据功能的实现和票据市场的健康生长。

四 部分条款的可操作性差

《票据法》第12条第2款和第57条第2款均规定了"重大过失"，前者是关于重大过失取得票据的规定，并将重大过失对于作为认定票据取得行为有效性的重要标准。后者是关于付款人重大过失付款的规定，并将其作为付款人是否具有过错的判断标准。这两个条款直接关系着票据当事人的票据权利和法律责任，是司法实务中裁判票据纠纷时非常重要的条文依据。但就是这么重要的一个概念，《票据法》中却完全没有给出任何明确具体的说明和解释认定的标准，完全不具有可操作性。模糊性成了其理论和实务中的基本特性，操作范围和方向的随意性极大，法律的可预见性被极大降低。虽然最高人民法院司法解释第 69 条试图对《票据法》第 57 条中的重大过失作出解释，但其解释增加了付款人及代理付款人的实质审查义务，因而与中国人民银行的《支付结算办法》第 17 条中的银行的形式审查义务的规定相冲突，单以位阶而言，肯定以前者为高，后者仅为可参照适用的部门规章。但以内容论，前者侧重对善意持票人利益的保护，而忽视了其他善意相对人的合法权益，后者则更能兼顾双方的利益，凸显法律公平。退一步讲，从可操作性而言，司法解释要求银行对提示付款人的身份和票据真实性负有实质性审查的义务，这在现实中也并不可行。此外，《票据法》第 5 条第 2 款规定，"代理人超越代理权限的，应当就其超越权限的部分承担票据责任"。这一规定意味着当代理人越权代理时，持票人可就这一项票据权利同时向代理人和被代理人主张票据责任，这明显违背了票据金额的不可分性原则，破坏了票据的完整性和票据权利的单一性，不具有可操作性，实务中难以操作。

五　尚存在许多法律空白

我国票据法由于受制于 20 世纪 90 年代中期的时代局限，在当时政治、经济、技术等条件制约下，并未对电子票据做出任何规定。因而，票据法对电子票据交易各方当事人的权利义务、法律责任等核心内容的立法尚属空白。现行票据法对于票据签章的规定都是针对纸质票据的相关要求而做出的，根本不适用于电子票据，也无法保证电子签名的合法性，对于电子票据流转的安全性缺乏法律保障。这显然已经完全不能适应电子商务和电子票据的快速发展需要了，票据法的滞后性和不周延性对电子票据交易已有阻碍之嫌。立法的缺失不仅导致了实践中的混乱，更妨碍了电子票据的国际化进程。

现行票据法对背书涂销并未做出任何规定，其范围、效力仍属法律空白，这一做法显然是十分罕见的。因为背书涂销被当今各国票据法所普遍肯定，联合国《国际汇票和国际本票公约》《日内瓦统一汇票本票法》也都对票据涂销做出了相关规定。因为在票据实务中，难免会有记载失误的情形，允许票据涂销会极大增加票据当事人的便利，避免不必要的烦琐，加快票据流转速度和效率。以法律明确加以规定可以有效规范涂销行为，确保涂销合法有效，既能保护当事人合法权益，又能规范流通秩序。我国票据实务中大量存在着背书涂销的行为，在司法实践中，最高人民法院也早已经通过一系列具体个案的司法裁判——如在中国农业银行甘肃白银市分行营业部与中国工商银行重庆市分行渝中支行两路口分理处票据纠纷上诉案的（2000）经终字第 62 号民事判决书等——明确表明了其承认票据涂销法律效力的态度，明确票据涂销不对背书连续性发生影响，但由于缺乏法律依据，在背书连续性和票据责任的认定上终究感觉无法可依，对票据权利的保障缺乏稳定可期的预见性。

第三节　我国票据法修改的重点与难点

众所周知，我国票据法是在 20 世纪 90 年代社会主义市场经济刚刚起步的特殊背景下起草、制定和颁布的，具有很多相当鲜明深刻的时代烙印和思想印记。实施 20 余年来，其中的许多规定已经完全无法适应当代票据市场飞速发展的客观需求，呈现明显的滞后性和不周延性。票据法在理念制度上的种种缺憾在面临票据实务中日益增加的法律需求时越发显得捉襟见肘，进一步修改完善票据法的呼声从未停止。如何做好票据法的顶层制度设计，为票据市场的健康可持续发展保驾护航，一直是学界持续关注和努力的方向，其重点难点如下。

一　关于以流通为中心的立法理念

流通是票据首要的价值取向，是票据最基本的功能和属性，是现代票据法律制度的根基、灵魂和生命力所在，其他原理原则规则都要服务于票据的流通性。票据的流通性是指除了票据上明确记载"不可转让"字样的情形之外，持票人都可以直接依据票据法的规定，以背书或单纯交付的方式转让、再转让票据，而不必通知和取得票据债务人的同意，票据权利随票据的转让而发生转移。票据的流通使票据的诸多功能都得到了飞跃式的发展。同时，现代票据的核心功能——信用融资功能更是通过票据的流通来加以表现和最终实现的。票据的流通"使传统的票据支付结算功能得到了全面和充分的发挥，更是票据信用功能以及由其衍生出来的票据融资功能的根本基础"①。此外，"票据的许多特性，如无因性、文义性、要式性等，也都是为更好实现票据的流通和交易而服务的；票据的转让流通，既可以节省通货，减少流通费用，简化结算手续，方便交易，提高资金利用率，促进经济发展"②，又可以扩大商业信用的限界和范围，更好地服务于信用经济。在现实经济生活中，票据功能是否能够得以真正发挥，完全取决于人们对票据的接受和使用的意愿和程度。票据使用越普遍则其功能实现程度越高，唯有流通方能使票据成为真正意义上的有价证券。反之，若没有流通，则难以实现票据的功能和价值，票据法和票据制度也将失去其在经济上的存在意义。

"如何保障票据的流通性成为票据立法中最为关键的核心问题，各国票据制度的设计无不以保障和促进票据的流通为宗旨。"③ 世界两大票据法体系虽有诸多差异，但在对票据流通性的普遍承认和重视的态度上却高度一致。可以说，"促进票据流通是票据法的应有之义，是世界上绝大多数国家和地区票据法的立法原则"。④ 正如我国台湾地区学者郑玉波教授所言，"助长流通乃法律上对于票据所采取的最高原则，票据法的一切制度，无不以此原则为出发点，吾人研究票据法法理之际，非先把握此一原则，则对于票据法上之各种制度，即不能了如指掌，故此四字乃一部票据法关键之所在，非常重要，吾人应时时置诸念头，每遇疑难问题，庶可凭此索解"。⑤ 因而，在票据立法理念的选择上，"当今世界各国票据法也都始终持久地奉行票据流通主义为其立法本位"⑥。遗憾的是，我国现行票据法囿于立法初期的经济环境和思想观念的局限，无论从立法理念还是具体的票据法律制度设计，对票据的流通性都没有给予应有的、足够的重视，许多过于严格的规定，如《票据法》第 10 条，甚至还极不合理地限制阻碍了票据的顺畅流通和转让，妨碍了票据功能的有效发挥和实现。

因此，在我国票据法修改完善的过程中，必须与时俱进，顺应时代需

---

① 董惠江：《票据无因性研究》，《政法论坛》2005 年第 1 期。
② 施天佑：《票据法新论》，法律出版社，2015，第 20 页。
③ 吕来明：《票据法基本制度评判》，中国法制出版社，2003，第 27 页。
④ 吴京辉：《〈票据法〉修订：私法本性的回归》，《法商研究》2013 年第 3 期。
⑤ 郑玉波：《票据法》，三民书局股份有限公司，1980，第 5 页。
⑥ 李绍章：《票据法性格论：基于票据行为展开》，《新疆大学学报》（哲学·人文社会科学版）2012 年第 5 期。

求，彻底回归票据法的私法属性，回归到更契合票据本质的流通性上来。牢固树立票据流通性这一持久的立法本位和首要价值目标不偏离，确立以流通为中心的立法理念。建议修改《票据法》第 1 条，在立法宗旨中开篇明义直接表明，"为了促进票据流通……制定本法"，真正确保票据法成为切实促进票据流通的助力和保障。

二　关于票据无因性原则

票据是无因证券，无因性是票据最基本的特性，这一点早已被国际条约和世界各地票据法所普遍公认，并将其作为票据法最基本的立法原则。无因性是现代票据理论和票据立法的基石，是票据和票据法得以焕发生命力的根本原因所在。一般而言，票据行为的无因性是指票据行为一经成立，票据行为形成的"票据关系就与作为其发生前提的实质性原因关系相分离，从而使票据行为的效力，不再受原因关系的存废或其效力有无的影响"[①]。它强调票据行为的独立性，票据行为仅为票据目的而独立存在，使善意持票人的票据权利不受原因关系有效与否、合法与否的额外干扰。这意味着，票据行为的效力，并不取决于票据取得的原因，而仅仅在于其形式是否符合法律要求。持票人只需要对票据本身的真实性和背书的连续性负证明责任，只要达到这一要求，就可以向票据债务人主张票据权利。这种由法律上特别规定并加以确认赋予的无因性使"票据法所调整的因票据行为而产生的票据关系，同依民法所调整的、作为票据关系产生前提的票据基础关系分离开来，真正实现票据的流通功能和信用功能，促进经济的发展"[②]。可以说，票据无因性原则是确保票据权利人免受无端干扰的最佳方式和终极保障。它对于维护票据信用、促进票据流通的重要意义和作用是不可或缺与无可替代的。它的存在大大减轻了善意持票人的审查责任和法律风险，有效保护了其合法权益，充分打消了人们对票据使用的不安和顾虑，增加了人们接受和使用票据作为汇兑支付和信用工具的信心和意愿。可以说，票据法对持票人权利的保护程度直接关系票据流通性的强弱

---

① 赵新华：《票据法论》，吉林大学出版社，1998，第 59 页。
② 赵新华主编《票据法问题研究》，法律出版社，2007，第 46 页。

程度，二者之间呈现一种正比例关系，善意持票人的法律风险越小、受保护程度越高，则票据的流通性就会越强。因而，在我国票据法的修改完善上，首先应当明确确立票据无因性原则，这是一种必然和首要的选择。只有确立了这一基础性原则，才可以在此基础之上科学重构票据法律制度。应当修改票据法中所有关于票据基础关系的相关限制性规定，并在整个票据法体系中统一认识，协同修改，无缝衔接。删除《票据法》第 10 条、第 21 条第 1 款、第 74 条、第 82 条第 2 款、第 87 条第 1 款、第 89 条第 2 款中关于真实交易关系、票据资金关系的相关规定，同步修改《票据管理实施办法》第 10 条，以及《支付结算办法》第 22 条、第 83 条、第 92 条、第 93 条中关于真实交易关系等的相关规定。

值得一提的是，真实交易关系原则虽然缺乏科学性、灵活性和有效性，应当予以摒弃，但其所着重关注的立法目标和价值诉求却具备相当的合理性。不可否认，票据无因性原则在客观上确实存在被滥用的可能性和安全性风险。"在票据的职能由单纯的支付结算工具扩张为信用工具和融资工具以后，尤其是在商业银行成为票据信用的主要提供者以后，尽管不是金融风险的源头，但票据无因性的确掩盖和纵容了一些票据过度发行带来的金融风险。"① 因此，在《票据法》文本中废除真实交易关系原则，明确规定与国际惯例接轨的票据无因性原则的同时，也不应一味否定无视真实交易关系原则的现实关切，要综合考虑其所追求的价值目标，寻求票据无因、票据流通与票据安全、金融稳定之间的价值平衡，探索更为科学、灵活、可行的票据金融风险防范的可替代机制来置换真实交易关系原则，尽可能对票据的流通性与安全性做出适当的兼顾与平衡，既不因噎废食，也不矫枉过正。

此外，我国票据法上所确立的票据无因性原则应当是一种相对的无因，而不是绝对的无因。这也是当今世界各国在经历过"有因论"和"绝对无因论"的诸多理论和制度实践的挣扎尝试后所得出的普遍共识。一般认为，票据的无因性原则只适用于票据基础关系之外的当事人，而对于基础关系中的直接当事人之间则并不适用。也就是说，在票据的直接当事人之间仍然存在原因关系，票据债务人可以根据原因关系的无效、撤销、消

---

① 〔英〕约翰·F. 乔恩：《货币史》，商务印书馆，2002，第 193 页。

灭等事由对票据相对方票据上的请求进行原因关系抗辩。在德国、日本等许多国家，通常以不当得利作为抗辩的理由，这主要是基于公平正义和诚实信用的原则所进行的考量，因为若对票据债权债务直接当事人之间也一径坚持票据无因性的话，则违背实质正义，也平添讼争。我国《票据法》第13条第2款虽未明释不当得利的因由，但同样做出了类似规定，肯定了直接当事人之间这一特殊的基于原因关系的抗辩。除此之外，无对价抗辩、恶意抗辩也都是票据无因性原则的例外情形，属于相对有因的具体适用。总之，在坚持票据无因性原则普遍适用的基础上，还应当同样坚持其相对性。

三　关于票据的信用融资功能

信用功能是票据最本质、最核心的功能。它"克服了金钱支付上的时间间隔，把未来的金钱变为现在的金钱，这一功能虽然形成时间较晚，但一经形成就立即成为票据最主要的功能，在商品经济发展中发挥了相当重要的作用，被称为票据的生命"。[①] 从某种意义上来说，现代市场经济是一种信用经济。因而，票据的信用功能在现代市场经济中的作用尤显突出和重要。票据的信用功能以及由其衍生出来的融资功能都对票据的流通性提出了很高的要求，可以说是围绕着票据的流通而产生和发挥功效的。由于我国票据法在票据流通性和无因性原则上的缺憾，导致我国票据的信用融资功能大受挤压。现行票据法制度主要是以银行信用为核心，商业信用被极大压缩。票据交易工具多为银行承兑汇票，可供人们选择的空间极为有限。因此，亟须推动商业信用的发展。

我国现行票据法对票据种类体系的设计并不合理，对出票人的资格进行了许多不必要的限制。汇票的出票人只能是银行、企业及其他单位，个人不能签发汇票。而本票的出票人更是被严格限定，唯一的主体只能是银行，其他企业、组织及个人都无权签发本票。这一规定意味着我国票据法完全剥夺了商业本票的合法性，极大限制了我国商业信用机制的建立。而且，即便允许银行签发本票，也对其类型做了严格限定，只允许签发记名

---

① 赵新华：《票据法论》，吉林人民出版社，2007，第16页。

即期本票，范围真可谓是一缩再缩。事实上，现行票据法对汇票、本票出票人资格的限制已远远不符合当今社会的经济金融状况的客观发展需要，非常有必要及时予以解禁。作为银行汇票和商业汇票的付款人，银行、企业和其他组织主要是通过在承兑之前对出票人的信用情况进行审查来降低自身的金融风险，个人主体也同样可以如此操作，票据法完全无须单独对个人签发汇票的权利予以限制和剥夺。

在本票的设计上，目前我国只承认银行本票、完全否定商业本票的做法更是将商业信用直接排除摒弃。这是长久以来我国以银行信用为中心的极端体现，是一种落后于时代的极为不智的做法。"按照票据法一般原理和其他国家票据立法的普遍做法，本票属于信用票据，但我国票据法使本票实际沦为支付票据，看中的只是与支票类似的支付结算功能，严重弱化了本票信用功能的实现，显然与当今社会信用经济的发展是背道而驰的。"① 因此，为强化票据的信用功能，我国应当删改《票据法》第73条第2款的相关规定，承认商业本票的合法性地位。

从我国票据法的种种限制性规定就可以看出，它对票据的融资功能是如何的如临大敌，谈虎色变，可以说，备受诟病的《票据法》第10条出台的初衷就是为了防范和限制票据的融资功能。真实交易关系原则最初的假想敌完全就是融资性票据，而不是票据无因性原则。虽然客观结果造成了对票据无因性的严重伤害，但纯属误伤。票据法从精神实质上来讲并不排斥票据的无因性，相反有很多条文与其要求相暗合。但票据法对融资性票据的排斥和否定是的的确确的。尽管如此严防死守，但始终压制不住市场对融资性票据的巨大需求。当合法生长路径被堵塞时，"实践中，票据作为事实上的信用工具和融资工具，就只能以合理但不合法的方式——虚构交易合同和发票进行违规贴现——大量存在和活动"。② 事实上，堵不如疏，因为"汇票自开始出现之日起，就是融资的一种手段。除即期汇票外，它实际上是一种信贷工具，由银行或金融机构作为受票人、付款人、背书人或持票人对汇票进行议付、贴现、托收或承付。银行家们对于导致产生汇票的交易并不感兴趣。对购买羊毛、木材或无核小葡萄干而开出的

---

① 董翠香：《我国票据体系立法完善之思考》，《社会科学研究》2003年第3期。
② 于莹、杨立：《英美票据法中融通票据制度初探》，《当代法学》2009年第4期。

汇票是否有对价关系，这对他们来说是无关紧要的。对于处理票据的金融界人士来说，汇票究竟由卖方开出，还是由买方的担保人开出，同样也是无关紧要的。票据交易的典型特征是，它作为一种纯粹的金融交易，完全脱离了交易的最终目的，按它自己的是非曲直做出判断。对于银行家来说，重要的事是考虑票据的形式是否得当。汇票票面必须有效，不应过期，并不得以不承兑或不付款为由而拒付"。①

对于现代票据制度而言，融资功能是票据市场发展的自然产物和必然趋势。我国这种基于金融安全的顾虑而舍弃票据融资功能的故步自封的做法根本无益于票据市场的繁荣和进步，无视当前市场环境和商业信用体系的状况与 20 多年前立法之初的巨大差异，漠视了市场的巨大需求与立法禁止之间的紧张关系，造成了现实中融资性票据广泛应用与无序发展并存的乱象。事实上，早在 2005 年自中国人民银行允许符合条件的非金融企业发行短期融资券开始，对商业本票的绝对禁制就已经被打破了，因为短期融资券究其实质就是一种无担保的商业本票。这一具有直接融资功能的金融创新产品的巨大成功为融资性票据的发展开辟了道路，指明了方向。未来我国融资性票据制度的确立必然首先需要破除《票据法》第 10 条真实交易关系原则和第 21 条资金关系的立法阻碍，以票据流通性为中心的立法理念和票据无因性原则的真正确立为合法性前提和基础，以企业征信系统和信用评级机制的进一步完善为依托，以专门独立的票据专营机构为经营主体，以更加规范高效的票据交易所为交易平台，以严格的市场准入制度和信用支持机制为标准和保障，以更加丰富多元的票据品类为交易选项，方能达成融资性票据制度的大规模发展和成熟。

四 关于票据抗辩制度

我国现行票据法对票据的规定极为严格，其严格程度甚至远远超出其他国家，票据无效性抗辩事由过多。基于以安全为中心的立法理念，我国票据抗辩制度的设计显然在票据债权人和票据债务人这一对跷跷板式的相对人中更加侧重于对票据债务人的保护，这势必造成对善意持票人可期待

---

① 〔英〕施米托夫：《国际贸易法文选》，赵秀文译，中国大百科全书出版社，1993，第 65 页。

票据利益的威胁，增加持票人票据债权落空的法律风险，影响人们对票据使用的信心，削弱票据的流通性。因此，在对票据抗辩制度进行修改时，应当重新衡量票据无效的抗辩事由，对可以通过明确合理的立法技术手段加以修补的票据瑕疵做区别处理。

关于票据金额，我国《票据法》第 8 条规定，"票据金额以中文大写和数码同时记载，二者必须一致，二者不一致的，票据无效"。这一规定明显过于严苛，也与域外的通行做法明显相悖。事实上，这种票据瑕疵完全可以运用法解释学，通过一定的立法技术手段来加以有效的补救和化解，而不必动辄失效。票据行为是私法行为，无论是基于对票据流通性还是对票据交易安全的考虑，都应当对正当合法的票据交易行为予以尽可能的尊重和保护，无效并不是解决问题的唯一办法和当然首选。针对票据金额的瑕疵，我国学者多数主张，大小写不一致时以中文大写为准。对此，日本的处理方法明显更为可取。日本采取以最小金额优先的原则，很值得我国借鉴。

关于签章，我国《票据法》第 7 条第 3 款规定，"在票据上的签名，应当为该当事人的本名"。这一规定同样明显过于严苛，与现下社会潮流已不相合，也违反了主体平等性的原则。票据签章的规定目的只是为了确认私权的归属，为了保障票据债权人票据权利的实现，并不涉及公共安全和公共利益，而属于纯私法关系和事务，国家强制力没有一定强行介入和取缔的必要。在私法关系中应当充分尊重双方当事人的意思自治，充分赋予持票人以自主选择权。在这里，可以借鉴英美法系的做法，只要票据上的签章能够识别和确定签名人的身份，二者具有同一性，就应该认定该签名真实有效，签名人依法承担票据责任。

第九章　银行法立法问题研究

经过 30 多年的改革与发展，我国银行业已经形成了以中国银行、中国工商银行、中国建设银行、中国农业银行和交通银行 5 家大型国有商业银行为主导，股份制商业银行、城市商业银行、农村商业银行、农村合作银行、村镇银行和财务公司、消费金融公司、汽车金融公司、金融租赁公司等其他银行业金融机构分工协作的多层次服务体系。根据中国银行保险业监督管理委员会（以下简称银保监会）[①] 的统计数据，截至 2019 年 12 月 31 日，我国共有银行业金融机构 4117 家，具体类型和数量如表 9 - 1 所示。

表 9 - 1　我国银行业金融机构法人分类一览表

法人机构名称	数量
政策性银行	2
国家开发银行	1
大型商业银行	6
股份制商业银行	12
中德住房储蓄银行	1
城市商业银行	134
农村商业银行	1478
农村合作银行	28

[①] 2018 年 3 月 13 日，十三届全国人大一次会议审议通过了《国务院机构改革方案》，将银行业监督管理委员会（以下简称银监会）和保险业监督管理委员会（以下简称保监会）的职责整合，组建银保监会，依照法律法规统一监督管理银行业和保险业，同时将原银监会和原保监会拟订银行业、保险业重要法律法规草案和审慎监管基本制度的职责划入中国人民银行。

续表

法人机构名称	数量
农村信用社	722
村镇银行	1630
农村资金互助社	44
外资银行	41
民营银行	18

注：除表中所列银行业金融机构以外，由银监会负责监管的还包括 68 家信托公司，258 家企业集团财务公司，70 家金融租赁公司，25 家汽车金融公司，13 家贷款公司，24 家消费金融公司，5 家货币经纪公司，4 家金融资产管理公司和其他金融机构 23 家。

资料来源：参见《银行业金融机构法人名单》（索引号：717804719/2020 - 272），http：//www. cbirc. gov. cn/cn/view/pages/ItemDetail. html？ docId = 894966&itemId = 863&&generaltype = 1，最后访问时间：2020 年 4 月 1 日。

随着我国金融体制改革的深入，特别是 2008 年全球金融危机之后国际国内经济金融形势发生的巨大变迁，现行银行法已经难以满足我国银行业发展对法律适用的诉求，亟待我们在更新立法理念的基础上，针对现行法律制度中存在的问题，重新构建并完善银行业法律体系，以保障银行业长期健康稳定发展。

第一节　银行法立法理念的更新

立法理念的形成不仅受制于法的目的与价值，而且会随着社会经济发展不断被赋予新的内涵。当前，我国银行业发展的内外环境呈现"喜忧参半"的复杂态势：一方面，我国经济在"十三五"期间仍将保持中高速增长，"一带一路"倡议进入全面实施阶段，为银行业发展提供了新的机遇和空间；另一方面，随着利率市场化改革推进、行业竞争程度提升、"金融脱媒"现象加剧、互联网金融冲击以及经济金融全球化影响，银行业传统的存贷款利差盈利模式将难以为继。机遇与挑战并存的发展环境决定了我国银行业立法在基本理念层面必须坚持以下三个方面的有机结合。

一　维护金融安全与提高金融效率相结合

从金融市场结构来看，我国属于典型的银行导向型，官方公布的统计数据显示，截至 2019 年末，我国金融业机构总资产为 318.69 万亿元，其中银行业金融机构资产总额为 290 万亿元，在银保证信四大金融子行业资产总额中的占比达到了 91%。① 银行业掌握了整个社会的大部分金融资产，同时也就意味着银行系统成了金融风险高度聚集的区域。虽然在总体上，我国银行业的系统性风险仍然是可控的，但一些潜在的风险隐患已经对银行业服务实体经济造成了阻碍。一是信贷迅速扩张导致银行资产质量与盈利能力自 2012 年以来持续出现"双降"局面。二是影子银行、互联网金融快速发展，金融脱媒现象加剧倒逼银行不断调高风险偏好。三是与房地产相关的贷款比重上升，增加了银行业体系承受房地产泡沫破灭的潜在损失和房价下跌时居民住房抵押贷款违约的可能性。四是经济增长与金融发展结构性失衡，导致资金脱离实体经济空转，进而催生和积累系统性金融风险。与此同时，我国银行业服务实体经济的能力和水平也亟待提升，批评的声音主要集中在以下三个方面。一是信贷投放对"三农"、小微企业等经济领域薄弱环节的供给力度不足。二是主要业务集中在商业贷款、融资活动中，忽视了其他金融服务的开展，造成了综合性金融服务的欠缺。三是"僵尸企业"② 挤占了大量信贷资源，严重影响了银行的资金使用效率。

　　以上种种说明，我国银行业目前既存在金融安全问题，也存在金融效率问题。从各国金融立法的历程来看，立法者总是不断地在金融安全与金融效率之间进行"相机抉择"：当金融安全受到威胁时强调干预主义，限制自由主义；当金融效率需要提升时转而倚重自由主义，弱化干预主义。笔者认为，现阶段我国银行业立法在处理二者之间的关系时应当把握两个

---

① 中国人民银行调查统计司：《2019 年末金融业机构总资产 318.69 万亿元》，中国人民银行网站，http://www.pbc.gov.cn/diaochatongjisi/116219/116225/3993266/index.html，最后访问时间：2018 年 9 月 27 日。

② 在我国，"僵尸企业"是一个特定历史时期的产物。一方面，它源于我国"三期叠加"背景下，一些企业不符合国家政策导向，违背经济发展规律，背离行业发展、区域布局和产品需求，缺乏创新优势，最终导致资不抵债，冗员充斥，拖累经济增长。目前，最典型的"僵尸企业"出现在钢铁、煤炭、水泥等产能过剩行业中。另一方面，由于在传统的经济增长模式下，地方政府需要当地企业通过投资公用事业和竞争性领域拉动本地经济，保证地方税收，稳定当地就业，长此以往，这类企业连年亏损，债台高筑，丧失偿付能力，风险不断暴露，不仅无法在经济调整过程中顺应市场经济的发展规律，还耗费了大量的财政补贴和银行支持等资源。

基本原则。一是坚持安全优先，兼顾效率。党的十八大以来，中央反复强调要把防控金融风险放到更加重要的位置，守住不发生系统性、区域性风险的底线。2017年4月25日，中共中央政治局在就维护国家金融安全进行第四十次集体学习时，习近平总书记进一步强调指出，金融安全是国家安全的重要组成部分，是经济平稳健康发展的重要基础。维护金融安全，是关系我国经济社会发展全局的一件带有战略性、根本性的大事。① 因此，银行法律制度设计应当在守住安全底线的前提下追求金融效率，当安全与效率发生矛盾而必须有所取舍时，效率必须服从于安全。二是注重发挥金融安全与金融效率之间的相互作用和影响。从长远来看，金融效率和金融安全在本质上是一个问题的两个方面，维护金融安全的一个重要价值追求就是为了提高金融效率，促进金融发展；而金融效率只有建立在安全稳定的基础上，才能够让金融资源的配置同时符合理性化和最优化的需求。因此，排斥效率的绝对安全不是银行业立法所应追求的目标，而忽略安全一味地追求效率的制度设计，即使能够在短期内提高金融效率，但是从长期来看为金融危机的发生埋下了隐患，同样不可取。

二 鼓励引导金融创新与保护金融消费者权益相结合

党的十八届三中全会审议通过了《中共中央关于全面深化改革若干重大问题的决定》，在阐述完善金融市场体系时，明确提出要鼓励金融创新，丰富金融市场层次和产品。这是深化金融体制改革、完善社会主义市场经济体系的战略部署，对我国今后的金融立法工作具有重要指导意义。从银行业的发展实践来看，金融创新虽然已经成为优化银行业资源配置和提升市场运作效率的关键，但仍然存在许多问题，例如银行业金融机构实施金融创新的自主研发能力弱，大多数创新举措仍然停留在对国内外同行的产品、模式和经验的简单吸收与模仿；金融创新活动缺乏整体规划，标准化程度低，规范性差，业务创新与服务创新结构失衡；金融产品与服务同质化现象十分突出，难以满足各类客户群体日益增长的多样化、个性化服务需求

---

① 南方日报评论员：《金融安全是国家安全的重要组成部分》，《南方日报》2017年4月28日，第F02版。

等。并且随着改革的推进以及制度红利的释放，新的经济主体和新型生产组织形式正在不断产生，银行业现有的金融产品和服务方式还无法与之相适应，迫切需要加快金融法制建设，鼓励并引导银行业金融机构在有效控制风险的前提下大力开展金融创新活动，促进行业的良性发展并惠及全社会。

随着我国"从储蓄向投资转移"的金融体制改革逐步推进，"金融商品与服务日益向个人生活渗透和扩展，一个庞大的个人金融服务需求市场正在形成"。[①] 与传统意义上的消费方式相比较，金融交易的供求双方在商品属性、价格以及质量方面存在较为突出的信息不对称现象，而金融创新产品的推出往往伴随着社会公众认知度不高、产品专业性强、设计不周全等特点，这使得金融消费者与银行业金融机构之间的信息不对称程度进一步扩大，从而给金融产品和服务的提供者利用其信息优势进行掠夺性金融交易提供了渠道和机会。受到先行先试政策的影响，在我国由金融创新业务引发的消费维权纠纷正逐年递增，并呈现突破传统商事法律关系范畴、利益主体多元、法律适用难度大等特点，迫切需要在立法层面予以积极回应。

有鉴于此，银行业立法在贯彻鼓励引导金融创新与保护金融消费者权益的协调发展理念时，应当秉承三个方面的制度设计原则。首先，要为银行业创新型的金融产品和金融服务预留发展空间。法律应当适度放宽对金融创新的核准条件，避免挫伤市场的创新积极性，在合法合规的基础上对金融新业态和新商业模式予以积极的引导和支持，以满足实体经济创新发展的融资需求。其次，要严守不发生系统性金融风险的底线。针对创新业务的新模式、新特点，不断建立健全银行业监管体制，确保所有的创新产品和服务都能得到有效管控。最后，要坚持"以人为本"的价值取向，通过事前审查、事中监督、事后救济三个层面的制度建设，从根本上扼制并扭转部分银行业金融机构过度追求利润的非理性行为，防止机构和个人假借创新之名行侵害消费者权益之实。

三　法律的本土化与法律的国际化相结合

从客观上看，法律的本土化与国际化确实存在一定程度的矛盾和冲突，

[①] 刘迎霜：《我国金融消费者权益保护路径探析——兼论对美国金融监管改革中金融消费者保护的借鉴》，《现代法学》2011 年第 3 期。

因为法律的本土化要求法律规则必须与本国社会经济发展密切结合，但过度的本土化可能导致制度和规则的设计与国际通行趋势相背离，甚至"直接构成相关领域融入国际秩序的绊脚石"①；法律的国际化则要求法律规则必须与国际通行趋势接轨，但由此可能导致相关的制度设计脱离本国的社会经济基础和法律传统，甚至使一些具有本土特色的制度遭到废弃，从而引发大量争议。

一方面，在经济金融全球化的背景下，特别是经历了 2008 年金融危机的洗礼后，银行业立法在世界范围内呈现愈加明显的趋同化发展趋势，这主要表现在：两大法系相互借鉴，相互融合；欧盟颁布的以一系列银行指令为核心的法律文件，巴塞尔银行监管委员会（Basel Committee on Banking Supervision）制定的银行监管标准和指导原则，以及国际货币基金组织（International Monetary Fund）、世界银行（World Bank）和金融稳定委员会（Financial Stability Board）等国际金融组织发布的关于金融监管的指引文件等，也对法律的国际化进程发挥了重要的助推作用。当前，我国已有 12 家金融机构入选巴塞尔银行监管委员会确定的 75 家全球系统重要性银行备选名单，数量超过美国，位列第一②，其中中国银行、中国工商银行、中国农业银行和中国建设银行已经成为全球系统重要性银行。随着我国银行业金融机构的国际化程度越来越高，银行业立法与国际接轨的外在压力和内生动力也将显著增加。另一方面，银行业立法的趋同化并没有抹杀法律的本土性，因为法律作为"内在的、默默地起作用的力量"的产物，"它深深地根植于一个民族的历史之中，而且其真正的源泉乃是普遍的信念、习惯和'民族共同的意识'"。③ 诚如苏力教授所言，法律的本土资源并非只存在于历史中，更重要的是当代人的社会实践已经形成或正在萌芽发展的各种非正式的制度。④

笔者认为，在我国银行业立法的过程中，妥善处理法律本土化与法律

---

① 王利明：《法律的本土化与国际化》，中国民商法律网，http://www.civillaw.com.cn/bo/t/? id=29964，最后访问时间：2020 年 3 月 9 日。

② 清华大学国家金融研究院《商业银行法》修法研究课题组：《银行业金融机构的三大边界问题——法人边界、监管边界、立法边界》，《清华金融评论》2016 年第 6 期。

③ 〔美〕E. 博登海默：《法理学——法哲学与法律方法》，邓正来译，中国政法大学出版社，1999，第 88 页。

④ 苏力：《法治及其本土资源》，中国政法大学出版社，1996，第 14 页。

国际化二者之间的冲突，必须遵循三项基本方针。一是要立足本国实际情况，牢牢把握我国正处于社会主义初级阶段这个最基本的国情。在对本土资源深刻探查的前提下，对其他国家和地区的法律进行理性选择和移植。二是坚持立法问题导向。根据银行业体制改革和金融创新的实际需要，把解决银行业领域存在的突出问题作为立法工作的重点，把法律切实管用作为工作目标，从行为规范、促进措施、监督管理等多方面，着力解决影响银行业发展的问题，积极回应社会关切，增强银行业立法的针对性和实效性。三是要保持法律制度的开放性。开放不仅是国家繁荣发展的必由之路，更是我国的一项基本国策。银行业立法要顺应我国经济深度融入世界经济的趋势，就必须进一步加强法律制度的开放性和包容性，在维护国家主权和国家利益的前提下，顺应国际银行立法的改革趋势。

第二节　我国银行业立法现状及其主要问题

我国现行银行业法律体系主要由三个层级的法律组成：一是由全国人民代表大会及其常务委员会制定的《中华人民共和国人民银行法》（以下简称《人民银行法》）、《中华人民共和国商业银行法》（以下简称《商业银行法》）、《中华人民共和国银行业监督管理法》（以下简称《银行业监督管理法》）和《中华人民共和国票据法》等法律，二是由国务院制定的《储蓄管理条例》《现金管理条例》《存款保险条例》《外汇管理条例》《金融机构撤销条例》等行政法规，三是由中国人民银行（以下简称人民银行）、银监会（现为银保监会）等监管机构颁布的数量众多的行政规章。此外，国务院、人民银行、银保监会等对银行业有监管职责的机构还出台了大量规范性文件①，这类文件虽然不是《立法法》所确定的正式法律渊源，《立法法》也没有对"法律""行政法规""规章""地方性法规"与具有相同制

---

① "规范性文件"主要是指具有规范性（即规定权利和义务）的、适用于不特定对象的各种文件，有广义和狭义两种理解：前者将它用来泛指包括法律、法规、规章在内的一切具有普遍约束力的抽象法律文件，后者仅将它视为除法律、法规和规章以外，可以反复适用的、具有普遍约束力的规范性文件。本书除有特别指出外，都只在狭义上使用"规范性文件"的概念。关于"规范性文件"一语在法律领域的具体使用，参见黄金荣《"规范性文件"的法律界定及其效力》，《法学》2014 年第 7 期。

定主体的"规范性文件"之间的效力等级关系做出明确界定，但是由于制定主体的地位特殊，以及《立法法》所体现的"效力等级取决于制定主体等级"的观念，理论界和实务界大多倾向于认为，这些规范性文件的效力尽管要低于宪法、法律和行政法规，但只要不与上位法的规定相抵触，其效力应当高于或者等同于行政规章。在银行业庞杂的法律体系中，《人民银行法》、《商业银行法》和《银行业监督管理法》无疑居于核心地位，被称为银行业三大"基本法"，它们共同奠定了我国现阶段银行业法律关系调整的基本制度框架，为巩固中国金融体制改革成果，保障和促进我国银行业长期健康、稳定发展发挥了重要作用。但是相较于我国银行业进入高速发展时期，各种新兴金融业态不断涌现，三大"基本法"施行至今已逾十年，却只经历过几次小幅修订，法律滞后性带来的问题日益突出。

一 《商业银行法》调整范围过于狭窄

从市场主体的角度来看，《商业银行法》无法覆盖所有类型的银行业金融机构。信贷业务是我国银行业金融机构最核心的资产业务，也是我国经济发展的重要支柱。在 20 世纪 90 年代，我国信贷业务的绝大部分市场份额是由商业银行占据的，因此对信贷业务的立法要求直接体现为对商业银行立法；在此背景下，1995 年出台的《商业银行法》与当时从事存贷业务的行为主体之间基本是"一对一"的关系。后来随着我国金融体制的改革和发展，财务公司、消费金融公司、汽车金融公司和金融租赁公司（以下简称四类金融公司）等非银行业金融机构开始涉足存贷业务，并在激烈的市场竞争中取得了一席之地。这些非银行业金融机构虽然不以"商业银行"命名，但却具有与银行相似的经营特征，能够从事吸收存款和发放贷款的业务，并以自身的信用来承担偿付责任；其与商业银行的根本性区别在于不具有开展支付结算业务的资格。银行业市场多元化主体格局的形成，打破了信贷业务机构和《商业银行法》之间原本"一对一"的对应关系。由于《商业银行法》对商业银行的设立条件和组织机构等内容的规定十分严格，没有预留弹性空间，难以成为四类金融公司这样的非银行业金融机构参照适用的法律依据；再加上我国尚未针对四类金融公司出台专门的法律，导致这些在特定范围内从事银行业务的金融机构长期处于组织法缺位的尴尬境地之中。政策性银行的问题同样不容忽视。为了适应经济发展的需要以及遵循政策性金融与商业性金融相分离的原则，我国于 1994 年相继成立了国家开发银行、中国进出口银行和中国农业发展银行三家政策性银行。随着我国社会主义市场经济体制的不断完善，为应对政策性金融整体偏小的局面，这三家银行当下都面临着职能调整与机构转型的任务。从法律层面来看，政策性银行原本不属于《商业银行法》规范的主体范围，虽然《人民银行法》和《银行业监督管理法》均规定政策性银行可以比照商业银行管理，但是由于长期以来缺乏有针对性的法律约束，政策性银行公司治理结构不完善、风险补偿机制不健全以及监管弱化等问题久治不愈。并且随着近年来政策性银行纷纷开展了自营性业务且规模占比不断提升，其与商业银行在功能定位和业务范围的边界日益模糊，不仅导致"真正需要政策支持的信贷需求难以充分满足，还引发了监管套利的问题"。[①]

　　从经营范围的角度来看，《商业银行法》无法覆盖银行业金融机构的所有营业行为。从《商业银行法》出台至今 20 余年来，中国的银行业已经发生了翻天覆地的变化，该法关于银行经营范围的规定与银行业发展实践在一定程度上存在脱节现象，甚至在某些方面形成了对金融创新和变革的阻碍。首先是综合化经营问题。《商业银行法》第 43 条明确禁止商业银行在境内从事信托投资和证券经营业务以及向非自用不动产投资或者向非银行金融机构和企业投资，该规定虽然通过"但国家另有规定的除外"的表述为银行的综合化经营预留了通道，但就其总体而言仍然是以"分业经营"作为基本原则的。在综合化经营成为国际银行业发展主流模式和"十三五"期间我国银行业转型升级主要路径的背景下，目前相关部门已经对银行在基金、金融租赁和保险等方面的综合化经营专门出台了配套政策，但由于《商业银行法》的前述规定，使得实际发生的个案最终仍然需要经过国务院的审批，从而导致银行仍有大量综合化经营的需求无法得到满足。其次是金融创新问题。自 2013 年以来，以阿里巴巴、腾讯等为代表的

---

① 　清华大学国家金融研究院《商业银行法》修法研究课题组：《借修法契机完善我国政策性银行立法》，《清华金融评论》2016 年第 6 期。

互联网企业，利用旗下第三方支付或者社交平台所积累的庞大客户群以及数据资源，纷纷将业务范围拓展至消费金融，对商业银行的传统核心业务领域造成了很大冲击。为应对挑战，商业银行正在通过积极探索直销银行、电商平台、网络银行和移动金融等新型金融形态，力图搭上互联网的快车；但是《商业银行法》及其衍生出的各种业务管理规定此时却成了商业银行进军互联网金融的"拦路虎"。以开立账户为例，根据《人民币银行结算账户管理办法》和《商业银行理财产品销售管理办法》的相关规定，自然人开设银行账户，必须由本人携带身份证件前往银行营业网点办理；客户首次购买理财产品前必须在银行网点进行风险承受能力评估并签字确认，即俗称"面签"制度；这样的监管规范对于不打算铺设网点而是通过远程方式营业的纯互联网银行或者在线上销售银行理财产品的业务创新来说，无疑是最大的壁垒和掣肘。①

二 《人民银行法》与中央银行履职变化不相适应

现行《人民银行法》于 1995 年颁布实施时，人民银行除了行使中央银行的职能，同时还是银行业的主要监管机构。2003 年 4 月 28 日，银监会挂牌成立，《人民银行法》随之修订。由于时间仓促，一方面，此次法律修改在分离机构监管职能的同时，也给我国中央银行法律框架带来了一些消极影响；另一方面，近年来国内外金融领域都经历了重大变革，人民

---

① 根据媒体报道，2015 年 1 月，人民银行曾经召集多家银行业金融机构的相关负责人及微众银行、网商银行筹备组的相关负责人就《关于银行业金融机构远程开立人民币银行账户的指导意见（征求意见稿）》（以下简称《征求意见稿》）召开研讨会。《征求意见稿》对银行远程开立账户提出了 3 项基本原则：1. 坚持银行账户实名制；2. 坚持以柜台开户为主，远程开户为辅；3. 实施客户身份识别机制的自证。据此，只要银行能够保障有效识别客户身份的真实、完整与合规，同时证明开户是客户的真实意愿表达，就可以突破"面签"制度，通过远程方式开立银行账户。但从人民银行 2015 年 12 月 25 日正式发布的《中国人民银行关于改进个人银行账户服务 加强账户管理的通知》（以下简称《通知》）来看，远程开户虽然最终获得了许可，却受到严格的法律限制：1. 开户类型仅限于 II 类或 III 类银行账户，II 类户不能存取现金，不能向非绑定账户转账；III 类户则仅能办理小额消费及缴费支付；2. 存款人通过 II 类户单日只能办理 1 万元以内的消费和公用事业缴费支付，III 类户单日只能办理 1000 元以内的小额消费及缴费支付业务。从整体上看，《通知》对远程开户的松绑，因为附加了种种限制条件而使得其形式意义远高过实际影响。

银行的职责范围也相应地发生了较大变化，但并未在《人民银行法》中得到及时的落实。这两方面因素的共同作用使得《人民银行法》在一定程度上阻碍了人民银行制定和实施货币信贷政策、维护金融稳定和提供金融服务等职责的履行。

首先，有关货币信贷政策的规定难以满足人民银行实施宏观调控的需要。一是人民银行制定和执行货币政策的独立性不够。一方面，根据《人民银行法》第 2 条、第 5 条和第 12 条以及国务院 1997 年颁布的《中国人民银行货币政策委员会条例》的规定，虽然人民银行参照国际惯例设立了货币政策委员会，但仅是作为制定货币政策的咨询议事机构；对于年度货币供应量、利率及汇率等重大事项，最终决策权仍然属于国务院。另一方面，从《人民银行法》第 29 条和第 30 条的规定来看，尽管法律试图通过禁止人民银行向财政部门、地方政府和非银行金融机构融资来保障人民银行实施货币政策的独立性，但是由于"国务院决定"这个但书的存在，实践中人民银行每年发放的再贷款中有相当一部分属于财政性再贷款，其实质就是"财政向中央银行转嫁责任"，"形成中央银行对财政的暗补"。①二是人民银行对货币信贷政策工具执行情况的督查权限不足。在货币政策方面，《人民银行法》第 32 条仅规定了人民银行对金融机构以及其他单位和个人执行有关存款准备金管理规定行为的监督检查权，而对于其他货币政策工具，如再贷款、再贴现和利率政策等的运用效果则没有赋予人民银行任何督查权限。在信贷政策方面，尽管近年来信贷政策已经成为人民银行促进经济结构调整优化，实现金融管理目标的一项重要手段，但是《人民银行法》通篇并没有明确信贷政策的法律地位，也没有赋予人民银行检查监督金融机构贯彻执行信贷政策的硬性约束权限，"导致人民银行在对重点领域信贷政策实施效果的监测分析和评估，与其他相关部门的协调配合方面缺乏有力的法律依据"②，加大了基层人民银行执行、落实信贷政策的难度。

其次，人民银行维护金融稳定的运作机制和应对措施缺少法律支撑。2003 年 12 月 27 日，第十届全国人民代表大会常务委员会第六次会议表决通过的《人民银行法（修正案）》首次赋予了人民银行"防范和化解金融

① 杨松、闫海：《中国人民银行独立性：条文分析与规范重构》，《时代法学》2008 年第 6 期。
② 王峰：《〈中国人民银行法〉应加快修订》，和讯网，http://bank.hexun.com/2014-03-10/162872973.html，最后访问时间：2020 年 3 月 9 日。

风险，维护金融稳定"的职责，但由于受到"宜粗不宜细"立法指导思想的影响，法律对人民银行维护金融稳定职责的规定过于原则化，使其在履行职责时面临诸多困难。一是缺乏对宏观审慎管理框架的规定。自 2008 年金融危机以来，以宏观审慎管理为核心的金融稳定理念已经成为全世界各主要国家和国际金融组织的普遍共识。我国在"十二五"规划和"十三五"规划中也明确提出，要加强金融宏观审慎管理制度建设，改革并完善适应现代金融市场发展的金融监管框架。尽管人民银行从 2009 年开始就着手研究强化宏观审慎管理的政策措施，不断丰富宏观审慎管理政策框架工具，但是现行《人民银行法》并没有对人民银行在宏观审慎管理框架中的地位和相应职权做出明确规定。二是欠缺对人民银行防范、化解系统性金融风险所必需措施手段的规定。在《人民银行法》第 32 条所规定的 9 项监督检查权中，只有 2 项与维护金融稳定职责有关（监督检查银行间同业拆借市场和银行间债券市场、监督检查银行间外汇市场）；而对银行业金融机构的特种检查权，由于人民银行自身不能主导，难以作为常规手段使用。① 这种授权安排显然难以满足人民银行对银行业金融机构开展日常监管和风险评估的实际需要。三是欠缺维护金融稳定所需的信息共享与协调机制的规定。在中央层面，虽然 2013 年 8 月 15 日国务院发布批复，同意建立由人民银行牵头的金融监管协调部际联席会议制度，但是由于《人民银行法》没有对协调机制的决策权限、议事规则和职责分工等问题做出明确规定，从实践效果来看，"一行三会"的互联互通并无明显推进，严重制约了人民银行维护金融稳定职能的发挥。在地方层面，由于《人民银行法》对人民银行的县（市）支行履行维护金融稳定职责时与当地政府及相关职能部门的沟通协作、信息共享机制未做规定，以地方政府为主导、人民银行牵头、各部门配合的金融稳定协调机制难以真正发挥作用。

最后，人民银行的多项新职责未能在《人民银行法》中得到落实。2006 年出台的《中华人民共和国反洗钱法》赋予了人民银行"组织、协调全国的反洗钱工作，负责反洗钱的资金监测，制定或者会同国务院有关金融监督管理机构制定金融机构反洗钱规章，监督、检查金融机构履行反

---

① 《人民银行法》第 33 条仅赋予了人民银行建议银监会对银行业金融机构进行检查监督的权力，第 34 条虽然赋予人民银行对银行业金融机构进行监督检查的权力，但必须"经国务院批准"。

洗钱义务的情况，在职责范围内调查可疑交易活动"等一系列职责，远远超出了《人民银行法》第 4 条关于人民银行"指导、部署金融业反洗钱工作，负责反洗钱的资金监测"的职责范围。根据国务院发布的《中国人民银行主要职责内设机构和人员编制规定》（国办发〔2008〕83 号），人民银行增加了包括区域金融形势研究、区域金融稳定评估和区域金融稳定协调，监测金融控股公司和交叉性金融工具，监督金融市场衍生产品交易等在内的一系列职责。国务院 2013 年公布的《征信业管理条例》赋予了人民银行监督管理征信业的职责。此外，根据 2009 年《跨境贸易人民币结算试点管理办法》、2010 年《非金融机构支付服务管理办法》、2016 年《中国人民银行金融消费者权益保护实施办法》等行政规章的规定，人民银行还增加了对跨境贸易人民币结算试点进行总量调控和业务监管、对非金融机构提供的支付服务进行行政许可和监督管理、保护金融消费者权益等职责。由于《人民银行法》自 2003 年以来一直没有再做修订，前述诸项职责均未在法律中得到确认和落实，由此产生了两个方面的问题：一是人民银行履行职责的正当性和权威性基础有所欠缺，二是由于部分工作涉及与银行、保险、证券等金融监管部门的分工协作，在法律没有厘清"一行两会"职责分工的情况下，各项业务的管理与执行均存在不足。[①]

三　银行业金融机构风险处置市场化操作不足

从我国银行业金融机构进行风险处置的实践历程来看，无论是《企业破产法》上规定的司法处置，还是《商业银行法》《银行业监督管理法》等法律中规定的像接管这样的行政处置，都没有在实际操作中得到普遍适用。迄今为止，我国尚未有依照《企业破产法》对银行业金融机构进行重整或者清算的先例，更多的实例是由地方政府牵头监管部门，采取个案谈判的方式与问题金融机构的股东、管理层、债权人和投资人进行协商，以达成最终的处置方案。通过对银行业金融机构风险处置实践的探查，笔者认为，至少存在以下两个方面的难点亟待破解。

---

① 王锋：《〈中国人民银行法〉应加快修订》，《金融时报》2014 年 3 月 10 日，第 9 版。

（一）风险处置过度倚重行政干预

目前，对银行业金融机构进行风险处置的方式主要有两种：一是地方政府与监管部门会商后指定一家健康的金融机构或者优质企业对问题金融机构实施并购重组，将风险直接转嫁给并购方；二是关闭问题金融机构，使用人民银行提供的金融稳定再贷款对个人存款进行全额兑付，然后由地方政府组织相关部门对该银行业金融机构实施行政清算。从风险处置工作的启动到处置方案的确定，从救助措施的实施到相关各方的利益协调，行政权力在每一个环节都发挥着至关重要的主导作用。虽然考虑到银行业金融机构破产的特殊性，地方政府联手监管部门实施行政干预有其充分的正当性与必要性。但是笔者认为，还有一个很重要的原因在于，服从政府管理和接受政府安置早已成为社会大众普遍接受的观念和根深蒂固的习惯，由此导致的结果必然就是"政府越来越多地承担了本来完全可以由社会或市场自己去履行或完成的事务"。①

缺乏市场化的处置手段和其他市场主体的有效参与，给我国银行业金融机构风险处置工作带来了一系列问题。首先，政府和监管部门对并购方的选择通常只考虑快速化解近在眼前的信用风险，至于并购重组实施以后在未来较长的一段时间内可能对并购方产生的影响，则鲜少被顾及。例如，成都农商银行的增资扩股方案并没有采取市场化的运作方式，使得安邦集团最后的胜出始终难以摆脱"暗箱操作"的质疑之声。② 其次，用行政手段替代市场机制进行清算，其实质是由政府为银行业金融机构承担兜底责任。虽然从短期来看，行政清算确实能够有效遏制破产风险在银行业体系内的传导，但是从长期来看，严重扭曲了银行业金融机构及其存款人的行为预期。一方面，存款人因为相信政府会为自己的损失买单而失去了甄别与监督银行业金融机构的内在动力，在一定程度上放纵了银行业金融机构的冒险

---

① 王小卫：《宪政经济学》，立信会计出版社，2006，第91页。
② 业界对成都农商银行引入安邦集团作为战略投资者，存在不同的看法。有业内人士认为增资扩股前的成都农商银行资产总额约为1603亿元，资产状况总体优良，安邦集团仅出资56亿元即获得该行相对控股权，或有"贱卖国有资产"的嫌疑。随着安邦集团原董事长吴小晖因犯集资诈骗罪、职务侵占罪而被判刑入狱，以及2018年2月保监会宣布对安邦集团实施为期一年的接管，对当年安邦集团入主成都农商银行交易的争议声再次浮出水面。参见李微敖《独家：四川与成都联手7000亿成都农商行或将重归"国有"》，网易网，http://dy.163.com/v2/article/detail/DP3A0HT00511FPN6.html，最后访问时间：2020年3月9日。

投机行为；另一方面，政府的刚性兑付大大增加了银行业金融机构的道德风险，特别是当其陷入困境时，后者往往会出于侥幸心理，选择铤而走险。

（二）风险处置的救助资金来源单一

从总体上看，公共资金仍然是我国银行业金融机构风险处置中最主要的资金来源，其具体表现形式主要有两种：一是中国人民银行以最后贷款人的身份向问题金融机构提供的金融稳定再贷款，二是地方政府的财政支持，后者在银行业金融机构风险处置过程中往往扮演了更加重要的角色。

在缺少最小成本原则约束的情况下，相关政府部门使用公共资金救助银行业金融机构的随意性和非程序性现象十分突出，不但助长了银行业金融机构对公共救助的盲目依赖，同时也给地方政府和监管部门带来了许多深层次的问题。以人民银行为例，虽然《贷款管理暂行办法》对金融机构向中国人民银行申请紧急贷款应当符合的条件做出了规定，明确要求"借款人已采取了清收债权、组织存款、系统内调度资金、同业拆借、资产变现等自救措施，自救态度积极、措施得力"，但是在实践操作中，人民银行却很少审查银行业金融机构自我救助措施的实施情况。最后贷款人制度泛化使用的结果，并非仅使货币政策的独立性受到影响，大量无谓贷款的发放必然导致货币供应量的增加，甚至可能引发更为严重的通货膨胀危机。对于各级地方政府来说，则往往意味着地方财政将背上沉重的债务包袱。

正是由于三大"基本法"严重滞后于银行业的发展，银行业监管部门不得不出台大量的部门规章、规范性法律文件甚至是政策通知来进行调整和规范，以弥补法律缺位在实践中留下的法律空白。这些行政规章和规范性法律文件对银行业金融机构往往具有更为直接的约束效力，如果不对"基本法"进行全面并且系统性的修改和完善，政策、监管规则"隐性"取代法律的趋势将会日益明显。

第三节　后危机时代国际银行业立法改革的比较研究

金融危机虽然导致了大量银行破产倒闭，社会经济动荡不安，但是从另一个角度来看，它也为各国检验其经济调整工具、政府决策和法律制度与体系的有效性提供了一次难得的契机。"每一次金融危机后都会产生一轮全新改革，最深刻的改革往往产生于最严重的危机之后。"① 在经历了 2008 年由美国次贷危机所引发的全球金融风暴之后，大部分国家和地区对其银行法律体系做出了相应的修改和调整。本文选取了英国和印度两个国家作为后危机时代国际银行业立法改革比较研究的对象，主要原因在于英国是世界上银行业最发达的国家之一，各种资本市场上的新技术、新工具产生的各种新问题亟待解决，而印度作为与中国经济发展水平相似、经济规模相近、人均收入状况较为相同的国家，其银行业立法面临着诸多相同或者相似的挑战。因此，以英国和印度在后危机时代银行业法律体系发生的变化为我国银行业立法改革的参考和借鉴，从立论和实践上都毫无疑问是合适的。

一　英国银行业监管体制改革

由于英国的银行业历史悠久，长期以来实行自律监管和混业经营，其银行的类型纷繁复杂，卡洛·戈拉（Carlo Gola）和亚历山大·罗塞林（Alessandro Roselli）两位学者认为，英国的银行可以大致划分为存款银行（Deposit Bank）、二级银行（Secondary Bank）和准银行机构（Near‐bank）三个组别。② 根据英国 2009 年《银行法》第 2 条的规定，"银行"是指在英国注

---

① 张育军：《金融危机与改革》，中信出版社，2014，前言。
② 存款银行在英国银行体系中居于核心地位，主要包括清算银行（Clearing Bank）和贴现银行（Discount House）。其中以巴克莱银行（Barclays Bank）、国民西敏寺银行（National Westminster Bank）、米德兰银行（Midland Bank）和劳埃德银行（Lloyds Bank）为代表的清算银行（可以直接参加伦敦票据交换所进行的票据清算）长期以来在存款银行的零售业务中占据着垄断地位。贴现银行的主要职能是以国库券和其他票据作为担保向清算银行借入短期资金，同时对商业票据予以贴现，是英国银行体系独有的一种金融机构。二级银行主要包括承兑银行（Accepting House）、海外银行和外国银行，与存款银行相比，二级银行不能直接参与票据清算，主要是从批发市场上而非通过零售业务吸收存款。承兑银行最初是由从事国际贸易并兼营承兑业务的商人发展起来的，其传统的业务是进行贸易融资和提供较大比例的承兑工具；现阶段其业务范围已经扩大到企业融资、投资管理、贷款以及银团业务等领域。海外银行是指依照英国法律成立，但其主要资产在海外的银行；外国银行则是指不在英国注册或者依据外国法律设立的银行。与存款银行和二级银行相比较，准银行机构同样不能直接参与票据清算，但其吸收存款的主要途径还是银行的零售业务。吸收存款并为住房建设和购买提供融资的建筑协会、信用社和提供消费信贷的融资公司（Finance Houses）等金融机构都可以归类为准银行机构。参见 Carlo Gola, Alessandro Roselli, *The UK Banking System and Its Regulatory and Supervisory Framework*, New York：St. Martin's Press, 2008, pp. 5 – 7。

册或者依据英国法律设立，获得 2000 年《金融服务与市场法》（Financial Services and Markets Act）的授权，从事吸收存款业务的机构，但不包括建筑协会、信用社和其他被财政部明令排除的机构。从这一定义上看，英国成文法上"银行"概念的外延比我国狭窄，但是根据该法第 84 条和第 89 条的规定，建筑协会和信用社可以参照适用该法所规定的与银行破产相关的法律制度。

英国银行法的历史沿革深受其政治体制、经济政策和法律传统的影响，直到 20 世纪 70 年代，其银行监管体系还一直沿袭着以自律监管为主的传统，由英格兰银行在事实上履行着非正式的维护金融稳定的职责。[①] 在 2007 年金融危机爆发前，英国的银行监管体系主要经历了以下四次变革：（1）1979 年《银行法》建立"双层银行体系"（Two Tier Banking），将银行划分为"认证银行"（Recognized Banks）和"牌照银行"（Licensed Institutions），并授权英格兰银行对牌照银行进行正式监管，标志着英国银行监管体系开始走向法定化；（2）1987 年《银行法》废除"双层银行体系"，规定所有的银行必须接受英格兰银行的统一监管，并在英格兰银行的内部成立了银行监管委员会（Board of Banking Supervision），关于银行的监管框架基本形成；（3）1998 年《英格兰银行法》将对银行的监管职能从英格兰银行剥离，转移给金融服务局（Financial Services Authority，以下简称 FSA）；（4）2000 年《金融服务与市场法》结束了英国的分业监管格局，将 FSA 明确为包括银行、证券经纪商、保险公司等在内所有金融机构的统一监管机构，其对银行的监管权力进一步扩大，除享有准立法性质的规则制定权，对银行进行信息收集和调查之外，FSA 还有权对违法违规的银行实施纪律惩戒（Disciplinary Power），常见的惩戒手段包括公开谴责（Public Censure）和罚款。[②]

[①] 根据 1946 年《英格兰银行法》第 4 条第 3 款的规定，英格兰银行出于公共利益的需要，有权要求银行向其提供信息或者向银行提出建议；在给予银行陈述机会并获得财政部同意的情况下，英格兰银行还可以向银行发布指示（Direction）。但是前述"建议"和"指示"均没有法律效力，在实际执行过程中，英格兰银行一般是通过与银行签订"君子协定"等非正式方式来矫正银行的不安全和不稳健行为。参见 Bank of England Act 1946, section4（3）。

[②] 参见苏洁澈《危机与变革：英国银行监管体系的历史变迁》,《甘肃行政学院学报》2014 年第 1 期；Banking Act 1979, Section 3, 14 - 17；Bank Act 1987, Section 1 - 2, 19 - 20；Bank of England Act 1998, Section 21 - 30；Financial Services and Markets Act 2000, Section 1 - 2, 22, 138 - 156, 165 - 177, 205 - 211；HM Treasury, Bank of England and the Financial Services Authority, "Memorandum of Understanding Establishes a Framework for Co - operation between HM Treasury, the Bank of England and the Financial Services Authority", http://www.bankofengland.co.uk/financialstability/Documents/mou.pdf, last visit at 2013.03.25。

2007 年下半年，在由美国次贷危机引发的金融风暴中，以北岩银行（Northern Rock）挤兑事件①为代表的一系列银行破产案充分暴露出英国银行业监管体制上的缺陷和弊端。虽然 FSA、财政部和英格兰银行于 2006 年签署《金融稳定谅解备忘录》（Memorandum of Understanding for Financial Stability），确立了了三方合作框架，但是对彼此在银行业监管与风险处置中的职责分工不明确，当银行陷入财务困境时，有关部门相互推诿和扯皮的现象时有发生，延误了对风险进行处置的最佳时机。痛定思痛之后，英国政府开始着手对本国的银行业监管体制进行改革，并广泛征求 IMF、世界银行和国际清算银行等国际组织以及英美等国学者、市场参与主体和银行监管机构的意见。以 2009 年《银行法》和 2012 年《金融服务法》（Financial Service Act）为代表的一系列法案相继出台，标志着英国银行业监管体制正在经历第五次变革。

根据《金融服务法案》的改革方案，FSA 被拆分为审慎监管局（Prudential Regulation Authority，以下简称 PRA）和金融行为局（Financial Conduct Authority，以下简称 FCA）两个各自独立的监管机构。PRA 隶属于英格兰银行，主要负责对其授权经营的银行（包括建筑协会和信用社）、保险公司和一些重要的投资公司等金融机构进行审慎监管。FCA 由 FSA 更名而来，负责对所有金融机构（包括被 PRA 监管的金融机构）进行行为监管，以及对不受 PRA 监管的其他金融机构（例如基金管理公司、保险中介

---

① 北岩银行成立于 1965 年，是英国的五大抵押贷款银行之一。2007 年，北岩银行由于受到美国次贷危机的影响而发生融资困难，并于同年 8 月 16 日首次向英格兰银行申请援助但遭到拒绝，因为后者在与财政部和 FSA 协商之后一致认为，由其他银行对北岩银行实施并购会是更好的解决方案。在危机爆发一周前，英国的劳埃德银行曾提出收购重组北岩银行，但希望英格兰银行给予总额 300 亿英镑的贷款支持，这一方案由于时任财政部长埃莱斯特·达林（Alistair Darling）的反对而未能实现。直到 9 月 14 日，英格兰银行才决定向北岩银行提供抵押贷款援助。但是由于次贷危机已向全球深度蔓延，草木皆兵的英国民众在得知英格兰银行的注资消息后，蜂拥至北岩银行提取存款，爆发了英国银行业自维多利亚时代以来的首次银行挤兑风波。为防止事态失控，英国财政部于 9 月 17 日宣布为北岩银行提供担保，这一举措意味着北岩银行的储户能够全额取回他们的存款，挤兑风潮才告结束。英国银行监管机构在对北岩银行的危机处理中行动迟缓，被认为是导致危机扩大的一个重要原因。参见 "Northern Rock, Lessons of the Fall, How a Financial Darling Fell from Grace, and Why Regulators Didn't Catch It", the Economist, http://www.economist.com/node/9988865, 18 October, 2007, last visit at 2013.03.25。

公司和财务咨询公司等）进行授权经营和审慎监管。① 在 PRA 和 FCA 各司
其职，密切合作的同时②，英格兰银行内设的金融政策委员会（Financial
Policy Committee，以下简称 FPC），其主要职责是：（1）通过识别和评估
系统性风险监测英国金融体系的稳定；（2）向 PRA 和 FCA 发出指令，要
求其针对被监管对象采取相应的监管措施；（3）向英格兰银行、财政部、
FCA、PRA 或其他监管机构提出建议；（4）发布金融稳定报告。③ FPC 可
以向这两家监管机构发出指令，要求其对被监管对象采取相应的措施。
2009 年《银行法》建立了问题银行特别解决机制（Special Resolution Re-
gime），该机制由稳定化措施（Stabilization Tools）、银行破产程序（Bank
Insolvency）和银行管理程序（Bank Administration）三个部分共同组成。
英格兰银行是启动特别解决机制的决策机构。根据 2009 年《银行法》及
其修正案的规定，启动特别解决机制必须满足以下两个条件：第一，问题
银行被 PRA 或 FCA 判定为已经不能或者即将不能满足 2000 年《金融服务
与市场法》等法律所规定的最低市场准入条件④；第二，该银行通过自力

① 由 PRA 授权和监管的对象分为三类：第一类是银行（包括建筑协会和信用社），第二类
是保险公司，第三类是可能对金融体系的稳定性造成影响的投资公司。在英国现行的金
融监管体系下，前述金融机构取得营业许可必须同时满足英国财政部 2013 年发布的
《2000 年〈金融服务与市场法〉准入条件法令》［The Financial Services and Markets Act
2000（Threshold Conditions）Order 2013］中由 PRA 和 FCA 各自设定的市场准入条件，并
接受 PRA 的审慎监管和 FCA 的行为监管。如果根据前述法令的规定，一家银行开展的业
务无须得到 PRA 的授权，则该银行只受到 FCA 的监管。参见 Financial Services and Markets
Act 2000，Section 429（1）；The Financial Services and Markets Act 2000（Threshold Condi-
tions）Order 2013，2013No. 555，2A – 2E，3B – 3E，5F；Bank of England，"The Prudential
Regulation Authority's Approach to Banking Supervision"，June 2014，available at http：//
www. bankofengland. co. uk/pra/Pages/supervision/approach/default. aspx，last visit at 2015.
03. 25。
② 根据两家机构所签署的备忘录，FCA 和 PRA 不进行联合监管，但任何一家机构在对其监
管的金融机构采取强制措施之前（例如撤销营业许可、申请重整或者破产清算等），应当
与另一家机构进行事先协商。参见 FCA&PRA，Memorandum of Understanding（MoU）be-
tween the Financial Conduct Authority（FCA）and the Prudential Regulation Authority（PRA），
Section 23，43，available at http：//www. bankofengland. co. uk/about/Pages/mous/mous2. aspx，
last visiting date：August 20th，2014。
③ 参见 Financial Services Act 2012，Chapter 1A，Section 9B，9G，9H，9O – 9R，9W。
④ 根据 2000 年《金融服务与市场法》和 2013 年《2000 年〈金融服务与市场法〉准入条件
法令》的规定，银行的最低市场准入条件主要由五个部分的内容组成：（1）银行必须是
公司法人或者合伙企业；（2）公司制银行的总部或者注册地在英国，或者合伙制银行
的总部和业务都在英国；（3）为了满足审慎经营的要求，银行必须拥有（转下页注）

救济措施（例如停止向股东分红、出售部分资产以及与债权人签订债转股协议等）能够重新或者继续满足前述市场准入条件不具有合理的可能性。英格兰银行在与 PRA、FCA 和财政部协商的基础上，综合考虑各种因素后，如果认为问题银行满足以上两个启动条件，即可以启动对问题银行的特别解决机制。[①] 英格兰银行在考虑对问题银行采取何种处置措施时，应当充分考虑以下目标的实现：（1）保护和提高金融系统的稳定性；（2）保护和提高公众对银行系统稳定性的信心；（3）保护存款人利益；（4）保护公共资金；（5）避免以违反《欧洲人权公约》的方式干涉财产权。[②] 对金融系统稳定性不构成威胁的问题银行，经英格兰银行、PRA、FCA 或者财

（接上页注④）适当的财务资源以满足监管机构在资本金、流动性和准备金方面的要求，以及非财务资源，例如资产评估能力、风险管理程序和管理能力等；（4）对该银行实施监管符合 PRA 和 FCA 的监管目标；（5）该银行能够受到 PRA 和 FCA 的有效监管。参见 Banking Act 2009，Financial Services Act 2012，Part 2，Amendments of Financial Services and Markets Act 2000，Section 11，55B，55E，55F；The Financial Services and Markets Act 2000（Threshold Conditions）Order 2013，No. 555。

[①] 根据 2009 年《银行法》及其修正案的规定，PRA 或 FCA 在判断问题银行是否符合特别解决机制的启动条件时，如果该银行此前曾经接受了英格兰银行或者财政部提供的财务援助，则其判断必须在前述财务援助没有发生的假设之下进行，但英格兰银行的普通市场援助（Ordinary Market Assistance）不在除外范围内。根据英国财政部在《2009 年〈银行法〉——特别解决机制：执行准则》中作出的解释，英格兰银行向问题银行提供的援助是否属于"普通市场援助"，需要结合英格兰银行的操作方式，问题银行接受流动性支持的市场环境等多种因素进行综合考虑。Banking Act 2009，Section 7；Financial Services Act 2012，Schedule 17，Amendments of Banking Act 2009，Part1，paragraph 8（2）– 8（6），28；The Financial Services and Markets Act 2000（Threshold Conditions）Order 2013，2013No. 555，3B – 3E，5F；Banking Act 2009 – Special Resolution Regime：Code of Practice，Section 5. 10。

[②] 《欧洲人权公约》（European Convention on Human Rights），即《保护人权与基本自由公约》（the Convention for the Protection of Human Rights and Fundamental Freedoms），是一个为保障欧洲人权与基本自由而由欧洲委员会各成员国缔结的国际公约，于 1950 年 11 月 4 日签署并于 1953 年 9 月 3 日生效。由于各国对财产权理解不同，该公约的初始文本并没规定对财产权的保护，直到 1952 年 3 月 2 日，《欧洲人权公约第一议定书》（Protocol 1 of the European Convention on Human Rights，以下简称《第一议定书》）签字生效之后，财产权才被纳入《欧洲人权公约》的保护范围。《第一议定书》第 1 条规定："（1）自然人和法人有权不受干扰地享有其财产权，除基于公共利益的需要并满足法律和国际法的普遍原则所规定的条件外，任何人不得剥夺其财产；（2）但上述规定不得损害国家为了普遍利益或者出于税收安排、财产处罚或者其他需要而对自然人和法人的财产行使必要的支配权。作为《欧洲人权公约》和《第一议定书》的缔约国，英国在 1998 年的《人权法案》中正式将公约中关于财产权保护的内容纳入了国内法。参见 Banking Act 2009，Section 4（4）– 4（8）；Protocol 1 of the European Convention on Human Rights，Section 1；Human Rights Act 1998，Section 1（1）（b）。

政部的申请，由法院依照 2009 年《银行法》规定的银行破产程序对其进行破产清算，并保证每个适格存款人的账户尽快转移至其他金融机构或者在合理时间内得到金融服务补偿计划（Financial Services Compensation Scheme，以下简称 FSCS)① 的赔付。② 英格兰银行在与 PRA、FCA 和财政部协商后，如果认为对问题银行实施破产清算不利于维护金融系统稳定和公众对银行系统的信心，并且无法满足保护存款人权益的需要，则应当启动银行重整程序，采取稳定化措施对问题银行进行重整。③

　　综上所述，在英国银行业监管体制改革后的"双峰"监管模式下，英格兰银行集货币政策制定与执行、宏观审慎管理与微观审慎监管于一身，肩负起了维护金融体系稳定和金融风险处置的领导职责。这种监管体制的突出优点在于可以最大限度地保持货币政策与银行监管之间的协调性，有利于化解系统性金融风险。相较而言，在中国现行的监管体制下，对银行业金融机构的监管权主要集中于银保监会，对问题金融机构实施援助的决策权则主要归属于中央银行。另外从农村银行业金融机构改革与发展

---

① FSCS 是英国于 2001 年建立的、FSA 统一管理的、由存款保险基金、证券投资者保护基金和保险投资者保护基金共同组成的综合体，覆盖范围包括存款、保险保单、保险经纪、投资业务以及家庭金融。当参保机构破产倒闭时，对受保人的赔偿是按比例计算的，同时还要受制于最高赔偿金额的限制，银行存款的最高赔偿金额为 85000 英镑。FSA 解体后，FSCS 被移交给 PRA 和 FCA 两家机构共同管理。

② 在英格兰银行决定将问题银行交由法院进行破产清算之前，应当与 PRA、FCA、财政部和 FSCS 进行协商。2009 年《银行法》规定的银行破产程序是在对 1986 年《破产法》中的普通破产清算程序进行修改后建立起来的，二者之间的差异主要表现在：（1）银行破产清算的申请权只赋予了英格兰银行、PRA、FCA 和财政部。（2）法院在问题银行无力或者可能无力偿还债务的前提下，必须综合考虑公共利益以及公平原则之后，才能颁布银行破产令。（3）法院所任命的银行清算人有两项目标：一是保证将每个适格存款人的账户尽快转至其他金融机构或在合理时间内得到 FSCS 的赔偿，二是对破产银行的事务进行清算，最大限度地保证所有债权人的整体利益。目标一相较于目标二具有优先性。（4）银行清算委员会的成员分别由英格兰银行、PRA、FCA、FSCS 任命。参见 Banking Act 2009, Section 95 - 97, 99, 100; Financial Services Act 2012, Schedule 17, Amendments of Banking Act 2009, Part 2, paragraph 32 - 34, 36, 45。

③ 根据 2009 年《银行法》的规定，在以下两种情形，即使前述条件均得到满足，英格兰银行也不能启动银行重整程序，对问题银行采取稳定化措施：一是在银行重整过程中需要使用公共资金，财政部尚未表示同意的；二是财政部书面通知英格兰银行该稳定化措施与英国承担的国际义务相抵触。在后一种情况下，英格兰银行必须在考虑特别解决机制法定目标的前提下，重新选择替代性的破产处置措施，英国财政部对此可以提出相关建议和要求。参见 Banking Act 2009, Section 76, 78。

的结果来看，地方政府在实质上对农村信用社、农村商业银行和农村合作银行等金融机构也享有广泛的管理权和风险处置权。采取这样的监管体制，虽然能够在一定时期内满足我国金融体系转轨过程中监管制度供给不足的需要，但监管权力不集中、责任主体分散、政出多门的现状无疑在客观上推高了部门沟通协作的成本，降低了银行业监管的质量和效率。

二 印度银行业存款保险制度改革

印度的银行体系由表列银行（Scheduled Banks）与非表列银行（Non - Scheduled Banks）两个部分组成。[①] 表列银行主要包括表列商业银行与表列合作银行（Scheduled Cooperative Banks）[②]：前者根据所有制及设立方式不同，划分为公营银行（Public Sector Banks）、私有银行（Private Sector Banks）、外资银行（分支机构）与地区农村银行（Regional Rural Banks）；[③] 后者根据地域不同，划分为城市合作银行（Urban Cooperative Banks）与农

[①] 表列银行是指列入 1934 年《印度储备银行法》（Reserve Bank of India Act）第二表格的银行，其自有资本和储备在 50 万卢比以上，需要按照一定比例向印度储备银行缴纳存款准备金。非表列银行是指没有被列入该法第二表格的银行，主要包括 5 家合作银行和所有的地区银行（Local Area Banks）。后者是一种仅在限定区域开展业务的小型私有银行，目前印度国内有 4 家地区银行仍在运营（其中一家已于 2016 年转型为小型金融银行）。参见 the Reserve Bank of India Act，Sec. 2（e），42，the Second Schedule；R. Parameswaran，Indian Banking，New Delhi：S. Chand Publishing，2013，pp. 4 – 5；RBI，Report of The Review Group on The Working of The Local Area Bank Scheme，https：//www. rbi. org. in/scripts/PublicationReportDetails. aspx？ID = 294，last visit on May 28，2018。

[②] 除了表列商业银行与表列合作银行，还有部分专业银行也被列入了《印度储备银行法》的第二表格，如印度进出口银行（Export – Import Bank of India）等。

[③] 公营银行是指由印度政府控股的银行，具体包括 19 家国有银行（Nationalized Banks）、印度工业发展银行（Industrial Development Bank of India）、Bharatiya Mahila 银行（印度首家女性专用银行）以及印度国家银行（State Bank of India）。私有银行是指由私人控股并以有限责任公司形式注册成立的银行。外资银行是指在国外注册成立并在印度境内设立分支机构的银行。地区农村银行由商业银行主办，主要是向小农、无地农民、边际农民和农村小手工业者发放贷款，仅在指定地区开展业务活动。截至 2016 年 3 月末，印度共有 22 家私有银行、56 家地区农村银行和 46 家外资银行。参见 Shri R. Gandhi，Consolidation among Public Sector Banks，speech at the MINT South Banking Enclave，Bangalore，April 22，2016，available at https：//www. rbi. org. in/Scripts/BS_ SpeechesView. aspx？Id = 999，last visit on May 28，2018。

村信贷合作机构（Rural Cooperative Credit Institutions）。① 根据印度储备银行（Reserve Bank of India，以下简称 RBI）2013 年的统计数据，银行业资产占印度金融业总资产比例达到了 63%②，其中公营银行与私有银行占银行业资产的比例分别为 72.1% 和 20.8%。③

1965 年，印度国会在对 1949 年《银行业管理法》（Banking Regulation Act）进行修改时，赋予了 RBI 中央银行的法律地位以及对公有银行进行单独直接管理的权力；④ 1974 年，国会在对《银行业管理法》再次进行修改时，将对所有类型银行的监管统一划归至 RBI。根据现行《银行业管理法》的规定，设立任一类型的银行都必须经过 RBI 的批准。⑤ 印度是世界上最早建立存款保险制度的发展中国家，RBI 根据《存款保险与信贷担保公司法》（Deposit Insurance and Credit Guarantee Corporation Act，以下简称 DICGC 法案）设立了附属于该行的存款保险与信用担保公司（Deposit Insurance and Credit Guarantee Corporation，以下简称 DICGC）⑥，为印度境

---

① 合作银行由会员依照 1912 年《合作社法》（Cooperative Societies Act）集资设立，以"无盈利无亏损"作为运营原则，旨在向其会员提供低成本贷款。城市合作银行主要是为城市和城郊中心的小额信贷需求服务。经营短期信贷业务的 RCCIs 有初级农业合作社（Primary Agricultural Credit Societies）、中心合作银行（District Central Cooperative Banks）与邦合作银行（State Cooperative Banks）三种类型；经营长期信贷业务的农村信贷合作机构则分为邦农业与农村开发合作银行（State Cooperative Agriculture and Rural Development Banks）和初级农业与农村开发合作银行（Primary Co-operative Agriculture and Rural Development Banks）。根据 RBI 的统计数据，截至 2016 年 3 月末，印度共有 1574 家 UCBs 与 93913 家 RCCIs，参见 RBI, Report on Trend and Progress of Banking in India 2015-16, p16, available at https://www.rbi.org.in/scripts/AnnualPublications.aspx?head=Trend%20and%20Progress%20of%20Banking%20in%20India, last visit on May 28, 2018。
② Dr. Duvvuri Subbarao, Banking Structure in India Looking Ahead by Looking Back, speech at the FICCI-IBA Annual Banking Conference on August 13, 2013, available at https://rbi.org.in/scripts/BS_SpeechesView.aspx?Id=828, last visit on May 28, 2018.
③ Shri R. Gandhi, Public Sector Banks: At Cross Road, Speech at the "Indian PSU Banking Industry: Road Ahead" Summit, available at https://rbi.org.in/scripts/BS_ViewBulletin.aspx?Id=15393, last visit on May 28, 2018.
④ 该法案最初颁布时的名称是《银行业公司法》（Banking Companies Act），在 1966 年修改法案通过后因扩充了合作银行的相关规定，更名为《银行业管理法》并沿用至今。参见 The Banking Regulation (Co-operative Societies) Rules, 1966。
⑤ The Banking Regulation Act, Sec. 22, 56.
⑥ 存款保险制度进入印度公众的视野最早可以追溯至 1938 年特拉凡科银行（Travancore National and Quilon Bank）的破产，但是直到 1960 年帕莱中心银行（Palai Central （转下页注）

内绝大部分银行提供存款保险服务。①需要特别指出的是，对地区农村银行与合作银行的监管存在一定的特殊性：RBI 把对地区农村银行的监管权委托给了国家农业与农村开发银行（National Bank for Agriculture and Rural Development，以下简称 NABARD）来行使，而合作银行的监管职责则通常由 RBI、NABARD 以及合作银行注册地的政府部门共同承担。②

经过了 2008 年金融危机的洗礼，纯粹的"付款箱"模式由于缺乏对问题银行进行早期干预和风险处置的能力，被证明难以有效应对监管宽容和道德风险，不利于及时防范和化解金融风险，印度国内对存款保险制度进行变革的立法呼声日渐高涨。2017 年 6 月 15 日，印度联邦内阁（Union Cabinet）通过了《金融清算与存款保险法》（Financial Resolution and Deposit Insurance Bill，以下简称 FRDI）。FRDI 正式生效后，将建立清算公司（Resolution Corporation）取代 DICGC 为银行业金融机构提供存款保险服务，DICGC 将被解散。与《存款保险与信用担保公司法》相比较，FRDI 在存款保险制度的立法模式、理赔限额、存款保险机构的职责与权力等方面均

（接上页注⑥）Bank）和拉克希米银行（Laxmi Bank）相继倒闭，才促使 RBI 和中央政府将存款保险制度正式纳入立法日程。1961 年 12 月 7 日，印度颁布了《存款保险公司法》（Deposit Insurance Corporation Bill）并于 1962 年成立存款保险公司（Deposit Insurance Corporation，以下简称 DIC），将其作为 RBI 的附属机构专门负责存款保险的实施。最初 DIC 的承保对象仅限于商业银行，后根据 1968 年《存款保险公司法修正案》拓展至合作银行。1978 年，DIC 对印度信用担保公司（Credit Guarantee Corporation of India）实施了兼并，并更名为存款保险与信用担保公司（Deposit Insurance and Credit Guarantee Corporation），1961 年《存款保险公司法》也随之更名为《存款保险与信用担保公司法》（Deposit Insurance and Credit Guarantee Corporation Act）。

① 根据印度《存款保险与信贷担保公司法》的规定，除以下三种特殊类型的银行，所有的商业银行（包括外资银行的分支机构）、合作银行和地区银行都必须参加存款保险：（1）初级农业合作社；（2）Meghalaya 合作银行；（3）设立在 Chandigarh、Lakshadweep、Dadra 和 Nagar Haveli 四个联邦属地的合作银行。参见 Deposit Insurance and Credit Guarantee Corporation Act, Sec. 10, 11A, 13A；RBI：A Guide to the deposit insurance and credit guarantee corporation（DICGC），available at https：//www. rbi. org. in/scripts/FS＿ FAQs. aspx？Id＝64&fn＝2，last visit on May 28, 2017。

② Aditya NARAIN, Saibal GHOSH, Bank supervisory arrangements：International evidence and Indian perspective, available at https：//www. researchgate. net/profile/Saibal＿Ghosh/publication/254443335＿Bank＿supervisory＿arrangements＿International＿evidence＿and＿Indian＿perspective/links/0f3175372546f37032000000/Bank－supervisory－arrangements－International－evidence－and－Indian－perspective. pdf, last visit on May 28, 2017.

做出了修改，可谓力度空前。① 通过对中印两国存款保险制度的要素特征，
特别是印度在 2008 年金融危机后的改革措施进行梳理和比较，可以为客观
评价中国的《存款保险条例》的得失提供参考（参见表 9 - 2）。

表 9 - 2　中印两国存款保险制度要素比较

	印度		中国
	DICGC 法案	FRDI 法案	存款保险条例
存款保险制度的立法模式	付款箱	风险最小	风险最小
存款保险机构的性质和组织结构	DICGC，隶属于 RBI②	清算公司，独立法人③	人民银行
受保存款类型	投保机构吸收的本币和外币存款，法律另有规定的除外④	未做特别规定	投保机构吸收的本币和外币存款，法律另有规定的除外⑤

---

① 由于改革力度空前，FRDI 不仅在理论界和实务界引起了广泛的讨论，也在印度社会引发了极大的争议。2018 年 8 月 7 日，印度政府宣布暂时从人民院（Lok Sabha）撤回 FRDI 提案，主要原因在于其大刀阔斧的改革，特别是对 "Bail - in" 条款的植入，允许问题金融机构动用存款来维持生存的制度设计引发了民众对存款安全的极大担心。但是考虑到 FRDI 提案中所包含的内容在很大程度上代表了印度银行业立法在未来的改革目标和改革方向，本文仍然将其作为比较研究的对象。Sunil Dhawan，"FRDI Bill Dropped: Relief for Bank Customers as Deposit Insurance Scheme Will Continue"，https: //economictimes. indiatimes. com/wealth/personal - finance - news/frdi - bill - dropped - relief - for - bank - customers - as - deposit - insurance - scheme - to - continue/articleshow/65308827. cms，last visit on 09/09/2018。
② DICGC 的董事会由 5 名成员组成：RBI 行长任董事会主席，1 名 RBI 副行长，1 名由中央政府指定的中央政府官员，其余董事由政府与 RBI 协商产生。
③ 清算公司的董事会成员由中央政府任命，包括：（1）1 名财政部派驻的官员；（2）RBI、证券交易委员会、保险监管与发展局和退休基金监管发展局各提名一名代表；（3）董事会主席和其他董事（包括 2 名独立董事）由中央政府指定。
④ 根据 DICGC 法案的规定，除以下八类存款外，其他所有存款类型均在受保范围内：（1）外国政府存款；（2）邦政府或中央政府存款；（3）同业存款；（4）可转让大额存单；（5）合作银行的邦土地开发银行存款；（6）作为现钞抵押的存款；（7）在银行倒闭前或公告至少 6 个月或更早前由于附属债务转移所产生的存款；（8）在印度境外的存款。DICGC Act，Sec. 2（g）。
⑤ 根据《存款保险条例》第 4 条的规定，金融机构同业存款、投保机构的高级管理人员在本投保机构的存款以及存款保险基金管理机构规定不予保险的其他存款不在受保范围内。

续表

		印度		中国
		DICGC 法案	FRDI 法案	存款保险条例
参保方式与投保资格	参保方式	强制	未做特别规定	强制
	投保资格	1. 所有的商业银行（包括外资银行在印度设立的分支机构）； 2. 符合 DICGC 法案第 2 条（gg）款规定的适格的合作银行（eligible co-operative banks）①		在中国境内设立的商业银行、农村合作银行、农村信用合作社等吸收公众存款的银行业金融机构
存款保险基金的来源和运用	来源渠道	1. 投保银行交纳的保费； 2. 投保银行清算后的结余； 3. 来自 RBI 的借款；② 4. 自总基金（General Fund）或信用担保基金（Credit Guarantee Fund）移转来的部分；③ 5. 存款保险基金的投资收益	未做特别规定	1. 投保机构交纳的保费； 2. 在投保机构清算过程中分配的财产； 3. 存款保险基金的投资收益； 4. 其他合法收入
	运用途径	1. 存款理赔支出； 2. 归还 RBI 借款；	1. 在投保银行清算时对存款人进行赔付； 2. 为投保银行的重组或者并购提供资金支持；	1. 存款理赔支出； 2. 为其他合格投保机构提供担保、损失分摊或者资金支持；

① 根据 DICGC 法案的规定，具有投保资格的合作银行是指其注册地已经修改其《合作社法》，授权 RBI 可以向合作银行注册地政府发出清算合作银行或者替换其管理层的指令，并且可以要求合作银行注册地政府在得到 RBI 的书面批准之前不得对合作银行采取与清算或者并购重组相关的任何措施。DICGC Act，Sec. 2（gg）。

② DICGC 法案允许 DICGC 在必要时从 RBI 借款，最高限额为 5000 万卢比。DICGC Act，Sec. 26。

③ 根据 DICGC 法案的规定，DICGC 管理三个基金：总基金、存款保险基金和信用担保基金。总基金由资本金、各种储备和基金投资收入积累三部分组成，日常行政费用支出需要从其中扣除。当存款保险基金不足以满足支付要求时，DICGC 可以从总基金或者信用担保基金中转移一部分到存款保险基金，具体数额由董事会决定，但须经 RBI 同意。DICGC Act，Sec. 24，27。

续表

		印度		中国
		DICGC 法案	FRDI 法案	存款保险条例
存款保险基金的来源和运用	运用途径	3. 归还从总基金或信用担保基金移转来的款项； 4. 投资； 5. 存放在 RBI； 6. 管理费用	3. 为设立过渡银行（Bridge Bank）提供资金支持； 4. 为投保银行资产负债的合并移转提供资金支持	3. 存放在人民银行； 4. 投资票据和债券；① 5. 国务院批准的其他资金运用形式
保费缴纳		单一固定保险费率，目前年保险费率为 0.05%	未做特别规定	基准费率和风险差别费率相结合，以基准费率起步，逐步过渡到差别费率②
保险理赔与最高限额	最高限额	10 万卢比	尚未确定	50 万元人民币
	保险理赔	1. 一旦对投保银行做出清算或结束营业的命令，或者投保银行的重组或合并的方案经当局批准并且生效后，DICGC 应当在 5 个月内完成所有合格存款的赔付； 2. DICGC 可以自主决定对存款人是进行直接赔付，还是通过清算机构或者其他代理机构进行间接赔付； 3. DICGC 应当对无法联系存款人的情形下赔付款项的处理问题制定专门条款并在账簿中单独予以记载	1. 一旦对投保银行做出清算的命令，清算公司应当在 150 天内完成对所有合格存款人的赔付； 2. 当投保银行的重组或合并的方案经当局批准并且生效后，DICGC 应当在 3 个月内完成对合格存款人的赔付，或者对投保银行或投保银行的收购方的支付	可以在规定的限额内直接偿付被保险存款，也可以委托其他合格投保机构在规定限额内代为偿付被保险存款

① 根据《存款保险条例》第 11 条第 2 款的规定，存款保险基金投资债券和票据的范围包括政府债券、中央银行票据、信用等级较高的金融债券以及其他高等级债券。
② 根据人民银行 2016 年发布的《存款保险费率管理和保费核定办法（试行）》（银发〔2016〕177 号）第 9 条的规定，投保机构的风险差别费率档次由人民银行及其分支机构按照各投保机构的评级结果确定。

续表

	印度		中国
	DICGC 法案	FRDI 法案	存款保险条例
问题银行的 处置措施	未做规定	1. 清算，直接赔付存款； 2. 重整，具体措施包括：（1）将问题银行的全部或者部分资产与负债转让给另一家银行；（2）设立过渡银行承接问题银行的资产与负债；（3）问题银行的自救安排（bail in）；（4）合并；（5）收购；（6）前述各种方式的综合应用	接管、清算

比较中印两国银行存款保险制度的基本要素，可以发现不少"英雄所见略同"的设计安排。譬如在立法模式的选择上，2008 年金融危机使得许多像印度这样实行"付款箱"模式的国家发现，由于存款保险机构缺乏对投保银行进行早期干预和对问题银行进行风险处置的权力，难以有效应对监管宽容和道德风险，不利于及时防范和化解金融风险。因此，印度试图通过 FRDI 法案实现从"付款箱"模式向"风险最小化"模式的转轨，而中国则充分利用后发优势，总结国内外正反方面的经验教训，在对存款保险制度进行设计时一开始采取的就是"风险最小化"模式。在参保方式的选择上，中印两国考虑到银行在国民经济体系中的特殊地位，以及存款类金融机构在资本充足率、管理水平、资产质量和流动性等方面存在的差异，为了有效化解银行经营风险的负外部性，防止出现逆向选择，均采用了强制保险的方式，而对于强制模式下可能发生的"劫富济贫"现象，印度主要是通过保险费返还的办法来缓和信誉好的大银行对单一保险费率的不满，而中国主要是通过以风险为基础的差别费率进行调节。

与此同时，我们也应当看到，相较于印度在存款保险制度施行方面 50 多年的经验积累，我国的存款保险制度尚处于建设初期，还存在许多问题和较大的提升空间。

一是投保机构的范围受到限制。根据现行《存款保险条例》第 2 条和《银行业监督管理法》第 2 条的规定，新型银行业金融机构中只有农村合作银行和村镇银行被纳入了投保机构的范畴。原银监会在 2017 年《对十二届全国人大五次会议第 7668 号、9089 号建议的答复》（银监函〔2017〕110 号）中称因农村资金互助社不属于《银行业监督管理法》所定义的"吸收公众存款"的银行业金融机构，故不适用《存款保险条例》。笔者认为，这种做法值得进一步商榷。从金融机构的性质来看，《农村资金互助社管理暂行规定》将农村资金互助社定性为向社员提供存款、贷款、结算等业务的社区互助性银行业金融机构，换言之，农村资金互助社可以吸收存款，只是限于社员的范围内，这与印度 RCCIs 中的初级农业合作社具有高度的相似性，而印度的 DICGC 法案明确赋予了这些合作性金融机构参加存款保险的投保资格。

二是存款保险机构在问题银行处置过程中的定位模糊。依照 FRDI 法案的规定，清算公司将作为专职机构取代 RBI 等监管部门，与全国公司法法庭（National Company Law Tribunal）一起负责对问题银行的风险处置工作：清算公司通过接管程序主持对问题银行的重整，全国公司法法庭则主持对问题银行的清算，并由风险处置公司担任清算人。通常情况下，对问题银行的处置（清算除外）应当在自银行被认定为存在"生存危机"（Critical Risk to Viability）之日起 2 年内完成。此外，FRDI 法案还充分汲取了 2008 年金融危机后欧美等国金融立法改革的最新成果，明确了在"成本最小化"原则下，不同风险处置措施适用的对象、条件和程序。我国《存款保险条例》第 19 条虽然明确规定存款保险基金管理机构可以担任投保机构的接管人和清算人，并确立了"成本最小化"原则，但相关法律规定过于简单和模糊，未能清晰界定出存款保险机构在问题银行处置过程中的地位和职责，难以指导银行风险处置实践。

三是法律条文内容过于单薄，可操作性差。《存款保险条例》只有 23 个法律条文，在"宜粗不宜细"的传统立法指导思想影响下，存款保险制度中许多重要的问题，譬如存款保险机构的组织结构、成员选任、受保存款的除外类型、保险理赔的程序方式、问题银行的处置措施以及存款人的权利保护等，现行法律均未做出具体明确的规定。另外，《存款保险条例》在存款保险机构与人民银行、银保监会的职责划分、信息共享、组织协同等问题上亦语焉不详，不利于存款保险机构及时、全面、准确地掌握投保机构的经营状况和风险水平，在一定程度上影响了存款保险制度功能的发挥。

第四节　我国银行法修改的重点与难点

一　制定"银行业法"取代《商业银行法》

"机构立法"和"行为立法"是各个国家和地区银行业立法的两种基本体例：前者着眼于银行业金融机构的类型差异，主张通过分别立法的方式予以规范，法律文件常以机构的设立、营业、变更和终止作为主线，并以"银行法"的表述命名，例如美国的 1864 年《国民银行法》（National Bank Act）；后者则从银行业金融机构经营行为的共性出发，主张将各类具有银行属性、从事银行业务的金融机构纳入统一的法律框架予以规范，法律文件通常以市场准入和行为规范作为主线，多采用"银行业法"的表述命名，例如英国的 2009 年《银行业法》（Banking Act 2009）。两种立法体例从其本身来看，并没有绝对的优劣之别：机构立法适用对象明确，其规则对于所覆盖范围内的银行业金融机构具有很强的针对性和权威性；行为立法可以依据行为和功能的共性将类型更为多元化的金融机构纳入统一的法律框架，从而实现对从业主体的开放式管理。

我国银行业法律体系长期以来坚持机构中心主义的立法体例，与其说是立法者进行科学考量后的选择，不如说是特定时期解决特定问题的历史产物。1993 年 12 月 25 日，国务院根据《中共中央关于建立社会主义市场经济体制的若干问题的决定》发布了《关于金融体制改革的决定》，建立中央银行宏观调控体系和实现国家专业银行的商业化转轨成为深化金融体制改革的两项重要任务。因此，从主体的角度明确人民银行作为中央银行的地位、职责和业务范围，并为国家专业银行向国有独资银行转变奠定法律基础，是当时银行业立法所需要解决的两大核心问题。两相比较，机构立法显然更为契合当时我国金融体制改革的实际需要，而行为立法则显得有些不切实际，因为那时市场机制尚未在我国的金融领域真正建立起来，从经营行为的角度出发对银行业市场进行统筹立法显然无从谈起，这正是《人民银行法》和《商业银行法》采取机构立法体例的原因。但是近年来，一方面，随着我国银行业综合化经营水平的不断提高，机构立法已经越来越难以适应银行业的发展变化；另一方面，由于我国正处在经济社会转型期，立法任务相当艰巨，在立法资源较为紧张的情况下，对所有类型的银行业金融机构分别立法的可能性不大。有鉴于此，笔者认为，中国的银行业立法体例应当从以机构立法为主转向以行为立法为主，选择用"银行业法"取代《商业银行法》。

第一，制定"银行业法"有利于提升银行业公开、公平、公正的市场环境。随着金融体制改革的深入推进，营造公开、公平、公正的市场环境越来越成为银行业持续、健康发展的重要条件。如前所述，《商业银行法》由于适用对象和调整范围狭窄，在银行业法律体系中的"基本法"地位正面临着前所未有的挑战。如果从经营行为的角度出发制定一部"银行业法"，"则可以将各类具有银行属性、实际从事银行业务的金融机构纳入统一的法律框架予以规范"[①]，像四类金融公司、政策性银行等长期以来存在的组织法缺位问题可以在"银行业法"的框架下一并予以解决。

第二，制定"银行业法"有利于控制风险传递，维护金融安全与稳定。随着金融业综合化经营的发展趋势日益明显，金融业务和金融风险出现跨行业、跨市场交叉传染的现象越来越频繁。由于缺少一部统一的法律从整体上对银行业的金融机构及其经营活动和从业人员进行统筹规范，不仅容易产生政出多门、权责不清的问题，甚至会出现监管重叠与监管真空并存的尴尬局面。制定"银行业法"取代《商业银行法》将有助于监管部门从整体和系统的角度对金融风险在银行业系统内的传递和累积进行有效控制。

二　修订《人民银行法》强化中央银行的履职能力

全面修订《人民银行法》应当重点关注以下三个方面的内容。

一是完善货币信贷政策的决策和执行机制。首先，要增加货币信贷政

---

① 清华大学国家金融研究院《商业银行法》修法研究课题组：《中国出台"银行业法"正当其时》，《清华金融评论》2016 年第 6 期。

策工具的种类，建议在《人民银行法》第 32 条中明确写入"执行有关利率管理、再贴现管理、信贷政策规定的行为"。其次，要强化货币政策委员会在人民银行系统内的法律地位和职责功能，建议将其由一个单纯的咨询议事机构逐步升级发展为专门的货币政策决策机构。最后，要扩充人民银行对金融机构执行货币信贷政策的监督检查权。一方面，要进一步扩大《人民银行法》第 32 条"直接检查权"的适用范围，明确规定人民银行及其分支机构出于有效履行货币信贷政策的需要，有权对所有金融机构及其提供的产品和服务直接进行监督检查；另一方面，要在删除第 33 条"建议检查权"的同时，完善第 34 条"全面检查权"的内容，简化行政审批程序，并将可能出现风险以致影响行业或区域金融稳定的金融机构及第三方支付服务机构纳入全面检查权的覆盖范围。

二是建立以宏观审慎管理为核心的金融稳定法律框架。首先，要以法定形式明确人民银行在实施宏观审慎管理，维护金融稳定和防范系统性风险中的主导地位，并赋予其相应的组织协调权。其次，要对人民银行防范化解系统性风险的内容和措施加以规定。一方面，必须明确人民银行负有监测和评估金融体系整体稳健情况，识别系统性金融风险，对跨行业、跨市场的金融活动制定管理规则等方面的职责；另一方面，应当进一步完善人民银行防范化解系统性金融风险、维护金融安全所需的监管职权。例如赋予人民银行从金融机构获取相关的数据、材料，以及对金融机构执行相关监管政策等的情况进行监督检查并依法实施行政处罚的职权。再次，要强化人民银行牵头建立的金融稳定协调机制。具体措施包括：（1）由人民银行与银行业、保险业、证券业的专业监管机构签署谅解备忘录，明确各方在维护金融稳定中的职责、权利和义务；（2）建立监管信息共享机制，包括银行业、保险业、证券业的监管部门定期向同级的人民银行送达金融机构的监管信息，各级人民银行与同级金融监管部门定期召开联席会议，以及一行两会的联合调查和检查工作制度。最后，要完善最后贷款人制度，对贷款的适用对象、决策机制、执行程序以及法律责任等方面做出明确而具体的规定。

三是对人民银行的职能变化从法律层面予以肯定和明确。首先要修改《人民银行法》中涉及反洗钱的相关规定。具体建议包括：（1）将《人民银行法》第 4 条"中国人民银行指导、部署金融业反洗钱工作，负责反洗钱的资金监测"修改为"中国人民银行负责组织、协调全国的反洗钱工作，负责对洗钱以及涉嫌恐怖融资的资金实施监测"；（2）将该法第 32 条修改为"中国人民银行有权对金融机构、特定非金融机构以及其他单位和个人执行有关反洗钱规定以及涉嫌恐怖融资交易管理规定的行为进行检查监督"；（3）将该法第 46 条修改为"中国人民银行有权对金融机构、特定非金融机构以及其他单位和个人违反有关反洗钱以及涉嫌恐怖融资交易管理规定的行为进行行政处罚"。其次，应当在《人民银行法》第 4 条关于"人民银行的职责"的内容中明确写入自 2003 年以后人民银行新增加的职责。最后，应当在《人民银行法》第五章"金融监督管理"章节中根据需要增加相关条文。例如，关于金融消费者的权益保护问题，建议授权由人民银行负责制定与金融消费者权益保护相关的法律法规，并履行涉及跨行业、跨市场金融活动的消费者权益的保护职责。

三　构建以市场化为基础的银行业金融机构风险处置机制

如前所述，银行业金融机构的破产处置应当被划分为行政接管与司法破产两个阶段，分别交由监管机构和法院负责主持。在程序设计上，应当首先由监管机构以接管的方式启动处置破产程序，如果监管机构认为被接管的机构具备恢复重建的可能性，可以根据需要采取各种救助措施，化解风险。在接管期间，如果监管机构发现该机构已经彻底丧失挽救的可能性，未能如期完成重组或重组失败，可以向法院申请破产清算；如果监管机构决定采取资产剥离的方式将被接管机构的部分资产对外出售，当资产转让行为完成以后，监管机构可以向法院提出申请，对"剩余机构"依照《企业破产法》的相关规定进行重整或者清算。为了矫正我国银行业金融机构风险处置行政干预色彩浓厚、市场化运作不足的问题，笔者认为，未来立法有必要对收购与承接交易、过渡银行和存款机构营业援助等法律制度进行移植，以加强银行业金融机构风险处置的市场化运作。

（一）选择性引入收购与承接交易

收购与承接交易是指当银行业金融机构破产处置程序启动以后，负责处置该机构的存款保险机构与收购方签订协议，由后者购买该机构的全部或者部分资产，同时承接其全部或者部分负债，没有转让的剩余资产和负债则继续留在原来的机构，由存款保险机构进行后续处理。收购与承接交易虽然也是在政府的参与和支持下实施的，但从协议本身的内容来看，仍然遵循的是平等自愿、诚实信用、等价有偿等合同法基本原则，不仅可以最大限度地保存问题金融机构的可持续经营价值，同时也有利于收购方拓展业务范围，在信贷市场扩大占有率。更重要的是，由于收购方承接了金融机构的存款类负债，后者向其客户特别是存款人提供的金融服务不会因此而中断，可以有效缓解民众对该金融机构破产倒闭的忧虑；与此同时，存款类负债转移至第三方以后，能够有效降低存款保险基金管理机构的一次性现金支付压力，即使需要使用存款保险基金来弥补存款类负债与资产价格之间的差额，通常也远小于对全体储户直接进行存款赔付所需要支付的金额。

从美国联邦存款保险公司银行风险处置实践来看，这一风险处置措施先后发展出了七种不同的运作模式，包括基础型收购与承接交易（Basic P&As）[1]、贷款购买型收购与承接交易（Loan Purchase P&As）、修正型的收购与承接交易（Modified P&As）[2]、回售型收购与承接交易（P&As with Put Options）[3]、资产池收购与承接交易（P&As with Asset Pools）[4]、损失共担型收购与承接交易（Loss Sharing P&As）[5] 和整体性收购与承接交易

---

[1] 在基础型收购与承接交易中，收购方所能购买的问题银行资产仅限于现金及其等价物（即可迅速变现的资产），问题金融机构的经营场址（包括其定着物、附属物和相关设备）通常被列入选择性购买的范围；而且收购方所承担的债务一般也仅限于 FDIC 承保的存款。

[2] 在贷款购买型收购与承接交易中，收购方所购买的资产除了现金及其等价物之外，还包括了少量的贷款组合，有时仅限于分期贷款的组合。因为分期贷款通常不会是导致银行陷入财务困境的元凶，因此将其出售给收购方并非难事。修正型收购与承接交易则是在前者的基础之上，将收购方购买问题银行资产的范围进一步扩大到其贷款组合中的全部或者部分的个人抵押贷款组合。

[3] 回售型收购与承接交易有两种具体的运作方式：一是先买后退，即收购方先购买问题银行的全部资产，然后在 30 天或 60 天期限之内，有权将其不愿意保留的资产回售给接管人；二是想好再买，即先给予收购方 30 天或 60 天的考虑期限，然后由其在被接管的问题银行资产中选择自己愿意购买的资产。

[4] 资产池收购与承接交易是指将问题银行原有的贷款组合打散，把性质相似的贷款（例如相同的担保物、相同的贷款条件、相同的偿付历史或者偿付地）组合成独立于存款业务的数个资产池对外出售；对问题银行的不良贷款、自有房产以及那些无法归入某一类资产池的贷款，接管人也将其组合为一个单独的资产池打包出售。

[5] 损失分担型收购与承接交易是指接管人作出承诺，与收购方共同承担因后者购买问题银行的资产而在未来可能遭受的经济损失，具体的损失分担比例通常是由接管人与收购方在个案中协商确定。以美国为例，通常的分担比例是由 FDIC 承担 80% 而收购方承担 20%。

（Whole Bank P&As）①，但并非所有的收购与承接交易都适合进行法律移植。其中，基础型模式所能收购的资产范围过于狭窄，仅限于可以迅速变现的资产，交易完成后仍然有大量剩余的资产留在问题金融机构等待接管人进行处置。资产池模式将资产拆分组合后出售，不利于从整体上最大限度地保存问题金融机构的可持续经营价值，同时也对接管人提出了很高的专业要求。贷款购买模式和修正模式对于非存款类负债和超出存款保险法定限额的存款类负债，均没有提供充分的法律保障。回售模式的弊端在于：一方面，由于缺乏足够的时间对问题金融机构的资产状况进行尽职调查，收购方通常只愿意购买那些市场风险较小的资产，交易完成后仍然有大量的资产留在原来的金融机构需要进一步消化；另一方面，收购方向接管人回售资产消息被披露后，将不可避免地对这些资产的市场价值造成负面影响，导致这些资产在二次出售时发生价值减损，不利于最大限度地回收问题金融机构的资产价值。因此，笔者认为，我国银行业金融机构风险处置立法在引入购买与承接交易时，主要的借鉴对象应当是整体购买模式和损失共担模式。需要特别指出的是，根据《合同法》第 84 条的规定②，如果接管人拟通过收购与承接交易将问题金融机构的负债连同资产一起移转给收购方时，应当事先取得问题金融机构相关债权人的同意，否则收购方的债务承担行为无效。对于银行业金融机构数目庞大的债权人而言，这一限制性要求显然不具有实际可操作性。因此，有必要在未来的立法中做出特殊的制度性安排，凡通过收购与承接交易转移问题金融机构的负债只要经过了银行业监督管理机构的批准，并在债务转让公告的前提下即可实施，无须取得债权人的事先同意或者事后追认。

（二）建立过渡银行制度

建立过渡银行制度，不仅可以为问题金融机构的处置当局和市场上有潜在收购意愿的金融机构或者其他企业争取到更多的缓冲时间，同时还能

---

① 整体性收购与承接交易是将问题银行的全部存款业务和所有可出售资产作为一个经营实体转让给收购银行，并由接管人向收购方补偿其所购买资产与承接的存款类负债之间的价值差额。

② 《合同法》第 84 条规定："债务人将合同的义务全部或者部分转移给第三人的，应当经债权人同意。"

够保证问题金融机构所提供服务的持续性，避免当地的金融秩序出现紊乱。但是与此同时也必须注意到，过渡银行只是一项具有临时性和应急性的风险处置措施，在进行法律移植时需要从制度构建层面解决以下三个方面的问题。

一是明确过渡银行适用的对象。从适用对象上看，组建过渡银行主要针对的是可能引发系统性风险的银行业金融机构，如农村商业银行、农村合作银行等，通常不适用于贷款公司、农村资金互助社。具有一定规模的银行业金融机构由于资产数量庞大、业务构成复杂，短时间之内很难在市场上寻找到合适的收购方对其进行并购或通过收购与承接的方式转移其资产和存款类负债，特别是当那些隶属于同一家金融控股公司的多个银行业金融机构同时发生信用危机时，处置当局可以通过组建过渡银行，"使这些问题金融机构的业务和资产在一个更为稳定的市场环境下进行评估，防止折价销售给整个市场产生流动性冲击"。①

二是明确过渡银行的设立条件。尽管过渡银行只是一家负有特殊使命的临时性金融机构，但是同样需要监管部门授予金融牌照，并且设立过渡银行所支出的成本要远高于收购与承接交易以及其他一些市场化的处置措施。为了避免处置当局滥用权力造成公共资金的浪费，立法需要对过渡银行的设立条件做出严格的限制性规定。笔者认为，当且仅当以下条件全部得到满足时，银行业监督管理机构才能考虑组建过渡银行来承担或者继承问题金融机构的资产或负债：（1）银行业金融机构已经发生信用危机，严重危及金融秩序稳定和社会公共利益；（2）在短时间内无法通过收购与承接交易方式转移该机构的资产和负债；（3）在短时间内无法通过并购、重组等其他处置措施化解该机构的金融风险；（4）对该机构所在地区，有维持其金融服务持续性的迫切必要。

三是明确过渡银行的运作机制。过渡银行在资本结构、章程条款、业务范围、经营管理、税收豁免、存续期间和终止解散等诸多环节都与一般的银行业金融机构存在巨大差异，导致现行银行业监督管理法律体系中的很多条款都无法直接适用于过渡银行。立法需要在现行规制体系之外为过

---

① 尹亭：《过渡银行制度的比较研究——兼论我国〈银行破产条例（草案）〉过渡银行条款的设计》，《南方金融》2013 年第 11 期。

渡银行的设立、运营和监管处置开辟一条"绿色通道"，给予特事特办的特殊处理。笔者的建议是对过渡银行所涉事项进行集中特别立法，为其未来在银行业金融机构风险处置中的适用提供法律依据。

（三）构建多元化的银行业金融机构风险处置损失分担机制

为了解决我国银行业金融机构风险处置救助资金来源单一，过度依赖公共资金救助的问题，未来的立法应当着力构建有公共资金、金融机构债权人和股东共同参与的多元化银行业金融机构风险处置损失分担机制。笔者认为，可以从以下两个方面着手。

1. 确立金融控股公司的加重责任

金融控股公司的加重责任是 20 世纪 80 年代末在美国金融法和公司法领域发展起来的一种特殊的责任承担制度，通常是指作为母公司的金融控股公司在作为子公司的银行出现财务状况显著恶化、资本不足甚至破产倒闭等情形时，对该银行进行资本填补或者对负责该银行风险处置的 FDIC 所损失的存款保险基金予以适当补偿。自 2005 年党的十六届五中全会正式提出"稳步推进金融业综合经营的试点"开始，金融控股公司在我国的发展历程已有十余年，但是对金融控股公司的监管仍然处于起步阶段，特别是当作为子公司的银行业金融机构陷入财务困境时，母公司承担法律责任的范围和界限亟待明确。笔者认为，立法有必要确立金融控股公司对其作为子公司的银行业金融机构的加重责任。金融控股公司面临的道德风险主要来自两个方面。一是由股东有限责任原则引发的道德风险。利用母子公司在形式上相互独立的法律人格，金融控股公司可以通过其所控制的银行业金融机构从事高杠杆性、高风险的金融业务以获得高额回报，而无须担心在业务失败时遭受银行债权人的追索。二是由存款保险制度引起的道德风险。即无论作为子公司的银行业金融机构如何债台高筑，大部分的赔付责任最终是由政府和纳税人承担。特别是当银行业金融机构陷入财务困境以后，其控股公司具有很强的冒险投机冲动，目的也许是为了改善子公司的资产状况，也许是因为预见到子公司难以恢复稳健运营，企图在失去对该机构的控制权之前通过赌博性投资获得更多的利益。确立加重责任制度，能够有效控制金融控股公司在有限责任原则与存款保险制度的双重作用下因缺少义务约束而引发的道德风险，更为重要的是，从风险处置损失分担的角度考虑，可以有效弥补公共资金，特别是存款保险基金在银行业金融机构风险处置中的损失，减轻政府的财政负担。

在现行法律体系中引入金融控股公司加重责任，需要注意两个问题。

第一，要明确金融控股公司加重责任与公司法人格否认制度之间的关系。要求金融控股公司承担加重责任，其实质也是否认子公司独立的法人人格，追究其股东的连带责任；而公司法人格否认制度同样源起于美国，我国 2005 年修订的《公司法》第 20 条第 3 款对公司法人格否认做出了明确的规定。因此，在立法上引入加重责任需要首先厘清二者之间的关系。从美国的法律实践来看，一方面，加重责任与公司法人格否认存在差异。首先，加重责任只适用于金融控股公司，而公司法人格否认适用于所有类型的公司。其次，加重责任以作为子公司的银行陷入财务困境为触发条件，而公司法人格否认以股东滥用公司人格为前提。最后，要求金融控股公司承担加重责任的通常是存款保险基金管理机构，而在公司法人格否认制度中，权益受到侵害的债权人可以直接向股东进行追索。另一方面，加重责任与公司法人格否认也存在同时适用的可能性。例如当金融控股公司滥用控制权而导致作为子公司的银行业金融机构发生破产倒闭时，作为接管人的存款保险基金管理机构可以要求控股公司承担加重责任，不在存款保险范围内的债权人或者未在存款保险中获得足额赔付的存款人也可以利用公司法人格否认制度追究控股公司的连带责任。

第二，要在立法上明确金融控股公司加重责任的适用条件和责任范围。以美国为例，联邦法院在司法审查中对于是否承认金融控股公司加重责任具有强制执行力表现出了超乎寻常的谨慎态度，最主要的原因还是考虑到股东有限责任这一公司法的基础性原则不能轻易动摇。特别是在加重责任的适用条件和责任范围尚不确定的情况下，不能贸然赋予公权力干预私权利关系的合法性。美国法院作为判例法的缔造者，其在司法审查中表现出来的这种审慎的态度殊值借鉴。因为中国的国家—社会模式长期处于"强国家—弱社会"的状态，在其传统权力体系中匮乏"社会独立于国家之外，并获得不受国家干预的自主权利的观念和理论"。[①] 加上我国的经济

---

① 陶鹤山：《市民群体和制度创新——对中国现代化主体的研究》，南京大学出版社，2001，第 194 页。

体制改革主要是在政府的主导下，通过自上而下的方式贯彻实施的，使得我国在构建金融控股公司加重责任时所面临的一个首要问题是如何将公权力对私权利的干预限定在合理范围之内。笔者认为，在立法上明确加重责任的适用条件和责任范围是解决这个问题的第一步。从适用条件来看，美国联邦法院的态度是比较明确的，即除非金融控股公司明确、具体地做出承诺，将向陷入困境的银行子公司注入资本金或者提供担保，否则监管机构无权向法院申请强制执行。至于责任范围，虽然需要存款保险基金管理机构在个案中综合考虑问题金融机构财务状况的恶化程度、存款保险基金的支出金额以及金融控股公司自身的稳健经营等因素来确定，但《联邦存款保险法》对控股公司承担加重责任的最高限额做出了明确规定，为联邦存款保险公司行使自由裁量权划定了合理的区间和界限，有效防止了涸泽而渔的情况发生，这一做法值得我们借鉴。

一个与之相关的问题是，民间资本参与农村信用社产权改革并取得控股权后，民营股东是否需要对改制后的银行业金融机构承担加重责任。2015 年国务院办公厅转发的银监会《关于促进民营银行发展指导意见的通知》（国办发〔2015〕49 号），将承担剩余风险的制度安排确立为民间资本发起设立民营银行的五项基本原则之一。2016 年 12 月，银监会发布的《关于民营银行监管的指导意见》（银监发〔2016〕57 号）中再次强调民营银行应当在银行章程或协议中载明，股东承担剩余风险的制度安排。有民营银行的发起股东在接受媒体采访时透露，银行业监督管理机构对民营银行发起股东剩余责任的具体要求是"股东承诺自愿以对该民营银行实际出资额的一倍为限额承担银行经营失败的剩余风险"。[1] 尽管目前法律层面仍未对民营银行给出明确的定义，学界对此也一直存在争议[2]，但是民间资本控股一直是大家公认的民营银行必须具备的基本特征。正是由于民间资本的"草根性"及其进入银行业动机的复杂性，促使监管机构不得不通过剩余风险的制度安排来降低民营银行的道德风险。2014 年，银监会发布

---

① 老盈盈：《民营银行三周年考：监管趋严下如何前行》，《经济观察报》2017 年 12 月 25 日。

② 学界关于民营银行的定义问题一直存在争议，具有影响力的观点主要有治理结构论和资本结构论。治理结构论主要是以市场化经营机制为标准进行界定，民营银行是实行现代企业管理制度，采用市场化经营的金融机构；产权结构论是以非国有成分为标准，认为民营银行是由非国有经济实体出资设立并取得控股权的经批准办理相关银行业务的企业法人。参见伦贝《我国民营银行的发展路径与监管研究》，《甘肃金融》2018 年第 1 期。

《关于鼓励和引导民间资本参与农村信用社产权改革工作的通知》（银监发〔2014〕45号），为鼓励、引导和扩大民间资本参与农村信用社产权改革提供了一系列政策支持。由此产生的问题是，当民间资本通过增资扩股、并购重组等途径参与农村信用社产权改革并取得了改制后的银行业金融机构的控股权后，民营股东是否需要对其控股的银行业金融机构承担加重责任？因为从产权结构的角度分析，此时在农村信用社基础上组建的银行业金融机构也是民间资本控股，这与民间资本发起设立的民营银行没有本质上的区别。笔者认为，如果要保持监管机构关于民营银行发起股东承担剩余责任这项制度安排的一致性和延续性，应当确认民营股东参与农村信用社产权改革并取得控股权后的加重责任。

2. 完善银行业金融机构自救安排

在我国的银行业金融机构风险处置损失分担机制中引入自救安排，主要具有以下几个方面的优势。首先，能够有效减少公共资金，特别是存款保险基金和地方财政在银行业金融机构风险处置中的支出。其次，有助于减轻问题金融机构的债务负担，提升其重组成功的可能性。最后，在很大程度上终结了因"太大而不能倒"所产生的金融机构及其高管绑架政府的恶性循环，督促银行业金融机构及其管理层加强风险内控和自我约束。

银行业金融机构自救安排可以通过以下几种途径实现。一是法定自救安排，即通过立法，规定在特定条件下问题金融机构的接管人无须取得债权人同意，可以强制性地将相关债务转换成该机构的普通股或者直接予以核销。二是合同式自救安排，即问题金融机构在发行自救债务工具时与购买者约定，当触发条件得到满足时，无须取得债券持有人同意，债务工具即应当按照一定的比例转换成该机构的股份或者直接予以核销，无须再向债权人进行清偿。法定自救安排的优点是接管人可以直接对银行业金融机构的负债进行债转股或者直接核销，不需要与该机构的债权人一一签订转换条款；缺点是需要对相关制度安排进行特别立法或者修改现行法律，对监管机构和接管人进行明确授权。合同式自救安排的优点是不需要在法律层面预先做出修改或调整，而交由市场主体自由协商决定；缺点在于这种自救方式只适用于有事先约定的债务工具持有人。[①] 需要特别注意的是，

---

① 李文泓、吴祖鸿：《自救安排及其在我国的应用》，《中国金融》2011年第6期。

在我国现行法律体系中引入问题金融机构自救机制，需要对相关法律法规做出相应的调整。

就合同式自救安排而言，债务工具在无须取得债券持有人同意的情况下即可按照一定的比例转换成问题金融机构的股份或者直接予以核销，违反了《公司法》关于可转换公司债券持有人享有偿债选择权的规定。银监会在 2012 年 12 月 7 日发布了《关于商业银行资本工具创新的指导意见》（银监发〔2012〕56 号），对商业银行发行非普通股新型资本工具，包括含有减计条款和转股条款的资本工具及其相应的触发事件做出了规定；2018 年 3 月，在《国务院机构改革方案》出台前夕，"一行三会"与国家外汇局联合发布《关于进一步支持商业银行资本工具创新的意见》（银监发〔2018〕5 号），要求相关部门总结商业银行发行减记型二级资本债券的实践经验，研究完善配套规则，为商业银行发行转股型二级资本债券、含定期转股条款资本债券和总损失吸收能力债务工具等资本工具创造有利条件。从法律的效力层级上看，前述意见只是规范性文件，显然不能与《公司法》相提并论。笔者认为，只有将意见中的上述内容在《公司法》等相关法律中予以落实，合同式自救安排才有可能在我国银行业金融机构风险处置中发挥其应有的效用。

引入法定自救安排同样需要对现行法律进行修改。在银行业金融机构没有进入破产清算程序前，不经债权人同意而强制性核销其债权违反了《企业破产法》的基本规定。此外，在构建法定自救安排机制时，立法需要补充以下三个方面的规则：一是明确可以被强制减计或者转换为银行业金融机构股份的债务类型；二是确定银行业金融机构不同类型的债务进行减计的先后顺序，以及不同类型债务转换为银行业金融机构普通股份的转换率；三是建立起自救安排下对银行业金融机构股东和债权人的权益保护机制，以保证自救安排实施以后问题金融机构的股东和债权人不会因此而获得比该机构直接进入破产清算更少的利益分配。

四　完善存款保险制度

针对《存款保险条例》存在的上述缺陷，笔者建议采取以下四项立法措施，来进一步完善我国的存款保险制度，以提升金融安全网的整体效能，促进我国金融业的健康发展。

（一）扩大投保机构的资格范围

应当将除贷款公司以外的其他所有类型的银行业金融机构纳入存款保险制度。贷款公司被存款保险制度排除在外的理由是非常明显的，因为根据《贷款公司管理规定》的界定，其属于非银行金融机构，"专门为县域农民、农业和农村经济发展提供贷款服务"①，不能吸收存款，自然不适用存款保险。原银监会在 2017 年《对十二届全国人大五次会议第 7668 号、9089 号建议的答复》（银监函〔2017〕110 号）中称因农村资金互助社不属于《银行业监督管理法》所定义的"吸收公众存款"的银行业金融机构，故不适用《存款保险条例》。② 笔者认为，这种做法值得进一步商榷。第一，从金融机构的性质来看，《农村资金互助社管理暂行规定》将农村资金互助社定性为向社员提供存款、贷款、结算等业务的社区互助性银行业金融机构，换言之，农村资金互助社可以吸收存款，只是限于社员的范围内，这与美国银行业金融机构体系中的信用合作社和 FCS 系统内合作性金融机构，以及印度 RCCIs 中的初级农业合作社具有很高的相似性，而美印两国都将这些合作性金融机构纳入了本国的存款保险制度之中。第二，从我国的现实国情来考虑，农村资金互助社由于起步晚、规模小、内部治理结构不完善等，是三种新型银行业金融机构当中抵御风险能力最弱的金融组织，在应对当前经济下行的压力时，农村资金互助社面临着很大的经营风险和信用风险。有鉴于此，笔者建议尽快修订《存款保险条例》和《银行业监督管理法》，将农村资金互助社纳入存款保险的投保机构范围，

---

① 《存款保险条例》第 2 条规定：贷款公司是经中国银行业监督管理委员会依据有关法律、法规批准，由境内商业银行或农村合作银行在农村地区设立的专门为县域农民、农业和农村经济发展提供贷款服务的非银行业金融机构。第 20 条规定：经银监分局或所在城市银监局批准，贷款公司可经营下列业务（一）办理各项贷款；（二）办理票据贴现；（三）办理资产转让；（四）办理贷款项下的结算；（五）经中国银行业监督管理委员会批准的其他资产业务。贷款公司不得吸收公众存款。

② 《中国银监会对十二届全国人大五次会议第 7668 号、9089 号建议的答复》：根据《存款保险条例》（国务院令第 660 号）第二条规定，投保机构是指商业银行、农村合作银行、农村信用社等吸收存款的银行业金融机构。同时，依据《中华人民共和国银行业监督管理法》第二条规定，银行业金融机构是指商业银行、城市信用合作社、农村信用社等吸收公众存款的金融机构及政策性银行。因此，依照法律法规的规定，农村资金互助社不适用《存款保险条例》。

为促进农村地区合作金融的健康发展，增强农村地区金融服务的稳定性提供法律保障。

（二）明确存款保险机构对问题银行的风险处置职能

存款保险机构作为投保银行缴纳保费的管理者和问题银行处置成本的主要承担者，具有天然、内在的动力主动加强对银行经营风险的甄别和预警。因此，由其担任问题银行的接管人和清算人，有利于实现对金融风险的早发现、早纠正和及时处置。笔者认为，《存款保险条例》可以借鉴印度的做法，在坚持成本最小化原则的前提下，重点围绕主体、权力、方式、时机、流程五个方面来细化存款保险机构对问题银行的处置职能，发挥存款保险的处置平台作用。另外，考虑到我国现行立法关于制约监管机构行政强制权行使的规定几乎完全处于空白状态，实践中监管机构对行政强制权的行使常常偏离法治轨道的现实环境，《存款保险条例》还应当对私权利主体的保护问题做出具体、详细的规定，以保证问题银行的股东、债权人（包括存款人）不会因为存款保险机构的处置行为而处于比问题银行直接进入破产清算更糟糕的境地。

（三）完善存款保险公司的营业援助制度

根据我国《存款保险条例》第18条的规定，存款保险基金管理机构被明确赋予了在成本最小原则约束下使用存款保险基金向投保机构提供援助的权力。笔者认为，立法还应当补充和完善以下两个方面的规则。一是明确存款保险基金管理机构提供营业援助的行为方式和适用条件。根据美国《联邦存款保险法》的规定，联邦存款保险公司可以通过向存在被关闭风险或者已经被关闭的参保机构给予借款、购买该机构的资产或债券、承担该机构的负债，或者认购该机构的股份等途径来实施营业援助。[①] 参保机构只有在符合下列条件的情况下才能获得联邦存款保险公司的营业援助：（1）除非该机构的资本水平得以提高，否则该机构就存在未来被接管或者托管的可能，并且如果不提供营业援助，该机构就无法满足当前所适用的资本充足标准；（2）在适格的联邦银行监管机构或联邦存款保险公司

①　12 U. S. C. §1823（c）.

做出营业援助决定之前的合理期限内，该机构进行了有效的内部管理并且遵守了相关法律法规和监管指令的要求；（3）该机构没有参与内幕交易、投机或者有其他滥用职权的行为；[1]（4）依照最小成本原则，只有当营业援助的实施成本是对问题银行进行风险处置的所有方案中耗费存款保险基金最少的选择时，联邦存款保险公司才能做出营业援助的决定。[2] 建议人民银行在制定《存款保险条例实施细则》时，借鉴美国《联邦存款保险法》的上述规定，对存款保险基金管理机构实施营业援助的行为方式和适用条件做出具体规定。二是确立存款保险基金使用成本最小原则的例外，即如果存款保险基金管理机构经过评估后认为实施营业援助的预期救助成本虽然不符合最小成本原则的要求，但是如果对投保机构采取其他风险处置方式可能引发系统性风险，经过与银保监会、人民银行会商后，存款保险基金管理机构可以援引"系统性风险"的例外规则向其提供营业援助。

（四）加快制定《存款保险条例实施细则》和配套制度办法

伴随着我国经济增速放缓，金融改革深化，过去多年积累的体制机制矛盾、资源错配风险正在不断暴露，抓紧落实存款保险制度更加具有紧迫性。为了使《存款保险条例》得到更好地贯彻和执行，笔者建议有关部门应当立即着手研究制定《存款保险条例实施细则》和各项配套制度办法，对《存款保险条例》中的法律条文尤其是关键性或语义模糊的内容给出明确清晰的说明和界定，为存款保险机构依法履职提供具有可操作性的制度依据。

---

[1] 12 U. S. C. § 1823（c）（8）.
[2] 12 U. S. C. § 1823（c）（4）.

第十章 信托法立法问题研究

完善产权制度，就应当以完善保护市场主体的财产权为基础。当代的财产权实践体系在正在发生深刻变化，财产权的主体和结构有待深化认知。与民法体系将"财产权利"落实到物权、债权等不同，信托法从诞生之始就将依托重心直接放置在"财产权"。尽管在信托法领域，大陆法理论中的财产权信托结构和信托当事人以及信托财产的内涵与英美法体系中的信托财产权尚存理论分歧，使得信托法理与大陆法系传统民法理论的冲突较为显著。实践中，大量信托法律关系和应用信托法律关系的财产工具往往得不到充足的法学理论支撑，财产权的保护和激励还存有较大的完善和发展空间。

第一节 信托立法理念：以财产权利为核心

在经济学研究中，产权概念是具有广泛意义、普遍包容的。而在法学研究中，产权的概念往往转化为财产、财产权、物权、所有权等规范的法学概念，而且仅仅将产权限定于财产或财产权，通常并不包括人身权或其他权利，从而在使用上缩小了适用和指代范围。经济学上的产权所体现的经济学意义上的关系不限于经济关系，还包括其他具有经济意义或经济价值的社会关系。因此，经济学上的产权包括了财产法律关系但是不限于财产法律关系。而即便是在财产关系领域，从产权、资产、财产的理论内涵进行分析，产权本身也属于资产、财产的上位概念。

一 财产权利的法学视角

财产也被称为资产，英文为 property 或者 asset，内容丰富而广泛，既有确定性，也有模糊性，在不同的语境下有不同的含义。从法律和权利的角度理解财产权，可以是民法意义上的，也可以是宪法和公法意义上的。在民法理论体系中，财产权是与人身权相并列的民事基本权利，其内容包括物权、债权、知识产权等具有财产价值的私权利。《中国大百科全书》将财产权解释为具有一定物质内容的，直接体现为经济利益的权利。财产权不仅包括以所有权为主的物权、准物权、债权、知识产权等权利，还包括了在婚姻、劳动等法律关系中产生的、与物质相联系并体现为经济利益的权利。① 宪法和公法意义上的财产权，是与平等权、自由权相并列的宪法基本权利，是具有"风能进、雨能进、国王不能进"② 的人权意义的财产权，是一项公权利，与主体的人身不可分离。宪法财产权和民法财产权是源与流的关系，没有财产就谈不上民法财产权，但仍然享有宪法财产权，而失去了宪法财产权，就不可能有民法财产权——一个没有取得财产资格的人是不可能取得财产的。③

在英美法系，学者和实践对于财产的认识和理解是较为宽泛、灵活的。英美法的观点认为，财产与财产所有权并没有太大差异，其原因在于，英美法上没有绝对的所有权概念，所有权更多地表现为对某一利益的拥有，对应的只是财产权（property）这一概念。虽然在财产权的概念上，英国法至少是法学理论曾经在财产权（所有权）的概念上受到了罗马法一定程度的明显影响。例如英国著名法学家布莱克斯通就非常肯定地认为，财产权是一种能够对其他人形成完全排斥的支配权。④ 受这种绝对所有权理论的影响，19 世纪初期之前，普通法的财产权界定是较为狭窄、具体的。⑤ 在英美法理论上，并没有采用大陆法的所有权概念，也没有采纳物权一词，并不存在绝对、单一的财产所有权。在 20 世纪开始时，一种新的财产概念产生——人们之间的一组法律关系。根据这种阐释，财产不再被

---

① 《中国大百科全书·法学卷》，中国大百科全书出版社，1994，第 33 页。
② 参见刘军宁《风能进雨能进国王不能进——政治理论视野中的财产权与人类文明》，载刘军宁等编《自由与社群》，三联书店，1998，第 152 页。
③ 参见李龙、刘连泰《宪法财产权与民法财产权的分工与协同》，《法商研究》2003 年第 6 期。
④ 参见〔英〕布莱克斯通《英国法注释》第 2 卷，转引自海因·克茨等《德国民商法导论》，楚建译，中国大百科全书出版社，1997，第 189 页。
⑤ 如认为财产权概念具有绝对的支配（despotic dominion）和财产的有体性（physicalist）两大特点。

看作对物的支配，并且财产也不再是绝对的，而是受到限制的，其含意是视不同的场合而变动的。① 此后，财产权客体进一步扩大，其内容已包括存在于任何客体之中或之上的财产有关的权利，财产所有权才被理解为一系列权利的集合。如罗伯特·考特和托马斯·尤伦认为，"财产的法律概念就是一组所有者自由行使并且其行使不受他人干涉的关于资源的权力"②。

由于不同的历史传统影响，大陆法系国家往往是从"物"而不是"财产"的角度分析财产的。《德国民法典》第 90 条规定："法律意义上的物仅为有体物。"在《德国民法典》的债务关系法一编中，物也不仅仅是指有体物，无体物也包含在物的范畴之内。《德国民事诉讼法》第 265 条规定，一切客体或者对象，包括有体物、无体物甚至权利，都可以作为民事诉讼执行的对象，即诉讼法上物的定义比民法典（物权法）上物的定义要宽泛得多。然而《德国民法典》对物的狭义界定也产生了一些理论上的冲突。如精神产品在《德国民法典》上被认为是狭义的无体物，但由于物权法将物限定为有体物，因此精神产品被另归于知识产权中。然而，这种规定的方式显然在整体上缺乏统一的安排，也在事实上形成了物权与知识产权的分野。另外，《德国民法典》第 90 条和第 903 条似乎出现了某种明显的冲突③，如一方面将动物排除在"物"的范围之外，而另一方面又要求动物所有权人必须对动物行使关于对"物权"保护的特别规定，如此，似乎得出了动物不是"物"，但又是"物权"的客体这一结论。照此理解，物权并不限于有体物权，有体物在法律上作为物权的另一个表现形式其指向价值已经大不如前。

随着社会的发展，知识产权逐渐从传统财产权和物权理论中分离出来，知识产权的无形性和非物质性的特点逐渐为学界和社会大众接受，财产的内涵得到了进一步的扩张，大陆法系存在财产、物、权利之间的理论

---

① 〔美〕肯尼斯·万德威尔德：《十九世纪的新财产：现代财产概念的发展》，《经济社会体制比较》1995 年第 1 期。

② 〔美〕罗伯特·考特、托马斯·尤伦：《法和经济学》，上海三联书店、上海人民出版社，1994，第 125 页。

③ 《德国民法典》第 90 条和第 903 条分别规定，"动物不是物。它们受特别法的保护。法律没有另行规定时，对于动物适用有关为物所确定的有效规则"，"动物所有权人在行使其权利时必须注意关于动物保护的特别规定"。

分歧。① 我国的立法实践中，《民法通则》中的基本表达是，财产是广义的物，包括权利与物质财产。而《物权法》的规定是，物的客体包括动产、不动产和权利，尽管这种权利必须要有法律规定的权利。由此可见，对于财产可以做出广义的理解。同时，《物权法》进一步规定，物权包括了所有权，以及用益物权和担保物权，在明确物权的范围的同时，也将物权的客体——物与物权区别开来。由此在立法上确认了物与物权是两个不同角度或者层面的东西。

　　与一般学者观点不同的是，对于财产的理解可分为两个层次。其一，财产的概念应该是个开放的体系，不应受限于立法或立法技术的困难而否定财产的多样性，即便是立法滞后或者立法存在缺陷。其二，对财产的法律保护体现在法律对于基于具象化的财产的抽象化的财产权利（财产权）的保护上，立法应当更加完善地保护财产和财产权利。财产具有以下几个重要特征。一是具有独立性，即财产与财产主体及其他财产之间相互独立，或者具有相对独立的边界。二是可控性，即财产必须是人们可控制和利用、能被人拥有的对象。三是效用性，即财产必须能够满足人们不同类型的需求，体现出针对不同主体的独特的使用价值。四是稀缺性，即有用的财产资源相对于不断变化的需求而言总是相对不足的。从目前的社会发展趋势来看，能够满足独立性、可控性、效用性、稀缺性这四大特征的物质世界存在和权利世界存在，较之之前人类历史中认识的那些财产而言，其内容和范围已经大大扩张。其中最为主要的原因是，过去的财产观念固守于被人完全所有和所用，因而导致在财产的认识上常常处于保守和固化的境地。而财产的当代发展是基于物或者权利能够体现出为人所用的价

---

① 学者分析，大陆法系财产在法学中的含义主要有以下几种。第一，财产是指民事权利主体所享有的具有经济内容的权利和承担具有经济内容的义务的综合，其中表现为权利的财产为积极财产，表现为义务的财产为消极财产。第二，财产只是具有经济义务的权利，即只是积极财产。财产既包括法律关系的内容，又包括法律关系的客体，在此意义上，财产权和财产的概念混为一体。第三，财产并不是指权利，而是指权利的客体即具体的物。在此意义上，财产权和财产是区分开的，财产指的是物品，财产权指的是权利。第四，财产包括商业经营者个人和法人特殊意义的人身权，如名称权、名誉权等。法人的名称权和名誉权在法律上是人身权，但在实务上却被当作财产权，可以转让。第五，商业联系、商业培训资格等在法律上难以从正面界定为财产的权利，在经济实践上和司法上被当作企业的"无形资产"。参见孙宪忠《中国物权法原理》，法律出版社，2004，第121～122页。

值，从而重新得到人类的认识，这种观念上的重大改变，事实上可能引发人们对于财产和权利的新的扩展，并由此重新对于财产和财产权利进行概念和内容的界定，从而大大拓展了产权在当代的价值和影响。

二　以财产权利为核心的信托

对于财产的独立性理解，最好的考察目标莫过于信托了。

通说认为，对于信托，要给出一个标准的定义，几乎是不可能的。[1]信托作为规避法律的产物[2]，其本身就具有非常突出的灵活性和弹力性，加之随着经年累月的发展，其内容愈发丰富。同时，英美法受限于具体案情和先例判决，大陆法受限于一物一权以及绝对所有权等传统民法理论，因此统一、令人满意的信托概念时至今日还没有产生。

我国《信托法》第 2 条明确了信托的法律概念。[3] 对信托的基本法律构造，我们可进行如下较为核心地把握。首先，信托是委托人基于信任关系，将财产权移转给受托人。其次，受托人依据信托文件的要求，为受益人或特定目的管理或者处分财产。最后，受益人对于信托财产享有受益权（参见图 10－1）。同时，需要补充的是，信托具有高度的弹力性和灵活性，除了前文所说的信托核心内涵之外，还包括一些简明的定义不能完全涵盖诸如宣言信托（Declaration of Trust）[4]、回归信托（Resulting Trust）[5]、拟制信托（Constructive Trust）[6] 等形式，正因为如此，著名信托法学者斯科特（Austin Scott）才说，"创设信托所要实现的目的，与法学家们的想象

---

[1] 参见周小明《信托制度比较法研究》，法律出版社，1996，第 1～2 页。
[2] 一些学者认为，信托产生于罗马法上的继承。而另一些学者认为，信托产生于英国法的 Use 制。但不论是哪一种历史溯源，信托都是一种"规避"的法律行为，即基于法律对特定行为的限制，而采取的一种特殊行为设计，通过一些特定的规则安排而实现过去不能实现的目的。
[3] 《信托法》第 2 条规定："本法所称信托，是指委托人基于对受托人的信任，将其财产权委托给受托人，由受托人按委托人的意愿以自己的名义，为受益人的利益或者特定目的，进行管理或者处分的行为。"
[4] 宣言信托，即委托人宣告本人为受托人，此时，委托人兼具受托人的地位。
[5] 当委托人意思表示不明确时，法院即推定信托财产为委托人利益而存在，受托人应将信托财产返还给委托人或在委托人死亡时归属于委托人的遗产，这就是回归信托。
[6] 因欺诈、胁迫、错误或其他不法行为或偶然事件而取得他人财产时，法院认定该取得人为法律上的受托人，这就是拟制信托。

力一样是没有限制的"。①

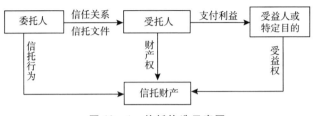

图 10 - 1 信托构造示意图

信托作为体现了以财产权利为核心的法律构造，具有独特价值。然而，尽管标志着信托制度在我国已经确立且解决了不少实际问题，然而已经生效的《信托法》仍然表现出诸多不尽合理的地方，尤其是信托定义不明。《信托法》最大的问题表现就在，其对信托的定义使得在传统法律语言中"生活"的法律学者感到一定不适。《信托法》第 2 条规定的表述存在如下疑点：一是"财产权"究竟做何解释，即在内涵上，财产权与传统民法所指的物权、债权等是否存在一致；二是"其财产权"指向财产权归属，由此需要界定究竟财产权的主体是谁，信托又是如何将财产权的一个主体转移到另一个主体的；三是将财产权"委托"给受托人，让人很容易将信托法语境下的"委托"代入传统民法视野中的"委托—代理"理论中。这三大疑点既容易产生对信托原意的误读，也可能诱发对委托含义的滥用。尤其是考虑到信托结构中，受托人要"以自己的名义"管理或者处分财产，显然不属于委托的范围之内，因此信托的法理探讨，显然还没有得出一个令人信服的共识。

在对《信托法》进行权威解读的《中华人民共和国信托法释义》中，作者直书，"在中国应当将信托作为一种理财制度，或者称之为财产管理制度，它的核心内容就是'受人之托，代人理财'"。② 虽然在信托法中多次谈到财产权，然而由于并未依据传统大陆民法的理论明确信托财产的所有权，能够从条文中得出的结论是，受托人只是代理人，委托人才是所有人，受托人经营管理财产的行为只是代理行为。作为佐证的，还有《信托法》第 20 条的规定，"委托人有权了解其信托财产的管理运用、

① 转引自何宝玉《英国信托法原理与判例》，法律出版社，2001，第 111 页。

② 参见卞耀武主编《中华人民共和国信托法释义》，法律出版社，2002，第 3 页。

处分及收支情况，并有权要求受托人作出说明……"这一个"其信托财产"，显露出立法者在面临传统民法理论与引入信托制度矛盾冲突时的部分无奈。

不少观点认为，《信托法》第 2 条规定首先将信托表述为将财产权"委托"而不是移转给受托人，既是对信托原意的误读，也是对委托含义的滥用，因为其后规定的受托人要"以自己的名义"管理或者处分财产，显然不属于委托的范围之内。究其原因，仍是为信托权的性质所困：承认受托人拥有信托财产的所有权，就相当于承认了双重所有权；而认为受托人是接受委托，信托构造又要求受托人必须具有所有权，因此，在具体法条的表述上，只好含糊于此。

而将信托视作委托的一个变体——在本质上要求以委托人的名义与信托表现不同，同时委托关系的消灭条件也与信托关系的消灭条件不同——非但于法理上不能圆通，而且将会给实践中受托人对信托财产的管理处分权利义务的确定形成障碍。此外，由于这样一个似是而非的"信托"模式的存在，到底是适用一般的委托理论，还是在某些方面适用本质的信托，让人感到迷惑。

关于信托财产到底归属于谁，实际上就是回答了财产的独立性问题。在英美法系，双重所有权无疑可以直接回答信托财产的归属。如英美学者认为，"信托是一种信任关系，基于这种信任关系，一人作为财产权的持有人在衡平法上义务的拘束下为另一人持有或运用财产"。[1] 美国《信托法重述》（Restatement of Trust Law）第 2 条将信托定义为："信托，除慈善信托、结果信托及推定信托之外，是指以明示的意思表示而设定的，发生在当事人之间的一种财产信赖关系，在这种关系中，一方享有财产上的所有权，并在衡平法上负担为另一方的利益管理和处分财产的义务。"

但在大陆法上，固有的一物一权理论和所有权的排他性特征给信托的适用形成了障碍。因此，受限于信托法上存在的占有、使用、处分和收益权能的分离使传统大陆法系所有权理论受到考验，尽管部分大陆法系国家

---

[1]　George T. Bogert：Trust，West Publishing Co.，6th ed.，1987，P1。转引自施天涛、余文然《信托法》，人民法院出版社，1999，第 5 页。

和地区相继引进信托制度①，然而在信托制度的理论分析和表述上尚没有一个令人信服的答案。从大陆法系国家已经颁行的信托法来看，其信托定义基本保持了较为一致的核心内涵，但回避了一般性权利归属的法律表述，而采用"管理""处分"等用语，进行了"实用主义"的修正。

此外，国际公约试图调适两大法系的冲突，但也反映出信托和信托财产权在传统法学理论中的进退维谷（参见表 10 - 1）。

表 10 - 1 信托规范概念比较

规范	内容
日本《信托法》第 1 条	本法所称信托，是指将财产权转移或为其他处分，使他人依照一定的目的管理或处分财产
韩国《信托法》第 1 条	本法所称信托，是指设定信托人（以下称委托人）与接受信托人（以下称受托人）间，基于特别信任关系，委托人将特定财产转移或为其他处分给受托人，使受托人为一定人（以下称受益人）的利益或为特定的目的，管理或处分该财产的法律关系
我国台湾地区"信托法"第 1 条	称信托者，谓委托人将财产权移转或为其他处分，使受托人依信托本旨，为受益人之利益或为特定之目的，管理或处分信托财产之关系
《关于信托的承认及其法律适用的国际公约》（1985）第 2 条	为本法的目的，"信托"一词是指一个人即委托人在生前或死亡时创设的一种法律关系，委托人是为受益人的利益或者为某个特定目的，将其财产置于受托人的控制之下。信托具有如下特征：（1）信托财产构成一个单独的基金，并且，信托财产不是受托人自有财产的一部分；（2）信托财产的所有权置于受托人的名下，或者置于代表受托人的其他人的名下；（3）受托人拥有权力和职责，按照信托条款和法律施于他的特殊义务，管理、使用或者处分信托财产；对此，受托人负有说明的义务。委托人保留一定的权利和权力，以及受托人本人也有权利称为受益人的事实，并不一定与信托的存在相矛盾

---

① 已有日本、韩国、中国台湾、美国路易斯安那州、加拿大的魁北克制定了信托法，在法国，20 世纪 90 年代初甚至制定了信托法草案。

三　信托财产权利的法理解释

对于信托的实质也即信托权的性质问题应如何认识，一直是困扰大陆法系法学界的最大困难。因为按照传统的一物一权以及绝对所有权理论，如果委托人已经将信托财产移转给受托人，那么受托人就将对信托财产拥有绝对所有权。但信托的构造理论恰恰是，让受益人拥有的受益权从受托人拥有的所有权（占有、管理、处分权）中分离出来，此时如何在传统民法上解决信托产权的性质，就成了研究利用信托最首要的问题。信托财产权利，是指因信托关系的发生而产生的当事人权利义务的集合。它的内容包括：（1）因信托的成立，受托人对于信托财产或者信托利益所享有的权利与义务；（2）因信托成立，受益人对于信托财产或者信托利益所享有的权利与义务；（3）成立信托及信托成立后，委托人对于信托财产或者信托利益所具有的权利与义务。在英美法上，"信托一旦成立，就与委托人无关"。不过，由于契约法的发展，以及信托本身所具有的强大弹力性，委托人通过设立信托的法律文件，已经可以越来越多地对受托人的管理处分行为进行事前干预，因此，在现代信托，委托人的权利与义务已经越来越受到重视。

信托财产权是一种综合权利，它涉及三方当事人，集合了三种权利义务，体现了三种权利义务性质。此时的信托产权是对信托开始前委托人对信托财产拥有的绝对所有权的一种分割。在委托人拥有较少保留权利的典型信托结构里，委托人拥有对信托财产的占有、使用、处分权，而对信托财产的另一项权能——受益权则让渡给了受益人。之所以说是让渡，是因为现代商业信托的发达从另一个角度反映了一种交出受益权而得到财产管理处分权的经济行为的倾向。

这一倾向的潜台词还有，契约法的发展给受托人的商业行为带来了寻求更大经济利益的机会：一方面，受托人交出受益权获得管理处分信托财产的权利，由于资本简单地增大从而使之有机会获得更大的经济利益；另一方面，借助契约法，受托人可以和受益人约定自己管理处分信托财产的酬劳，而这部分酬劳作为经营管理成本将会在受托人交出信托收益之前被提取成受托人的收益。因此，在现代信托，受托人对信托财产或者信托利益究竟享有什么样的权利、负担什么样的义务，乃是信托产权的核心要点，并由此备受信托学者的关注。

研究信托财产权利具有十分重要的意义。第一，明确信托当事人的法律地位，有利于把握信托制度所有权与利益相分离的本质特征，廓清信托结构中的委托人、受托人和受益人、信托利益以及相对人的权利义务关系。第二，明确信托财产的性质，把握信托关系以财产权利为中心的特征。第三，丰富和完善传统民法理论，深化权利束和权利有效分离理论的研究，推进民法理论现代化的建设。第四，明确信托制度的主要功效，推进信托制度在我国的引入，并将其构造机理借鉴导入我国的金融体制改革的工作中。

对信托财产权利的研究决不只是为了解决理论上的困惑，由于信托的权利构造更加符合当代社会并有商业信托在英国和美国的繁荣作为佐证，我们可以从信托制度的引进促进社会经济的进一步发展，同时，信托权利配置的理念也可成为我们解决实际问题的一把钥匙。与产权理论有莫大关系的财产价值的提升、他人财产的管理、产权产品的创新都将有赖于此。

关于信托财产到底归属于谁，实际上就是回答了财产的独立性问题。在英美法系，双重所有权无疑可以直接回答信托财产的归属。但是受限于大陆法系的"精巧"理论，信托在大陆法系物权理论体系中，就很难得到完美的解答。关于信托财产，较有影响力的至少有两种解释：一是"物权—债权"说①，一种是"法主体说"②，但这两种学说都受到质疑，前者被质疑破坏了传统物权理论，后者被指摘偏离了信托结构的实质。

针对信托财产权利的有关问题，越来越多的学者试图通过对"财产权利"的表述来解释信托权对绝对所有权和一物一权理论的冲突。这种理解与大陆法系以对有体物的绝对所有为基础的所有权理论不同，认为抽象物是视点的中心，对各种具体财产权利均应予以平等保护。这种借用英美法"财产权"或者"权利束"的理论较好地解决了原委托人对信托财产的绝对所有权由受托人和受益人分享的法律矛盾，也符合学者提出的信托财产

---

① 这种学说认为，信托财产的所有权或者说物权当然归属于受托人，而受益人对信托财产仅仅享有具有债权性质的受益权。
② 也称"信托财团"说。这种学说着眼于信托财产，强调信托财产的独立性，认为信托财产本身就是一种法主体。

权利为独立权利的"新思路"。① 不过，这对大陆法系民法传统的物权（或财产权）理论的本质和内容却形成了较大的冲击。

然而，仍然存在用传统民法理论解释信托财产权利本质的可能。回顾信托制度产生的历史分析，可以发现，无论是早先的罗马法、日耳曼法还是后来的英国法，其信托都是以移转财产权（所有权）给受益人为最终目的，遗产信托、Salman、尤斯制的出现无不是以受托人作为"中转人"而最终实现对受益人移转财产的目的的，这种现象可称为"信托的悬置特性"，它有两层含义：从外部形态来看，信托处于一个绝对所有权（概念）到另外一种绝对所有权（概念）的进程之中，此乃第一层"悬置"；从内部构造上讲，信托财产又始终脱离于委托人、受托人和受益人三者的绝对所有之外而独立存在，因此构成第二层"悬置"。

进一步分析，近代信托乃至现代信托的发展无不体现了这一规律——要么委托人收回信托财产，要么受益人或第三人取得信托财产所有权，即便是存在以受托人作为移转财产权对象的极端例子，在信托未结束之前受托人仍不能拥有完整的所有权，因此，可以认为，信托财产权利是一种动态的权利，它存在一个"悬置"的状态之中，这与传统的绝对所有权是一种静态权利的理解互不矛盾。在这种"悬置状态"下，对信托财产权利应该从整体的视角观察，而就局部的层面而言，委托人、受托人和受益人分别享有不同的财产权利，而最终体现在总和上，它符合"权利束"的观点。需要重点补充的是，对于不以转让所有权为目的的公益信托，似乎"悬置特性"不能适用。其实不然，因为信托法允许在信托目的不能实现的条件下信托可以终止，而信托财产可依信托文件或者法律的规定确定所有权，例如信托财产可归受益人或者其继承人以及委托人或者其继承人等。如此，信托还是具有"悬置的特性"，只不过，可能这时信托的"悬置"时间长了些。

如果说绝对所有权表现出的是人对物的关系的话，在信托财产权利来看，这种"悬置"期间内对权利的分割更多地体现的是人与人的关系，或者可以说，体现的是围绕信托财产产生的委托人、受托人和受益人之间的权利义务关系。同时，从法律制度应该反映并进而为经济发展需要服务的

---

① 周小明：《信托制度比较法研究》，法律出版社，1996，第 34 页。

角度来讲，信托财产权利的这种分割以突出物的利用和交易价值，而不是固守权利本位，正是由近代民法向现代民法发展的体现。对于这一点，信托的复兴和现代商业信托的盛行似乎可以作为一个最佳的注脚。

综合来看，将信托财产权利理解为因出于"悬置状态"而对绝对所有权进行分割，仍然没有破坏绝对所有权的本质含义：它维护了绝对所有权的整体性，信托财产的原所有主的占有、使用、处分和收益权能被受托人和受益人分别持有；它体现了绝对所有权的弹力性，如同绝对所有权因同一标的物设有用益物权或担保物权而受到限制一样，一旦此项限制除去（一旦"悬置状态"消失），绝对所有权即回复其圆满状态；它更是印证了绝对所有权的永久性，或者说绝对所有权的观念上的完整性。而作为反证的是，如果任由委托人、受托人或者受益人其中一人独立拥有所有权，则显然不能满足绝对所有权永久性的特点。

因此，对于信托财产权利可以作如下结论：信托财产权利是因成立信托产生的权利义务关系内容，由于信托本身处于由一绝对所有权向另一绝对所有权变动的"悬置状态"，因此，在这种状态下出现了权利的暂时分割，由受托人分享信托财产的占有、使用、处分权并对外代表信托财产的所有主，而受益人则只分享信托财产的受益权，一旦信托终止或者消灭，信托财产的所有权又将回复绝对所有权的状态。

回溯历史可以看到，绝对所有权概念即便是在产生信托制度的罗马法时代也并不是与生俱来且一成不变的，或者可以说，这是法学理论针对社会现实和需要高度概念化的东西，绝对所有权的概念存在于理念的静态中，尽管诸如某甲对自己的钱包有绝对所有权这样一些简单的形式化表现，而随着社会经济的继续发展和复杂程度的增加，静态的绝对所有权可能仍然存在，而其表象的变态和一些动态的发展则可能更为明显。而关于信托财产的功能分析，更能体现产权在内部的结构化在当代社会经济生活中的重要意义。信托产权的功能主要表现在财产移转和财产管理两个方面。

在财产移转功能方面。在信托制度生发的早期社会，无论是罗马法的"遗产管理"，还是日耳曼法的"Salman"或者英国法的尤斯制，均是以将财产或财产利益移转（当然，由于罗马法时期历史环境的特殊性，奴隶的解放权、妇女的监护权也被作为信托设立的目的）为其主要目的而出现

的。学者由此将当时的信托称为"消极信托",即为了消极地规避当时的
法律对财产移转所加的种种限制与负担而出现了这种权利让渡的方式。在
这种特殊的权利构造中,受托人仅仅作为过渡的"人头",对信托财产大
多不享有产权主体的地位,也即不会负有积极的管理处分财产权利义务,
而受益人虽受到法律限制通常不能直接成为信托财产的所有权人,但仍能
凭借委托人对受托人的指示,不仅享有信托财产的受益权,而且将来可以
合法地作为信托财产的所有权人。就这种信托构造来看,信托权的权利配
置与近代信托乃至现代信托有所不同,委托人是指示人,他常常可以借对
受托人的指示,对受托人的管理处分行为给予一定的限制,受托人获得的
主要是名义上的权利和受指示(被动)管理信托财产的权利,而受益人不
但拥有受益权,甚至还拥有实际监控甚至参与信托财产的管理处分权。因
此,早期的信托制度多是借信托达成财产权移转的目的,早期的信托权,
虽然结构仍和近代信托和现代信托相同,但在权利的配置上,重心集中于
受益人。

在财产管理功能方面。随着资本主义市场经济的确立,信托作为一种
消极的、以规避法律限制为目的的财产移转设计,在新的社会环境中已有
消退迹象。然而,由于突出了受托人对信托财产的管理处分权利,信托的
专业管财功能又被提炼出来。[①]

早期的信托制度中,受托人虽作为消极的"人头",但其对信托财产
却能起到保值的作用,而随着人们对受托人管理财产所带来的增值信托财
产的功能的认识,或者这种认识与人们进一步出让权利出现互动,其结果
是,人们更愿意为了财产的增值而出让更多的权利。受托人的地位遂由单
纯的信托财产保护管理人逐渐演变为一类财产管理的专业人士,由此,受
托人的权利范围逐步扩大,其对信托财产的管理处分有充分的自主,而委
托人和受益人的权利义务逐渐简化,信托权的中心内容集中在了受托人身
上。正是基于信托制度将信托权利的分割,信托逐渐成为专业化理财工
具:一方面,委托人为了让受益人(有时候是自己)获得更大的利益(主
要是经济利益),赋予了受托人更大的权利;另一方面,受托人将利用获
得的自主管理信托财产的权利为受益人的利益(主要是经济利益)更好地

---

① 方嘉麟:《信托法之理论与实务》,月旦出版社,1994,第71页。

管理处分信托财产，而自己的谋私行为又受到种种限制。这表现在三个方面。首先，信托财产的受益权牢牢地掌握在受益人手中，尽管近代信托和现代信托已经改变早期信托制度中受托人行为无偿的规定，赋予受托人的管理处分行为有获得报酬的权利，但管理处分权与受益权的分离将有助于提升信托财产的增值功效，这与公司制度的"所有与经营分离"有异曲同工之妙。其次，受托人的管理处分权利仍受到来自委托人和受益人的限制，委托人在信托契约中的约定和受益人对受托人违反信托财产的撤销权无不是这一点的体现。最后，由于未能对信托财产直接掌控，法律不但明确对受益人的保护而且对受托人的义务进行了严格的限定，诸如保证信托财产与受托人财产的独立性，不得利用信托财产来偿债，受托人须负善良管理人的注意义务，受托人的忠实义务，受托人不得将自身置于受益人利益相冲突的地位等，这样最终保证利用信托财产更好获利。在这一点上，《美国信托法重述》甚至直接规定，受托人负有使信托财产发生增值的义务（duty to make the trust property productive）。[①]

由于对信托产权也即信托财产的权属在传统产权认识的基础上形成了新的理解和应用，使得信托产权或者财产权利在多人之间实现重新配置或者再分配，对于财产或产权的应用却发生了巨大的创新性改进，由此增大了产权相关人和整个社会的效益和福利，这种财产独立性的新型应用不但应当受到重视，而且亟须理论出现自我更新。而采用"削足适履"的方式一味强调"传统"理论的"完整"和"精巧"，对于财产权利的创新性发展和当代演进进行选择性忽视，显然不是理性的做法。

第二节　信托立法改进：由表决权信托出发

对议案进行表决通常是股东对公司实施终极控制的方式。因此，有学者认为，表决权与诉权和知情权并称为股东的三大权利。[②] 围绕这三大权利的实现，尤其在股东因主观原因或受限于客观现实出现权利行使不能的

---

① 《美国信托法重述》第 181、379 条。
② 〔美〕Robert C. Clark, Corporate Law, Little Brown and Company, 1986. p. 93。转引自张明远《证券投资损害诉讼救济论——从起诉董事和高级职员的角度进行的研究》，法律出版社，2002，第 146 页。

情况下，如何以法律机制完善对股东权利的保护和利用就成为必要的思考。

信托无疑是解决这一问题的利器。在信托制度下，信托财产的所有人（财产权人）由委托人变更为受托人，而受益权的归属仍被委托人控制。借受托人之名"过桥"，即可实现委托人无须亲自行使权利而达到加惠于受益人（或自己）的目的。表决权信托（Voting Trusts）由此产生。不过，尽管法理简单明晰，但对表决权信托在认识上还存在偏差和盲区。

一　表决权信托的内涵

虽然两大法系都认为信托财产必须具有财产权性质[1]，然而就表决权是否可以作为独立的信托财产构成表决权信托的问题，学界的见解却存在分歧：承认表决权信托有效的观点在认识上将表决权信托和股份所有权信托等同起来，认为表决权可以作为信托财产的部分而非整体被承认，至于仅以表决权为基础设立信托，由于表决权似乎很难被理解为财产权，因而大多数观点否认其法律效力。[2]

进一步而言，表决权信托的概念在理论上存在两种解释。通常所讲的表决权信托也即广义表决权信托，其主要内容是公司股东在一定期间内，依据他们与受托人之间签订的表决权信托合同，将他们所持有股份（股权）以及法律上的权利包括表决权作为信托财产移转给受托人，由受托人集中持有并行使股份上的表决权，股东则只间接享有股份受益权。而狭义表决权信托与广义表决权信托的不同之处在于，公司股东并非将自己股份的所有权全部信托给受托人，而仅把股份所有权中的表决权信托给受托人，而自己保留诉权、知情权以及直接受益权在内的一切权利。做出这一区分的重要目的，除了阐明表决权信托不能被望文生义地简单理解为狭义表决权信托之外，还为了澄清——与部分学者的理解[3]不同的是，两大法

---

[1]　《美国信托法重述》（第二版）第 2 条；日本《信托法》第 1 条；韩国《信托法》第 1 条；中国《信托法》第 2 条。

[2]　赖源河、王志诚：《现代信托法论》（增订第三版），中国政法大学出版社，2002，第 78 ~ 79 页。

[3]　梁上上：《论表决权信托》，《法律科学》2005 年第 1 期。

系在立法上皆承认广义表决权信托的法律效力。①

在表决权信托中，股东是委托人，接受股东委托股份所有权（或表决权）的是受托人，信托财产是股份所有权（或表决权），受托人有权以自己的名义行使股份所有权（或表决权）并对外承担责任，受益人是股东自己或第三人。有所区别的是，在狭义表决权信托中，委托人（受益人）直接保留受益权的享有，而在广义表决权信托中，受托人负有向委托人（受益人）支付股份所有权受益的义务。

美国法的"Voting Trusts"（也译为表决信托）为广义的表决权信托，它是指"一个或多个股东可以设立一个投票信托组织，授予受托人投票权或其他为他们活动的权力，并把股票转让给受托人；办法是签订协议，在协议中规定信托组织的条款（在条款中可以包含和信托组织目的不抵触的任何内容）。当投票信托协议签署后，受托人应当准备好受益权所有人的名单，名单中要开列他们的姓名、地址以及上述受益权所有人转让给信托组织的股票的数量和类别，信托组织还应将上述名单和协议的副本若干份送交公司的主要办事处"②。

在美国法上，与表决信托较为类似的还有两个概念：代理人投票（Voting by Proxy）和表决协议（Voting Agreements）。

代理人投票是指，由股东名册中登记的股东（被代理人）授权其代表（代理人）进行的投票。③ 这是一种委托代理关系，被代理人仍然具有股东身份，而代理人只能以被代理人的名义行使权利，且权利的内容通常只有一项，即参与股东大会的表决，进行投票。这与表决权信托中，受托人有权以自己的名义行使股份所有权（或表决权）并对外承担责任不同。代理人投票基本上类似于部分学者提及的表决权委托代理。表决权委托代理是指我国《公司法》第106条的规定，"股东可以委托代理人出席股东大会会议，代理人应当向公司提交股东授权委托书，并在授权范围内行使表决

---

① 《日本商法典》第239条之二；我国台湾"企业并购法"第10条；《美国示范公司法修正本》7.30（a）。

② 〔美〕罗伯特·W. 汉密尔顿：《公司法概要》，李存捧译，中国社会科学出版社，1999，第163页。

③ 〔美〕罗伯特·W. 汉密尔顿：《公司法概要》，李存捧译，中国社会科学出版社，1999，第157页。

权"。此外，外国法还有关于征集委托书①用于收购等特殊目的的规定，我
国的证券市场也已经出现了委托书收购②这种比代理人投票更为复杂的形
式。不过，需要指出的是，由于征集委托书也常常滋生不少弊端，因而受
到严格限制。③ 然而近年来表决权委托的约束有缓和的趋势，2016 年的
《上市公司章程指引》第 78 条规定，"公司董事会、独立董事和符合相关
规定条件的股东可以公开征集股东投票权。征集股东投票权应当向被征集
人充分披露具体投票意向等信息。禁止以有偿或者变相有偿的方式征集股
东投票权。公司不得对征集投票权提出最低持股比例限制"。

　　对于表决权委托代理，我国的规定较为原则和概括，除了规定以代理
方式行使表决权之外，对其他诸如代理有效期限、是否可以撤销等方面缺
乏具体要求。美国法虽然规定"委托有效期限为 11 个月"，不过，委托书
上可以明示更长的时间。④

　　表决协议又称表决权拘束协议，"是股东之间或者部分股东之间以确
定的方式，就特定事项达成的股份表决契约。这种契约通常被称作'集合
基金协议'，因为它导致参加者的股份作为一个集合单位而进行表决。订
立这种协议的目的可能是为了保持控制权，也可能是为了在允许累积投票
时使股份的表决权最大化，还可能是为了确保实现某些特定的目标"。⑤ 从
理论上分析，股东的表决协议是将所有协议人的股份进行集中，然后以同
一个声音进行表决，而表决的内容有明确的范围，它"只限于对那些属于
股东权限范围的事项……应当把它与那些为解决本属董事的自由裁量权范
围的事项而达成的协议严格区分开来"。⑥

---

① 《美国证券交易法》第 14（a）；SEC 依此制定的 14A 规则（Rule 14A）。
② 如 2000 年 1 月，广州市通百惠股份有限公司通过竞拍成为胜利股份（股票代码：000407）
　 的第一大股东。但是，胜利股份原股东之一的山东胜邦企业有限公司迅速与通百惠展开
　 了控股权之争。同年 3 月下旬，通百惠向中小股东广泛征集委托书，成为中国证券市场
　 第一例委托书收购案例。
③ 例如，为了防止某些股东恶意收购表决权委托书，操纵股东大会，我国台湾地区的法例
　 禁止进行表决权委托的征集。即使是美国 SEC 制定的 14A 规则，对委托书征集的定义、
　 信息披露、格式要求以及程序保障等都有严格要求。
④ 《美国示范公司法修正本》7.22（a）。
⑤ 〔美〕罗伯特·W. 汉密尔顿：《公司法概要》，李存捧译，中国社会科学出版社，1999，
　 第 160 页。
⑥ 〔美〕罗伯特·W. 汉密尔顿：《公司法概要》，李存捧译，中国社会科学出版社，1999，
　 第 161 页。

通常，对表决协议的理解限于合同法范畴，学者的注意力多集中于表决协议对合同当事人的拘束力。[①] 然而作为一种契约性的集体表决机制，表决权的"交出"而不是"保留"使表决协议的实际履行结果与表决信托并无二致。事实上已有案例表明，表决协议和表决信托之间的界限确实非常模糊。[②] 二者最微妙的区别仅仅是，表决信托"把股份的法定所有权授予了受托人，而且股份是以受托人的名字登记在公司的簿册中的"。[③] 而在表决协议中，"股东保留除表决权以外的股份所有权的全部内容"。[④] 也正是基于这一点，使表决协议和狭义表决权信托在某些地方存在一定的类似之处。

表决权信托由美国首创。1864 年的 Brown V. Pacific Mail Steamship 事件被认为是最初的表决权诉讼事件。[⑤] 其后，表决权信托作为一种形成垄断的产物被广泛应用。这也促成了后来托拉斯（Trust）的形成以及反垄断（Antitrust）的谢尔曼法（Sherman Act）生效，从而使因表决权信托而产生的托拉斯被严格禁止。然而，表决权信托仍在被不断地运用，进入 20 世纪之后，越来越多判决表决权信托有效的判例如 1910 年弗吉尼亚州的 Carnegie Trust Co. V. Security Life Insurance Co. 案件[⑥]使表决权信托的生效除目的限制之外，已没有其他法律上的障碍了。继而，成文法也对其进一步确认。1928 年，美国《统一商业公司法》（Uniform Business Corporation Act）的第 29 条中，首次出现了和表决权信托相关的规定。随着该法作为示范法陆续被各州所采用，表决权信托获得了更大的发展空间。

然而，表决权信托在大陆法系国家和地区的发展却很缓慢。受限于只有少数大陆法系国家和地区以成文的信托法确立了信托制度，表决权信托的生存环境极为有限。虽然各国各地区的公司法大都对表决权做出了规定[⑦]，但

---

① 梁上上：《表决权拘束协议：在双重结构中生成与展开》，《法商研究》2004 年第 6 期。
② Abercrombie v. Davies（Del. 1957）.
③ 〔美〕罗伯特·W. 汉密尔顿：《公司法概要》，李存捧译，中国社会科学出版社，1999，第 163 页。
④ 〔美〕罗伯特·W. 汉密尔顿：《公司法概要》，李存捧译，中国社会科学出版社，1999，第 161 页。
⑤ （C. C. N. Y. 1867）Blatch f 525 fed cas No 2025.
⑥ 111 Virginia 168, S. E 412.
⑦ 《德国股份法》第 133～137 条；《德国有限责任公司法》第 47 条；《法国商事公司法》第 155 条；《日本商法典》第 239～241 条；我国台湾"公司法"第 177～178 条。

权利行使的主体多仅限于股东及其代理人，除表决权委托代理之外的表决权信托少有涉及。

目前，大陆法系国家和地区对表决权信托的各种学说见解针锋相对，成文法上更是鲜有统一的体现。不过，已经诞生信托法的国家和地区在实际生活中出现了应用表决权信托的需要，因此，承认表决权信托效力的呼声越来越高，部分学者甚至要求对此专项立法。

表决权信托的意义主要体现在以下几个方面。第一，有利于保证股东权利的行使。一方面，当前股份公司尤其是上市公司的股权高度分散，股东分布于全国甚至世界各地，加之一些小股东不愿花费过多的时间和费用参加股东大会的"搭便车"心理使然，股东尤其是中小股东的表决权有了信托行使的需求；另一方面，积累了足够的表决权后，表决权的受托人又可达成自己的目的。因此，通过表决权信托，无论是委托人还是受托人的股东权利都可实现充分行使，有利于实现权利的合理配置。例如，一部分对普通股东权利较为淡漠而更加专注于享受股东利益的股东，完全可以将股份所有权信托给有特殊目的的信托机构、其他组织或个人，自己仅保留享有受益权。此外，上市公司的股东们还可以约定，或者由受托人只拥有表决权（狭义表决权信托时），或者受托人在适当时机有权行使股份所有权将股票在证券市场卖出（广义表决权信托时）。

第二，改善公司的法人治理结构。目前，中小股东权利的保护正成为世界性的难题。由于大股东居于控制地位，股东大会往往成为少数大股东和董事会操纵的"阵地"或股东争权夺利的"战场"，中小股东的合法权益不能得到保护的状况时有发生。因此，有必要改善传统的公司法人治理结构。表决权信托可以使中小股东把股份所有权（或表决权）集中起来，信托给信托机构、其他组织或个人行使权利，由信托机构根据广大股东的意愿或者凭借自己的专业决策能力在股东大会上进行投票表决，从而使中小股东的表决权在股东大会的决策过程中不再流于形式。尤要指出的是，表决权信托也可成为掌控发言权的工具，中小股东和公司外部人可以借用表决权信托对大股东的权力形成威胁甚至将大股东取而代之，因此在国外也被频繁运用于公司购并活动之中。

第三，解决"所有权主体缺位"问题。广义表决权信托还能解决长期困扰我国的国有资产管理"所有权主体缺位"——国有资产属于国家所有，但国家作为所有人不能亲自管理这一难题。按照信托的方式，在国有企业资产清产核资量化的前提下，由国有资产管理部门采取信托方式，委托有管理能力且值得信赖的资产管理公司或信托公司为国家管理和运用这部分国有资产，如此，一方面将国有资产通过信托方式转移于非行政化的受托人名下，使国有资产有明确具体的、市场化的产权主体经营而得以"显形"；另一方面，信托制度中委托人、受托人和受益人之间定型化和法律化的权利、义务和责任体系，又能充分保障受托人对于受益人利益的忠实，使国家利益得到维护。

此外，表决权信托还有广泛的实用空间：在公司中，表决权信托可以被应用于迫使大股东交出表决权，从而使大股东对公司的实际管理权被剥夺①；企业在面临破产危机时，债权人可以利用表决权信托获得原企业大股东的表决权，从而直接介入破产企业的重整；在我国实行的"债转股"情况下，商业银行不能直接成为公司的大股东，而表决权信托则可以将商业银行的持股信托给信托公司持有，从而避开这一法律限制。如此等等，不一而足。

二 表决权信托对立法的要求

通常而言，公司股份在发行时就存在有无表决权的区分，即存在有表决权股和无表决权股。我国《公司法》的规定较为简单，不存在无表决权股，因此，成立股东对股份所有权进行信托的广义表决权信托没有法律障碍。

我国的广义表决权信托主要受《公司法》、《信托法》以及《信托公司管理办法》的调整。《公司法》涉及股东表决权的主要有第16、39、40、42、43、90、103、105、106、111、121、124、181、182、216条，主要内容是，表决权是保障股东行使权利控制公司的主要手段，股东会或者股东大会、董事会的表决方式不得违反法律、行政法规或者公司章程，公司增减注册资本、分立、合并、解散或者变更公司形式，修改公司章程，提议

---

① 〔美〕罗伯特·W. 汉密尔顿：《公司法概要》，李存捧译，中国社会科学出版社，1999，第165页。

召开股东大会和董事会临时会议，选举董事或者监事，创立股份公司，对外投资或担保以及购买或出售重大资产等，都要经过法定数额的有表决权的股东同意。在此有两个问题需要注意。一是对表决权的限制同样适用于表决权信托。如《公司法》第 43 条规定："股东会的议事方式和表决程序，除本法有规定的外，由公司章程规定。"受该条规定约束的表决权得以成立表决权信托之后，须承继约束。二是表决权排除制度也同样适用于表决权信托。表决权排除是指当某股东与股东大会讨论的决议事项在存在特别的利害关系时，该股东及其代理人不得就该决议事项行使表决权。该项制度在国外已由成文法确定。① 1997 年中国证监会发布的《上市公司章程指引》第 72 条首次规定了特别利害关系股东的表决权排除制度，《公司法》第 16、124、216 条继续明确了有关联关系的股东在特定情况下不得行使表决权的制度。由于委托人股东的原始表决权被加以排除，受托人接受的表决权也将被排除，因而在此种情况下，广义表决权信托中的受托人没有表决权，而狭义表决权信托将不能成立和生效。

《信托法》关于表决权信托的轮廓性规定主要有第 2、3、6、7、8、9、10、11、12 条，从内容上分析，广义表决权信托多发生于股东之间，常态为民事信托，股东信托出去的股份所有权应作为财产权利成为信托财产，以收购为目的的广义表决权信托除了在影响市场公平交易机制的情况下可能被认定为非法之外，包括为收购上市公司而成立的信托应当有效。广义表决权信托还可以商事信托的形式出现，《信托公司管理办法》第 16 条规定："信托公司可以申请经营下列部分或者全部本外币业务：……（四）有价证券信托；（五）其他财产或财产权信托……"因此信托公司也可成为广义表决权信托的专业受托人，对股东信托的股份所有权进行专业管理。当然，由于关于广义表决权信托没有更为明确和细致的规定，实践中，应该按照信托法的基本原则和基本信托法理来规范现实中出现的问题。

而能否认定狭义表决权信托具有法律效力，首先要解决表决权是否属于财产权这一关键问题。既然大陆法系已倾向性地认可作为总体的股份所有权具有财产权的属性，为何却不愿承认作为个体的表决权也具有财产权

---

① 《意大利民法典》第 2373 条；《欧共体第 5 号公司法指令草案》。

属性，这一悖论颇值得深思。进一步而言，股东和公司在人格上相互独立，在身份上没有隶属关系，因而股东并非公司的"社员"，相反却具有明显的外部属性。①作为"外部人"的股东对公司投资而形成的权利显然不符合人身权"与人身不可分离且不直接具有财产内容"这一定义的内容，因此股东对于以"资合"为主要特征的公司所拥有的股份所有权应当具有财产权的属性。而股东将其对公司出资或股份的表决权从股份所有权中分离出来予以信托，应该认为股东表决指向的对象始终未离开对公司财产（或财产权利）的配置或构成进行安排这一主题，表决权能够直接体现财产权利的内容，对有需求的当事人而言可以用金钱表明价值并可实现流转，因此也具有财产权的属性。将表决权理解为股东对公司进行的财产安排，则狭义表决权信托仍可在两大法系获取合法身份。

由于对信托产权也即信托财产的权属在传统产权认识的基础上形成了新的理解和应用，信托产权或者财产权利在多人之间实现重新配置或者再分配，对于财产或产权的应用发生了巨大的创新性改进，由此增大了产权相关人和整个社会的效益和福祉，这种财产独立性的新型应用不但应当受到重视，而且亟须理论出现自我更新。而采用"削足适履"的方式一味强调"传统"理论的"完整"和"精巧"，对于财产权利的创新性发展和当代演进进行选择性忽视，显然不是理性的做法。

由此可以认为，一如表决权信托与表决权委托代理的显著差异，依照《民法总则》关于"委托""代理"的法定用语②，信托立法的改进方式有二。其一是摒弃"委托"的用语，使之在文字上即与信托区别开来，如"委托"变更为"信托"，"委托人"更替为"信托人"。其二是依然沿用"委托""委托人"的表述，但在财产权利的内涵上需要明确区隔出"信托"与"代理"之不同，除表明信托以财产权为中心和代理以法律行为为中心的差异之外，还应明确直接体现"财产"属性的权利都应当被纳入《信托法》范畴，并且在条文的表述上必须明示出财产权利的"移转"。鉴

---

① 理论上通常认为，"股东"和"成员"可以互换。然而在实质上，虽然股东出于亲自管理公司的需要（如两合公司、有限公司等情况下）可能使股东和公司管理者的身份发生重合，但我们显然能够清晰地区别作为股东和董事、监事、高级管理人员的差异。越来越强调独立法人人格促使不参与公司管理的股东对公司仅存在资本控制力，而作为公司内部人员的董事、监事、高级管理人员则对公司具有强大的现实控制力。

② 详见《民法总则》第 163 条的规定。

于《信托法》实施已有十余年，"委托""委托人"已在现实中广为实践，因此抛弃"委托"而替换为"信托"多有不妥，更为适宜的是采用"委托"相关用语，但在表述上更为强化财产权和信托当事人之间的关系。由此，才能将大众从"信托""委托""代理"等法律概念中解放出来，在理论上更加深入地理解信托法理，在实践中冲破"委托"对受托人管理处分信托财产的阻碍，推动财产权理论和实践中的财产权利不断在当代社会深化发展。

第十一章　知识产权法立法问题研究

当今世界，各国各地区知识产权法律立法模式大体可以归纳为三种。第一种是以法国、斯里兰卡、菲律宾为代表的国家，制定独立的知识产权法典：斯里兰卡在1979年、法国在1992年、菲律宾在1997年制定了知识产权法典。第二种是以俄罗斯、越南为代表的国家，制定较为统一的知识产权法，但作为民法典的组成部分：俄罗斯正式将知识产权法律制度纳入民法典，第四部分"第七编智力活动成果与个性化手段权"即是俗称的"知识产权编"，对各类知识产权提供了统一的法律保护，《俄罗斯民法典编》成为知识产权法律制度纳入民法典立法模式的典型代表。第三种是制定多门类的知识产权特别法，即所谓的知识产权单行立法，也就是根据不同的智力成果类型、知识产权客体，制定不同门类的知识产权法律制度。世界上大多数国家采用这种特别法立法模式。我国即是采取多门类的知识产权特别法立法模式。从20世纪80、90年代的著作权法、专利法、商标法逐步完善，历经30余年的新增、修订、修正，专利法、商标法因应社会发展、技术革新至今已经历了三次修订，知识产权立法体系逐步完善，立法内容发生了巨大变革，但仍存诸多不足，需从立法原则、立法模式、立法内容、立法技术等方面给予完善。

第一节　知识产权法的立法演进

因文学艺术、科技发明进入市场以商品的形式为创作者、创造者带来经济收益，非物质性财产成为新的财产类型，知识产权法应运而生。放眼世界，知识产权法在17世纪开始逐步诞生，在17世纪20年代，英国制定《垄断法规》，被誉为世界第一部专利法。时隔近一个世纪，英国在1709

年制定《为鼓励知识创作而授予作者及购买者就其已印刷成册的图书在一定时期内之权利法》（即《安娜法令》）。第一部专利法和第一部著作权法都诞生于英国，此与工业革命肇始于英国不无关联性。工业革命加速了人类文明更新迭代，新的技术、新的文学艺术科学成果大量涌现，英国自然成为知识产权法律开端国。法国在 19 世纪中期制定了《关于以使用原则和不审查原则为内容的制造标记和商标的法律》，被称为世界第一部现代意义上的商标法。我国四大发明历史悠久，造纸术、印刷术对世界文学艺术成果的推广起到了重要作用，但知识产权法律制度起步较晚，直到从 20 世纪 80 年代初期开始，我国的商标法、专利法、著作权法等专门知识产权法律制度逐步建立，历经 30 余年的不断完善，目前，我国已形成了较为完整的知识产权法律体系。

一　立法框架的演进

我国知识产权法律制度肇始于改革开放初期。最先出台的是《中华人民共和国商标法》（1982，以下简称《商标法》），其次是《中华人民共和国专利法》（1984，以下简称《专利法》）、《中华人民共和国民法通则》（1986，以下简称《民法通则》）专节规定知识产权，继而是《中华人民共和国著作权法》（1990，以下简称《著作权法》）。至此，知识产权法的三大版块形成，知识产权法律体系的框架初步形成。在社会主义市场经济逐步建立后，知识产权立法的步骤也相应加速，在 1993 年颁布《反不正当竞争法》，对仿冒、假冒、虚假宣传、侵害商业秘密等不正当竞争行为进行规制。作为农业大国，植物新品种不仅关乎农产品的优化，更关系国计民生，在 1997 年，国务院通过《植物新品种保护条例》。进入 21 世纪，知识产权法律体系的成员不断增多，从 2001 年颁布的《集成电路布图设计保护条例》，2005 年颁布的《地理标志产品保护规定》，2006 出台的《国家级非物质文化遗产保护与管理暂行办法》以及《地理标志产品专用标志管理办法》（2007）、《商业特许经营管理条例》（2007）、《农产品地理标志管理办法》（2008）、《中华人民共和国非物质文化遗产法》（2015）等，我国知识产权法律体系基本得以完善。

知识产权法是综合性的，更是开放性的，不同学者对知识产权法律框架的组成有不同的认识。尤其对于《反不正当竞争法》的归属存在较大分歧，从法学教育体系看，不少高等院校将《反不正当竞争法》作为经济法学专业的专修课程；但从司法实务看，《反不正当竞争法》调整范围的纠纷属于知识产权纠纷类案由，如商业秘密纠纷、知名商品特有名称包装装潢纠纷等。

知识产权法律制度因科技革新、社会进步而修订较为频繁，知识产权三大法律制度及其实施细则经历了多次修改、修正、修订。《商标法》《专利法》自20世纪80年代颁布以来，至今都已经历了三次修订，商标法分别在1993年、2001年、2013年修订、修正，专利法分别在1992年、2000年、2008年修订。《著作权法》自1990年出台以来，目前已经历了两次修订：2001年和2010年修订，第三次修订草案经多次讨论，但至今尚未能审议通过。商标法、专利法、著作权法构成了知识产权法律体系的三基元，不仅在于立法层级是全国人民代表大会审议的法律，而且还体现在都有相应的行政法规。与商标法、专利法、著作权法相呼应的行政法规，其修订紧随法律的修订，或行政法规的修订频于法律。《中华人民共和国商标法实施细则》（以下简称《商标法实施细则》）紧随商标法之次年在1983年出台，其修订与商标法的修订也基本同步，分别在1993年、2002年、2014年修订。《中华人民共和国著作权法实施条例》（以下简称《著作权法实施条例》）情况与《商标法实施细则》相似。近年来，科技领域的迅猛发展，对专利法提出新的挑战，法律的修订非常审慎，《中华人民共和国专利法实施细则》（以下简称《专利法实施细则》）作为仅次于专利法的行政法规，在1985年出台，至今已经过四次修订（1992年、2001年、2002年、2010年）。

知识产权法律体系有法律、行政法规，还有大量的部委规章、司法解释等。多家国务院部委制定了大量的规范知识产权的部委规章，诸如《地理标志产品保护规定》（原国家质量监督检验检疫总局）、《农产品地理标志管理办法》（原农业部）、《地理标志产品专用标志管理办法》（原国家工商行政管理总局）、《国家级非物质文化遗产保护与管理暂行办法》（原文化部）、《中国互联网络域名管理办法》（工业和信息化部）等。1985年至2016年，最高人民法院共制定涉知识产权司法解释34个，司法政策性文件40多件。与技术创新、科技进步最紧密相关的专利法，相关司法解释相对更多，修正更频繁。以专利法律制度为例，最高人民法院在1992年

12 月公布《关于审理专利纠纷案件若干问题的解答》，现已废除。在 2001
年 6 月公布的《关于审理专利纠纷案件适用法律问题的若干规定》，现已
被修正。现行有效的常用的专利法领域的司法解释有以下三个：其一为
2009 年 12 月公布的《关于审理侵犯专利权纠纷案件应用法律若干问题的
解释（一）》，其二为 2015 年 1 月公布的《关于审理专利纠纷案件适用法
律问题的若干规定》，其三为 2016 年 3 月公布的《关于审理侵犯专利权纠
纷案件应用法律若干问题的解释（二）》。除了以上三个最为常用的专利法
领域司法解释外，还有诸如关于"专利案件地域管辖、专利申请权纠纷、
聘请技术专家担任陪审员、诉前停止侵犯专利权行为、专利确权授权类知
识产权行政案件"等针对具体问题的，涉及多方面的司法解释。与此相
同，关于著作权、商标、商业秘密的司法解释亦非常多，在处理具体知识
产权纷争中，司法机关、仲裁机关都时常需要适用司法解释，知识产权司
法解释是我国知识产权法律体系中非常重要的组成部分。

　　我国知识产权法律体系除了全国人大及其常委会通过的法律，国务院及
其部委制定的行政法规、部门规章，最高人民法院制定的司法解释外，国家
颁布的纲要、意见等政策性文件也是知识产权法律体系的重要组成部分。如
《中华人民共和国国民经济和社会发展第十三个五年规划纲要》《中共中央国
务院关于完善产权保护制度依法保护产权的意见》《中共中央国务院关于深
化体制机制改革加快实施创新驱动发展战略的若干意见》《国家知识产权战
略纲要》等都是知识产权创造、管理、运用和保护所依凭的法律支撑。

二　立法内容的演进

　　现代知识产权法处于不断发展、革新的过程，知识产权法的规范对
象、权利制度也是动态的开放演进。保护工业产权的国际公约——《巴黎
公约》自 1883 年签订以来，已做过多次修订。其中 1967 年斯德哥尔摩文
本将专利技术、经营标记与制止不正当竞争同列为工业产权的对象，各国
知识产权法亦据此对专利法等知识产权法律进行修改。现行的 1980 年日内
瓦文本，已将《巴黎公约》调整对象拓展为囊括了发明专利权、实用新型
专利权、工业品外观设计专利权、商标专用权、服务标记、厂商名称、产
地标记或原产地名称以及制止不正当竞争等，同时对专利强制许可制度、

驰名商标、展品临时保护制度等做了完善。

世界上第一个国际版权公约——《伯尔尼公约》（《保护文学和艺术作品伯尔尼公约》，Berne Convention for the Protection of Literary and Artistic Works）标志着国际版权保护体系的初步形成。自 1886 年 9 月生效以来，《伯尔尼公约》进行了 7 次补充和修订，增加了保护范围，将广播作品、口头作品、实用艺术品、地理学、解剖学、建筑学或科学方面的图表、图示及立体作品均纳入"文学艺术作品"领域给予保护，权利制度上增加著作权人精神权利的规定，对"复制"重新下定义，如网络环境下的上传、下载等复制行为，增加"追续权"，明细合理使用制度，延长著作权、邻接权保护期限。

《民法通则》在过去很长一段时间是我国民事权利的基本法，在此后的 30 余年里，除了第五章第三节规定了"知识产权"，将其作为与所有权、债权、人身权并列的一项民事权利，在第 94～97 条规定了"著作权、专利权、商标权、发现权、发明权及其他科技成果权"，知识产权专门法的立法内容也与此相对应。30 余年里，知识产权的立法内容因知识产权客体的日新月异，发生了巨大变革与充盈。2017 年 3 月出台的《民法总则》第 123 条首先明确"民事主体依法享有知识产权"，进而对知识产权做了界定，即"知识产权是权利人依法就下列客体享有的专有的权利"。同时，在立法上不再是对知识产权的权利类型进行规定，摒弃了以往专利权、商标权、著作权的惯常说法，而是以知识产权客体的角度，采取列举加概括式立法①，既将目前已有的知识产权客体列举出来，又留下新增空间。地理标志、商业秘密、集成电路布图设计和植物新品种作为知识产权客体得到了一层阶法律的确认。2020 年出台的《民法典》继承了《民法总则》第 123 条的规定。

知识产权立法内容远不止《民法总则》所列明的几项。优秀传统文化的传承与弘扬离不开法律保驾护航，为了有效推动国家对优秀传统文化的重视与保护，我国在 2011 年 2 月 25 日颁布了《中华人民共和国非物质文化遗产法》并从 2011 年 6 月 1 日正式实施。为实现规范化管理我国非物质文化遗产保护工作，我国创新推出名录化管理，即分批次由国务院批准、

---

① 即"（一）作品；（二）发明、实用新型、外观设计；（三）商标；（四）地理标志；（五）商业秘密；（六）集成电路布图设计；（七）植物新品种；（八）法律规定的其他客体"。

文化和旅游部公布非物质文化遗产名录。截至 2019 年，已公布了四批次，共有 1372 个国家级非物质文化遗产代表性项目。① 参照国家非物质文化遗产名录管理模式，江苏、山东、山西等省也确定并颁布了省级非物质文化遗产名录，扬州、徐州等市也确定并颁布了市级非物质文化遗产名录，高邑、广德等县确定并颁布了县级非物质文化遗产名录，形成了"国家＋省＋市＋县"四级保护体系。有的省市还出台了地方法规，如非物质文化遗产保护条例、民族民间传统文化保护条例等。非物质文化遗产具有非物质性、专有性（排他性）、地域性、时间性等特征，也应作为知识产权客体之一，也应受知识产权法律制度的调整与保护。

地理标志成为知识产权的客体，在我国经历了较长时期。我国《商标法》在 1982 年出台，当时的法律条文中并没有"地理标志"的提法，更谈不上对地理标志的法律保护。2001 年我国加入世界贸易组织，按照要求，需要全面执行 WTO 的一系列协议，《与贸易有关的知识产权协定》（TRIPS）自然也就包括在内。TRIPS 明确提出"地理标志"法律保护问题，要求成员对地理标志予以保护。鉴于 TRIPS 对知识产权的保护客体有"地理标志"，故我国开始修法，力图从法律层面形成对地理标志的确定与保护。2001 年对《商标法》的修正是自 1982 年颁布以来的首次，在此次修法中，并没有直接在条文中对地理标志下定义，而是采取了"商标中的地理标志"的提法。② 首次将地理标志与商标并举，是原国家工商总局与原农业部在 2004 年联合发布的《关于加强农产品地理标志保护与商标注册工作的通知》。该通知明确"地理标志和商标是知识产权法律制度的重要内容"，并要求地方各级行政主管部门要做好商标保护和地理标志工作。

虽然《商标法》第二次修正中将"地理标志"作为商标的特殊类型，但其也表明地理标志是知识产权法律的保护客体之一。此后，规范地理标志的部门规章陆续出台。其中较为重要的有：2005 年 5 月，原国家质量监督检验检疫总局公布《地理标志产品保护规定》；2007 年 1 月，原国家工

① 《传承保护合力已经形成——"十二五"时期非遗保护事业发展综述》，《中国文化报》2015 年 12 月 18 日。

② 《商标法》第 16 条规定："商标中有商品的地理标志，而该商品并非来源于该标志所标示的地区，误导公众的，不予注册并禁止使用；但是，已经善意取得注册的继续有效。前款所称地理标志，是指标示某商品来源于某地区，该商品的特定质量、信誉或者其他特征，主要由该地区的自然因素或者人文因素所决定的标志。"

商行政管理总局公布《地理标志产品专用标志管理办法》；2007 年 12 月，原农业部公布《农产品地理标志管理办法》。国务院三个职能部门都陆续出台关于地理标志的管理办法或保护规定，足以彰显地理标志的重要性和现实意义。与其他知识产权客体相比，地理标志具有其特殊性。首先，地理标志标明商品的真实来源（即原产地域），此与商标所具有识别商品或服务来源的属性雷同，但不同之处在于，地理标志所识别的不是商品或服务的某一个具体的商家、厂家，而是对其产地、地域的识别。其次，地理标志还表明该商品具有独特品质、声誉或其他特点，而且该品质或特点在本质上可归因于其特殊的地理来源的基本特征，即该商品独特品质的形成不是与其生产、制造该商品的企业或个人相关，而是与其所处的地域、地理有关。再次，地理标志仅适用于某类商品，而不适用于某类服务。最后，地理标志往往限于农产品或畜牧产品。因此，地理标志产品表明其与所处的地域具有不可分性，该地域是不可更换的，离开该地域，则生产出的同类产品将不具有这些特性或品质，消费者可以根据地理标志来辨识产品。地理标志法律法规形成了对地理标志的保护体系，不仅有利于消费者识别农产品的来源、产地，对优质、特色农产品的推广发展以及农产品实施品牌化管理，也有利于大幅提升农产品的附加值。诸如山东的"章丘大葱"、江西的"景德镇陶瓷"、浙江的"绍兴黄酒"、福建的"漳州芦柑"、重庆的"涪陵榨菜"、新疆的"库尔勒香梨"等都是地理标志产品，在国内外都享有盛誉，良好的美誉度也提升了产品价格。截至 2019 年 9 月，我国已注册地理标志商标达 5194 件，累计批准地理标志产品 2380 个，核准专用标志使用企业 8318 家。[①]

地理标志法律保护旨在对产品的产地源提供识别，增强了优质、特色农产品的辨识度，有助于提高优质、特色农产品的美誉度，其仅是对产品的地域性进行限定。植物新品种法律保护则从内在有效提升了农产品的品质、性能。我国对植物新品种的保护也借鉴于国际条约或公约。国际植物新品种保护联盟是第一个保护植物新品种的国际组织，成立于 1961 年，其所确立的植物新品种保护模式一直延续至今。目前，国际上对于植物新品

[①] 《传播中国声音 汇聚全球智慧——世界地理标志大会嘉宾演讲精粹》，《中国工商报》2017 年 7 月 6 日。

种的保护，都是选择专利法律进行保护或通过专门立法提供特殊保护。我国在1997年3月颁布《中华人民共和国植物新品种保护条例》，自此，确立了我国采用专门立法模式保护植物新品种的模式。该条例对"经过人工培育的或者对发现的野生植物加以开发，具备新颖性、特异性、一致性和稳定性并有适当命名的植物品种"赋予法律特别保护，完成育种的单位或个人对其获得授权的品种，享有排他的独占权、使用权。植物新品种权也和其他知识产权一样，具备非物质性、排他性、专有性等特征，植物新品种权也被称为知识产权体系成员之一。关于植物新品种的法律规定，除了《中华人民共和国植物新品种保护条例》外，国务院职能部门也出台了更具体的规章，主要有原农业部1999年4月发布的《中华人民共和国植物新品种保护条例实施细则（农业部分）》，原国家林业局1997年8月发布的《中华人民共和国植物新品种保护条例实施细则（林业部分）》，两职能部门根据其权责范围，分别对农产品、林木等品种权的内容和归属、品种权的申请授权、品种权的终止和无效等做出细化规定，从行政管理部门角度，植物新品种与其他知识产权客体相比，其申请、授权、无效、终止等事项还分属于不同的部门，在2018年国务院机构改革后，该类知识产权客体由于其专业性强，依旧保持既有规定，未调整到国家知识产权局。每年的中央一号文件都关注"三农"问题，2011年4月，国务院专门发布《国务院关于加快推进现代农作物种业发展的意见》（国发〔2011〕8号）。植物新品种保护法规、政策的不断出台，有效激发了企业、种植者、科研机构对农产品、林产品培育新品种的积极性，截至2016年底，农业植物新品种权总申请量超过1.8万件，总授权量超过8000件，年申请量位居国际植物新品种保护联盟成员国第一。①

除了地理标志、植物新品种外，集成电路布图设计、计算机软件也是知识产权的客体。计算机软件通过何种法律调整和保护，实务界和理论界都有争议。目前较为统一的做法是作为著作权法的保护客体，仅有极少数国家将其作为专利法的保护客体。我国《著作权法》自1991年出台之始，即将其作为作品的类型之一，国务院在1991年6月4日发布《计算机软件保护条例》

---

① 《我国农业植物新品种权申请量超1.8万件》，农产品期货网，http://finance.sina.com.cn/money/future/agri/2017 - 04 - 21/doc - ifyepnea4480046.shtml，最后访问时间：2020年3月9日。

（该条例在 2001 年 12 月因新的《计算机软件保护条例》颁布已被废止）。

知识产权具有非物质性、专有性、排他性、时间性和地域性，作为典型的拟制型权利，各个国家或地区对其调整、保护的范围、力度、方式有着很大差异，且由于社会科学、技术、艺术、文学的发展演变，知识产权的客体也不断丰富和变化，总体而言，呈现不断增多、变广的态势。著作权、专利权、商标权作为知识产权的三大版块，其客体也不断更新增多。当计算机软件作为新事物、新现象出现后，有的国家把它作为专利权的保护客体，有的国家把它作为著作权的保护客体，经过实践推演，绝大多数国家明确将计算机软件作为著作权的保护客体，给予计算机软件开发者更高效的保护方式和保护力度。知识产权法律体系是一切在工业、科学、文学或艺术领域由于智力活动所产生的权利制度的总和，除了其客体的不断发展演进外，知识产权的内容和类型也不断丰富。譬如，信息网络传播权的出现是随着互联网的兴起而诞生，知识产权法律所拟设、保护的权利有创造型智力成果权，如著作权、邻接权、集成电路布图设计专有权、发明专利权、外观设计专利权、实用新型专利权、商业秘密权等；也有标记型智力成果权，包括商标权、商号权、地理标志权、域名权等，我国知识产权法律体系从最初的《著作权法》《专利法》《商标法》发展为包罗万象、庞大的、开放的综合法律体系。

三 立法原则的演进

不同的法律有不同的立法原则，知识产权法律体系庞杂，各组成差异较大，即便是著作权法，一开始也被认为与专利法、商标法属于不同类别。最高人民法院每年对各级人民法院的案件审理情况进行分类统计，在知识产权法律体系初期，著作权纠纷案件与名誉权、名称权、姓名权、荣誉权等人身性民事案件归口统计，专利权、商标权同属工业产权，专利案件、商标案件则与技术合同类纠纷归口统计。①

立法目的通常表明每部法律的调整范围和立法出发点与归宿。《著作权法》以作品为调整对象，对文学、艺术、科学作品给予法律保护，旨在

---

① 《最高人民法院工作报告（1993 年）》："专利法、商标法和技术合同法，5 年共审结专利、商标和技术合同纠纷案件 6796 件，其中 1992 年审结的 1808 件。5 年全国法院共审结著作权、名誉权、名称权、姓名权、荣誉权等案件 11317 件。"

鼓励文学、艺术创作。《专利法》和《商标法》同属于工业产权，其立法目的更多地定位于经济发展、技术革新、市场规范等宏观层面的秩序。尽管立法目的不等同于立法原则，但由立法目的可导引出立法原则。

《著作权法》自1990年颁布以来，历经两次修改，其立法目的均未发生变化；《商标法》历经三次修改，在第二次修改时因考虑到商标包括商品商标和服务商标，故在"生产者""商品"的基础上，增加了"经营者"与"服务"，同时，因建立社会主义市场经济成为经济体制改革的目标，"促进社会主义商品经济的发展"修改为"促进社会主义市场经济的发展"。《专利法》的立法目的变化最为明显，1984年出台时规定为"为了保护发明创造专利权，鼓励发明创造，有利于发明创造的推广应用，促进科学技术的发展，适应社会主义现代化建设的需要，特制定本法"，2000年修改专利法时将"促进科学技术的发展"改为"促进科学技术进步和创新"，2008年修改明确了专利法是"为了保护专利权人的合法权益"，而非"保护发明创造专利权"，同时，明确专利法旨在"推动发明创造的应用，提高创新能力，促进科学技术进步和经济社会发展"，对专利法的立法定位更为准确。著作权法、专利法、商标法的立法目的不尽相同，但知识产权法律作为保护智力成果的基本法，应有共通的立法基本原则。

（一）保护智力成果完成者合法权益

知识产权相较于物权，其具有非物质性或无形性，"所有权原则上是永恒的，随着物的产生与毁灭而发生与终止，但知识产权却有时间限制。一定对象的产权在每一瞬息时间内只能属于一个人（或一定范围的人——共有财产），使用知识产权的权利则不限人数，因为它可以无限地再生"。① 不论是文学艺术科学作品、商标标识，还是发明创造，其载体与客体具有可分离性，对作品、商标、发明创造所体现的智力成果的占有、使用、收益、处分，并不需要物理上占有该智力成果的载体（书、光碟、产品、商品等），对其侵害也不是偷盗、毁损等方式，而是通过复制、仿冒等方式。智力成果完成者的权益来自法律拟制，没有法律拟制的权利，就不会有技

---

① 〔苏联〕E.A.鲍加特赫等：《资本主义国家和发展中国家的专利法》，中国科学技术情报所专利馆编译，载《国外专利法介绍》，知识出版社，1980，第2页。

术革新、文艺兴盛的原动力。知识产权法的首要任务是保护智力成果完成者的合法权益，著作权法即在于保护文学艺术科学作品作者的合法权益，专利法、商标法则在于保护发明人、专利权人、商标持有人的合法权益。

（二）衡平社会公益个体权益原则

博登海默认为，自由既包含了"不受他人的干预和限制"的消极自由，也包含了"能够去做某些事情或索取某些事物"的积极自由。近代民法到现代民法的自我完善并不能有效解决经济发展中出现的垄断等新问题。毕竟，民法所调整的是微观的单独的经济主体，其救济机制是以个体的权益受到损害而给予补偿性的救济，对于垄断、社会弱者、贫者的保护救济等整体性的、全局性的问题不是通过保护弱者"不受他人的干预和限制"就能解决的，其呼唤新的法理念、新的法律思想——"国家义务或许在于有规律地干预各种力量的自由放任，从而保护经济上的弱者的思想——对旧的法律思想的完全突破仅仅在新生的法律领域才会实现，如经济法、社会法等领域"。① 知识产权法作为典型的拟制法，权利的边界设定需要平衡社会公益和个体权益。英国著作权法最初给予作者著作权的保护期限是 14 年，后来，逐步增长了保护期限，如我国著作权法赋予著作权人的保护时限是"为作者终生及其死亡后五十年"或"作品首次发表后第五十年的 12 月 31 日"。知识产权法在赋予创作者、创造者在一定时间段享有专有性权利的同时，规定在一定情形下对知识产权权利进行限制。如著作权法领域的合理使用、专利法领域的强制许可制度等，这些都是衡平社会公益与个体权益所必需。知识产权法律应当合理平衡权利人利益、他人合法权益和社会公共利益、国家利益。

（三）遵循国际惯例、国际标准原则

在法学教学体系，知识产权法学往往作为独立的一门专业，同时也是民法、商法等专业的基础课程；在审判领域，则归属到民事审判。近年来，随着知识产权法院、知识产权法庭的单设，知识产权案件逐步成为与民事、刑事相并列的审判领域。知识产权法律相较于刑事法律、民事法

---

① 〔德〕拉德布鲁赫：《法学导论》，米健等译，中国大百科全书出版社，1997，第 68 页。

律，更具有国际共通性，互联网的无国界，信息技术的无国界，各国家、地区在文学、艺术、科技领域的广泛深入交流合作，各类知识产权愈益国际化。版权自动保护原则、国民待遇原则以多边协议、国际公约等多种形式得以确定和实施。工业产权的地区差异虽不能避免，但国际申请渠道愈益畅通，每年我国有大量的企业、个人通过国际申请渠道注册商标、申请专利。2016 年我国国外发明专利受理量 108147 件，累计 1612413 件。因应知识产权国际化的客观状况，知识产权立法理应遵循国际惯例，遵从国际标准，要有国际视野和世界眼光，在立足我国现实和国情的同时，充分尊重国际规则和主流做法，大胆吸收和借鉴发达国家、地区知识产权立法国际经验，提高我国知识产权法律国际影响力，增强我国知识产权法律在国际治理规则中的引领力。

（四）鼓励创造保护创新的原则

改革创新是知识产权各类客体持续健康发展的动力源泉，是实现科技领先、经济现代化的必由之路。我国著作权法开篇即明确本法鼓励有益于社会主义精神文明、物质文明建设的作品的创作和传播；专利法历次修法都保留了"鼓励发明创造"的立法目的。工业革命人类迎来了机器大生产，丰富的物质资源助力经济发展、国力领先，信息革命则意味着知识经济的到来，科技是第一生产力，信息也是第一生产力，知识产权法律应以有利于激励创新为出发点，以充分实现知识产权价值为导向，对于影响和制约知识产权创新、创造的关键领域和薄弱环节，必须以鼓励创造、保护创新的理念逐一破解，知识产权法律保护范围和强度应与知识产权客体的创新和贡献程度相协调，与知识产权客体的发展规律、发展需求相匹配，实现促进技术创新、推动产业发展和谐统一。

（五）适当保护知识产权推广应用与传播原则

知识产权法律保护智力成果的创造、创新、创作，也保护智力成果完成者在一定时限内享有专有性权利，但仅此是远远不够的，智力成果的推广、应用、传播也是同样重要的。美国拥有比较健全的科技成果产业化政策支持与服务体系。1995 年美国政府声称要把科技开发费用增加到国内生产总值的 3%，并耗资 90 亿美元以政府采购的形式培育高科技产业，对技术创新企业实行 65 亿美元的税收减免政策。同时，在全国各地建立健全了 240 多个地区性的企业联系办公室，促进当地企业与大学、研究机构以及金融机构等的联系，实现科技成果的转化与推广。我国在很长时间里，局限于鼓励、奖励智力成果的研发，对智力成果的推广、应用和传播给予的重视、支持、扶持相当不够。李克强总理在 2015 年《政府工作报告》中指出："创新创造关键在人。要加快科技成果使用处置权和收益管理改革，扩大股权和分红激励政策实施范围，完善科技成果转化、职务发明法律制度，使创新人才分享成果收益。"我国知识产权法律需要进一步强化对智力成果推广、应用与传播的保护。

第二节　我国知识产权立法现状及其主要问题

我国知识产权三大基本法律制度在 20 世纪 80、90 年代陆续出台，知识产权法律体系初具雏形，历经 30 余年发展，形成了多位阶、多领域、多样化的法律大家庭。从位阶看，有法律，如《著作权法》《专利法》《商标法》《非物质文化遗产法》；有行政法规，如《商标法实施细则》《专利法实施细则》《著作权法实施条例》《植物新品种保护条例》《商业特许经营管理条例》《集成电路布图设计保护条例》；还有部门规章，如《地理标志产品保护规定》《国家级非物质文化遗产保护与管理暂行办法》《中国互联网络域名管理办法》等。从领域看，有涉及著作权、专利权、商标权三大版块的，有调整集成电路布图设计专有权、植物新品种权等小众型知识产权的。法律制度的演进总是会留下经济发展、社会变革深深的烙印，我国经济体制改革，从计划经济到商品经济再到社会主义市场经济，从转变到转型，试错性、试点型分步骤分领域的改革路径也对知识产权法律体系的形成与完善产生了直接影响，知识产权法律体系也体现了渐进式的、分步走、多部门的立法特征，这也使得我国知识产权法律体系存在不少立法缺陷，在一定程度上掣肘了我国知识产权的繁荣发展。

一　分散立法造成多头执法

专利权与商标权都是需要经过国家行政主管部门审核授权方能取得

的，对于专利权和商标权的注册、申请、授权等，《专利法》第 3 条和《商标法》第 2 条做了相应规定。同时，商标标志是商品或服务识别来源的最基本、最权威的判别指针，商标权对于商品、服务提供者而言，在于形成美誉度，提高市场占有率，而对于消费者而言，商标标志却是影响其消费行为的重要因素，注册商标往往与服务、商品的品质形成紧密关联性，对于商标权的行政管理，除了注册外，日常的规范化管理、秩序维护也需要行政管理部门介入。《商标法》第 7 条第 2 款、第 14 条第 2 款、第 47 条第 2 款进一步规定了行政管理部门的权责，如"通过商标管理，制止欺骗消费者的行为""查处商标违法案件""做出并已执行的商标侵权案件的处理决定"等。尽管著作权是自动取得原则，即在作者完成作品创作之时即依法享有该作品的著作权，著作权的登记也彻底转为非行政许可事项，但对于作品的发行、出版等也需要相应的行政管理部门进行管理。专利权、商标权、著作权是知识产权的三大基本构成部分，其立法出台时间不一样，不同的法律规定了不同的行政管理部门，也对行政管理部门的权责做出了不一样的规定，分散立法模式必然出现知识产权执法多头。

在很长一段时期，知识产权的行政管理部门从中央到地方都呈多部门共治局面。在中央层面，专利由国家知识产权局、商标由原国家工商行政管理总局、版权由国家版权局负责行政管理，植物新品种权由原农业部和原国家林业局负责；地理标志情况更为复杂，原国家质量监督检验检疫总局、原国家工商行政管理总局、原农业部均有部分职责职权。在地方层面，绝大部分地方的商标行政管理与执法工作由工商行政管理部门负责，版权行政管理与执法工作由版权局负责，专利行政管理与执法工作由知识产权局负责。由于各地知识产权局（专利管理部门）行政管理和执法体制均由各地方政府决定，各省乃至省内各市州知识产权行政管理部门在机构设置和所实行的模式也不尽相同，专利发展与保护工作所受重视程度和发挥的作用也千差万别。有的知识产权行政管理和执法机构是政府行政序列，工作人员都是公务员编制，稳定性强；有的是政府所属事业单位，也是财政拨款单位，保障性足；有的是独立机构，作为行政管理部门的下属单位；有的是地方科技厅（局）内设机构，没有独立的机构和编制，与其他行政部门合署办公。专利、版权、商标行政执法机构"分立并行""各管一摊"的执法体制直接导致执法力量过于分散，耗费大量人力、财力。

知识产权行政管理和执法体制是多元多层级的分散保护模式，知识产权工作的资源分散在不同部门，行政管理和执法力量分散，这必然影响行政效率和执法绩效，不利于降低知识产权权利人保护成本和维权成本，与国际知识产权管理的通行惯例和发展趋势也不相符。知识产权行政保护机制还面临不少问题，特别是知识产权行政执法分属专利、商标、版权等主管部门，执法力量分散，服务体系不健全，执法尺度不统一，执法手段单薄，保护力度不够，权利人逐一向侵权人维权成本高、成效差等问题。从国际经验看，世界知识产权组织成员国中，仅有中国、朝鲜、埃及、希腊和沙特阿拉伯采用完全分散的管理模式，大多数国家或地区实行二合一或三合一的管理模式，即将专利和商标统一管理，或将专利、商标、著作权统一管理。可见，综合管理模式是大势所趋，知识产权客体的共性特征也决定了应采取集中管理的模式。

知识经济时代，商品往往集商标、专利、版权（软件）等知识产权于一体，保护知识产权是激励创新、发展经济的根本途径。知识产权在法律和理论层面被分为专利、商标、版权等，但在经济领域，现代产品、商品乃至服务，往往集专利、商标、版权于一身，因此，对于知识产权的行政管理或执法，同一家企业或个人实施某侵权行为，同一种侵权商品（或服务），很容易出现同时侵害著作权、商标权或专利权，不同的知识产权执法部门依据不同的法律去执法，就会出现执法重叠，出现同案多次处罚、重复处罚的情形，既浪费执法资源，又对当事人而言不甚公平。

基于知识产权的本质属性与共通性，知识产权管理与执法体制改革渐次拓开。深圳特区作为改革前沿阵地，在 2009 年即率先在全国进行知识产权管理与执法体制改革，组建统一的知识产权管理机构，即深圳市市场监督管理局，同时挂市质量管理局和市知识产权局的牌子，负责统一行使商标、专利、版权、地理标志等知识产权综合执法职能。2014 年 5 月，深圳市进一步加大改革力度，与深圳市食品药品监督管理局合并，组建深圳市市场和质量监督管理委员会。地处中部的长沙市，也在知识产权行政管理体制上迈出重要一步，成立了长沙市知识产权局，负责依法查处假冒专利、侵犯著作权行为，处理和协调专利、版权纠纷事宜，实现了专利和版权的二合一管理模式。上海市则对知识产权行政管理体制采取了试点改革的做法，首先由上海浦东在 2015 年 1 月 1 日成立了集专利、商标、版权于一身，兼具行政管理与综合执法两项职能的独立知识产权局。西南经贸中心成都市也以郫都区为代表，在 2017 年成立了具备专利、商标、版权三合一综合行政管理职能的知识产权局。

在知识经济时代，分散式的知识产权行政管理与执法模式向集中管理与执法模式转变，是形成适应创新驱动发展要求的制度环境和政策法律体系的必要内容。地方改革实践与经验，最终成为推动中央机构改革的因素之一。2018 年国务院机构改革中，知识产权行政管理机构的调整即是重要内容之一。国家知识产权局、国家工商行政管理总局等部门并入新组建的国家市场监督管理总局，专利、商标从中央层面实现了二合一的行政管理综合模式，地理标志的注册事项也统一纳入国家知识产权局，版权行政管理部门也做了调整，从新闻出版总署调整到宣传部。随着国务院机构改革的推进，省市地方知识产权行政管理部门、执法部门也陆续调整，目前，知识产权行政管理机构基本实行专利和商标二合一模式。

二　多层级立法存在权利位阶差异大

《民法典》首次以知识产权客体的角度对知识产权法做出规定，以并列式列举方式明确"作品，发明、实用新型、外观设计，商标，地理标志，商业秘密，集成电路布图设计，植物新品种"都是我国知识产权法的客体。从该条文的行文看，知识产权的客体有 7 类，且居于并列地位。然而，从关于这 7 类知识产权客体的法律规定看，却存在法律位阶差异大，适用力度不均衡的状况。以"作品"为调整对象的《著作权法》、以"发明、实用新型、外观设计"为调整对象的《专利法》、以"商标"为调整对象的《商标法》都是由全国人大通过的法律，在法律位阶上仅次于《宪法》。集成电路布图设计和植物新品种也是知识产权的两类客体，但其法律规定是由国务院制定的专门的条例，在法律位阶上属于行政法规。地理标志的法律保护，则是部门规章，从法律位阶而言属于效力层级更低的。《民法典》将商业秘密单独列为一类知识产权客体，但其目前尚无专门的法律、行政法规或部门规章进行规定，仅是《反不正当竞争法》第 9 条对商业秘密的构成要素、保护原则、侵权判断等做了规定，实务中也囿于此条规定。作品，发明、实用新型、外观设计，商标，地理标志，商业秘密，集成电路布图设计，植物新品种，同为知识产权法的具体权利形态，在权利位阶上是并列的、平行的，理应当由同一法律位阶、效力层次的法律来保护，仅在《民法典》中做并列式列举显然是不够的，还需要从专门立法入手，对现有的多层级立法做适当改进。

不同知识产权客体由不同的立法机构出台，既存在立法层级、权利位阶的差异，也容易出现规定不一致、适用有障碍等问题。尽管特许经营不是某类知识产权客体，但特许经营纠纷是作为知识产权类纠纷受理和审理的。商业特许经营模式的诞生是某企业或个人持有某专有技术、某商标、某专利等无形资产，通过特许的方式让更多的市场主体得以使用该技术、商标、品牌等知识产权。商业特许经营是一种组织化、制度化、标准化程度较高的高效的经营方式，可作为个人创业、企业扩张的优选途径，可口可乐、麦当劳、肯德基、柯达等众多的企业巨人，都是借助商业特许经营迅猛发展起来的。特许经营法律关系会涉及专利权、商标权，但其法律关系的主体、内容、权利义务等却非《专利法》或《商标法》所能调整，因此，特许经营需要专门的法律规范来调整。

特许经营最初被认为是小公司面对无效资本市场而做出的权宜型策略部署。"资本获得论"认为，公司之所以追求特许经营，是因为特许经营可以令它快速地获得资本而无须借贷或放弃自己对股份的控制权。① 我国商业特许经营模式既有外来因素，也有内生因素，麦当劳、肯德基等跨国投资必然促使商业特许经营模式在我国开花结果，本土的知名品牌、企业也会为商业特许经营模式所具有的集聚效应所吸引并仿行。在 2004 年 12 月，商务部颁布《商业特许经营管理办法》，开始将商业特许经营行为纳入法律规范轨道。2007 年 1 月，国务院出台《商业特许经营管理条例》，以更高法律位阶的行政法规，对商业特许经营行为提供了法律规范。很遗憾的是，《商业特许经营管理条例》的出台本身就存在与其他法律不协调、不匹配的规定。譬如，《商业特许经营管理条例》第 23 条对特许人的信息披露义务做了规定，同时规定"特许人隐瞒有关信息或者提供虚假信息的，被特许人可以解除特许经营合同"。不论特许人是"隐瞒"，还是"提

---

① 〔美〕彼得 M. 伯克兰:《特许经营之梦》，李维华、陆颖男译，机械工业出版社，2005，第 10 页。

供虚假"，均属于意思表示不真实。虚假意思表示行为在法律上是属于可撤销的法律行为，还是可解除的法律行为，依据《最高人民法院关于贯彻执行〈中华人民共和国民法通则〉若干问题的意见（试行）》第 68 条规定，故意告知虚假情况或者隐瞒真实情况，均可构成欺诈。欺诈是典型的意思表示不真实行为，其法律效力不应得到任何保护。《商业特许经营管理条例》第 23 条第 3 款所规定的"特许人隐瞒有关信息或者提供虚假信息的"即属于"欺诈"。那么，对于在商业特许经营中，如果双方当事人所签订的合同中，出现了特许人（一般为合同甲方）隐瞒有关信息，或者特许人提供虚假信息的情况，双方所签订的合同，法律效力如何呢？是可撤销的合同，是无效的合同，还是效力待定的合同呢？

根据《民法典》第 148 条的规定①，欺诈是合同可撤销的法定事由。但《商业特许经营管理条例》第 23 条规定，特许人欺诈，被特许人享有解除合同的权利。解除合同与撤销合同显然不是同样的法律判定，也不具有相同的法律后果。合同解除，是合同之债终止的事由之一，是指合同有效成立后，当解除的条件具备时，因当事人一方或双方的意思表示，使合同自始或仅向将来消灭的行为。可撤销合同，则是合同具备法律规定的可以被撤销的情形，有撤销权的一方申请撤销。最明显的是，合同解除的时限属于诉讼时效，长达 3 年；而撤销权的行使期限为除斥期间，仅有几个月或 1 年，且不能中断或中止。对于一般的商事或民事合同，当原告所提诉讼请求是解除合同时，法院或仲裁机构应当依据《民法典》关于约定解除、法定解除的规定来进行审理和裁判，特许经营合同纠纷属于知识产权合同纠纷，尽管程序法也是适用相同的《民事诉讼法》，但在实体法上有专门的特别法可供适用，此时，则优先适用特别法。尽管《商业特许经营管理条例》在法律位阶上、法律效力等级上弱于《民法典》，但在具体司法实务中裁判适用情况，往往更多的是直接适用《商业特许经营管理条例》。由于《商业特许经营管理条例》第 23 条第 1 款、第 3 款的规定与《民法典》第 148 条的规定冲突，就难免出现不同的裁判结果。且此错误的出现并非某法院或仲裁机构的适用错误，而是由于立法条块分割式所

---

① 《民法典》第 148 条规定：一方以欺诈手段，使对方在违背真实意思的情况下实施的民事法律行为，受欺诈方有权请求人民法院或者仲裁机构予以撤销。

致。以点及面，知识产权法律体系成员众多，规定多门，立法不但不能顾及整个知识产权法律体系的系统化和逻辑化，而且也容易出现内容重复、规定冲突等问题。

三 部门规章司法解释多致使冲突重复多

知识产权立法体系从法律、行政法规，到部门规章，领域多、门类广，法律和行政法规的法律位阶高，其立法程序严格，制定审慎，相互之间协调性、匹配度较好。但关于知识产权的部门规章则由于颁布主体多，行政职权职责存在边界不甚清，法律位阶同等，立法程序较为简便，知识产权部门规章相互之间不免重复、交叉规定，分散、凌乱的立法模式很容易导致立法上的疏忽和遗漏。

部门规章多不仅存在法律层效低，也容易出现部门立法冲突。以关于"地理标志"的部门规章为例，由于上位法《商标法》仅对"地理标志"下了定义，但未对地理标志的类型、认定、申请、管理等具体事项予以明确和规定，这些具体事项就留给行政管理部门。地理标志作为一种特殊的标识，首先，在申请环节，涉及商标的行政管理部门，即原国家工商总局，国家工商总局出台了《地理标志产品专用标志管理办法》，其所依据的上位法是《商标法》和《商标法实施条例》，立法目的在于维护地理标志注册人的合法权益，规范地理标志产品专用标志的使用等。其次，地理标志主要运用于农产品，原农业部依据《中华人民共和国农业法》和《中华人民共和国农产品质量安全法》，制定了《农产品地理标志管理办法》，对"农产品地理标志"的规范使用做了专门规定，旨在保证地理标志农产品的品质和特色，提升农产品市场竞争力。最后，原国家质量监督检验检疫总局出台了《地理标志产品保护规定》，其所依据的上位法是《中华人民共和国产品质量法》、《中华人民共和国标准化法》和《中华人民共和国进出口商品检验法》，立法目的规范地理标志产品名称和专用标志的使用等。尽管此三个部门规章的立法角度不完全一样，立法目的不尽相同，法律调整的范围也有所差异，但其所规范的对象都是"地理标志"。因此，在实际经济生活中，地理标志的申请、审核、管理等事项难免出现逢利争抢和遇事推诿。

比如，关于地理标志的申请事项，依据《地理标志产品保护规定》第20 条的规定，地理标志产品产地范围内的生产者使用地理标志产品专用标志，应向当地质量技术监督局或出入境检验检疫局提出申请。然而依据《地理标志产品专用标志管理办法》第 2 条规定"本办法所指的专用标志，是国家工商行政管理总局商标局为地理标志产品设立的专用标志，用以表明使用该专用标志的产品的地理标志已经国家工商行政管理总局商标局核准注册"，如果该地理标志是某农产品使用，则还需要遵守《农产品地理标志管理办法》的规定，依据《农产品地理标志管理办法》第 4 条①规定，农产品地理标志需要向农业部办理登记，由农业部农产品质量安全中心具体负责农产品地理标志登记的审查和专家评审工作。是故，农产品种植者、生产者要申请注册登记地理标志，依据《地理标志产品保护规定》要找质量技术监督局或出入境检验检疫局，依据《农产品地理标志管理办法》要找农业部，依据《地理标志产品专用标志管理办法》要找国家工商行政管理总局。部门规章对于地理标志申请登记事项的重复交叉规定，使得此行政管理职权重叠，不仅中央相关职能部门存在不统一、不协调，而且省市各级农业主管部门、工商行政管理部门、质量检验检疫部门出现管理混乱，执法交叉。尤其地理标志主要适用产品就是农产品或畜牧品等，地理标志法律制度政出多门直接导致地理标志的行政主管部门管理冲突、执法交叉。

当部门规章缺位，或部门规章规定粗疏，或部门规章间存在矛盾，实务中法官不能拒绝裁判，纠纷不能不解决，此时所适用的法律往往就只能是各类司法解释。以商业秘密为例，商业秘密是知识产权客体，《民法典》将之作为单独的一类知识产权客体与作品、发明、商标等并列。然而商业秘密既没有专门的法律和行政法规，也没有专门的部门规章，但从各级法院知识产权案件的构成看，侵害商业秘密纠纷乃是其中一种重要类型，尤其近几年随着技术创新、创业高潮态势下，商业秘密保护从前端到终端都

---

① 《农产品地理标志管理办法》第 4 条规定：农业部负责全国农产品地理标志的登记工作，农业部农产品质量安全中心负责农产品地理标志登记的审查和专家评审工作。省级人民政府农业行政主管部门负责本行政区域内农产品地理标志登记申请的受理和初审工作。农业部设立的农产品地理标志登记专家评审委员会，负责专家评审。农产品地理标志登记专家评审委员会由种植业、畜牧业、渔业和农产品质量安全等方面的专家组成。

引起了各个企业的关注，尤其是高科技企业。侵害商业秘密是一种不正当竞争行为，我国《反不正当竞争法》对经营者采取盗窃、利诱、胁迫或者其他不正当手段获取商业秘密；披露、使用或者允许他人使用以不正当手段获取的商业秘密；违反有关保守商业秘密的约定等不正当竞争行为做了禁止性规定。《反不正当竞争法》第9条尽管列举了侵害商业秘密的一些不正当竞争行为，但立法非常粗疏，对于商业秘密的构成要素、保密措施的类型、侵权行为判定、侵害行为法律后果等未做出必要规定。《反不正当竞争法》1993年9月出台，当时时值社会主义市场经济初创时期，不正当竞争行为的诉讼在较长一段时期后才出现，并不断增多。最高人民法院在2006年12月公布《关于审理不正当竞争民事案件应用法律若干问题的解释》，共有19个条文，其中有9个条文是对侵害商业秘密的具体规定，对如何认定商业秘密的保密性、经济性、实用性、保密措施做了细化规定，对具体司法活动提供了有效指导，各级法院在审理商业秘密案件时也有了真正可以适用的法律规范。2019年4月全国人大常委会对《反不正当竞争法》进行了第二次修正，集中体现对商业秘密相关规定的调整，从某种程度上改变了商业秘密主要靠司法解释调整的格局。

我国知识产权法律体系中较为特别的一类是关于科技成果的法律规定。从《民法典》的规定看，知识产权客体并没有科学技术或科技成果，但在我国法律框架下，关于科学技术、科技成果的法律法规却是一个重要门类。我国出台了《科学技术进步法》《促进科技成果转化法》两部专门的法律，还颁布了《关于促进科技成果转化的若干规定》等法律法规及相关政策，这些制度对于我国实现科技发展战略以及增强自主创新能力有着重要作用，但这些法规和政策的规定过于原则和笼统，在具体操作上仍存在一定的障碍。[①]

第三节　我国知识产权法修改的重点与难点

世界各国知识产权法律制度随科技创新、社会进步不断拓展、不断完善，知识产权法律体系也日益庞大，现代知识产权法已是一个综合性的法

---

① 吕耀平等：《我国科技成果转化的障碍与对策探讨》，《中国科技论坛》2007年第4期。

律规范体系。1992 年，法国终结采取知识产权单行立法的传统，将 23 个与知识产权有关的单行法律法规整理汇编成统一的法典，即《法国知识产权法典》。同年，荷兰在其《民法典》第九编规定"智力成果权"，专利、商标、版权、商号等均规定在内。意大利也是将知识产权法律保护纳入民法典中，但与企业、公司（合伙）、劳动关系、竞争与垄断等混合在第六编，该编名为"劳动"。我国《民法典》作为民事权利基本法，对民事权利的类型、构成要件等做了规定，其中第一编第 5 章以"民事权利"为题，对物权、债权、人身权、知识产权分别做了规定，从体例上看，知识产权属于民事权利的一种，且与物权、债权、人身权属于并列关系。在《民法典》第 123 条中，分别规定著作权、专利权、商标专用权、发现权、发明权和其他科技成果应受到法律的保护，即对知识产权的基本内容做了原则性规定。除了《民法典》外，在 20 世纪 80 年代，我国同时以单行法的形式对知识产权的三大版块——著作权、商标、专利——做了专门规定，在《著作权法》《商标法》《专利法》这些特别法外，还匹配了"实施细则"以及一系列司法解释、部门规章等。从内容上看，关于知识产权的法律规定是较为完备的，但从体例上看，我国知识产权法律规定的确较为零散杂乱，因此，学界、实务界关于我国知识产权法律制度的体例长期存在争论且尚无定论。由于未能在民法典起草过程中就是否设立"知识产权编"达成共识，《民法典》只设立了"物权编、合同编、人格权编、婚姻家庭编、继承编、侵权责任编六个分编"，知识产权法律的命运在未来相当长的一段时间内仍将延续多法并列的格局。

一　统一立法，制定知识产权法总则

传统民事法律制度实体法与程序法往往分开立法。我国知识产权法律制度在以实体法为主体的同时，也规定了程序法。尽管在诉讼程序上，知识产权民事纠纷依照民事诉讼法，但知识产权相较于物权、债权，拟制性更强，没有法律的赋权，就没有知识产权；物权所具有的自然权利属性，其可以通过占有来实现对物的使用、收益、处分等权能。专利权、商标权作为工业产权，权利人获得权利的前提是得到政府行政管理部门的授权或登记。因此，知识产权从其诞生之日起往往需要行政程序方面的规定。从权利的形成到权利的维护救济等，行政复查、行政复核、行政执法等都需法律进行规定。因此，相较于传统民法，著作权法、专利法、商标法可谓是实体法与程序法融合一体的法律。知识产权法各单行法律所采取的分散立法、多头立法，所带来的知识产权行政服务、行政管理、行政执法非常突出；司法领域因立法分散所造成的适法不一致、裁判标准不统一也是显著的。2017 年《民法总则》落地，堪称民法学界一大盛事。《民法总则》第五章依旧是关于"民事权利"的规定，但不再分节规定"债权、人身权、知识产权和财产所有权和与财产所有权有关的财产权"。关于知识产权法律制度的规定，《民法总则》仅用了一个法条，《民法典》完全延续了《民法总则》关于知识产权的这一原则性规定①来规定知识产权的客体，尽管将《民法通则》没有规定的植物新品种保护权、集成电路布图设计权等权利纳入其中，但是，《民法总则》对知识产权的规定不仅比《民法通则》简略，而且从权利项目看，发现权、科技成果权在《民法总则》里已不再有踪迹。对于未申请专利保护，也不符合商业秘密之技术秘密的科技成果，创造者能通过哪部法律或法规寻求权利保护与救济呢？《专利法》对申请专利的类别、程序、主体、专利权的权属、救济渠道等进行规范，其主要解决哪些智力成果可以成为专利权的客体，如何申请专利授权，专利授权的实质要件，权利人如何维护专利权，专利权受到侵害后如何得到救济以及哪些行为会涉嫌构成侵权，会承担哪些法律后果。然而，对于未申请专利保护的科技成果，成果完成人是无法借助专利法对成果取得独占性权利的，也不能依凭专利法寻求法律保护。《民法典》并未把知识产权法作为一部分，学界关于将知识产权法律制度作为民法典的一编纳入民法典的争论可以偃旗息鼓了，制定单独的"知识产权法"已成为必需。知识产权客体差异性，人类智力成果也不断出现新形式、新型态，制定统一的知识产权法典尚不可行，但出台"知识产权总则"却非常必要。

---

① 《民法典》第 123 条规定：民事主体依法享有知识产权。知识产权是权利人依法就下列客体享有的专有的权利：（一）作品；（二）发明、实用新型、外观设计；（三）商标；（四）地理标志；（五）商业秘密；（六）集成电路布图设计；（七）植物新品种；（八）法律规定的其他客体。

二　及时废改立，因应信息时代

著作权法又称版权法，复制权是著作权最核心、最关键、最基本的权利，在 18、19 世纪，复制是机械式的，到了 20 世纪、21 世纪，复制是电子化的、数字化的，网络领域的著作权问题催生了新的著作权权利以及著作权法的修改。互联网信息技术改变了文学、艺术、科学作品的创作、传播、收益等方方面面。美国在 1995 年 9 月发表《白皮书》（《知识产权与国家信息基础设施：知识产权工作组的报告》），开始探讨知识产权法律制度如何应对数字时代所带来的挑战与机遇。1998 年 10 月，美国国会两院通过《美国数字千年版权法》，信息时代催生了新形态的作品，作品传播方式也因网络出现新特点，侵权行为也出现新方式。

我国《著作权法》最大的一次修改是在 2001 年，尤其是对著作权权利人享有的权益做了较大改动。1991 年《著作权法》第 10 条①规定著作权包括的人身权和财产权共有 5 项，即发表权、署名权、修改权、保护作品完整权、使用权和获得报酬权。2001 年，著作权法第一次修正时，著作权权利人享有的财产权和人身权权利扩展为 16 项，其中将原有立法中的"使用权和获得报酬权"明确为"复制权、发行权、出租权、展览权、表演权、放映权、广播权、信息网络传播权、摄制权、改编权、翻译权、汇编权"。尽管《著作权法》在 2001 年修订时增加了"信息网络传播权"②，

① 《著作权法》第 10 条规定：著作权包括下列人身权和财产权：（一）发表权，即决定作品是否公之于众的权利；（二）署名权，即表明作者身份，在作品上署名的权利；（三）修改权，即修改或者授权他人修改作品的权利；（四）保护作品完整权，即保护作品不受歪曲、篡改的权利；（五）使用权和获得报酬权，即以复制、表演、播放、展览、发行、摄制电影、电视、录像或者改编、翻译、注释、编辑等方式使用作品的权利；以及许可他人以上述方式使用作品，并由此获得报酬的权利。

② 2001 年《著作权法》修正时第 10 条的规定修改为：著作权包括下列人身权和财产权：（一）发表权，即决定作品是否公之于众的权利；（二）署名权，即表明作者身份，在作品上署名的权利；（三）修改权，即修改或者授权他人修改作品的权利；（四）保护作品完整权，即保护作品不受歪曲、篡改的权利；（五）复制权，即以印刷、复印、拓印、录音、录像、翻录、翻拍等方式将作品制作一份或者多份的权利；（六）发行权，即以出售或者赠与方式向公众提供作品的原件或者复制件的权利；（七）出租权，即有偿许可他人临时使用电影作品和以类似摄制电影的方法创作的作品、计算机软件的权利，计算机软件不是出租的主要标的的除外；（八）展览权，即公开陈列美术作品、（转下页注）

为网络著作权提供了基本保护，但互联网、数字化高速发展，《著作权法》所列举的 16 项权利已不足以为著作权人提供有效保护和救济手段，如网络直播行为，在已有的司法判例中，只能通过《著作权法》第 10 条第 17 项所规定的其他权利这一兜底条款进行法律保护。随着文学、艺术、科学作品在网络虚拟领域的广泛出现，著作权法的保护范围不能总通过兜底条款来拓展，需要通过立法建立新的著作权权项。

计算机软件通常包括系统软件和应用软件，但其均由计算机程序及其有关文档组成。计算机软件往往与某硬件一同发生效用，实现某种功能，系统软件是为计算机使用提供最基本的功能，而应用软件则根据用户和所服务的领域提供不同的功能，因此，对计算机软件这一智力成果，由什么法律给予保护，不同的国家和地区有不同的做法。最初，不少国家和地区将计算机软件作为一项发明，纳入专利法的保护范畴，但因专利法侧重于对技术手段的保护，把计算机软件作为一种解决方案不足以对计算机软件本身的代码化指令序列以及程序设计说明、流程及用户手册等文档提供法律保护和救济，因此，越来越多的国家和地区选择著作权法保护计算机软件，这也成为全球较为通行的做法。我国制定著作权法之初，即将计算机软件作为一种作品①给予著作权法保护。2000 年 12 月，最高人民法院公布《关于审理涉及计算机网络著作权纠纷案件适用法律若干问题的解释》，对网络著作权侵权纠纷案件的管辖、侵权行为、法条适用、损害赔偿等问题

（接上页注②）摄影作品的原件或者复制件的权利；（九）表演权，即公开表演作品，以及用各种手段公开播送作品的表演的权利；（十）放映权，即通过放映机、幻灯机等技术设备公开再现美术、摄影、电影和以类似摄制电影的方法创作的作品等的权利；（十一）广播权，即以无线方式公开广播或者传播作品，以有线传播或者转播的方式向公众传播广播的作品，以及通过扩音器或者其他传送符号、声音、图像的类似工具向公众传播广播的权利；（十二）信息网络传播权，即以有线或者无线方式向公众提供作品，使公众可以在其个人选定的时间和地点获得作品的权利；（十三）摄制权，即以摄制电影或者以类似摄制电影的方法将作品固定在载体上的权利；（十四）改编权，即改变作品，创作出具有独创性的新作品的权利；（十五）翻译权，即将作品从一种语言文字转换成另一种语言文字的权利；（十六）汇编权，即将作品或者作品的片段通过选择或者编排，汇集成新作品的权利；（十七）应当由著作权人享有的其他权利。著作权人可以许可他人行使前款第（五）项至第（十七）项规定的权利，并依照约定或者本法有关规定获得报酬。著作权人可以全部或者部分转让本条第一款第（五）项至第（十七）项规定的权利，并依照约定或者本法有关规定获得报酬。

① 《著作权法》第三条规定：本法所称的作品，包括以下列形式创作的文学、艺术和自然科学、社会科学、工程技术等作品：（一）文字作品；……（八）计算机软件；……

做了规定。2001 年国务院制定《计算机软件保护条例》，对"计算机程序""文档""软件开发者""软件著作权人"做了界定，对软件著作权人享有的各项权利做了列举，对侵害软件著作权人权利的行为、法律后果做了规定。2003 年 12 月、2006 年 12 月，最高人民法院先后公布了两个《关于审理涉及计算机网络著作权纠纷案件适用法律若干问题的解释》，对涉及计算机网络的著作权纠纷做了更全面、详细的规定。尽管计算机网络著作权与计算机软件不是同一概念，但二者与数字时代密不可分，网络著作权的客体形式多样，且不断推陈出新，是否给予保护、如何给予保护，这都是著作权法必须面对和解决的新问题。

三　增补立法，随科技文化进步革新发展

随着知识产权创新能力的提升，专利、商标申请量、拥有量大幅增加，我国专利申请量已经连续多年超过 100 万件，商标申请量也是数以百万计。巨大的专利、商标申请量，不仅体现了我国企业、个人的创新创业，也反映出民众对知识产权法律保护的需求增强、意识提高。伴之而来的也有知识产权纠纷的增多，法院受理知识产权案件数量也是高速增加，知识产权行政案件也逐年增多。知识产权行政案件从 2002 年开始单列统计，至 2016 年，人民法院受理知识产权行政一审案件 44401 件，审结39113 件。不论是专利法还是商标法，对于专利授权确权行政纠纷案件和商标授权确权纠纷案件的实体、程序问题均未做出规定，为处理好这类案件，最高人民法院通过司法解释的形式予以规范。如《最高人民法院关于审理侵犯专利权纠纷案件应用法律若干问题的解释（二）》对专利无效程序及诉讼做了进一步明确；全国人民代表大会常务委员会在 2018 年 10 月26 日通过《关于专利等知识产权案件诉讼程序若干问题的决定》，对专利、植物新品种、集成电路布图设计、技术秘密、计算机软件、垄断等专业技术性较强的知识产权民事案件和知识产权行政案件的管辖，做了重大调整，将其二审程序调整为最高人民法院审理，更利于知识产权审判的裁判标准统一，我国知识产权保护力度和强度也提升到新高度。

对于新的商业模式、经济业态所伴生的新的知识产权，应有新的立法给予保护。2008 年，美国度假屋租赁公司借助专业化的互联网平台，由供

方用户发布闲置房屋信息，需方用户搜索空房信息等，众多的私人闲置空房以及有租赁需求的客户集中到一起，供需双方通过互联网平台完成预定、出租指令，从而形成一个旅行房屋租赁网络社区。2009 年，一家美国硅谷的科技公司 Uber 成功地用移动程序连接了交通出行的服务需求者和服务提供者，这种通过互联网平台将分散的汽车出行资源进行优化配置，其所能带来的便利、价优、高效使得这种运营模式很快在其他国家铺开，我国也涌现出滴滴打车、UBER、快的打车、易到用车、一号专车等公司或品牌。这种新型商业模式被称为分享经济，很快成为当下最受关注和追捧的商业模式，《中国分享经济发展报告 2016》指出，2015 年中国分享经济市场规模约为 19560 亿元。《专利法》第 25 条规定，"科学发现、智力活动的规则和方法、疾病的诊断和治疗方法等"均属于不授予专利权的客体，对于"智力活动的规则和方法"如何运用，2017 年新修订的《专利审查指南》进一步明确"在判断涉及智力活动的规则和方法的专利申请要求保护的主题是否属于可授予专利权的客体时，应当遵循的原则"[1]。新增的（2）项规定，为分享经济商业模式保护提供了专利法保护途径。

社会发展进步对智力成果的尊重与保护日益重视，一些以往被忽略或不被重视的智力成果开始寻求法律的保护，如民间文学艺术，《著作权法》虽然规定了"戏剧作品、曲艺作品、杂技艺术作品"属于著作权法意义上的作品，受著作权法的保护，但对于民间文学艺术、非物质文化遗产的保护实例并不多。

法律应当具有稳定性，民事权利义务基本法——《民法通则》1986 年颁布，1987 年 1 月 1 日起施行，33 年后（2020 年）《民法典》颁布（将于 2021 年 1 月 1 日起施行）。但法律不能一成不变，特别是与市场经济发展、技术革新息息相关的法律，其废改立要频繁许多。作为规范公司组织

---

① 《专利审查指南》在判断涉及智力活动的规则和方法的专利申请要求保护的主题是否属于可授予专利权的客体时，应当遵循的原则：（1）如果一项权利要求仅仅涉及智力活动的规则和方法，则不应当被授予专利权。如果一项权利要求，除其主题名称以外，对其进行限定的全部内容均为智力活动的规则和方法，则该权利要求实质上仅仅涉及智力活动的规则和方法，也不应当被授予专利权。（2）除了上述（1）所描述的情形之外，如果一项权利要求在对其进行限定的全部内容中既包含智力活动的规则和方法的内容，又包含技术特征，则该权利要求就整体而言并不是一种智力活动的规则和方法，不应当依据专利法第 25 条排除其获得专利权的可能性。

和行为的基本法《公司法》，因市场经济体制逐步建立，自 1993 年 12 月颁布后，先后经历了 1999 年、2004 年、2005 年和 2013 年四次修订。知识产权法律体系从 20 世纪 80 年代兴起，法律制度与科技创新、技术革新相互作用、相互促进，由最初的著作权法、商标法、专利法不断演进，增添了保护植物新品种权、集成电路布图设计权、商业秘密权、域名权、地理标志权、特殊标志权的法律法规，知识产权立法体系是一个开放的法律体系，也是一个不断创新的法律规范体系，知识产权的内涵将日益丰富，随着知识经济、信息经济的高速发展，新形式、新类型的知识产权客体将催生新的知识产权法律，人工智能（Artificial Intelligence，简称 AI）所形成的文学、艺术、科学作品、发明创造等智力成果，是否受现有知识产权法律的保护，如何调整，是否需要制定新的知识产权法律制度，这是各国知识产权法律制度面临的新问题。

第四节　科技成果立法与知识产权立法

科技成果是我国知识产权立法较为特有的一个概念，早在 1986 年颁布的《民法通则》中就对科技成果权做了规定①，将发现权、发明权及其他科技成果权列为知识产权除了著作权、专利权、商标权外的第四项权利，权利人所享有的权利为"申请领取发现证书/荣誉证书、奖金或者其他奖励"，当被他人侵害发现权、发明权和其他科技成果权时，权利人和著作权权利人、专利权权利人、商标权权利人一样，有权要求停止侵害，消除影响，赔偿损失。但从知识产权特别法体系看，前三大板块都有相应的专门法律——著作权法、专利法、商标法，隶属第四板块的发现权、发明权和其他科技成果权并没有相应的专门法律或法规，在司法实务界，发现权、发明权和其他科技成果权也有势微之貌。

《民法典》对知识产权的规定不似《民法通则》那般规定知识产权包

---

① 《中华人民共和国民法通则》第 97 条规定：公民对自己的发现享有发现权。发现人有权申请领取发现证书、奖金或者其他奖励。公民对自己的发明或者其他科技成果，有权申请领取荣誉证书、奖金或者其他奖励。第 118 条规定：公民、法人的著作权（版权）、专利权、商标专用权、发现权、发明权和其他科技成果权受到剽窃、篡改、假冒等侵害的，有权要求停止侵害，消除影响，赔偿损失。

括哪些类权利，而是对知识产权下定义，即"知识产权是权利人依法就下列客体享有的专有的权利"，回归知识产权是权利束的本真，对客体以列举加概况式的规定，使得知识产权具有相当的开放性，与智慧成果权、智力成果权的称谓也相呼应。根据《民法典》第 260 条的规定，自该法典于 2021 年 1 月 1 日起施行，《民法通则》同时废止，后者关于发现权、发明权及其他科技成果的规定不再作为法律依据适用。目前，与科技成果权相关的法律法规主要有《中华人民共和国促进科技成果转化法》《专利法》《中华人民共和国科学技术进步法》。

一 科技成果权的客体

科技成果权的客体是什么？《中华人民共和国促进科技成果转化法》第 2 条规定："本法所称科技成果，是指通过科学研究与技术开发所产生的具有实用价值的成果。"《民法总则》第 123 条列明的七类客体除了"商标"外，其他各类均可以通过科学研究与技术开发产生，并具有实用价值。如作品中的计算机软件，需要通过科学研究与技术开发，并具有实用价值，属于《促进科技成果转化法》所规定的科技成果，自然是科技成果权的客体。《专利法》第 2 条①对发明、实用新型和外观设计下了定义，从此定义看，发明、实用新型和外观设计也是科技成果，也是科技成果权的客体。《中华人民共和国科学技术进步法》第 1 条②对科技成果的提法为"科学技术成果"。然则，《中华人民共和国促进科技成果转化法》和《中华人民共和国科学技术进步法》均未规定"科技成果权"，《中华人民共和国科学技术进步法》第 20 条③赋予利用财政性资金设立的科学技术基金项

---

① 《中华人民共和国专利法》第 2 条规定：本法所称的发明创造是指发明、实用新型和外观设计。发明，是指对产品、方法或者其改进所提出的新的技术方案。实用新型，是指对产品的形状、构造或者其结合所提出的适于实用的新的技术方案。外观设计，是指对产品的形状、图案或者其结合以及色彩与形状、图案的结合所做出的富有美感并适于工业应用的新设计。

② 《中华人民共和国科学技术进步法》第 1 条规定：为了促进科学技术进步，发挥科学技术第一生产力的作用，促进科学技术成果向现实生产力转化，推动科学技术为经济建设和社会发展服务，根据宪法，制定本法。

③ 《中华人民共和国科学技术进步法》第 20 条规定：利用财政性资金设立的科学技术基金项目或者科学技术计划项目所形成的发明专利权、计算机软件著作权、（转下页注）

目或者科学技术计划项目的项目承担者，对于项目所形成的发明专利权、计算机软件著作权、集成电路布图设计专有权和植物新品种权享有权利。通过科学研究与技术开发所产生的具有实用价值的成果，虽然主要体现为发明、实用新型、外观设计、计算机软件、集成电路布图设计、植物新品种，但并不局限于此，如技术秘密、未申请专利权的专有技术等，科技成果权的客体存在多样性，且很多客体归属到专门法律中，就难免出现科技成果权不应存在的观点。是否存在属于科技成果，而不能纳入前述任一种知识产权保护类型中，在此借助一真实案例予以说明。

杨某某1964年至1967年在四川省内江市等地劳动实习，利用自身的医学知识对当地有伤患的农民进行治疗，并摸索出"软坚散、水、膏"的基本方。1967年，杨某某进入成都某某学院附属医院（即四川省某某医院的前身）工作，职务为医师。在治疗病人的同时，杨某某对中医病理和中药药物功效进行进一步探索，将"软坚散、水、膏"的基本方应用于临床实践并不断调整直至定方。1979年至1983年，杨某某进行理论总结，并于1983年完成了《中药"软坚散"治疗伤后瘀血硬结块的研究报告》，其上载明了软坚散的方剂组成和药物功效分析、软坚散的配制和使用方法说明、药物疗效的临床统计资料等内容，并同时载明了"软坚散""软坚药水"的暂行标准。1983年，成都某某学院附属医院将杨某某所著的《中药"软坚散"治疗伤后瘀血硬结块的研究报告》上报四川省高教局、四川省卫生厅等单位。1984年，四川省卫生厅同意扩大临床验证，并要求按照临床验证标准制备提供临床验证所需药品。后成都某某学院附属医院生产软坚散、软坚水、软坚膏，供成都某某学院附属医院等七所医院进行扩大临床验证时使用。1984年11月，成都某某学院附属医院申请进行成果鉴定。1984年12月，四川省高等教育局、四川省卫生厅就涉案科技成果组织召开了技术鉴定会，并于1985年1月出具《技术鉴定证书》，载明"成都某某学院附属医院中医骨伤科主治医师杨某某，运用中医中药理论和方法，研制成软坚散、软坚药水、软坚膏方药"，并确定上述方药为在治疗软组织损伤和各类劳损、痹症、瘢结引起的肿痛、包、结、硬块、功能障碍领域内的一项中成药科研成果。成果鉴定后，成都某某学院附属医院发给杨某某一等奖奖金 100 元，四川省卫生厅发给杨某某优秀科研成果奖奖金 500 元，成都某某学院附属医院同意主治医生杨某某提升一级工资。2006 年 6 月，成都某某学院附属医院向成都市药品检验所提交了关于"软坚药散""软坚软膏""软坚散结洗药""软坚酊""活络膏"的医疗机构制剂注册申报资料，经同意后开始生产。另由郑某某主编出版的《运动创伤学》《伤科中药与方剂》两书中均刊载了"软坚药散""软坚软膏""软坚酊"的处方和配制工艺等。

2007 年，杨某某以"软坚药散""软坚软膏""软坚酊"配方申请专利权，但未果。

2008 年 1 月，杨某某认为郑某某以及出版社侵害了其著作权，向法院提起著作权侵权诉讼，后撤回诉讼。

"软坚药散""软坚软膏""软坚酊"均是智力成果，智力成果是否享有独占性的财产权利，取决于技术成果是否符合特定知识产权法律所规定的条件，即杨某某是否已按照知识产权法律所规定的方式对涉案技术成果予以保护。杨某某提起著作权侵权诉讼，却又撤回，究其缘由，乃因中药配方（处方）不是著作权法的保护客体。我国的中医药历史悠久，千百年来，中药配方（处方）的构成方式或者表达方式已为中医药界普遍接受和使用，可谓已成为公知共用的方法，不可被某个人或组织独占垄断。中药配方的主要内容是各类中药的搭配，一般而言，一个成型的完整的中药配方或方剂应当含有配方本身，即药方名，另外还包括该药方的功能、治疗范围、用法以及其他应当指示的注意事项等。无论是何种中药方剂、配方或者是制剂，一副中药配方（处方）一般都离不开前述构成方式。从《运动创伤学》等图书上所记载的"软坚药水""软坚散"的"组成""作用""主治""制法""用法"等表达方式看，这种表达方式是中药方剂的通用表达，不是杨某某的独创表达，因此前述文字记载缺乏独创性，不属著作权法保护范围，杨某某所提出的中药方剂不是著作权法意义上的作品。另外，构成作品的要素的独创性指独立完成，而非利用重复或剽窃抄袭他人表达，这与专利法规定的获取专利权的要件——创造性是不同的。一副中药配方是一技术成果，即使被认定具有创造性，也非指该成果的形式或表达。著作权法所指的作品的构成要求是表达形式的独创性而不是技术方案或技术思想的创造性。因此，杨某某所提出的软坚散系列中药方剂在《运动创伤学》等图书上所反映出来的表达方式是中医药界通用的表达方式，不具有独创性，杨某某的独到之处体现在方剂的配料及用量等，记载这种方剂的文字因缺乏独创性，并不构成《著作权法》意义上的作品，不受著作权法的调整和保护。

从我国的司法实践看，在全国范围内已有多起涉及中药配方，包括土方、偏方、祖传秘方、个人研制的方剂等的知识产权案例，其中多数持方人或发明研制人要求法院将其配方（方剂）认定为作品并给予著作权保护，相关审理法院都无一例外地认定中药配方不属于著作权法意义上的作品，从而不能享有著作权，故不受著作权法保护。各地各级法院的相同认定与判决的出现绝非偶然，而是依据法律法规和著作权法理并参照案件事实加以分析判断得出的必然结果，这是对中药配方不属于作品这一结论的司法判例佐证。

专利法的保护对象以及技术成果要受到专利法的保护应当具备的要件。杨某某所提出的软坚散系列中药方剂，其价值在于其药物及其计量如何搭配，即在"配"字上，其实质就是药方包含的技术信息、技术方案或者技术思想，其需要经过临床应用—实验研究—剂型研制的过程。依据我国《专利法》第 22 条①第 3 款的规定，创造性是针对发明和实用新型，"与申请日之前的已有技术相比，该发明具有突出的实质性特点和显著的进步，该实用新型具有实质性特点和进步"。具有创造性的中药方剂可以申请专利保护，亦可作为商业秘密加以保护。2007 年，杨某某以"软坚药散""软坚软膏""软坚酊"配方申请专利权，但未果。因其在最初给病人诊疗时，直接将软坚散的处方写在处方单上让病人自行抓药，并且在鉴定会后的 1985 年，"软坚散、水、膏"即被上报为四川省药品标准，并于 1994 年被载入公开出版物《四川省药品标准》一书。上述事实说明该技术成果已进入公知领域，依据我国《专利法》第 22 条第 2 款的规定，此技

---

① 《中华人民共和国专利法》第 22 条规定：授予专利权的发明和实用新型，应当具备新颖性、创造性和实用性。新颖性，是指该发明或者实用新型不属于现有技术；也没有任何单位或者个人就同样的发明或者实用新型在申请日以前向国务院专利行政部门提出过申请，并记载在申请日以后公布的专利申请文件或者公告的专利文件中。创造性，是指与现有技术相比，该发明具有突出的实质性特点和显著的进步，该实用新型具有实质性特点和进步。实用性，是指该发明或者实用新型能够制造或者使用，并且能够产生积极效果。本法所称现有技术，是指申请日以前在国内外为公众所知的技术。

术成果已丧失新颖性，其不符合授予专利权的要件。同时，该技术成果非处于秘密状态，杨某某未有采取保密措施，其也不符合商业秘密的法律保护。因此，杨某某就"软坚药散""软坚软膏""软坚酊"技术成果不享有独占性的财产权利。

杨某某的智力成果不符合著作权法、专利法、反不正当竞争法所规定的要件，无法取得著作权、专利权、商业秘密等权利。杨某某的智力成果是通过医学研究、临床试验、技术开发所产生的具有实用价值的成果，是科技成果，其应属于《民法典》第 123 条所规定的第（二）项知识产权客体，即"发明"。杨某某的智力成果可以获得什么类型的知识产权呢？虽然使用药物治疗疾病的方法是不能被授予专利权的[①]，但是，药物本身是可以被授予专利权的，杨某某的智力成果在符合新颖性、创造性、实用性的条件下，是可以申请专利权的。实际生活中，很多药品也是通过专利权实现独占性权利的。然而，杨某某最初是将处方写在药方单上，让病人自行抓药；涉案科技成果在 1985 年上报成为四川省地方标准，且其处方、制法等信息均刊载于 1993 年公开出版的《四川省药品标准》一书上。在其申请专利前已进入公知领域，丧失了新颖性，失去了申请专利权的条件。杨某某失去了就其智力成果申请专利权的权利，是否意味着他的智力劳动不能收到回报呢？根据《民法通则》第 97 条第 2 款之规定，公民对自己的发明或者其他科技成果，有权申请领取荣誉证书、奖金或者其他奖励。因涉案技术成果系杨某某完成的非职务成果，杨某某就该成果享有申请领取荣誉证书、奖金或者其

[①] 《专利审查指南》4.3.2.1 属于治疗方法的发明，以下几类方法是属于或者应当视为治疗方法的例子，不能被授予专利权：（1）外科手术治疗方法、药物治疗方法、心理疗法；（2）以治疗为目的的针灸、麻醉、推拿、按摩、刮痧、气功、催眠、药浴、空气浴、阳光浴、森林浴和护理方法；（3）以治疗为目的利用电、磁、声、光、热等种类的辐射刺激或照射人体或者动物体的方法；（4）以治疗为目的采用涂覆、冷冻、透热等方式的治疗方法；（5）为预防疾病而实施的各种免疫方法；（6）为实施外科手术治疗方法和/或药物治疗方法采用的辅助方法，例如返回同一主体的细胞、组织或器官的处理方法、血液透析方法、麻醉深度监控方法、药物内服方法、药物注射方法、药物外敷方法等；（7）以治疗为目的的受孕、避孕、增加精子数量、体外受精、胚胎转移等方法；（8）以治疗为目的的整容、肢体拉伸、减肥、增高方法；（9）处置人体或动物体伤口的方法，例如伤口消毒方法、包扎方法；（10）以治疗为目的的其他方法，例如人工呼吸方法、输氧方法。需要指出的是，虽然使用药物治疗疾病的方法是不能被授予专利权的，但是，药物本身是可以被授予专利权的。有关物质的医药用途的专利申请的审查，适用本部分第十章第 2.2 节和第 4.5.2 节的规定。

他奖励的权利。1985 年 1 月，软坚散、软坚水、软坚膏方药通过成果鉴定，取得《技术鉴定证书》，杨某某领到了一等奖奖金 100 元、优秀科研成果奖奖金 500 元、工资提升一级。其后，杨某某所在的单位持续生产、使用软坚散、软坚水、软坚膏方药，从财产上取得了收益，尽管杨某某没有专利权，对软坚散、软坚水、软坚膏方药不享有独占性专有权，单位生产、使用该药品不需要得到杨某某的许可，但杨某某作为涉案技术成果的完成者，其有权就该成果表明自己的身份，单位也应给予其奖励。杨某某后来以侵害科技成果权纠纷为由提起诉讼，法院支持了部分诉请。

总体而言，有关科技成果权的相关法律法规，以管理性、规范性条款居多，作为民事权利的专有的保护、救济渠道等程序性条款较少，在司法实务中适用也自然较少。

二　职务科技成果立法新趋势

2018 年，我国发明专利申请量为 154.2 万件。共授权发明专利 43.2 万件，其中，国内发明专利授权 34.6 万件。在国内发明专利授权中，职务发明为 32.3 万件，占 93.3%；非职务发明为 2.3 万件，占 6.7%。职务发明在我国发明专利申请量、授权量中所占据的份额非常高，职务发明在整个专利权制度中具有十分重要的地位。自 1984 年《专利法》出台之始，对职务发明的界定①、

---

① 《中华人民共和国专利法》第 6 条规定：执行本单位的任务或者主要是利用本单位的物质条件所完成的职务发明创造，申请专利的权利属于该单位；非职务发明创造，申请专利的权利属于发明人或者设计人。申请被批准后，全民所有制单位申请的，专利权归该单位持有；集体所有制单位或者个人申请的，专利权归该单位或者个人所有。

在中国境内的外资企业和中外合资经营企业的工作人员完成的职务发明创造，申请专利的权利属于该企业；非职务发明创造，申请专利的权利属于发明人或者设计人。申请被批准后，专利权归申请的企业或者个人所有。

专利权的所有人和持有人统称专利权人。

在 2000 年《专利法》修正时，第 6 条修改为：执行本单位的任务或者主要是利用本单位的物质技术条件所完成的发明创造为职务发明创造。职务发明创造申请专利的权利属于该单位；申请被批准后，该单位为专利权人。

非职务发明创造，申请专利的权利属于发明人或者设计人；申请被批准后，该发明人或者设计人为专利权人。

利用本单位的物质技术条件所完成的发明创造，单位与发明人或者设计人订有合同，对申请专利的权利和专利权的归属作出约定的，从其约定。

发明人署名权①、获取报酬和奖励权②就做出规定，且此规定在其后的三次修正中，均未做实质性改动。此三个条款构成了我国职务发明人权益保护制度。随着科技对经济推动作用的不断加强，专利技术的转化运用问题日益凸显，职务发明的有效转化率问题也备受关注。

（一）职务发明、职务技术成果的司法认定

依据《专利法》第6条关于职务发明的规定，职务发明主要包括三种类型：一是"执行本单位的任务所完成的职务发明创造"，二是"主要是利用本单位的物质技术条件所完成的发明创造"，三是"利用本单位的物质技术条件所完成的发明创造"。其中第一种类型又可以包括以下三种③：在本职工作中作出的发明创造；履行本单位交付的本职工作之外的任务所作出的发明创造；退休、调离原单位后或者劳动、人事关系终止后1年内作出的，与其在原单位承担的本职工作或者原单位分配的任务有关的发明创造。

《民法典》第847条第2款规定：职务技术成果是执行法人或者其他组织的工作任务，或者主要是利用法人或者其他组织的物质技术条件所完成的技术成果。《最高人民法院关于审理技术合同纠纷案件适用法律若干问题的解释》（以下简称《解释》）专门进行了细化。《解释》除了明确"物质技术条件"包括"资金、设备、器材、原材料、未公开的技术信息和资料等"外，还进一步指出其中的物质条件应当对技术成果的形成具有

---

① 《中华人民共和国专利法》第17条规定：发明人或者设计人有在专利文件中写明自己是发明人或者设计人的权利。

② 《中华人民共和国专利法》第16条规定：专利权的所有单位或者持有单位应当对职务发明创造的发明人或者设计人给予奖励；发明创造专利实施后，根据其推广应用的范围和取得的经济效益，对发明人或者设计人给予奖励。

在2000年《专利法》修正时，第16条改为：被授予专利权的单位应当对职务发明创造的发明人或者设计人给予奖励；发明创造专利实施后，根据其推广应用的范围和取得的经济效益，对发明人或者设计人给予合理的报酬。

③ 《专利法实施细则》第12条规定：专利法第六条所称执行本单位的任务所完成的职务发明创造，是指：（一）在本职工作中作出的发明创造；（二）履行本单位交付的本职工作之外的任务所作出的发明创造；（三）退休、调离原单位后或者劳动、人事关系终止后1年内作出的，与其在原单位承担的本职工作或者原单位分配的任务有关的发明创造。

专利法第六条所称本单位，包括临时工作单位；专利法第六条所称本单位的物质技术条件，是指本单位的资金、设备、零部件、原材料或者不对外公开的技术资料等。

实质性影响，或技术成果的实质性内容是在单位未公开的技术信息的基础上完成的。因此，并非利用了单位的物质技术条件就必然导致技术成果具有职务成果的性质，只有对成果核心内容的形成产生了实质性影响的物质技术条件才能成为认定职务成果的依据。前述案例中，杨某某于 1983 年 7月就已研究出了涉案技术成果"软坚散、水、膏"的组方原则和具体药方，并制定了药物的暂行标准，成果的核心内容业已形成。成都某某学院附属医院是在 1984 年 7 月后因成果鉴定的需要才专门提供药品、资金以进行成果的扩大临床验证，因此成都某某学院附属医院的这种物质支持是为了成果测试、验证目的提供的，其提供时间晚于成果核心内容的形成时间，不能产生实质性贡献。由于杨某某的职务是医生，其在这一阶段对技术成果进行的研究是在其履行完医生的职责后所付出的额外智力劳动，其并未利用医院额外的物质条件和占用医生医治病人的工作时间，杨某某技术成果为非职务技术成果。

职务发明、职务技术成果的司法认定结果直接关系职务发明人身份的确认和职务发明人权益的有无。

（二）职务发明人权益法律保护

职务智力成果有多种，著作权法对职务作品有专门规定①，特殊职务作品的作者依法享有署名权和获得奖励的权利，一般职务作品的作者享有著作权。此外，农业科技领域对于植物新品种也存在职务成果的法律保护问题②，

---

① 《中华人民共和国著作权法》第 16 条规定：公民为完成法人或者其他组织工作任务所创作的作品是职务作品，除本条第二款的规定以外，著作权由作者享有，但法人或者其他组织有权在其业务范围内优先使用。作品完成两年内，未经单位同意，作者不得许可第三人以与单位使用的相同方式使用该作品。
有下列情形之一的职务作品，作者享有署名权，著作权的其他权利由法人或者其他组织享有，法人或者其他组织可以给予作者奖励：（一）主要是利用法人或者其他组织的物质技术条件创作，并由法人或者其他组织承担责任的工程设计图、产品设计图、地图、计算机软件等职务作品；（二）法律、行政法规规定或者合同约定著作权由法人或者其他组织享有的职务作品。
② 《中华人民共和国植物新品种保护条例》第 7 条规定：执行本单位的任务或者主要是利用本单位的物质条件所完成的职务育种，植物新品种的申请权属于该单位；非职务育种，植物新品种的申请权属于完成育种的个人。申请被批准后，品种权属于申请人。

集成电路布图设计也有类似规定①。各类职务智力成果因其客体不同，由不同的法律或法规对发明人（创作人、育种人等）予以保护，职务发明仅是职务智力成果的一种，近年来关于职务发明人权益保护的理论研究、试点改革最为突出，此与科技强国的战略密切相关。

科技是第一生产力，人类智力成果通过知识产权法在一定时限内，权利人享有独占性的权利，赋予法律保护目的在于将这些智力成果转化为生产力。1996 年，国家为了促进科技成果转化为现实生产力，规范科技成果转化活动，加速科学技术进步，出台了《中华人民共和国促进科技成果转化法》（以下简称《促进科技成果转化法》），作为专门调整科技成果转化的特别法，《促进科技成果转化法》对科技成果尤其是职务科技成果的转化问题做了专门规定，并明确要求国务院和地方各级人民政府将科技成果的转化纳入国民经济和社会发展计划，并组织协调实施有关科技成果的转化，定期发布科技成果目录和重点科技成果转化项目指南。同时，中央、地方均陆续为科技成果转化提供了多种保障措施，如国家财政经费、税收优惠政策、信贷支持、设立科技成果转化基金或者风险基金、推进科学技术信息网络的建设和发展，建立科技成果信息资料库等。关于职务发明人权益，该法第 19 条、第 29 条、第 30 条②对国家设立的研究开发机构、高

---

① 《集成电路布图设计保护条例》第 9 条规定：布图设计专有权属于布图设计创作者，本条例另有规定的除外；由法人或者其他组织主持，依据法人或者其他组织的意志而创作，并由法人或者其他组织承担责任的布图设计，该法人或者其他组织是创作者；由自然人创作的布图设计，该自然人是创作者。

② 《中华人民共和国促进科技成果转化法》（1996 年版）第 19 条规定：国家设立的研究开发机构、高等院校所取得的职务科技成果，完成人和参加人在不变更职务科技成果权属的前提下，可以根据与本单位的协议进行该项科技成果的转化，并享有协议规定的权益。该单位对上述科技成果转化活动应当予以支持。
科技成果完成人或者课题负责人，不得阻碍职务科技成果的转化，不得将职务科技成果及其技术资料和数据占为已有，侵犯单位的合法权益。
第 29 条规定：科技成果完成单位将其职务科技成果转让给他人的，单位应当从转让该项职务科技成果所取得的净收入中，提取不低于 20% 的比例，对完成该项科技成果及其转化做出重要贡献的人员给予奖励。
第 30 条规定：企业、事业单位独立研究开发或者与其他单位合作研究开发的科技成果实施转化成功投产后，单位应当连续三至五年从实施该科技成果新增留利中提取不低于 5% 的比例，对完成该项科技成果及其转化做出重要贡献的人员给予奖励；采用股份形式的企业，可以对在科技成果的研究开发、实施转化中做出重要贡献的有关人员的报酬或者奖励，按照国家有关规定将其折算为股份或者出资比例。该持股人依据其所持股份或者出资比例分享收益。

等院校所取得的职务科技成果，对完成人和参加人可以与单位签订协议，对转化收益进行约定。2015 年《促进科技成果转化法》修正时，下放了处置权，扩大了收益权，并允许用"协议定价＋内部公示"方法确定职务科技成果价格①，较之前有很大的进步。修正后的《促进科技成果转化法》开启了新的职务发明权益人制度立法动向，允许将职务科技成果的转化收益作股权奖励，大幅提升职务发明权益人激励，一些地方开始探索职务发明人的权益从转化收益向权属分配的改革。

　　2015 年 9 月，中共中央公布《关于在部分区域系统推进全面创新改革试验的总体方案》，四川、京津冀、上海、广东等 8 个区域被确定为全面创新改革试验区。2015 年 11 月，四川省委十届七次全会明确提出开展高校职务科技成果权属混合所有制试点是全省系统推进全面创新改革试验的重要任务。2016 年 6 月，成都市发布《促进国内外高校院所科技成果在蓉转移转化若干政策措施》，支持在蓉高校院所开展职务科技成果权属混合所有制改革。2016 年 12 月，四川省科学技术厅、四川省知识产权局发布《四川省职务科技成果权属混合所有制改革试点实施方案》，在部分高校和高新技术企业正式启动职务科技成果权属混合所有制改革试点工作，职务发明人权益制度突破性改革率先在高校领域启动。西南交通大学、四川大学、四川农业大学、成都中医药大学等对高校专利管理出台新规定，提出

---

① 《中华人民共和国促进科技成果转化法》（2015 年版）第 44 条规定：职务科技成果转化后，由科技成果完成单位对完成、转化该项科技成果做出重要贡献的人员给予奖励和报酬。

科技成果完成单位可以规定或者与科技人员约定奖励和报酬的方式、数额和时限。单位制定相关规定，应当充分听取本单位科技人员的意见，并在本单位公开相关规定。

第 45 条规定：科技成果完成单位未规定、也未与科技人员约定奖励和报酬的方式和数额的，按照下列标准对完成、转化职务科技成果做出重要贡献的人员给予奖励和报酬：（一）将该项职务科技成果转让、许可给他人实施的，从该项科技成果转让净收入或者许可净收入中提取不低于百分之五十的比例；（二）利用该项职务科技成果作价投资的，从该项科技成果形成的股份或者出资比例中提取不低于百分之五十的比例；（三）将该项职务科技成果自行实施或者与他人合作实施的，应当在实施转化成功投产后连续三至五年，每年从实施该项科技成果的营业利润中提取不低于百分之五的比例。

国家设立的研究开发机构、高等院校规定或者与科技人员约定奖励和报酬的方式和数额应当符合前款第一项至第三项规定的标准。

国有企业、事业单位依照本法规定对完成、转化职务科技成果做出重要贡献的人员给予奖励和报酬的支出计入当年本单位工资总额，但不受当年本单位工资总额限制、不纳入本单位工资总额基数。

了"科学确权，早期分割，权益共享，责任共担"的工作原则，通过协议约定科技成果权属，对于没有分割确权的科技成果，学校从可分配收益提取 70% 奖励给完成人，剩余的 30% 部分，学校占 15%，完成人所在二级单位占 15%。将《中华人民共和国促进科技成果转化法》中允许的转化后股权奖励变为国有知识产权奖励前置，实现产权分割，这种"先确权，后转化"的做法具有很强的突破性，但对于职务发明的产权协议确权，其类型仅限于《专利法》第 6 条第 3 项所规定的职务发明。

职务发明的单位以国有企事业单位为主，国有企事业单位的职务发明属于国有资产，科技成果转化的收益涉及国有资产处置程序，单位通过与职务发明人签订协议的方式将职务发明权属确认给职务发明人，依据现行专利法、国有资产法等相关法律法规，通过协议方式将职务发明确权给发明人，有着重大法律风险，毕竟前述三种类型的职务发明，仅有第三种可以通过协议约定权属，前两种职务发明的权属是当然属于单位所有。有人指出，"不变更职务科技成果权属的前提"这项规定使得高校虽然拥有了《中华人民共和国科学技术进步法》赋予的所有权以及《促进科技成果转化法》赋予的处置权，但是却没有对所有权进行处置的权利，赋予高校处置权的实施落地受到《高校国有资产管理办法》相关规定制约，混合所有制改革遭遇层层阻碍，国有股权奖励给职务发明人的激励难以落实。

2018 年 7 月，国务院出台《关于优化科研管理提升科研绩效若干措施的通知》，对于利用财政资金形成的职务科技成果，只要是不影响国家安全、国家利益和社会公共利益，可以按照权利与责任对等、贡献与回报匹配的原则，赋予科研人员所有权或长期使用权。2019 年 4 月 4 日，财政部修改《事业单位国有资产管理暂行办法》，进一步对国家设立的研究开发机构、高等院校科技成果的转换放开限制，增强市场化定价转让、出资，对转让前资产评估程序做出新规定和调整。

知识产权是保护智力成果的权利，知识产权法律体系广，门类多，成果分类是基础，知识产权客体随经济发展、科技进步不断丰富，要制定完善知识产权法律体系，就需要不断完善智力成果归属分类制度体系，科技成果立法与知识产权立法应相辅相成，共融共生，全国人大立法、释法与专项立法、地方立法应及时协调、修改。

图书在版编目（CIP）数据

民商事立法研究：共识、问题与对策／郑泰安主编
. -- 北京：社会科学文献出版社，2020.12
ISBN 978 - 7 - 5201 - 7621 - 7

Ⅰ. ①民…　Ⅱ. ①郑…　Ⅲ. ①民法 - 立法 - 研究 - 中
国 ②商法 - 立法 - 研究 - 中国　Ⅳ. ①D923.04
②D923.994

中国版本图书馆 CIP 数据核字（2020）第 237853 号

民商事立法研究：共识、问题与对策

主　　编／郑泰安

出 版 人／王利民
组稿编辑／任文武
责任编辑／王玉霞
文稿编辑／李艳芳

出　　版／社会科学文献出版社·城市和绿色发展分社（010）59367143
　　　　　　地址：北京市北三环中路甲 29 号院华龙大厦　邮编：100029
　　　　　　网址：www. ssap. com. cn
发　　行／市场营销中心（010）59367081　59367083
印　　装／三河市尚艺印装有限公司

规　　格／开　本：787mm×1092mm　1/16
　　　　　　印　张：22.75　字　数：371 千字
版　　次／2020 年 12 月第 1 版　2020 年 12 月第 1 次印刷
书　　号／ISBN 978 - 7 - 5201 - 7621 - 7
定　　价／98.00 元

本书如有印装质量问题，请与读者服务中心（010 - 59367028）联系